조선시대 사상사연구
1

이성무

지식산업사

저자 **이성무**(李成茂, Lee Song Mu)
－1937년 충북 괴산 출생. 서울대학교 문리과대학 사학과 졸업, 서울대학교 석사·박사.
－국민대학교 교수. 한국정신문화연구원 교수·대학원장·부원장. Harvard Yenching Institute
  연구교수. Tuebingen 대학 객원교수. 연세대학교 용재석좌교수.
－국사편찬위원회 위원장. 대한민국 학술원 회원(현). 남명학연구원장(현). 한국역사문화연
  구원장(현). 한국학중앙연구원 명예교수(현).
－저서《한국의 과거제도》(1976, 개정증보 1994),《조선초기 양반연구》(1980),《조선의 사회와
  사상》(1999, 개정증보 2004),《조선양반사회연구》(1995),《한국역사의 이해》1~7(1994~2008),
  《조선왕조사》(1998),《조선시대 당쟁사》(2000) 외 다수.

조선시대 사상사연구(1)

초판 제1쇄 발행 2009. 4. 10.
초판 제2쇄 발행 2010. 10. 8.

지은이   이성무

펴낸이   김경희

펴낸곳   ㈜지식산업사
          주 소 본사: 경기도 파주시 교하읍 문발리 520-12
                  서울사무소: 서울시 종로구 통의동 35-18
          전 화 본사: (031)955-4226~7 서울사무소: (02)734-1978
          팩 스 (031)955-4228
          인터넷한글문패 지식산업사
          인터넷영문문패 www.jisik.co.kr
          전자우편 jsp@jisik.co.kr
          등록번호 1-363
          등록날짜 1969. 5. 8.

책값은 뒤표지에 있습니다.

ISBN 978-89-423-1122-4 (94910)
ISBN 978-89-423-0055-6 (전2권)

이 책을 읽고 저자에게 문의하고자 하는 이는 지식산업사 전자우편으로 연락 바랍니다.

서 문

나는 60세까지는 전문적인 역사연구를 하기로 했다. 연구주제는 대체로 조선시대 양반사회였다. 그리하여 1980년 학위논문인 《조선초기 양반연구》(일조각)를 낸 뒤 1987년에 《조선후기 당쟁의 종합적 검토》(공저, 한국정신문화연구원)를, 1995년에 《조선양반사회연구》(일조각)를, 1999년에 《조선의 사회와 사상》(일조각)을, 2005년에 개정증보 《조선의 사회와 사상》(일조각)을 냈다. 이 가운데 《조선초기 양반연구》는 양수지(楊秀芝)가 중국어로 번역하여 중화민국 한국학연구학회에서 '번역총서 2'로 출판됐다.

그리고 양반연구와 불가분의 관계가 있는 과거제도에 대한 연구도 진행하여 1976년에 《한국의 과거제도》(춘추문고 19, 한국일보사)를, 1981년에 《과거》(공저, 역사학회 편, 일조각)를, 1990년에 《조선시대 잡과합격자총람》(공저, 한국정신문화연구원)을, 1994년에 개정증보 《한국의 과거제도》(집문당)를, 1997년에 《한국과거제도사》(민음사)를, 1997년에 《사마방목 CD-Rom》(공저, 한국정신문화연구원, 서울시스템주식회사), 《문과방목 CD-Rom》(한국학중앙연구원 홈페이지에 탑재)을 간행했다. 이 가운데 《한국의 과거제도》는 장연(張連)이 중국어로 번역하여 북경대 출판부에서 《高麗朝鮮兩朝的科擧制度》라는 이름으로 출판됐고, 집문당판 개정증보 《한국의 과거제도》는 2008년에 히라기 마고도(平木 實)가 일본어로 번역하여 일본평론사(日本評論社)에서 《韓國의 科擧制度》라는 이름으로 출판됐다.

그러나 60세를 넘기고는 대중용 역사책을 쓰기로 했다. 해외에 다니면서 국사를 우물 안 개구리 식으로 연구해서는 안 된다는 것을 느꼈고, 전공자들만 즐기는 상아탑 속의 학문이 아니라 대중과 호흡을 같이 하는 보편적인 학문이 되어야 한다고 생각했다. 그리하여 1998년에 《조선왕조사》 1 · 2(동방미디어)를, 1999년에 《'조선왕조실록' 어떤 책인가》(동방미디어)를, 2000년에 《조선시대 당쟁사》 1 · 2(동방미디어), 《조선의 부정부패 어떻게 막았는가》(청아)를, 2002년에 《라디오 한국사》 1(동방미디어)을, 1995년부터 2008년 사이에 《한국역사의 이해》 1~7(집문당)을 각각 간행했다. 이 가운데 《조선왕조사》 1 · 2는 김용권(金容權)이 번역하여 일본평론사에서 《朝鮮王朝史》 上 · 下라는 이름으로 2007년에 출판됐다.

정년이 된 뒤에는 두 가지 일을 동시에 하기로 했다. 하나는 역사 대중화 사업이요, 다른 하나는 조선시대 사상사 연구이다. 역사학을 대중화 · 보편화하고 지금까지 해왔던 양반사회 연구를 더 심화시키고자 함이었다.

역사 대중화를 위해서 나는 2003년 2월에 정년을 맞자마자 (사)한국역사문화연구원을 설립하고, 그해 9월부터 이화여대 평생교육원과 공동으로 한국역사문화아카데미 최고지도자 과정을 개설해 2006년 8월까지 운영했으며, 2004년 3월부터 2006년 2월까지 성남문화원과 공동으로 한국역사문화아카데미 최고위과정을 개설했다. 그리고 2004년 3월부터 한국역사문화연구원에서 '한국역사 강좌─이성무의 역사교실'을 개설하고 아울러 한문 초급(《명심보감》 등 1년 과정), 한문 중급(4서, 2년 과정) 강좌를 열어 지금까지 운영해 오고 있다.

한편, 양반 연구의 일환으로 상촌(桑村) 김자수(金自粹), 퇴계(退溪) 이황(李滉), 남명(南冥) 조식(曺植), 서애(西厓) 류성룡(柳成龍), 지천(遲川) 최명길(崔鳴吉), 청음(淸陰) 김상헌(金尙憲), 백헌(白軒) 이경석

(李景奭), 성호(星湖) 이익(李瀷), 다산(茶山) 정약용(丁若鏞), 수당(修堂) 이남규(李南珪) 등의 생애와 사상을 연구했다. 그 동안의 연구 성과를 모아 이 책을 낸다. 그러나 한 책으로 내기에는 분량이 많아 두 책으로 나누어 내기로 한다.

《조선시대 사상사연구》 1권에는 상촌 김자수 등 경주 김씨 상촌공파(桑村公派), 퇴계 이황, 그리고 남명 조식에 관한 논문을 싣는다. 또한 학술원에 발표한 논문인 〈조선 전기 역사 연구의 쟁점들〉을 수록하여 사상사 연구의 배경지식이 되도록 했다. 항간에는 인물을 통한 사상사 연구를 문중사학으로 매도하는 사람이 있으나, 이것은 연구하기 나름이라고 생각한다. 문중의 주장만을 대변해 사실을 과장하거나 왜곡하면 그러한 비난을 받아 마땅하지만, 사료에 따라 객관적·사실적으로 서술한다면 문제될 것이 없다. 오히려 사상사를 연구하려면 각 문중과 연계를 맺는 것이 필수적이다. 구하기 어려운 미발간 자료들이 아직 여러 문중에 많이 남아 있기 때문이다. 필자는 2004년 5월에 '뿌리회'를 창립하고 학자와 문중을 연결해 전통을 비판적으로 계승하는 모임을 운영해 왔다. 운영은 젊고 유능한 전문 학자들이 맡고, 각 지역 문중의 초청을 받아 석 달에 한 번씩 학술답사를 하고, 때로는 학술강연회나 국내·국제 학술대회를 열기도 한다. 이러한 활동을 통해 많은 새로운 자료를 발굴해 연구에 도움을 받기도 했으며, 유관 기관과 연계해 이러한 자료들을 출간하기도 했다.

이러한 작업은 계속될 것이고, 잘못된 점이 있으면 개선해 나갈 생각이다. 사상사 연구는 철학적인 내용을 다루어야 하기 때문에 어렵고, 가문과 관련되어 있어서 민감한 부분도 없지 않지만, 그렇기에 오히려 더욱 해볼 만한 연구라고 할 수 있다. 다만 한문원전 해독능력이 출중해야 하고, 경전을 충분히 이해하고 있어야 하기 때문에, 초학자들이 기피하는 분야이기도 하다. 다행히 필자는 대학 졸업 후 15년 동안 성락훈 선생과 내당서사(內塘書舍)의 중재(重齋) 김황(金榥) 선생에게서 유교경전을 비롯한 한문 고전을 다소나마 섭렵한 경험이 있기에 만년에 감히 사상사 연구에 도전해 보기로 한 것이다.

　물론 나의 연구가 각 분야의 전문가들이 보기에는 미흡한 점이 있을지
모른다는 점도 잘 알고 있다. 그러나 우선 각 인물들을 개략적으로 알아보
고, 그들이 어떠한 역사적 좌표에 자리 잡고 있으며, 무엇을 더 연구해야
할 것인지를 알아보려 한다. 그리고 그 때 그 사람이 그러한 주장을 했던
배경과 이유를 성글게나마 알아보려는 데 목적을 두었다. 깊이 있는 연구
는 앞으로 다른 연구자들과 토론으로 진척시켜 나가고자 한다. 강호 제현
의 독려와 애정 어린 비판이 있기를 바란다.

　끝으로 한국역사문화연구원을 운영할 수 있도록 장소를 마련해 준 아
내 김복기(金福基) 여사와 연구자료를 제공해 준 여러 문중, 출판계가 어
려울 때 흔쾌히 이 책을 출간해 준 지식산업사 김경희(金京熙) 사장께 아
울러 감사를 드린다.

2009년 3월

이 성 무

차 례

조선시대 사림의 뿌리를 찾아서
— 경주 김씨 상촌공파(桑村公派) 약사(略史)

퇴계(退溪) 이황(李滉)과 남명(南冥) 조식(曺植)

부록 조선전기 역사 연구의 쟁점들

조선시대 사림의 뿌리를 찾아서
—경주 김씨 상촌공파(桑村公派) 약사(略史)

1. 신라시대의 경주 김씨

한국에서 김해 김씨[駕洛金氏]를 제외한 모든 김씨는 경주 김씨에서 갈라져 나왔다. 경주 김씨의 시조는 김알지(金閼智)이다.

(1) 김알지(金閼智)

김알지의 위호(位號)는 대보(大輔)이고 세조왕(世祖王)에 추존되었으며, 부인은 용성국왕(龍城國王) 함달파(含達婆)의 증손인 각간(角干) 강조(康造)의 딸이다.[1] 《삼국사기》에는 김알지의 탄생에 대해 이렇게 적혀 있다.

> 65년(탈해왕 13) 3월 밤에 금성(金城) 서쪽의 시림(始林)에서 닭 우는 소리가 들려 탈해이사금(脫解尼師今)이 호공(瓠公)을 보내 살펴보니, 작은 금궤짝이 나무에 걸려 있는데 흰 닭이 그 아래에서 울고 있었다. 이에 호공이 돌아와 보고하자, 왕이 직접 가서 그 궤짝을 가져와 열어보았다. 작은 남자아기가 그 안에 있었는데, 모양이 기위(奇偉)했다. 왕이 기뻐하여 "이 어찌 하늘이 도운 것이 아니겠는가? 내 아들로 삼을 것이다."라고 하며 거두어

---

1) 〈慶州金氏本源〉,《慶州金氏太師公派甲辰譜》卷之一, 1784.

길렀다. 자라면서 총명하고 지략이 많아 이름을 '알지'(閼智)라 했는데 '알
지'는 그 지방 말로 '작은 아기'라는 뜻이다. 그리고 금궤(金櫃)에서 나왔다
하여 성을 '김씨'(金氏)라 하고, 닭의 이변이 있었다 하여 '시림'(始林)을
'계림'(鷄林)으로 바꿨으며, 나아가서는 '계림'을 국호로 삼았다. 그리고 강
조(康造)의 딸을 아내로 삼아 마정부인(麻貞夫人)이라 하였다. 7세손 미추
(味鄒)에 이르러 장인인 첨해왕(沾解王)의 뒤를 이어 왕이 되었다.[2]

　신라고지(新羅古誌)에 따르면, 김알지(金閼智)는 금관국(金官國) 수로
왕(首露王)의 후예이고, 수로왕은 소호 금천씨(少昊金天氏)의 후손이기
때문에 성을 김씨라 했다고 하나, 수로왕은 42년(한 광무제 18)에 임금이
되고 김알지는 65년(한 명제 8)에 태어났으니 그 사이가 23년에 지나지
않아 (후손이라기보다는 동시대인으로 보아야 하기에) 이 설은 타당하지
않다.[3]

　대보공(大輔公) 김알지에서 분파된 씨족은 경주 김씨에서 갈라져 나온
86관(貫)을 포함해서 355관이나 된다. 신라의 왕은 박(朴)·석(昔)·김
(金) 3성이 번갈아 했는데 박씨가 10왕 232년 동안, 석씨가 8왕 173년 동
안, 김씨가 38왕 587년 동안 왕 노릇을 하여, 모두 합해 56왕 992년 동안
이어졌다. 박·석·김씨의 〈신라역대왕계도〉(新羅歷代王系圖)[4]와 신라
왕실의 〈김씨선원계통도〉(金氏璿源系統圖)[5]는 15쪽부터 19쪽에 걸쳐 나
와 있다.

(2) 신라 김씨 왕들의 업적

　신라 김씨는 13대 미추이사금(味鄒尼師今)부터 왕에 오르기 시작해 56

---

2)《三國史記》新羅 第4 脫解尼師今.
3)〈新羅本源〉,《경주김씨대동보》권 1, 1971, 11쪽.
4) 慶州金氏 서울 宗親會 編著,〈신라왕조의 후예〉,《慶州金氏略史》, 淸文閣, 1998. 7, 3~5쪽.
5) 慶州金氏 서울 宗親會 編著, 위의 책, 8~9쪽.

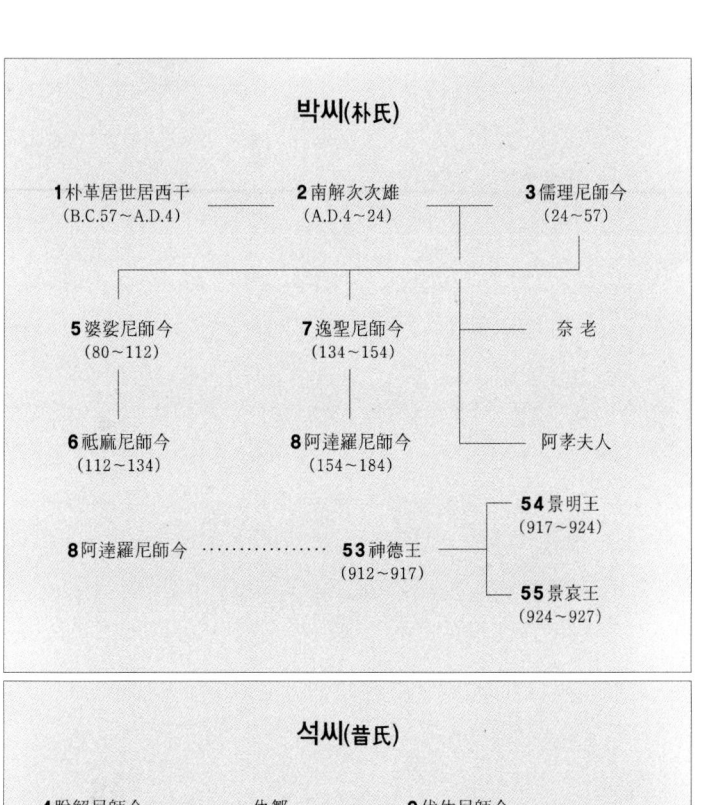

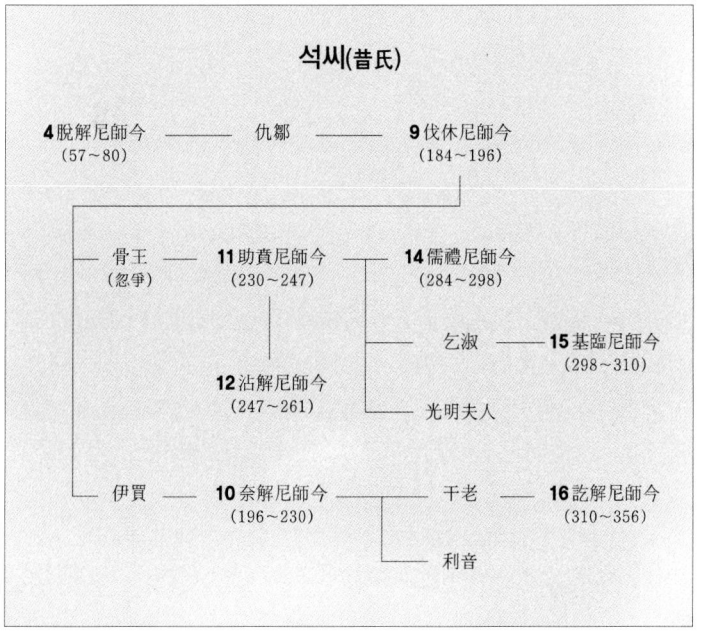

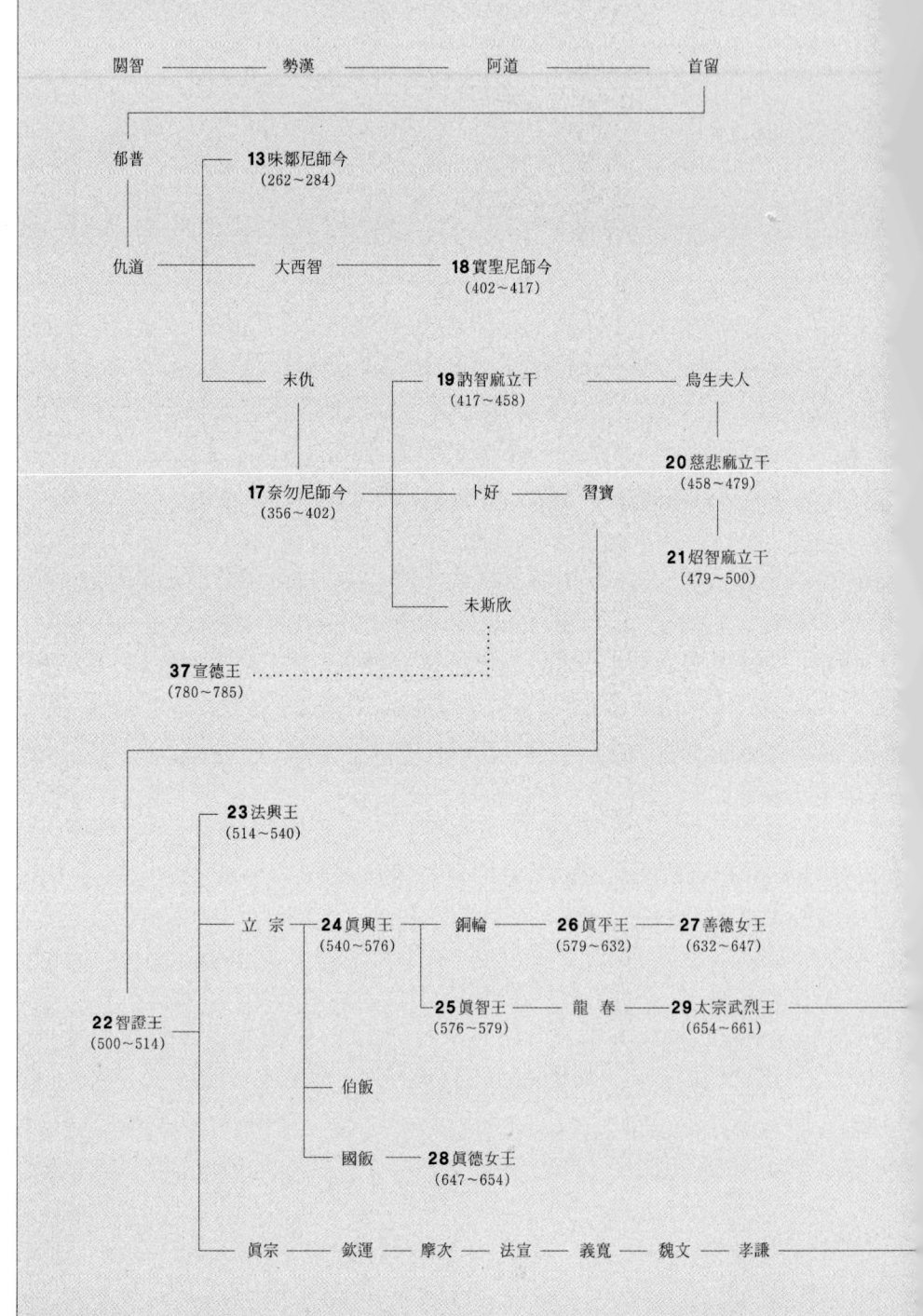

김씨(金氏)

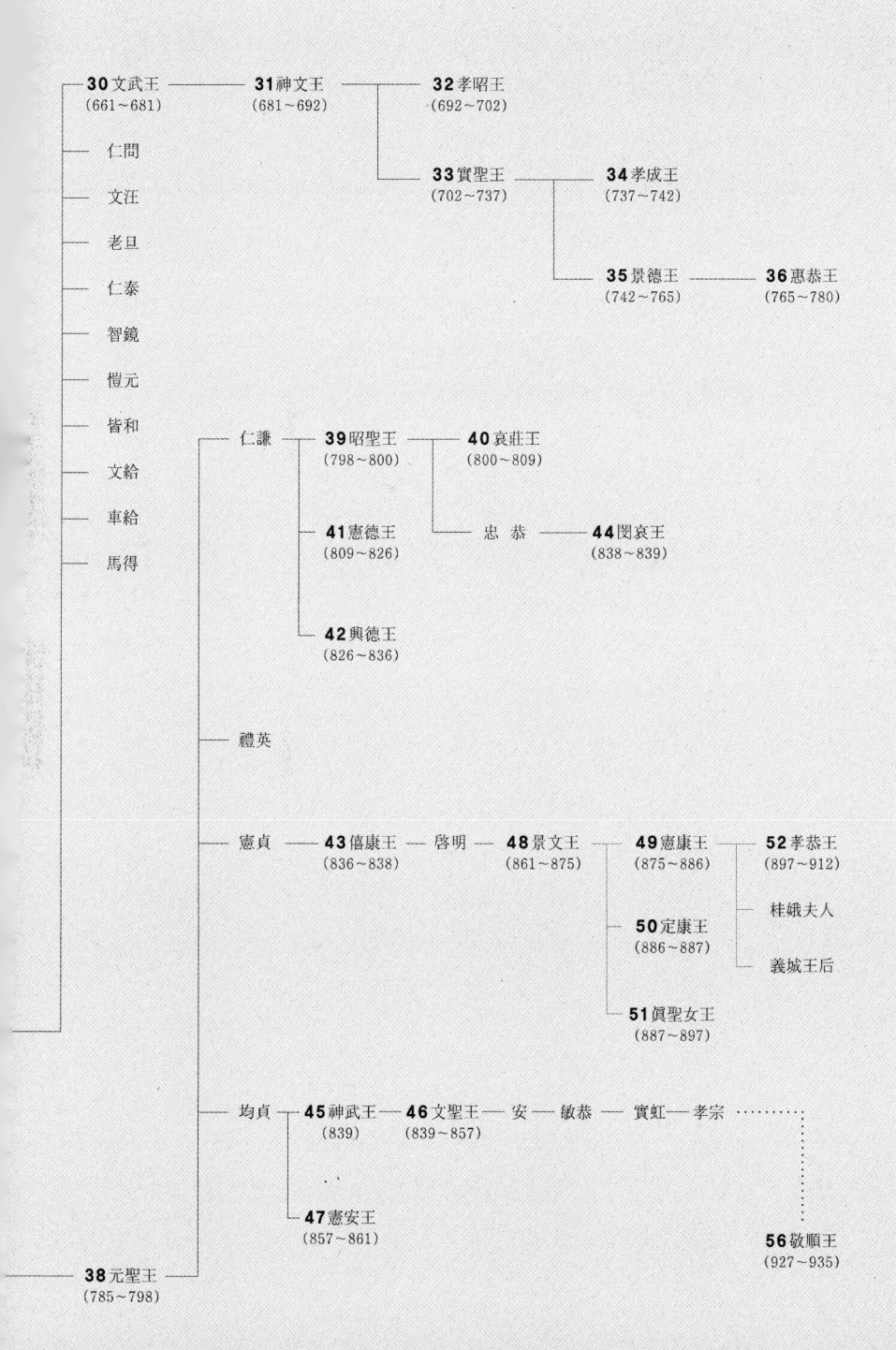

김씨선원계통도(金氏璿源系統圖)

※ 왕명 아래의 숫자는 신라왕세대, ( )안의 숫자는 김씨왕세대

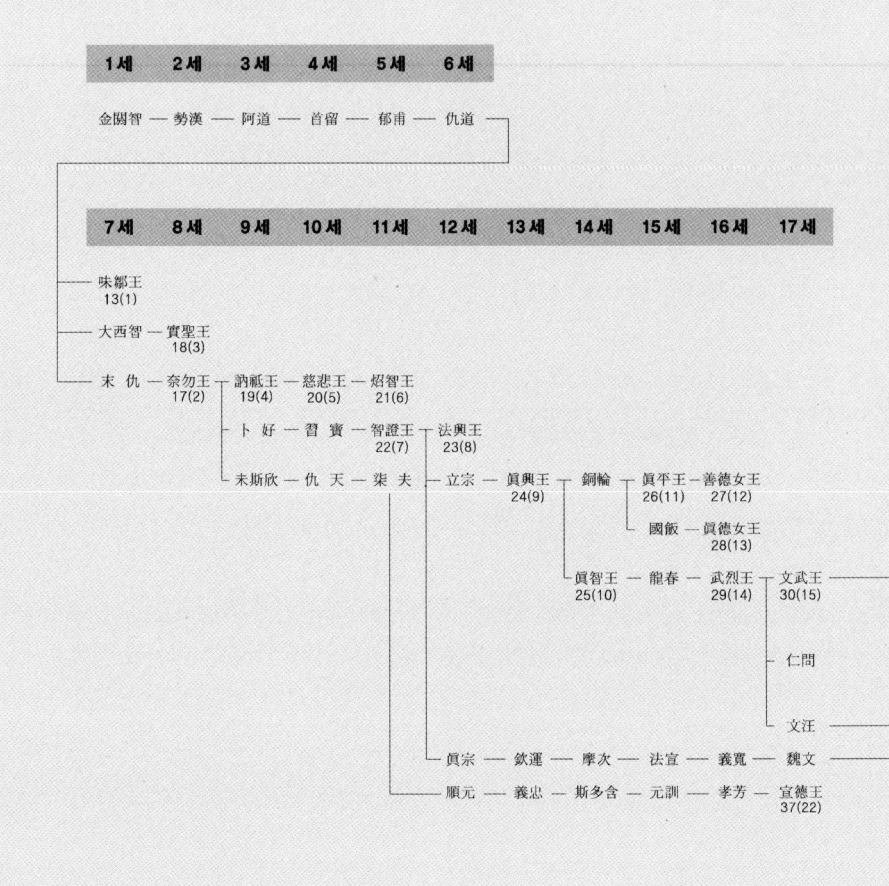

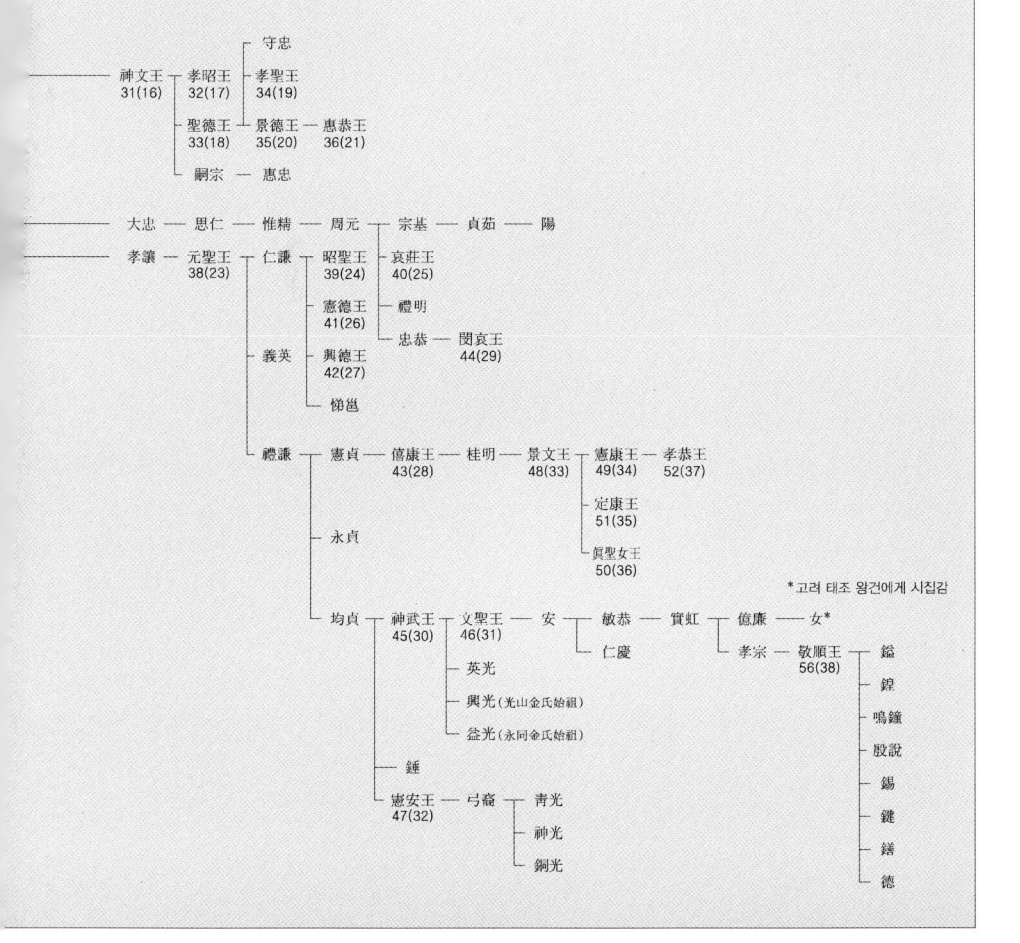

대 경순왕(敬順王)에서 그쳤다. 미추이사금의 이름은 미추(味鄒)인데 그
때까지는 시법(諡法)이 시행되지 않아 그대로 칭호로 삼았다. 미추의 선조
는 알지(閼智)-세한(勢漢)-아도(阿道)-수유(首留)-욱보(郁甫)-구도(仇
道)이다. 아버지 구도는 일길찬(一吉湌)으로 갈문왕(葛文王: 신라 초기에
시법이 시행되기 전에는 追封王을 모두 갈문왕이라 했다)에 추존되었으며,
벌휴이사금(伐休尼師今) 때 장군으로 좌군주(左軍主)를 지냈다. 어머니
술예부인(述禮夫人) 박씨는 갈문왕 이비(伊非)의 딸이다. 아내는 광명부
인(光明夫人) 석씨(昔氏)이며 조분이사금(助賁尼師今)의 딸이다. 조분이
사금의 아우 첨해이사금(沾解尼師今)이 죽고 아들이 없자, 나라 사람들이
미추를 추대해 임금으로 삼았다. 김씨가 국왕이 된 시초이다.

　262년(미추이사금 1) 12월에 즉위하면서 경주부 남쪽 사리(四里)에
있는 금성(金城)에 도읍을 정했다. 284년(미추이사금 23) 10월에 죽어
대릉에 장사지냈다. 유례이사금(儒禮尼師今) 때 이서국(伊西國)이 금성
을 공격했는데, 갑자기 입에 댓잎을 문 이상한 군대가 와서 힘을 합해 적
병을 물리쳤다. 적병이 물러간 뒤에 댓잎이 미추이사금 능 앞에 쌓여 있었
다. 이에 미추이사금의 음덕임을 알고 그 능을 죽현릉 또는 죽장릉이라고
했다고 한다. 1888년(고종 25)에 비석을 세웠는데, 전면에는 '미추왕릉'이
라 새기고 뒷면에는 '신라' 두 글자를 전자(篆字)로 새겼다.

　신라 김씨 왕들의 업적에 대해서는 남공철(南公轍)의 〈신라김씨시조대
보공휘알지탄강계림유허비명〉(新羅金氏始祖大輔公諱閼智誕降鷄林遺虛
碑銘)에 잘 요약되어 있다.

　　탈해왕(脫解王) 때 시림(始林)에서 닭이 우는 소리를 듣고 금궤를 얻어 열
　　어 보아 어린 아이가 있음을 살펴보고 거두어 길러서 이름을 '알지'(閼智)
　　라 하고 성은 김씨라 하며, '시림'을 '계림'(鷄林)으로 고쳤다. 7세손 미추
　　(味鄒)에 이르러 조분왕(助賁王)의 사위가 되었는데, 조분왕이 아들이 없었
　　으므로 미추가 대를 이어 이사금(尼師今)이 되었다. 미추로부터 내물(奈
　　勿), 실성(實聖)을 거쳐 눌지(訥祗)에 이르러, 이사금을 마립간(麻立干)으로

고치고 백성에게 의복제도와 우차(牛車)의 사용법을 가르쳤다. 눌지가 죽고 아들인 자비(慈悲)가 마립간이 되었으며, 자비가 죽고 아들인 소지(炤智)가 마립간이 되어 비로소 시장을 개설하고 상점을 두게 하여 사방의 물자가 서로 통하게 했다. 소지가 죽고 아들 지증(智證)이 마립간이 되어 순장(殉葬)을 금하고, 주군(州郡)에 명해 농사를 권장했으며, 소를 사용해 전답을 갈게 하고 국호를 '신라'(新羅)라 일컬었다(A.D. 500). 방언(方言)을 바로잡고, 마립간을 왕으로 고쳤으며, 상복(喪服)을 제정했다. 그가 죽으니 시호(諡號)를 지증(智證)이라 했다. 시법(諡法)이 실시된 것은 이때부터이다.

지증왕의 아들 법흥왕은 법률을 반포하고, 연호(年號)를 건원(建元)이라 했다. 진흥왕(眞興王)과 진지왕(眞智王)을 지나 진평왕(眞平王)에 이르러 아들이 없어서 선덕여주(善德女主)가 왕위에 나아가 귀족의 자제를 당나라 국학(國學)에 유학보냈다. 선덕여주가 죽고 진덕여주(眞德女主)가 즉위하니 진평왕의 외숙인 국반(國飯)의 딸이다. 처음으로 당나라 제도를 모방해 관복을 만들고, 사신을 당나라에 보내어 백제를 공격할 것을 의논했으며, 왕이 스스로 태평송(太平頌)을 지어 바치니 당 고종이 가상히 생각했다. 이때부터 비로소 중국의 연호를 썼다. 진덕여주가 죽고 태종무열왕이 왕위에 오르니 진지왕(眞智王)의 손자이다. 아들 인문(仁問)이 당장(唐將) 소정방(蘇定方)과 함께 백제를 멸망시켰다. 무열왕이 죽고 아들이 문무왕(文武王)으로 즉위해 부녀자들로 하여금 중국의 의상(치마 저고리)을 입게 했으며, 당나라 군사와 함께 고구려를 멸망시켰다. 역법(曆法)을 반포하고, 관인(官印)을 새겼다. 문무왕이 죽고 아들 신문왕(神文王)이 즉위해 당에 사신을 보내 예전(禮典)과 사장(詞章)을 내려줄 것을 청하니 측천무후(則天武后)가 길흉요체(吉凶要體)를 문사(文詞)에서 고르고 규계(規戒)를 거친 책 50권을 만들어 하사했다. 신문왕으로부터 효소왕(孝昭王)을 지나 성덕왕(聖德王)에 이르러 물시계를 만들었고, 효성왕(孝成王), 경덕왕(景德王), 혜공왕(惠恭王)을 거쳐 선덕왕(宣德王)을 지나 원성왕(元聖王)에 이르러 독서삼품과(讀書三品科)를 실시하고, 소성왕(昭聖王), 애장왕(哀莊王), 헌덕왕(憲德王), 희강왕(僖康王), 민애왕(閔哀王), 신무왕(神武王), 문성왕(文聖王),

헌안왕(憲安王), 경문왕(景文王), 헌강왕(憲康王), 진성여왕(眞聖女王), 효공왕(孝恭王)을 지나 경순왕(敬順王)에 이르러 고려에 나라를 양여하려 하자 태자가 반대했다. 이에 왕이 이르기를 "과인(寡人)이 외롭고 위태해 형세가 완전치 못하니, 죄 없는 백성을 비참하게 죽게 함은 내 차마 못하리라."하고 시랑(侍郎) 김봉휴(金封休)를 고려에 보내 나라를 받아줄 것을 청하니 김씨 38대 588년에 국조(國祚)가 끊어졌다.6)

(3) 경순왕(敬順王) 김부(金傅)

경순왕의 휘(諱)는 부(傅)로 897년(효공왕 1)에 태어났다. 왕의 아버지는 추존 신흥왕(神興王) 효종(孝宗)이며, 어머니는 계아부인(桂娥夫人) 김씨이다. 892년(진성여왕 6)에 서남해의 신라 비장(裨將)인 견훤이 반기를 들어 완산주(完山州)에서 후백제를 세우고, 901년(효공왕 5)에 궁예(弓裔)가 고려를 세웠다. 궁예는 32대 헌안왕(憲安王)의 아들이다. 고려는 904년(효공왕 9)에 국호를 마진(摩震), 연호(年號)를 무태(武泰)라 했다가, 911년(효공왕 15)에 다시 국호를 태봉(泰封), 연호를 수덕만세(水德萬歲)로 바꾸고 수도를 철원으로 옮겼다. 그러나 918년(경명왕 2) 6월에 왕건이 즉위해 송악(松岳)에 도읍[開城]을 정했다.

927년 11월에 견훤(甄萱)이 신라에 쳐들어와 경애왕(景哀王)을 자진(自盡)하게 하고 그 자리에 경순왕을 즉위시켰다. 왕은 선왕의 시체를 사당에 모시고 군신이 함께 통곡하며 '경애'(景哀)라는 시호(諡號)를 내리고, 경주 남산(南山) 해목령(蟹目嶺)에 장사지냈다. 이에 고려 왕건(王建)이 사신을 보내 조문했다.

왕은 즉위하자마자 아버지를 추존해 신흥대왕(神興大王)으로 삼고 어머니를 왕태후로 삼았다. 《삼국유사》에 조부는 벼슬이 각간(角干)이었는데 추봉(追封)해 의흥대왕(懿興大王)이라 했다고 되어 있다. 931년(경순

---

6) 慶州金氏 서울 宗親會 編著, 앞의 책, 43~44쪽.

왕 5) 2월에 왕건이 신라 왕도를 방문해 수십 일 동안 머물다 간 일이 있었는데, 왕건의 군사들이 군기가 잡혀 있어 민가를 조금도 침해하지 않았다. 이에 경주의 사녀(士女)들이 기뻐하며 말하기를 "전일 견훤이 왔을 때는 표호(豹虎)를 만난 것과 같더니 왕공이 이르렀을 때는 부모를 보는 것과 같다."고 했다고 한다.

왕건이 돌아갈 때 경순왕의 종제 김유렴(金裕廉)을 인질로 데리고 갔는데, 같은 해 8월에 다시 사신을 보내 왕에게 면채(綿綵)와 안마(鞍馬)를 선물하고, 관료와 장병들에게는 포백(布帛)을 보내왔다.

날이 갈수록 신라의 국토는 줄어들고 민심이 고려로 향하자, 경순왕이 군신회의를 열어 왕건에게 양국(讓國)하기로 했다. 세자인 마의태자(麻衣太子)의 반대를 무릅쓰고, 시랑(侍郎) 김봉휴(金封休)를 시켜 나라를 바친다는 국서를 고려에 보내니 그때가 935년(경순왕 9) 11월이다.

이에 왕건은 경순왕을 관광순화위국공신상주국낙랑왕(觀光順化衛國功臣上柱國樂浪王)에 봉하고, 장녀 낙랑공주(樂浪公主: 神鸞宮夫人)를 주어 계비(繼妃)로 삼게 하고, 그해 12월에 정승으로 봉해 왕세자의 윗자리에 올려 주었다. 뿐만 아니라 식읍(食邑) 8천 호(戶), 세록(世祿) 1천 석을 주고, 신란궁을 지어 살게 했으며, 월성(月城)을 경주(慶州)로 고쳐 왕의 식읍으로 삼았다. 그 대신 경순왕은 자신의 백부 지대야군사(知大耶郡事) 김억렴(金億廉)의 딸을 왕건의 왕비로 삼게 했다(그녀는 고려 8대 현종의 아버지 욱郁을 낳았으며, 욱은 뒷날 안종安宗으로 추봉되었다). 그리고 975년(경종 즉위년) 10월에는 경순왕의 딸이 경종의 왕비인 헌숙왕후가 되었다. 이에 경종은 경순왕을 상부령(尙父令)에 봉해 기존의 지위에 상부도성령(尙父都省令)의 직위를 더하고 추충순의숭덕수절공신(推忠順義崇德守節功臣)의 호를 내려주었으며, 식읍도 1만 호로 늘렸다.

978년(경종 3) 4월 4일에 죽으니 시호는 경순(敬順)이다(《삼국유사》 권 2, 〈金傅大王篇〉에는 시호가 孝穆으로 되어 있다). 능은 경기도 장단군 장남면 고랑포리에 있는 성거산(聖居山) 아래 계좌(癸坐)에 있었는데, 관리 소홀로 실전(失傳)되었다가 1748년(영조 24)에 김응호(金應豪)가

발견해 특별히 치제(致祭)하고, 표석(表石)을 세워 1년에 한 번 제사를
올리게 했다. 표석의 앞면에는 '신라경순왕지릉'(新羅敬順王之陵)이라고
썼고, 음기(陰記)에는 "신라 56대 경순왕은 후당(後唐) 명송(明宗) 때인
천성(天成) 2년 정해(丁亥)에 경애왕(景哀王)의 뒤를 이었다. 노왕(潞王)
때인 청태(淸泰) 을미(乙未)에 나라를 고려에 양도했다. 송나라 때인 태
평흥국(太平興國) 무인(戊寅), 곧 고려 경종 3년 3월 4일에 돌아가시니
시호(諡號)를 '경순'(敬順)이라 했다. 장단(長湍) 고부(古府)의 남팔리
(南八里)에 왕의 예로 장사지냈다."고 적혀있다. 뒷면에는 "더할 나위 없
는 훌륭한 행실로 순덕(純德)·영모(英謨)·의열(毅烈)의 시호를 더했다.
영조 23년 모(某)월 모일에 세우다."라고 기록되어 있다.

그러나 그 뒤에도 무덤은 버려져 있었고, 해방 뒤 남북분단으로 실전
(失傳)되었다가 한국전쟁으로 수복된 뒤에 주둔군(駐屯軍) 여길도(呂吉
道) 대위가 매년 병사를 이끌고 벌초하고 참배해 왔다. 그러다가 1972년
에 이 능이 경주 김씨 중시조인 경순왕의 능이라는 것을 알고 그 해 7월
12일에 경주김씨중앙종친회에 이 사실을 알려 주었다. 그리하여 1974년
에 비로소 사적 224호로 지정되었고, 매년 양력 10월 3일에 제사를 지내
고 있다.

(4) 경순왕의 자손들

경순왕의 제 1부인인 죽방부인 소원왕후(昭元王后) 박씨는 3남 1녀를
낳았다. 그 첫째 아들이 마의태자 김일이다. 그의 이름은 전하지 않으나
'전'이라고도 하고, 배다른 동생인 김은열(金殷說)의 묘지(墓誌)에는
'일'(鎰)로 기록되어 있기도 하다. 경순왕이 나라를 고려에 바칠 것인가를
논의하는 대신회의가 열렸을 때 찬성하는 사람도 있고 반대하는 사람도
있었다. 이때 태자가 "나라의 존망에는 반드시 천명이 있는 것이니, 충신,
의사와 더불어 민심을 수습하여 나라를 굳게 지키다가 힘이 다 한 뒤에
이를 의논함이 옳을 것이거늘, 어찌 천년 사직(社稷)을 하루아침에 경솔

하게 다른 사람에게 주는 것이 옳으리오?"라며 반대했으나, 경순왕이 "과인(寡人)이 외롭고 위태해 형세가 완전치 못하니, 죄 없는 백성을 비참하게 죽게 함은 내 차마 못하리라."하며 시랑 김봉휴(金封休)를 보내어 항복하니, 태자가 통곡하면서 왕을 사직하고 개골산[金剛山]으로 들어가 바위를 의지하고 베옷을 입고 풀을 캐어 먹으면서 살다가 일생을 마쳤다. 금강산 〈마가연사적〉(摩訶衍事蹟)에 따르면 태자가 금강산에 들어와 베옷을 입고 풀을 캐어먹으면서 일생을 마치자 후세에 마의태자라 일컬었다고 한다.7) 지금도 금강산 영원동(靈源洞)에 태자성(太子城)이 있고, 또 비로봉(毘盧峰)에는 태자묘(太子墓)가 있다.

태자에게 동생 둘이 있었는데 이름은 전하지 않는다. 그러나 1784년(정조 8)에 우의정 김사목(金思穆)이 발견한 고려 평장사 김은열(金殷說)의 묘지에 따르면, 경순왕의 첫째 부인인 죽방부인의 첫째 아들 마의태자(麻衣太子)의 이름은 일(鎰)이요, 둘째 아들의 이름은 굉(鍠)이요, 셋째 아들의 이름은 명종(鳴鍾)으로 되어 있다. 둘째 아들 굉은 처자를 버리고 해인사(海印寺)에 들어가 중이 되었는데 승명(僧名)은 범공(梵空)이다. 산에 들어가기 전에 김운발(金雲發)이라는 아들이 있었는데, 그 자손들이 나주 김씨(羅州金氏)가 되었다. 셋째 아들 영분공(永芬公) 명종은 태자와 형이 산으로 들어 간 것과는 달리 경순왕을 따라 고려로 왔는데, 그 자손은 경주 김씨(慶州金氏)가 되었다.8) 딸은 고려 경종(景宗)에게 시집갔다. 헌숙부인(獻肅夫人)이다.

신란궁부인(神鸞宮夫人) 왕씨는 5남 2녀를 두었는데, 다섯 아들의 이름은 각각 은열(殷說)·중석(重錫: 錫이라고도 한다)·건(鍵)·선(鐥)·추(鍾)이다. 《경주김씨학주공파세보》(慶州金氏鶴洲公派世譜, 2000년 2월간)에 따르면, 우의정 김사목이 1784년에 송악산(松嶽山) 종암(鍾岩) 언덕에서 우연히 세 개의 지석(誌石)을 발견했다고 한다. 경순왕의 넷째 아들인 평장사 은열(殷說)의 묘지와 평장사 굉(鍠)의 묘지, 경순왕의 7세손

---

7) 《慶州金氏太師公派甲辰譜》卷之一, 4쪽.
8) 위의 책, 4쪽.

검교태자소보(檢校太子小保) 김경보(金景輔)의 묘지가 그것이다. 그런데 은열의 묘지에 "신라 경순왕의 넷째 아들 시중시랑 평장사 은열이 968년 (광종 19)년 무진(戊辰) 3월 4일 기축에 졸(卒)하여 성의 북쪽 10리 종암 (鍾岩) 아래 오룡산(五龍山) 남쪽 기슭 쌍룡합금(雙龍合金)으로 된 임좌 (壬坐) 언덕에 장례를 모셨다. 형은 일(鎰)이요, 다음은 굉(鍠)이요, 다음 은 명종(鳴鍾)이다. 아우는 중석(重錫)이요, 다음은 건(鍵)이며, 다음은 선 (鐥)이고, 다음은 추(錘)이다."라고 적혀 있다고 한다. 그러나 이 사실을 입증할 길이 없다.

은열은 공부시랑(工部侍郞)을 지냈고, 평장사로서 보국대안공(輔國大安公)에 봉해졌으며, 968년(고려 광종 19) 3월 초 4일에 죽었다고 한다. 묘는 개성 북쪽 10리쯤에 있는 종암(鍾岩) 아래 오룡산(五龍山) 남쪽 기슭에 있는데, 지금의 개풍군(開豊郡) 영남면(嶺南面) 용흥리(用興里)이며, 그 자손은 경주 김씨(慶州金氏)가 되었다. 1849년(헌종 15)에 개성유수(開城留守) 정집(鼎集)이 표석을 세웠다.

중석은 의성군(義城君)에 봉해졌고, 문하시중을 지냈으며, 그 자손은 의성 김씨(義城金氏)가 되었다고 한다. 건은 강릉군(江陵君)에 봉해졌고, 벼슬은 문하시랑(門下侍郞) · 좌복야를 지냈으며, 그 자손은 강릉 김씨(江陵金氏)가 되었다고 한다. 선은 언양군(彦陽君)에 봉해졌고, 태자소보 겸 문하시랑(太子少保兼門下侍郞)을 지냈으며, 그 후손은 언양 김씨(彦陽金氏)가 되었다고 한다. 추는 삼척군(三陟君)에 봉해졌고, 문하시랑 · 좌복야를 지냈으며, 그 후손은 삼척 김씨(三陟金氏)가 되었다고 한다. 두 딸은 시중 황경(黃瓊)과 고려 삼한공신(三韓功臣) 이금서(李金書)에게 시집갔다고 전한다.9)

안비(安妃)는 아들 하나를 두었는데 덕지(德摯)이다. 그는 학성부원군 (鶴城府院君)에 봉해졌고, 예부상서를 지냈으며, 그 후손은 울산 김씨(蔚

---

9) 앞의 책, 50쪽 ; 〈先系考證王子墓誌發見事實 및 新羅王室世系〉, 같은 책, 32쪽. 그러나 《江陵金氏族譜》에 따르면 강릉김씨의 조상은 金周元이라 했으니, 경순왕의 아들 鍵의 자손이 강릉김씨가 되었다는 것은 믿을 수 없다.

山金氏)가 되었다고 한다. 우암 송시열의 김인후(金麟厚) 비(碑)에 "울산 김씨는 다 신라 김부왕(金傅王)에서 나왔다. 학성부원군 덕지는 그 별자라고 했을 뿐이고 서차는 알 수 없으므로 맨 끝에다 기록한다."고 했다.10)

(5) 경순왕의 자손들에게 내린 조선 역대 왕의 특전

조선 태종은 전교(傳教)를 내려 "경순왕의 후손들을 대대로 사랑하고, 그 후손에게 녹을 주고, 비록 신분이 낮더라도 군역 · 부역 · 과거에 특혜를 주고 침범하지 못하도록 하라."고 했고, 선조도 "대대로 그(경순왕)의 자손들에게 녹을 주어 등용하고, 비록 약질로 생긴 자손이나 천한 서열일망정 건드리지 않도록 재삼 깨우치노라."고 했다.

효종도 "경순왕의 자손에게 녹봉을 주고 사랑하라는 것은 이미 나라의 법전에 실려 있으니 혹시라도 사사로이 노비로 삼은 자가 있으면 즉시 석방해 양민으로 돌아가게 하고, 군역과 부역을 시키지 말도록 재삼 전교한다."고 했고, 숙종도 "경순왕의 자손에게 녹봉을 주고 사랑하라는 것은 이미 나라의 법전에 실려 있어 분명히 상고할만한 것이므로, 여러 차례에 걸쳐 호패(號牌)를 내리고 군역 · 부역에서 면제하여 건드리지 못하게 한 것은 한결같이 선대왕들이 고시한 바로서, 그 성교(聖教)를 받들어 이에 받아 전하여 시행하는 바이다."라고 했다.

또한 영조도 "경순왕의 후예들을 군역과 부역에서 빼주는 것은 선대 임금 때부터 전해오는 전교이니 금석과 같은 법전이다."라고 했다. 이처럼 경순왕의 자손들에 대한 특전은 고려 시대뿐 아니라 조선 시대까지도 계속되어 왔음을 알 수 있다.

---

10) 〈先系考證王子墓誌發見事實 및 新羅王室世系〉, 앞의 책, 35쪽.

2. 고려시대의 경주 김씨 상촌공파(桑村公派)

(1) 상촌공파 상계(上系)의 고증(考證)

상촌공파의 조상은 경순왕과 신란궁부인(神鸞宮夫人: 樂浪公主) 사이
에서 낳은 5남 2녀 가운데 장남인 은열(殷說)이다. 그러나 은열로부터 상
촌공파의 중시조인 인관(仁琯)까지 7~8대 약 138년 동안의 계대(系代)
가 불분명하다. 여러 파보에 그 계대가 적혀 있는 경우도 있으나, 그나마
도 기록이 일치하지 않아 신용할 수 없기 때문에 그대로 적어 두어 후일
의 고증을 기다린다고 나와 있다. 1875년(고종 11)에 나온 을해보(乙亥
譜) 범례에는 다음과 같이 나와 있다.

> 대체로 모든 것은 〈갑진보(甲辰譜)〉의 구례를 따르려 했지만 보태거나 삭
> 제를 하지 않을 수 없는 부분이 있는데, 경순왕(敬順王)으로부터 태사공(太
> 師公[金仁琯])까지는 7~8대의 기록을 잃어버린 것으로 의심된다고 적혀
> 있다. 각각의 파보(派譜)를 견주어 살펴보면 대수(代數)가 서로 이어져 분
> 명하고 자세해 의심할 것이 못되지만, 감히 그대로 쓸 수 없어서 작은 글자
> 로 책머리에 기록해 후세에 바르게 고증하기를 기대한다.11)

문제가 되는 경순왕부터 태사공까지 가계도를 그려보면 다음 쪽에 실
린 〈경순왕부터 태사공까지의 가계도〉와 같다.

그러나 이 가계도는 대단히 의심스러운 데가 많다. 《경주김씨학주공세
보》에서도 다음과 같이 기술하고 있다.

---

11) 〈乙亥譜凡例〉, 앞의 책, 16쪽.

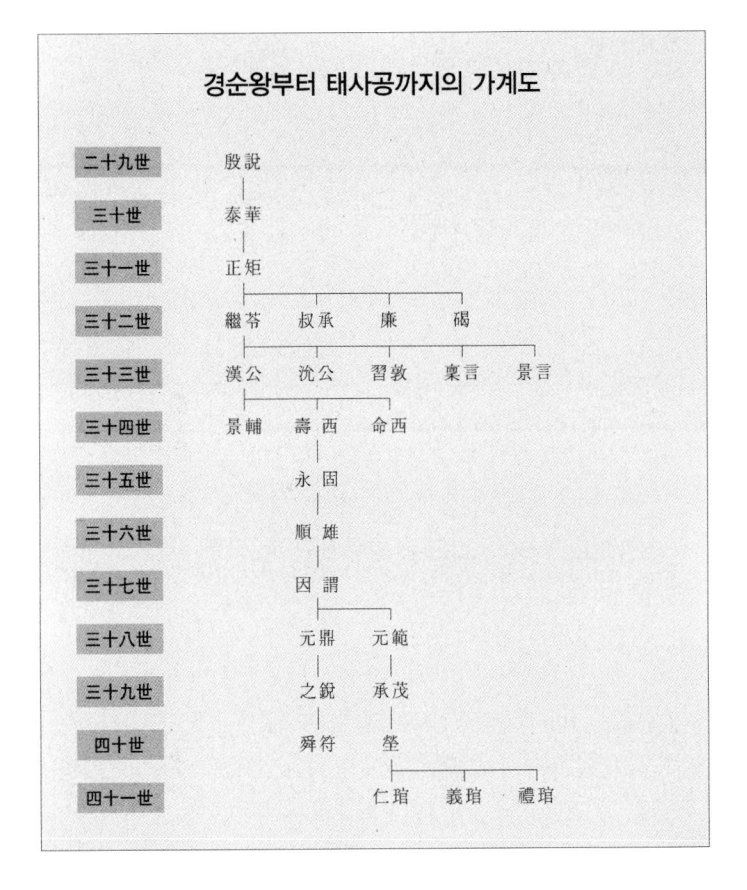

경순왕부터 태사공까지의 가계도

二十九世	殷說
三十世	泰華
三十一世	正矩
三十二世	繼苓　叔承　廉　碣
三十三世	漢公　沈公　習敎　槀言　景言
三十四世	景輔　壽西　命西
三十五世	永固
三十六世	順雄
三十七世	因謂
三十八世	元鼎　元範
三十九世	之銳　承茂
四十世	舜符　塋
四十一世	仁琯　義琯・禮琯

인관(仁琯)은 상촌(桑村)의 조상인데 이를 검토해 본다. 어느 족보에는 휘
(諱) 태화(泰華) 일대(一代)가 실려 있는가 하면, 다른 족보에는 휘 태화 일
대가 빠져 있어서 매우 모호하다. 또 전서공(典書公) 휘 자정(子汀)파 구보
(舊譜)에도 휘 태화를 빼놓고 간행했다. 또 각 문중의 집록(輯錄)을 검토해
보니 선계(先系)에 많은 자손이 기록되어 있는데, 정정된 논의가 없었으므
로 감히 바로 쓰지 못했다. 계대(系代)에 대해서는 지금까지 살펴본 바에
따라 여기에 기록했지만 뒤에 넓은 고찰을 기다린다. 먼저 족보에 기재된
경순왕에서 태사공까지 7~8대의 기록도 잃어버린 것으로 의심되어 심히

상세치 않다.12)

위의 가계도 이외에도 여러 이름이 등장하고, 그들이 지낸 벼슬이나 배위(配位), 배위의 자손 등에 대한 기록이 나오기는 한다. 그러나 그 근거가 구보(舊譜)·유지(幽誌: 예를 들면 少保公 景輔幽誌) 등으로 불분명하므로 이 정도로 설명을 마친다. 후일의 고증을 기다릴 뿐이다.

(2) 상촌공파의 중시조(中始祖) 태사공(太師公) 인관(仁琯)과 그 자손들

김인관(金仁琯)은 과거에 장원급제한 뒤, 1115년(고려 예종 10)에 낭중(郎中)으로 요(遼)나라에 가서 기복(起復)시켜 준 것을 사례했다. 벼슬은 조산대부(朝散大夫) 위위시경(衛尉寺卿)을 거쳐 검교태자태사(檢校太子太師)에 이르렀다(일설에는 1347년(충목왕 3)에 연이어 장원했기에 충목왕이 친히 홍패(紅牌)를 내리고 말과 붉은 가죽신을 주었으며, 금화모(金花帽) 쓰는 것을 허락했다고 한다). 묘는 개성 열마리(閱麻里)에 있는데, 일설에는 십응리(十鷹里)에 있다고도 한다. 구보(舊譜)에는 그가 경순왕의 몇 대인지 명확히 밝혀져 있지 않다. 경순왕이 978년(고려 경종 3)에 세상을 뜬 뒤 138년만인 1115년(고려 예종 10)에 그가 낭중이 되었는데 이로 미루어 보아 그 사이 7~8대의 기록이 사라진 것이 아닌가 하는 의문이 든다. 조중운(趙仲耘)의 《씨족원류》(氏族源流)나 임경창(任敬昌)의 《성원총록》(姓苑叢錄)을 살펴보면 모두 헌강왕(憲康王)의 7세손이라 했는데, 무엇을 근거로 말했는지 몰라 지금으로서는 고증할 수 없다. 또 말하기를 1107년(예종 2)에 문과에 장원했다고 했는데, 《고려사》를 살펴보니 그해에는 문과시험이 없었고, 1347년(충목왕 3)에 김인관(金仁琯)을 급제시켰다고 했으나 이 사람은 낙안 김씨의 먼 조상이다. 이름이 같기 때문에 아마도 잘못 알고 기록한 듯하다. 〈을축보〉(乙丑譜)의 범례

---

12) 〈各家考證〉, 앞의 책, 16쪽.

에 《고려사》를 살펴보면 헌강왕(憲康王)의 전자(傳子) 효공왕(孝恭王)은 자손이 없고, 단지 누이동생 계아부인(桂娥夫人)이 있을 뿐이었으니, 태사공이 헌강왕의 아들이라는 말은 와전된 것으로 보인다.[13]

인관의 아들은 전중내급사(殿中內給事)를 지낸 칙려(則麗)이고, 손자는 위위시주부(衛尉寺主簿)를 지낸 필균(弼鈞)이며, 증손자는 도감판관(都監判官)을 지낸 정유(貞裕)이다. 을축보에는 정유가 충목왕(忠穆王)대에 문과(文科)에 장원을 했다고 했으나 《고려사》 방목(榜目)에는 보이지 않는다. 세대를 되짚어 보니 정유는 충목왕 이전 사람이다. 그동안 오랜 세월이 지났기에 먼저의 족보가 잘못된 것 같다.

인관의 5세손은 예빈성승(禮賓省丞)을 지낸 종성(宗誠 또는 宗成)이요, 6세손은 합문지후를 지낸 예(裔)이다. 《전서공파보》(典書公派譜)에는 두 아들이 있었는데 첫째는 봉상대부삼사부사(奉常大夫三司副使)를 지낸 영백(英伯)이요, 둘째는 태자첨사(太子詹事)를 지낸 영중(英仲)이라 했다. 《수은공파보》(樹隱公派譜)에는 영백의 호(號)가 회재(晦齋)요, 권국헌(權菊軒)의 문인이라고 되어 있다. 그리고 《전서공파보》에는 영중의 아들 박(璞)은 통례문부사(通禮門副使)와 문하시랑평장사(門下侍郞平章事)를 지냈으며, 부인은 집현전학사 윤등(尹登)의 딸이라 되어 있다. 박의 아들은 자호(自湖)인데 자(字)는 덕포(德鮑)이고, 호는 간은(澗隱)으로 문과에 장원해 벼슬이 경상도관찰사에 이르렀고, 부인은 문하시랑 조대형(趙大亨: 본관은 한양)의 딸인데, 묘는 전주 북문 밖 3마장쯤 되는 곳에 있다고 했다. 자호는 두 아들을 두었는데, 첫째는 나주목사를 지낸 자(梓)이고, 둘째는 함흥판관을 지낸 기(杞)이다. 이러한 사실은 비록 구보(舊譜)에는 기록되어 있지 않으나 비갈(碑碣)이 나와 고증되었으므로 여기에 적는다.

인관의 8세손은 봉상대부 통례문부사지제교를 지낸 오(珸)이다. 오는 조선이 건국된 뒤 증손 영유(永濡)가 현달해 통정대부예조참의지제교(通

---

13) 《慶州金氏鶴洲公派世譜》 上系. 1~4쪽.

政大夫禮曹參議知製敎)에 추증되었다. 묘는 홍주성 산 안의 길가에 있다
고도 하고, 풍덕 동면 오촌(梧村)에 있었다고도 한다. 그러나 정확한 묘의
위치가 전해오지 않게 되어, 1804년(순조 4)에 후손 한열(漢烈)과 병사
노갑(魯甲)이 오의 부인인 일직 손씨(一直孫氏) 묘의 앞산에 단(壇)을 쌓
고 일년에 한 번씩 제사를 지냈는데, 1818년(순조 18)에 15대손 노경(魯
敬)이 시묘동(侍墓洞) 산소단(山所壇)의 향사절목(享祀節目)을 지어 제
삿날을 10월 1일로 정했다. 그 뒤 1977년 10월 10일에 후손의 성금으로
안동시 안기동(安奇洞)의 국도 변에 유허비를 세웠다. 비문은 23대손 연
뢰(淵雷)가 짓고, 20대손 익환(翊煥)이 앞면의 큰 글씨를 썼으며, 18대손
필제(弼濟)가 음기(陰記)를 썼다.

　부인은 증숙부인(贈淑夫人) 일직 손씨이다. 아버지는 삼중대광판삼사
사복천부원군(福川府院君) 정평공(靖平公) 홍량(洪亮)이요, 조부는 판삼
사사(判三司事) 기(紀)요, 증조부는 검교군기감(檢校軍器監) 연(衍)이다.
외조부는 삼중대광양성군(陽城君: 본관은 양성) 이정(李挺)이다. 묘는 안
동 시묘동(侍墓洞)에 있는데, 호계서원(虎溪書院)의 건너 산이니 여산
(廬山) 시묘동(侍墓洞)이 바로 이곳이다. 이곳은 또한 상촌이 피눈물을
흘리면서 여묘(廬墓)살이를 하던 곳이기 때문에 시묘동이라고도 한다.
1859년(철종 10)에 후손 태희(台喜)가 동구(洞口)에 있는 돌에 '시묘동'
이라는 세 글자를 크게 새겼다.

　낙동강 댐 공사로 단(壇)과 묘가 물에 잠기게 되어 1973년에 참의공
(珸)을 초혼(招魂)해 위패를 만들어 모시고 손씨의 유해를 수습해 안동시
안기동에 계좌(癸坐)로 이장했다. 합장하여 참의공을 오른쪽, 손씨를 왼
쪽에 묻었다. 이곳에는 석상(石床), 망주석(望柱石), 묘표가 있다. 그리고
추원재(追遠齋)도 새 묘역으로 옮겼는데, 그해 5월에 경북 문화재 제37호
로 지정되었다. 1989년 10월 15일에 묘갈(墓碣)을 세웠는데 비문은 김춘
대(金椿大: 본관은 의성)가 짓고, 음기는 이상은(李相殷)이 지었다.

　오의 동생은 두 명이다. 첫째 동생은 양주목사(楊州牧使)를 지낸 대[金
玳]로 묘는 음성군 원서면(遠西面) 조촌(助村) 삼성동(三聖洞)에 있으며,

부인은 직제학 최급(崔汲)의 딸이요, 총제(摠制) 최자창(崔自暢)의 손녀인 하음 최씨다. 둘째 동생은 재신을 지낸 인(戴)으로 부인은 평장사 징(澄)의 손녀이요, 정당문학평장사 당(讜)의 증손녀요, 정당문학문평공(文平公) 윤극민(尹克敏: 본관은 남원)의 외손녀인 철원 최씨이다.

3. 상촌(桑村) 김자수(金自粹)와 그 후손들

(1) 시대배경

고려 전기의 귀족은 왕건(王建)의 공신들과 신라귀족·향리출신으로 구성되었다. 경주 김씨 상촌공파는 물론 경순왕의 후예인 신라귀족 출신이다.

상촌공파는 일찍부터 고위직은 아니지만 중앙관직을 계속 지내왔다. 예컨대 중시조 인관(仁琯)은 문과에 장원해 위위시경(衛尉寺卿)을 거쳐 검교태자태사를, 2세 칙려(則麗)는 전중성(殿中省) 내급사(內給事)를, 3세 필균(匹鈞)은 위위시주부(衛尉寺主簿)를, 4세 정유(貞裕)는 도감판관을, 5세 종성(宗誠)은 예빈성승을, 6세 예(裔)는 합문지후(閤門祗候)를, 7세 영백(英伯)은 삼사부사를, 오(珸)는 통례문부사를 지냈다.[14] 대체로 5~6품의 중앙관직을 역임한 셈이다.

그러다가 상촌 김자수 대에 이르러 더욱 현달하게 되었다. 즉, 자정(子汀)·자수(自粹)·자온(自溫) 등 상촌의 3형제가 문과에 급제하고 자정은 공조전서, 자수는 형조판서, 자온은 병조좌랑을 지냈다.

그러나 김자수는 권문세족보다는 신흥사대부로 활동했다. 통혼관계로 봐도 그렇고, 개인의 활동으로 봐도 그렇다. 통혼관계를 보면 외조부는 판삼사사(判三司事)를 지낸 일직 손씨 손홍량(孫洪亮)이요, 처는 영남 사림

---

14) 《慶州金氏鶴洲公派世譜》上系, 1~5쪽.

파의 한 줄기인 안동 권씨 권수(權隨)의 딸이다. 이들은 모두 안동의 토호들이다.15)

당시 신흥사대부들은 지방토호 출신으로 과거시험을 거쳐 중앙관료로 진출하는 것이 보통이었다. 김자수도 1374년(공민 23)에 문과에 장원급제해 입신출세하기 시작했다. 지공거(知貢擧)였던 이무방(李茂方)·염흥방(廉興邦)과 좌주(座主) 문생(門生) 관계를 맺어 학벌을 쌓는가 하면 이색(李穡)·정몽주(鄭夢周)·박상충(朴尙衷)·이숭인(李崇仁)·박의중(朴宜中)·정도전(鄭道傳)·권근(權近)·김구용(金九容) 등과 교류하면서 성리학자로서 확고한 지위를 굳히고, 신흥사대부의 중심에 서게 되었다. 이때 이들의 과제는 귀족과 사원의 부패를 척결하고, 사회에 청신한 기풍을 불러일으키는 것이었다.

신흥사대부들이 대간직을 차지해 구 귀족의 부정부패와 실정을 낱낱이 파헤침에 따라 두 세력 사이의 권력투쟁이 심해졌다. 1375년(고려 우왕 1)에 김자수가 문하부 좌정언으로서 조민수에 대한 회교(回敎)를 반대했다가 왜구가 들끓는 돌산수(突山戍)로 귀양갔던 일이나, 1390년(공양왕 2)에 성균관 대사성으로서 왕세자의 책봉과 연복사(演福寺) 개수를 반대하는 간쟁을 한 일도 김자수 개인의 문제라기보다는 구세력을 몰아내려는 투쟁의 과정으로 보아야 할 것이다.

조선이 개국한 뒤, 김자수의 손자 김영유(金永濡) 대에 이르러서는 명족화(名族化)의 길을 걸었다. 김균(金稛)은 개국공신이 되었고, 김맹성(金孟誠)은 형조판서가 되었으며, 김신민(金新民)은 중추원사가 되었다. 김영유는 자신이 과거에 급제했을 뿐만 아니라 세조의 원종공신 2등에 책봉되었으며, 청주 한씨·안동 권씨 등 권문과 통혼하게 되었다. 김영유의 처는 중추원사 한서룡(韓瑞龍)의 딸이며, 매제는 권근(權近)의 손자요 권람(權覽)의 형제인 권마(權摩)이다. 권마는 또한 한명회의 동생인 한명진(韓明溍)의 처형이다.16) 교류한 사람들도 신숙주(申叔舟)·서거정(徐居

---

15) 김현영, 〈훈구(勳舊)에서 사림(士林)으로-15·16세기 慶州金氏 桑村家系를 중심으로〉, 《桑村 金自粹와 그 後裔》, 桑村思想硏究會, 2003. 9, 3쪽.

正)·홍귀달(洪貴達)·최항(崔恒)·이계손(李繼孫)·이극배(李克培)·
한계희(韓繼禧) 등 훈구파에 속하는 사람들이었다.

16세기는 정권이 훈구파에서 사림파로 넘어가는 시기였다. 1453년(단
종 1)의 정난공신(靖難功臣) 이후 성종 때까지 8차례에 걸쳐 250명의 공
신이 탄생하는데, 이들을 훈구파라 한다. 훈구파는 강력한 권력을 가지게
되면서 부패의 길을 걸었다. 사림파들은 이 점을 맹렬히 공격했다. 사림파
는 언론권을 확보하여 훈구파를 공격하는 주요한 무기로 삼았다. 1488년
(성종 19)에 홍문관이 언관화하면서 언론 3사는 풍문탄핵(風聞彈劾)을
인정하고, 차자제(箚子制)를 도입함으로써 언관의 독립성을 보장했다. 이
는 훈구파를 견제하려는 국왕의 의지가 작용했던 때문이기도 했고, 또한
훈구파 안에서도 사림파를 지지하는 이들이 늘어갔기 때문이기도 했다.
그들은 여러 차례의 사화에서 화를 입어서, 또는 인간관계, 성리학적 의리
의 실천 등의 이유로 사림파 쪽으로 돌아섰다. 이들을 전향사림파라고 한다.

경주 김씨 상촌공파도 전향사림파에 속한다. 이들은 기호사림으로서 처
음에는 훈구파와 사림파 사이에서 완충 노릇을 하다가, 차차 학문적인 연
원과 인간적인 교류를 통해 사림파로 돌아서게 되었다. 박원종이 공신세
력을 비판하는 무리들을 모조리 제거하려는 것을, 십청헌(十淸軒) 김세필
(金世弼)이 구해준 일 등이 그 예이다. 김세필은 중종에게 조광조를 사사
(賜死)한 것은 지나쳤다고 간했다가 관직에서 쫓겨나기도 했다.

그러나 훈구세력 안에서도 과거를 통해 관직에 진출해 언론활동을 하
는 동안 사림파와 동질의식을 가지는 사람들이 갈수록 늘어갔다. 그리하
여 기호계의 전향사림파가 사림파의 주류를 이루게 되었다.

경주 김씨 상촌공파는 김자수의 절의(節義)를 가문의 전통으로 삼아
김세필의 아들 김저(金䃴) 때에 이르러 완전히 사림파로 자정(自定)했고,
김홍욱(金弘郁) 대에 이르러 기호사림으로서 서인 내지는 노론의 중추가
문으로 떠올랐다.

---

16) 앞의 책, 180쪽.

(2) 상촌 김자수

통례문 부사(副使) 오(珸)는 3남 4녀를 두었다. 세 아들은 자정(子汀)과 자수(自粹), 자온(自溫)이요, 첫째 사위는 박천석(朴天錫), 둘째 사위는 김종경(金宗敬), 셋째 사위는 홍익수(洪益壽), 넷째 사위는 김서린(金瑞麟)이다.

태사공에서 상촌 김자수에 이르는 계보는 다음 쪽에 실린 표와 같다.

[1]생애

김자수(1351~1413)의 초명은 자수(子粹)요, 초자(初字)는 거광(去礦)이며, 호는 상촌이다. 그러나 1374년(공민왕 23) 과거에 급제한 뒤에는 자를 순중(純仲)이라 했고 언제부터인지 모르지만 이름도 자수(自粹)로 고쳤다. 사료에는 자수(子粹)와 자수(自粹)가 함께 보인다.[17]

김자수는 1351년(충정왕 3)에 아버지 통예문부사 김오(金珸)와 판삼사사 손홍량(孫洪亮)의 딸인 어머니 일직 손씨의 4남 4녀 가운데 막내아들로 태어났다.

그는 어려서부터 효성이 지극했으며, 공부하기를 좋아했다. 20세가 되던 1370년(공민왕 19)에 생원시에 합격하고, 성균관에 입학했다. 당시 성균관은 1366년(공민왕 16)부터 이색을 개성부사 겸 성균관 대사성으로 하고, 김구용·정몽주·박상충·박의중·이숭인 등을 겸교관으로 삼아 성리학을 가르쳤다.[18] 이때부터 김자수도 이때부터 성리학을 익혔으며, 훌륭한 스승 및 동료들과 교분을 쌓게 되었다.

그런데 성균관에서 공부한 지 일 년도 안 되어 어머니가 병이 들어 간

---

17) 《高麗史》,《高麗史節要》,《東國輿地勝覽》에는 子粹로,《慶州金氏世譜》와 神道碑에는 自粹로, 實錄에는 둘을 혼용하고 있다.
18) 《高麗史》 卷 115, 〈列傳〉 28 李穡.

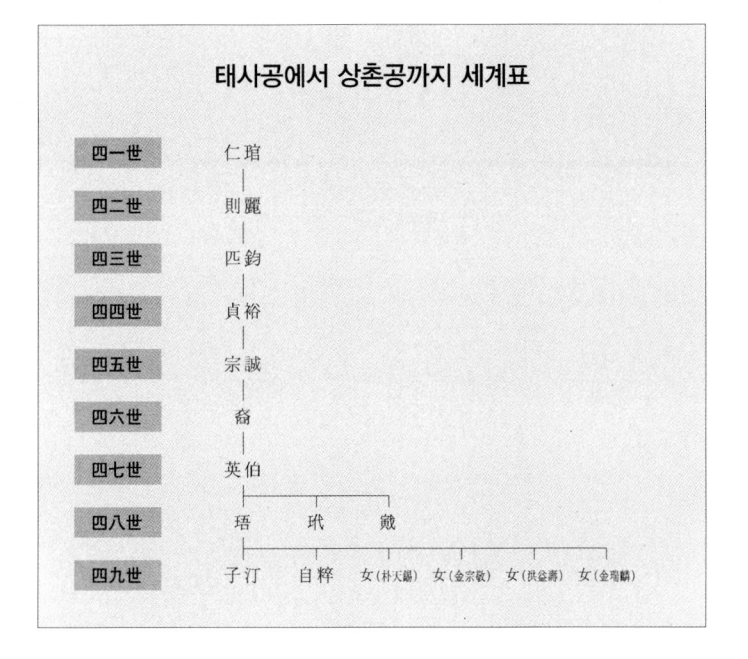

태사공에서 상촌공까지 세계표

四一世	仁琯
四二世	則麗
四三世	匹鈞
四四世	貞裕
四五世	宗誠
四六世	裔
四七世	英伯
四八世	珸　玳　戫
四九世	子汀　自粹　女(朴天騭)　女(金宗敬)　女(洪益壽)　女(金飛麟)

병차 안동으로 내려갔다. 이때 교관인 박상충은 다음과 같은 송별시를 써 주었다.

돌아가고픈 마음 호연(浩然)하여 흰 구름 드리운 가을 같은데
태학(太學)의 제생(諸生)들이 어떻게 말릴건가.
어머니를 모시자면 응당 겨를이 없을 테니
영호루(映湖樓)에서 한 번 취하는 것을 어찌 감내하리

　浩然歸志白雲秋
　太學諸生可得留
　侍奉高堂應不暇
　那堪一醉映湖樓[19].

---

19) 送生員金子粹歸覲安東(《桑村實錄》 卷 1).

정성스럽게 간호했는데도 어머니는 별세했다. 이에 김자수는 〈주자가 례〉에 따라 3년 동안 여묘살이를 했다. 이때만 해도 3년상을 치르는 사람 은 매우 드물있다. 그 때문에 그의 효행이 알려지사 나라에서는 정려(旌 閭)를 내려주고, 화공을 시켜 여묘살이 모습을 그림으로 그려 《동국삼강 행실록》에 수록했다. 수록된 내용은 다음과 같다.

고려 공양왕 때 도관찰사를 지낸 김자수는 안동 사람으로 성격이 지극히 효성스러웠다. 홀어머니를 섬기면서 온갖 정성을 다해 밤낮으로 조금도 흐 트러짐 없이 봉양의 도를 다하니 칭송이 자자했다. 어머니가 돌아가시자 여묘 3년을 살았는데, 이 동안 한 번도 집에 간 일이 없으며, 한 번도 맛있 는 음식을 먹지 않았다. 날마다 묘 앞에 엎드려 가슴을 치면서 통곡하니 지나가는 자와 나무꾼들도 이를 보고 눈물을 흘리지 않는 사람이 없었다. 애훼(哀毁)함이 극에 달해 얼마 되지 않아 성정(性情)을 상하기에 이르렀 다. 국왕께서 이를 듣고 가상히 여기시어 정려를 내리시고, 화공에게 명해 출거여도(出居閭圖)를 그리게 하고 이를 《동국삼강행실록》에 싣도록 했 다.[20]

3년상을 마치고 돌아와 1374년(공민왕 23)에 정당문학 이무방(李茂方) 과 밀직부사 염흥방(廉興邦)이 지공거(知貢擧)인 문과에 장원으로 급제 해 덕령부주부(德寧府主簿)를 제수받았다. 그가 장원을 하고 귀향할 때 이색은 축하하는 시를 써 주었다.[21]

우문(禹門: 登龍門)에서 어약(魚躍: 發身)하니 우레소리 같네.
꿋꿋하고 날랜 뭇 용들이 변화를 가져오누나.
다만 높고 낮음만 가지고 머리와 꼬리를 견주었으나,
영이(靈異)함을 논한다면 다같이 배태(胚胎)했도다.

---

20) 〈三綱行實錄〉, 《桑村實錄》 卷 2.
21) 〈龍頭會餞壯元金子粹還鄉〉, 《桑村實錄》 卷 1.

밭에 있어도 바로 문명스런 기운을 만나니,
만물을 윤택하게 하는 것이 되려 섭리를 아는 인재 같네.
무엇보다 병 뒤에 이 모임에 참여한 것이 기쁘고,
풍류의 지나간 일들이 눈앞에 어른거리네.

禹門魚躍一聲雷
矯矯群龍變化來
只把高低比頭尾
若論靈異共胚胎
在田政値文明運
澤物還同變理才
最喜病餘參此會
風流往事眼中回

　1375년(우왕 1)에 정언이 되었을 때 경상도 도순문사 조민수가 밀성에서 왜구 몇십 명을 베었다 하여 우왕이 의복과 술·말[馬]을 하사했다. 조민수가 전(箋)을 올려 사양하자 임금이 김자수에게 회답하는 교서를 쓰게 했다. 이에 김자수는 다음과 같이 반대했다.

　민수는 한 도의 군사를 거느리고서도 김해와 대구의 전투에서 비겁하게 패하여 사졸들을 많이 죽였으니, 밀성에서 비록 조그마한 승리를 했다고 하나 공이 죄를 덮을 수 없습니다. 그러므로 의복과 술, 그리고 말을 상으로 하사하시는 것도 이미 지나친 것인데, 이제 또 무슨 회교(回敎)를 내리십니까? 또 회교는 공적을 기록하는 것인데, 민수는 공이 없으니 감히 명을 받들 수 없습니다.22)

---

22) 《高麗史》 卷 120, 〈列傳〉 33 金子粹.

조민수는 김해에 침입한 왜구와 싸우다가 패했고, 대구에 침입한 왜구와 전투했을 때도 패배해 안집(安集)·노처중(盧處中) 등이 전사하고 사졸도 많이 죽었다.23) 그러나 단순한 군공의 문제라기보다는 신흥사대부 세력이 이인임·지윤 등 구 귀족세력을 공격한 사례라 하겠다.

이에 우왕은 노하여 김자수를 순위부(巡衛府)에 내리고, 지윤(池奫)과 지윤의 사람인 대사헌 하윤원(河允源)에게 명해 국문케 했다. 이에 지윤은 김자수의 기를 꺾으려고 곤장을 쳐 사건을 도당(都堂)에 회부했다. 도당에서도 지윤의 위세에 눌려 다른 말을 못했으나, 밀직부사 이보림(李寶林)만은 그 부당함을 감연히 말했다. 또한 우사(右使) 김속명(金續明)은 이 일을 태후에게 고했다. 태후가 우왕에게 다음과 같이 일렀다.

내가 늙어 많은 경험을 했으나 간관에게 매를 때리고 욕하는 것은 듣지 못했다. 만약 그렇게 된다면 사람들이 모두 입을 다물고 국사는 날로 그릇될 것이다.

우왕도 하는 수 없이 매 맞는 것만 면제해 주고 왜구가 들끓는 전라도 돌산수(突山戍)로 귀양을 보냈다.24)

고려시대에는 왜구의 침입이 많았다. 1223년(고려 고종 10)부터 1392년(공양왕 4)까지 170년 동안 529회나 왜구가 침입했다. 특히 우왕 대는 더욱 심했다. 이 때문에 지윤과 같은 무장들이 정권을 장악할 수 있었다. 우왕도 왕권을 유지하려면 이들의 눈치를 봐야만 했다. 당시 실권자인 이인임 역시 무장세력의 지지가 필요했다. 김자수 사건에 예민한 반응을 보인 지윤의 처사에 대해 우왕이 어찌할 수 없었던 것도 그 때문이었다.25)

이러한 무장세력의 전횡에 대해 신흥사대부들은 강력히 반발했다. 김자수의 회교(回敎) 거부사건 이외에도 헌부에서는 양광도 안무사 정비

---

23)《高麗史》卷 126, 〈列傳〉39 曺敏修.

24)《高麗史》卷 120, 〈列傳〉33 金子粹.

25) 朴漢南, 〈고려말 桑村 金子粹의 생애와 정치활동〉,《桑村 金自粹와 그 後裔》, 桑村思想研究會, 2003. 9, 156쪽.

(鄭庇)와 순문사 한방언(韓邦彦)이 왜구를 막지 못했다고 탄핵했으며, 또 왜적을 막지 못한 전라도 원수 유영(柳泳)과 병마사 유실(柳實)을 탄핵하기도 했다. 곧 당시의 정국은 공민왕의 갑작스런 죽음 이후 실권을 장악한 이인임 · 경복흥(慶復興) · 지윤(池奫) · 임견미(任堅味) · 조민수(曺敏修) · 변안열(邊安烈) 등의 구 귀족세력과 임박 · 이색 · 정몽주 · 정도전 · 이숭인 · 김구용 · 이첨(李詹) · 박상충 · 전록생(田祿生) · 김자수 등 신흥사대부 세력의 대결 구도였다.26)

그러나 사대부 세력이 밀리는 형국이었다. 김자수가 돌산수로 쫓겨 가고 간의대부 정우(鄭㝢)가 간쟁을 하다가 경상도 죽림수(竹林戌)로 유배된 것이 그 예이다. 임박 · 박상충 · 전록생은 죽음을 당했고, 이색은 우왕대에 병을 핑계로 관직에 나가지 않았다.27)

김자수가 귀양에서 풀려나 다시 관직에 나가게 된 것이 정확히 언제인지 알 수 없다. 그러나 "해를 넘겨 편한 곳으로 옮겨 살라."고 한 것을 보면 일 년도 안 되어 고향인 안동으로 가지 않았나 생각된다. 정확히 언제인지는 모르지만 이 무렵에 과거시험에 장원한 사람들의 모임인 용두회(龍頭會)가 열린 것 같다. 정몽주는 정판서(鄭判書)라는 이름으로 이 모임에 참석했다. 정몽주가 전공판서 · 예의판서 · 전법판서를 지낸 것은 1379년(우왕 5)이고, 판도판서를 지낸 것은 1380년(우왕 6)이다. 그러니 용두회는 1379년에서 1380년 사이에 열렸을 것이다.28)

이 모임은 용두회 회장을 맡았던 김자수가 안동으로 내려가기에 앞서 후배인 성석린(成石璘)에게 회장을 맡기는 자리였다. 이색은 스승 이인복(李仁復)이 죽고 공민왕이 승하한 뒤 속병을 심하게 앓아 7~8년 동안 두문불출하고 있었으나, 이 모임에 참석한 뒤에 돌아와 시를 지어 축하해 주었다.

---

26) 金唐澤, 〈고려 우왕 대 이성계와 정몽주 · 정도전의 정치적 결합〉, 《歷史學報》 158집, 1998.
27) 朴漢男, 앞의 논문, 157~158쪽.
28) 이종호, 〈상촌 김자수의 생애와 사상〉, 《안동문화》 14.

역대 과거에 장원한 이들이 모임을 만들어 용두회라 하니 무릇 환영 · 전별 · 경축 · 위로에 대해 예와 같지 아니함이 없었다. 내가 요행히 여기는 것은 상헌(常軒) 선생이 수년 농안 부양(扶恙)하신 일이다. 그러나 일찍이 한 번도 모이지 못했다가 염흥방(廉興邦)이 비로소 자리를 마련했다 ······ 지금 김자수 회장은 염흥방의 전 문생인데 그가 향리로 돌아감에 나와 염흥방 및 정판서(夢周) 윤부령(紹宗) · 정정언(摠) 등이 각각 주과(酒果)를 가지고 성회장(成會長) 내존(乃尊: 石麟)의 집에 모여 전별했다. 한 번 드리고 한 번 받고 하다가 파했다. 그 풍류가 아름다운 것이 또한 족히 한 시대의 성사가 될 만하다. 나는 병이 든 지 오래였으나 그 모임에 참석케 되었으니 천행이 아니겠는가? 돌아와 문득 잠이 들어 이튿날 시 한 수를 지었으니 기록해 여러 회장들에게 드린다.29)

용두회는 신흥사대부들 가운데에서도 엘리트 그룹이었다. 이들은 용두회를 통해 그들 사이의 결속을 다졌다. 이색 · 정몽주 · 염흥방 · 윤소종 · 정총 · 성석린 · 김자수 등 이름만 들어도 당대를 풍미한 인물들임을 알 수 있다.

김자수는 그 뒤 전교부령(典敎副令)을 거쳐 여러 차례 관직을 옮겨 판사재시사(判射宰寺事)가 되었다가 얼마 뒤 충청도관찰사로 나갔다. 1387년(우왕 13)에 명나라에서 돌아 온 정몽주의 초청에 따라 대구 동화사(桐華寺)에서 이보림(李寶林) · 이종학(李種學) · 길재(吉再) · 홍진유(洪進裕) · 고병원(高炳元) · 김자수(金子粹) · 김약시(金若時) · 윤상필(尹祥弼) · 홍노(洪魯) · 이행(李行) · 조희식(趙希植) · 도응(都膺) · 안성(安省) 등 13인이 모였다. 이들은 고려 태조가 유검필(庾黔弼)에게 손수 지어준 〈소사〉(所思)라는 시를 돌려보고 연구(聯句)를 지어 우의를 다졌다.30)

이때가 김자수가 안동에 유배되었던 시절이었던 점에서 미루어 보건데,

---

29) 《牧隱詩稿》 卷 25, 詩.
30) 〈白猿帖〉, 《圃隱集》 續錄 卷 4.

이 모임은 단순한 친목 모임이 아니었던 것 같다. 태조 왕건의 심정을 담은 〈백원첩〉(白猿帖)을 시회의 주제로 삼은 것이나, 13인 가운데 훗날 두문동 72현에 드는 사람이 많은 것을 보아도 사상적으로 정몽주와 가까웠던 사람들이 뭉쳤음을 짐작할 수 있다. 이들이 조선왕조가 열린 뒤 불사이군(不事二君) 그룹이 된 것이 아닌가 한다.[31] 이 모임은 김자수의 고려왕조에 대한 충절의 바탕이기도 하다.

1388년(우왕 14) 위화도회군 이후 공양왕이 즉위하자 김자수는 성균쇄주(成均祭酒)로 소환되었으며, 다음 해인 1390년(공양왕 2)에는 대호군(大護軍)으로 세자시학(世子侍學)을 겸임하고, 얼마 뒤 성균대사성(成均大司成) 겸 세자좌보덕(世子左輔德)이 되었다. 1392년(공양왕 4)에 그는 판전교시사(判典敎寺事)를 거쳐 우상시(右常侍)–좌상시(左常侍)로서 왕의 구언에 응해 5개 항의 개혁안을 올렸다.

1) 왕대비에 대한 예를 존숭하십시오.
2) 왕세자의 책봉을 중지하십시오.
3) 연복사탑(演福寺塔)의 수축을 중단하십시오.
4) 무당의 행패를 근절하고, 이들의 궁중출입을 금하십시오.
5) 지금까지 직언으로 쫓겨난 자들을 다시 불러들이십시오.[32]

위화도회군으로 정권을 잡은 이성계는 이인임 정권을 무너트리고 폐가입진(廢假立眞)을 내세워 우왕과 창왕을 몰아내고 신종의 7대손인 공양왕을 옹립했다. 1389년(공양왕 1) 11월에 즉위한 공양왕은 자기를 옹립한 이성계·심덕부·정몽주·지용기·설장수·성석린·박위·조준·정도전 등 9공신을 책봉했다. 이들이 정권의 핵심에서 정치·경제·군사에 관한 전권을 가지고 있었다. 그 가운데 이성계·조준·정도전이 개혁세력을 주도했다.

---

31) 朴漢男, 앞의 논문, 161쪽.
32) 《高麗史》 卷 120, 〈列傳〉 33 金子粹.

이색을 비롯한 온건개혁파는 처음에는 구 귀족(친원파)를 몰아내고자 이성계의 친명정책을 지지했고 공양왕 옹립에도 협조했다. 그러나 이성계를 비롯한 급진개혁파늘이 장차 역성혁명을 일으킬 기미가 보이사 두 세력은 차차 틈이 생기게 되었고 종국에 가서는 조선왕조의 건국과 더불어 결별하게 되었다. 그러니 김자수가 개혁안을 내는 것도 사실상 소용이 없는 노릇이었다. 그러나 공양왕은 그의 주장을 받아 주고 바로 그를 형조판서에 임명했다.

1392년(공양왕 4) 7월 역성혁명이 일어나 조선왕조가 건국되자 김자수는 벼슬을 버리고 고향인 안동으로 내려갔다. 낙향한 후 그는 고려 태조의 능을 참배하기도 하고, 송악산을 찾아 충절의 마음을 시로 읊기도 했다.[33]

이성계는 왕위에 오른 뒤에 김자수를 대사헌으로 불렀다. 그러나 김자수는 나가지 않았다. 그 뒤 태종은 형조판서의 직을 주어 불렀으나, 김자수는 오히려 다음과 같은 절명사(絶命詞)를 지어 놓고 스스로 목숨을 끊었다.

평생토록 지킨 충효의 뜻,
오늘날 누가 알아주리.
한 번 죽음으로 내 한은 그치지만,
구원(九原: 저승)에서는 마땅히 알아주리.

平生忠孝意
今日有誰知
一死吾休恨
九原應有知[34]

그가 죽을 때 광주(廣州) 추령(秋嶺)에 이르러 자손들에게 흉구(凶具: 喪具)를 가져오게 하고 "나는 이제 죽어서 오직 신하된 절개를 다할 뿐이

---

33) 申千湜, 《桑村先生의 生涯와 思想》, 桑村思想硏究會, 2003. 9, 18쪽.
34) 〈絶命詞〉, 《桑村實錄》 卷 1.

니 내가 죽거든 이곳에 매장하고 비석은 세우지 말라."고 했다고 한다.

[2]사상

김자수는 기본적으로 주자학자(朱子學者)였다. 그의 생활신조도 주자학 이념에 따랐다. 그런데 당시의 주자학은 원나라의 허형(許衡)이 주장하는 실천 위주의 유학이었다. 그래서 가묘의 설치나 3년상 실시, 주자《사서집주》(四書集註)의 학습과 같은 실천적인 측면이 강조되었다.

중국에서도 주자학이 처음부터 국가의 지배이념이 된 것은 아니었다. 주자가 죽기 5년 전만 해도 주자학은 위학(僞學)이라는 이름으로 공공연히 비난받았다. 그러나 1230년(고려 고종 17)에 주자학을 공인하고, 주자를 문묘에 종사하면서부터 주자학은 활기를 띠기 시작했다. 그러나 몽고족이 중국을 정복하자 주자학은 쇠퇴했다.

그 뒤 원나라 세조 쿠빌라이는 몽고식 지배의 한계를 느끼고 주자학을 다시 장려하기 시작했다. 그리하여 중국인 유학자 조복(趙復)·허형(許衡) 등이 높이 기용되고, 이에 따라 주자학이 원나라에서 다시금 꽃피게 되었다.

주자학이 원에 전래된 것은 1235년(고려 고종 22)이었다. 이때 원은 남송의 덕안(德安)을 쳐서 10만의 포로를 잡았는데 그 가운데 주자학의 대가인 조복(趙復)이 포함되어 있었다. 그는 몽고에 항복하는 것이 깨끗하지 못하다 여겨 죽으려 했으나 요추(姚樞)의 간청으로 드디어 원도(元都: 지금의 북경)에 가게 되었고, 주자학을 최초로 원에 전하였다. 조복의 학문은 허형에게 전해지고, 허형은 이를 오징(吳澄)·왕재(王梓)·요수(姚燧) 등에게 전해 주자학은 원의 지배사상으로 군림하게 되었다.35)

그러면 주자학은 언제 어떤 경로를 통해 고려에 전래되었는가?

30여 년 동안의 항몽투쟁을 청산한 뒤, 고려는 원의 사위 나라가 되었

---

35) 李成茂, 〈朱子學이 14·15세기 韓國敎育·科學制度에 미친 影響〉, 《한국의 과거제도》, 민음사, 1997. 10, 370~371쪽.

다. 1270년(고려 원종 11)에 원 세조 쿠빌라이의 조카딸이 세자(뒤에 충렬왕)에게 시집오고, 원의 요구에 따라 결혼도감을 두어 많은 고려 여자들이 원 관료에게 시집가자 양국관계는 더욱 긴밀해졌다. 이에 고려의 관료들은 원하든 원하지 않든 원에 자주 왕래하게 되었고 그러는 동안에 그곳에 유행하는 주자학을 배워올 수 있었다.36)

고려말의 주자학 보급과정은 다음과 같은 3단계를 거쳤다.

- 주자학의 도입기(14세기 전반)
- 주자학의 이해기(14세기 후반)
- 주자학의 대불투쟁기(14세기 말)

제1기는 안향 · 백이정 · 이곡 · 권부 · 이진 · 안축 · 이제현 · 박충좌 · 권한공 · 우탁 · 조간 등이 활동했다. 이들은 국학을 일으키고, 중국으로부터 문묘제기와 주자학 관계 서적을 도입했다. 안향이 박사 김문정(金文鼎) 등을 통해 공자와 그의 70제자의 상 및 제기 · 경서 등을 사오게 한 것이라든지, 1314년(충숙왕 1) 6월에 성균관에서 박사 유연(柳衍)과 학유 유적(兪迪)을 강남(江南)에 보내 경서와 기타 서적 10,800권을 구입해 온 것 등이 그 예이다. 뿐만 아니라 같은 해 원의 인종이 송나라 비각도서(秘閣圖書) 4,071책을 고려에 보내기도 했다.37)

이렇게 구입한 서적들은 성균관에서 권부 · 이진 · 권한공 · 조간 · 안우기 등이 주도적으로 연구하였으며, 특히 권부는 《사서집주》에 주석을 달아 간행했다. 그러나 이 시기 사대부들의 주자학 이해 수준은 아직 그리 높지 않았다.38)

제2기에는 이색 · 정몽주 · 박사충 · 이숭인 · 박의중 · 김구용 · 김자수 등이 활약했다. 이들은 1367년(공민왕 16) 성균관이 중창되자 이색을 겸 대사성, 정몽주 · 김구용 · 박상충 · 박의중 · 정도전 · 이숭인 등을 겸교관으로 삼아 주자학을 가르쳤다. 김자수는 이때 성균관 학생으로 주자학을

---

36) 李成茂, 앞의 논문, 370~371쪽.
37) 李成茂, 앞의 논문, 375~376쪽.
38) 李成茂, 앞의 논문, 375~376쪽.

연마했다. 이들은 유교윤리를 보급시키고자 가묘를 설치하고, 《주자가
례》를 실시하며, 부모가 별세했을 때 불교식 백일상 대신 3년상을 실시
할 것을 주장했다. 3년상제는 1357년(공민왕 6)에 이색의 주장에 따라
실시하게 되었으나 과거의 인습 때문에 쉽사리 지켜지지 않았다. 다만 정
몽주·박상충·정습인(鄭習仁)·윤구생(尹龜生)·김자수 등 일부 신흥
사대부들만 행했을 뿐이었다. 그 가운데 김자수가 가장 모범적으로 3년
상과 철저한 여묘살이를 하였기에, 조정에서 이를 그림으로 그려 《삼강
행실록》에 수록하도록 했다.39)

제3기에는 정도전·조인옥·김자수·김초·박초 등이 활동했다. 정도
전은 사원의 토지와 노비를 국가에서 몰수하고, 일체의 음사(淫祀)는 금
지해야 한다고 했으며, 조인옥은 승려가 민가에 가거나 부녀자가 절간을
가면 간음한 것으로 간주해 처벌해야 한다고 했다. 김초도 절간의 노비는
국가에서 몰수해 군사에 충당해야 하며, 중이 되려는 자는 죽여야 한다고
주장했다. 김자수도 불교와 음사를 국가에서 통제해야 한다고 했고, 박초
는 승려는 군인으로 만들고, 불서는 불태워 버려야하며, 불상은 녹여서 군
기(軍器)를 만들어야 한다고 주장했다.40)

이와 같이 신흥사대부들은 성균관을 중심으로 주자학을 연마해 그 이
해 정도에 따라 가묘·3년상·가례를 실시해 불교적인 윤리를 유교적인
윤리로 바꾸려 했다. 그리고 나아가서는 구 귀족들의 바탕인 불교사원을
혁파해 이성계의 정부와 군벌을 돕는데 경제적인 기반으로 활용하고자 했
다. 사대부들이 성균관을 중심으로 활동한 것도 사원과 사학이 구 귀족들
에 의해 점령되어 있었기 때문이다.

김자수도 신흥사대부로서 주자학의 행동강령을 철저히 학습하고 실천
했다. 그는 제 2기에는 성균관 학생으로서 이색·정몽주 등의 영향을 많
이 받았으며, 제 3기에는 성균관학관으로서 정도전·박초 등과 함께 부패
한 불교를 공격하고 유교윤리를 보급하는데 앞장섰다. 김자수가 불교와

---

39) 李成茂, 앞의 논문, 375~376쪽.
40) 李成茂, 앞의 논문, 377쪽.

음사를 공격한 것은 정도전 등이 주도하는 역성혁명을 도우려는 것이 아니라 주자학자로서 소신을 말한 것뿐이었다. 김자수는 구 귀족 · 사원과 결합되어 있는 불교를 공격하는 것과 무너져 가는 원나라를 멀리하고 새로 일어나는 명나라를 가까이 해야 한다는 데는 이성계 일파와 신념을 같이했지만 역성혁명에는 이색 · 정몽주 · 길재 등과 함께 불사이군(不事二君)의 일념으로 반대했다.

학통으로 보면 그의 스승은 이색 · 정몽주 · 박상충 등 성균관 학관들이었고, 이들과 노선을 같이했다.

《고려사》〈김자수 열전〉에는 그가 불교와 음사(淫祀)를 공격한 글이 실려 있다.

> 당의 한유(韓愈)가 헌종에게 말하기를 "황제(黃帝)와 요(堯) · 순(舜)으로부터 삼대(三代)에 이르기까지 모두 장수를 누렸고 백성들도 안락했으나 그 당시에는 불교가 없었습니다. 한의 영평(永平) 년간부터 불교가 비로소 전파되었으며, 그 뒤에 난세와 망국이 잇달아 왕조의 운명이 길지 못했습니다. 송(宋) · 제(齊) · 양(梁) · 진(陳) · 원위(元魏)로 내려오면서 점점 부처를 섬김이 독신(篤信)했으나 왕조의 생명은 더욱 짧아졌습니다."라고 했습니다. …… 신라가 불교행사를 많이 하다가 망하게 되었다는 태조(왕건)의 교훈을 가히 어길 수 있겠습니까?[41]

그는 위와 같은 상소를 올려 연복사(演福寺) 탑의 수축을 멈추도록 요구했다. 백성들의 고역을 덜어주자는 것이었다. 만일 그렇지 않으면 천재(天災)가 생길 것이라고 말했다. 이러한 생각은 유교에서 늘 이야기하는 천견(天譴) 사상과 일치한다.

또한 다음과 같은 상소를 올리기도 하였다

---

41) 《高麗史》 卷 120, 〈列傳〉 33 金子粹.

나라에서 무당을 두는 것도 정당하지 못한 일인데 이른바 별기은(別祈恩)
이라는 곳이 10여 곳이나 되고, 또 사시(四時)에 지내는 제사와 무시(無時)
로 지내는 별제 등 한 해 동안 이에 낭비되는 돈은 이루 기록할 수 없을 정
도입니다. …… 원컨대 유사에게 명해 사전(祀典)에 기재된 제사를 제외하
고는 모든 잡신의 제사는 일체 금하소서.[42]

이것도 유학자들이 늘상 주장하는 내용이다. 고려 시대에도 안향과 같
은 유학자가 무당을 배격했다는 것은 널리 알려진 이야기이다. 그러나 고
려말에도 무당이 성행해 폐해가 많았으며, 조선 초기까지도 무당을 국가
에서 인정해 국무당(國巫堂)을 둘 정도였다. 그러나 주자학이 정착되면서
불교·음사는 말할 것도 없고 도교도 배척의 대상으로 삼았으며, 같은 유
교 사상인 양명학까지 배격했다. 주자학만을 고집하는 독선적인 이념이
조선사회를 지배하면서, 훗날 서학(西學)이 들어왔을 때 유연하게 대처하
지 못하고 조선이 멸망한 원인 가운데 하나가 된다.

그러나 김자수의 사상은 당시 유학의 수준을 바탕으로 논의해야할 뿐, 유
학 일반의 논리를 가지고 그의 사상을 판단하는 일이 있어서는 안 될 것이
다. 아무튼 김자수는 실천유학이 강조되던 당시에 충효나 위민(爲民)·벽
이(闢異) 사상을 가장 적극적으로 표현하고 실천한 유학자라고 할 수 있다.
그런 면에서 김자수의 행적과 사상은 재조명할 만하다.

[3]입사론(入仕論)과 절사론(節死論)

《고려사》 김자수 열전에 김자수의 행적을 적은 끝에 다음과 같이 적고 있다.

곧 형조 판서에 임명했다. 이 뒤로는 본조에 들어간다.[43]

---

42) 《高麗史》 卷 120, 〈列傳〉 33 金子粹.
43) 《高麗史》 卷 120, 〈列傳〉 33 金子粹.

와비(臥碑) 형태로 보존되어 있는 김자수의 묘갈(墓碣). 8세손 김홍욱이 글을 짓고 글자까지 새겼으나, 김자수의 유훈에 따라 건립하지 않고 땅에 묻어 두었던 것을 근래 후손들이 발굴하여 지금에 이르고 있다.

여기서 "본조에 들어간다."[入本朝]는 말은 여기서부터는 조선왕조의 부분이라는 뜻일 뿐이다. 이 말만 가지고는 그가 조선왕조에서 벼슬했는지 여부를 알 수 없다. 그러나 《신증동국여지승람》 경주부 인물 조(條) 고려항에서는 다음과 같이 기록하고 있다.

여러 벼슬을 거쳐 형조 판서에 이르렀다. 뒤에 본조에 벼슬했다.44)

아예 조선왕조에서 벼슬했다고 단정한 것이다. 그 뿐만 아니라 《조선왕조실록》에는 김자수가 조선왕조에 들어와서 벼슬한 구체적인 기록이 7군데나 보인다. 이를 적시하면 다음과 같다.

(태조 6년 5월) 청주 사람 별장 조덕린(趙德麟)의 어미 김씨는 나이 19세에

---

44) 《新增東國輿地勝覽》 卷 21, 〈人物條〉 高麗.

남편이 죽었는데, 부모가 그 뜻을 꺾으려 하자(재가시키려 하자) 머리를 자르며 따르지 않고 60년을 수절했다. 목사 김자수가 아뢰어 그 마을을 정표(旌表)하고 조덕린의 군역을 면제해 봉양하게 했다.45)

(태조 7년 윤5월) 청주목사 김자수가 연사(年事)가 흉년이 들었다고 감사에게 보고해 금년의 맥세(麥稅)를 면제해 주기를 청했다.46)

(태종 1년 1월) 김약채(金若采)를 사헌부대사헌, 김자수 · 전순(全順)을 좌 · 우산기상시(左右散騎常侍)를 삼고 …… 47)

(태종 6년 윤 7월)……김자수를 충청도관찰사로 삼았다.48)

(태종 7년 1월) 충청도관찰사 김자수가 상서해 연호미법(煙戶米法)을 행하지 않기를 청했다.49)

(태종 7년 10월) 충청도관찰사 김자수가 아뢰기를 "본도의 백성들이 경차관(敬差官)이 다시 측량한 전세(田稅)가 너무 중하다고 신에게 투첩(投捷)한 자가 모두 23주현에 1천 3백인이나 됩니다"고 했다.50)

(태종 11년 9월) 김자수를 판강릉도호부사를 삼고, ……51)

(태종 13년 11월) 전 판강릉도호부사 김자수가 죽었다.52)

---

45) 《太祖實錄》 卷 11, 太祖 6年 5月 乙卯.
46) 《太祖實錄》 卷 14, 太祖 7年 閏 5月 辛巳.
47) 《太宗實錄》 卷 1, 太宗 1年 1月 丁亥.
48) 《太宗實錄》 卷 12, 太宗 6年 閏 7月 庚午.
49) 《太宗實錄》 卷 13, 太宗 7年 1月 庚申.
50) 《太宗實錄》 卷 14, 太宗 7年 10月 壬午.
51) 《太宗實錄》 卷 22, 太宗 11年 9月 己卯.
52) 《太宗實錄》 卷 26, 13年 11月 庚寅.

위의 기록에 따르면 김자수는 조선왕조에 들어와서도 죽을 때까지 21년 동안이나 벼슬하다가 죽은 것으로 되어 있다. 그러니 이러한 기록들이 날조된 것이 아니면 김자수의 절사론(節死論)은 성립되지 않는다.

그런데 《경주김씨세보》 갑진보(甲辰譜)에는 다음과 같이 기록되어 있다.

> (김자수의) 자(字)는 순중(純仲)이다. 처음에는 이름을 자수(子粹), 자를 거광(去礦)이라 하고, 호(號)를 상촌(桑村)이라 했다. 생원시에 장원하고, 홍무 7년, 고려 공민왕 갑인에 문과에 장원으로 급제했다. 벼슬은 정언(正言)·좨주(祭酒)·좌보덕(左輔德)을 역임하고, 가정대부에 올라 충청도 관찰사를 지냈다. 시정이 날로 문란해지는 것을 보고 고향인 안동에 물러가 있었다. 어머니가 돌아가심에 3년 동안 여묘살이를 해 정려를 받았다. 효자비가 지금도 안동 남문 밖에 있다. 아조(我朝)의 태종대왕이 형조판서(刑曹判書)로 부르니 공이 탄식하여 이르기를 "평소에 내가 충효를 자처하면서 살아왔는데 지금 몸을 굽힌다면 무슨 명목으로 지하에서 임금과 부모님을 대할 수 있을 것인가? 내 마땅히 죽을 곳이 있노라"하고는 길을 떠나 광주(廣州) 추령(秋嶺)에 이르러 절명사(絶命詞)를 지었는데 "평생토록 지킨 충효의 뜻// 오늘날 누가 알아주리// 한번 죽음에 내 한은 풀지만// 구원(九原)에서 마땅히 알아줌이 있을 것"이라는 내용이다. "내가 여기서 죽거든 마땅히 여기에 장사지내고 묘갈은 세우지 말라."하고는 드디어 자진(自盡)했다. 유명(遺命)을 따라 추령 다사동(多沙洞) 을좌(乙坐)에 장사지냈다.[53)]

김자수가 절사(節死)한 내용은 8대손 김홍욱(金弘郁)이 처음으로 기록하였다. 그는 1654년(효종 5)에 김자수의 유적을 조사해 신도비를 마련했

---

53) 金自粹 字純仲 初諱子粹 字去礦 號桑村 生員壯元 洪武七年高麗恭愍王甲寅 文科壯元 官歷正言祭酒大司成左輔德 至嘉靖大夫忠淸道觀察使 見時呈政日亂 退居于安東鄕 廬墓三年 旌表門閭 孝子碑在本府南門外 我朝太宗大王 徵以刑曹判書 公歎曰 吾平日 以忠孝自礪 今若失身 何面目見君父於地下乎 吾有死所矣 行至廣州秋嶺 作絶命詞 曰平生忠孝意 今日有雖知 一死吾休恨 九原應有知 吾死於是 宜葬於是 勿立墓碣 遂自盡 遵遺命 葬于秋嶺多沙洞 乙坐 (《慶州金氏世譜》甲辰譜).

다. 신도비는 김자수의 10대 외손인 이조참판 채유후(蔡裕後)가 썼고, 김
홍욱이 비문을 썼으며, 여이징(呂爾徵)이 전(篆)을 썼다. 그러나 김자수
의 유명(遺命) 때문에 이 비석은 감히 세우지 못하고 묘 옆에 묻어두었다
가 1926년 10월에 비문이 많이 상해 채유후의 비문은 그대로 쓰고, 글씨
는 판돈령원사 윤용구(尹用求)가, 전(篆)은 예조참판 문제근(文濟謹)이
새로 써서 비로소 세우게 되었다.

이 신도비명에 따르면 7대손 찰방(察訪) 김적(金積)이 아들 김홍욱에
게 다음과 같이 부탁했다.

> 공(김자수)이 의(義)를 취해 자정(自靖)한 것은 마음에 부끄러운 것이 없으
> 니 후세에 알고 모르는 것이 공에게 무슨 상관이겠는가. 그러나 만약 천년
> 이 지나고 기록이 사라져 전하지 못한다면 어찌 자손의 부끄러움이 아니겠
> 는가. 영원히 이어질 부탁이니 너는 마땅히 공의 행적을 보존하는 데 힘쓸
> 지어다.[54]

이에 김홍욱은 얼마 있다가 경상도경차관(敬差官)이 되어 안동부를 방
문해 김자수의 효자비를 다시 세우고 또 추령(秋嶺)에 있는 김자수의 묘
를 찾아가 뵈었다. 그러다가 1651년(효종 2) 겨울에 충청도관찰사가 되어
돈을 모아 김자수의 10대 외손인 채유후에게 비명을 지어달라고 해 신도
비를 세우려 했으나 유명(遺命) 때문에 세우지 못했다고 한다. 그러니 김
자수의 현창사업은 김홍욱에 의해 본격적으로 시작했다고 할 수 있다.[55]
이 신도비명에는 다음과 같이 새겨져 있다.

> 공의 이름은 자수(自粹)요, 자는 순중(純仲)이며, 호는 상촌(桑村)이다. 경
> 주 김씨는 본래 신라의 국성(國姓)으로 인관(仁琯)은 검교태자태사를 지냈
> 는데 공의 8대조이다. 조부는 영백(英伯)인데 삼사부사(三司副使)를 지냈

---

54) 桑村金先生(自粹) 神道碑銘.
55) 桑村金先生(自粹) 神道碑銘.

고, 아버지는 오(珸)로 통예문부사지제교를 지냈다. 공은 처음에 생원장원
으로 문득 홍무 갑인과(甲寅科)에 장원했다. 성품이 지극히 효성스러워 어
머니가 돌아가시자 3년 농안 여묘살이를 하였으며, 이 일이 조정에 알려져
정려를 받았다. 집이 안동 치저(治底)에 효자비가 지금까지 있다. 본래 포은
정몽주, 목은 이색 등 제공과 서로 잘 지냈다. 목은은 〈순중자설〉(純仲字
說)를 지어 공을 매우 칭찬했는데 그 글은 본집(本集)에 있다. 정언으로 언
사(言事)에 걸려 돌산수(突山戍)로 귀양갔다가 곧 풀려 나왔다. 여러 관직
을 거쳐 벼슬이 충청도관찰사에 이르렀다. 시정(時政)이 점점 어지러워지자
고향으로 돌아가서 조선왕조가 개국되자 굳게 누워서 일어나지 않았다. 태
종이 가상하게 여겨 형조판서로 부르자 공은 이에 탄식해 가로되 "남의 신
하가 되어 나라가 망하면 같이 망하는 것이 의리이다. 내가 평생 충효로 자
처해 왔는데 지금 만약 절개를 버린다면 무슨 면목으로 지하에 가서 임금을
뵙겠는가? 내가 죽을 곳이 있다."하고 길을 떠나 광주(廣州) 추령(秋嶺)에
이르러 자손에게 유명(遺命)을 남기기를 "내가 지금 죽는다. 오직 스스로
죽는 것은 신하의 절개일 뿐이다. 또 내가 여기에서 죽으면 여기에 장사지
내고 묘도문자(墓道文字)는 세우지 말라"고 했다. 그리고 절명사(絶命詞)를
지었는데 '평생 충효의 뜻을 오늘날 누가 알아줄까. 한 번 죽어 내 한은 그
치지만 구천(九泉)에서 마땅히 알아줄 것이다'라는 내용이다. 그리고는 드
디어 자결했는데 자손들이 유명(遺命)을 따라서 공을 추령에 장사하고 비
석은 세우지 않았다. 이로 미루어 공의 일은 더욱 선명해졌다.56)

　이 신도비와 갑진보를 비교해 보면 그 내용이 자구만 조금 다르지 거의
일치한다. 그러므로 김자수의 절사론(節死論)은 맨 처음에는 김홍욱이 마
련한 신도비에서 언급되었다고 할 수 있다. 김자수의 유명에 따라 추령에
서 자결한 것을 감추고 있다가 이때에 이르러 비로소 문자화했으나 차마
세우지는 못했던 것이다.

---

56) 桑村金先生(自粹) 神道碑銘.

　　그러나 이 절사론의 결정적인 약점은 그 내용을 자손들만 구전(口傳)
해왔을 뿐 김홍욱 이전에는 명확한 기록이 없다는 것이다. 절사론을 제기
한 다른 사람들도 고작 김홍욱의 신도비나 다른 전설적인 이야기를 근거
로 하고 있다.

　　그러나 김자수의 고향인 안동 부근에서는 절사론이 계속 제기되어 왔
다. 우선 예천 사람 권문해(權文海)는 그의 《대동운부군옥》(大東韻符群
玉)에서 다음과 같이 기록하고 있다.

　　(김자수의) 자(字)는 순중(純仲)이요, 경주인이다. 호(號)는 상촌(桑村)으로
　　공민왕 말에 (문과에) 장원으로 급제했다. 신우(辛禑) 초에 언사(言事)로
　　유배를 당했다. 공양왕 대에 대사성에 임명되자 불교를 배척하는 글을 올렸
　　다. 벼슬이 도관찰사에 이르렀으며, 효행으로서 정문(旌門)을 받았다.《동
　　국여지승람》을 살펴 보건대 공은 뒤에 본조에 벼슬했다고 했으나 가승(家
　　乘)에는 형조 판서로 부름을 받자 낙생역(樂生驛)에서 자진해 절개를 지켰
　　다고 한다. 마땅히 후고(後考)를 기다려야 한다.57)

　　일단 가승의 기록을 소개하고 결론은 유보하는 태도였다. 이러한 유보
적인 태도는 안동의 사찬읍지(私撰邑誌)인 《永嘉誌》에서 확 바뀐다.

　　김자수는 고려인으로 어머니가 돌아가시자 여묘 3년을 살았고, 일이 조정에
　　알려지자 정려를 받았다. 문과에 장원으로 급제해 벼슬이 도관찰사에 이르
　　렀다. 아조(我朝) 초에 형조 판서로 부르자 그날로 길을 떠났는데 흉구[喪
　　具]를 스스로 뒤따르도록 했다. 광주(廣州)의 추령(秋嶺)에 이르러 약을 먹
　　고 죽었으나 사람들은 그가 절사(節死)한 것을 알지 못했다. 그 아들이 유
　　명(遺命)을 받들어 추령 위에 장사지냈다.58)

---

57) 權文海,《大東韻府群玉》卷 13,〈孝子條〉.
58)《永嘉誌》卷 7,〈孝子條〉金自粹.

《영가지》는 1602년(선조 35)에 류성룡(柳成龍)의 권고로 용만(龍巒) 권기(權紀)가 편찬한 사찬읍지이다. 관찬읍지가 아니었기에, 안동유림의 여론을 반영해 관찬자료인 《신증동국여지승람》의 내용을 비판할 수 있었던 것이다.

이와 같이 김자수의 절사론이 부상하게 된 데는 두 가지 이유가 있는 것 같다. 하나는 자손의 현달(顯達)이요, 다른 하나는 사림파의 득세로 5현이 문묘에 종사되고, 정몽주 계열의 절의파(節義派)가 학계의 정통이 됨에 따라 절의가 부각되었기 때문이다.

김자수의 아들은 평양소윤을 지낸 근(根)이었고, 근(根)과 둘째부인 우봉 이씨 사이에서 영년(永年)·영원(永源)·영전(永㳍)·영유(永濡) 등 다섯 아들을 낳았다. 그 가운데 영유는 문과에 급제해 대사성·이조참판·중추부사를 지냈으며, 그의 후손 가운데는 기묘명현인 김세필(金世弼)과 그의 아들인 을사명현 김저(金䃴) 등이 배출되었다. 이들은 이미 전향사림(轉向士林)으로서 중앙에서 발언권을 가지게 되었다. 그리고 김적(金積)·김홍욱(金弘郁)을 중심으로 하는 한다리[大橋] 김씨는 호서사림의 일원으로 송시열 등 서인세력과 연계되어 있었다.

선조 대에 이르러 사림정치 시대가 되자 정몽주-길재-김숙자-김종직-김굉필-조광조 등의 사학파가 학계의 정통이 되었다. 이에 따라 1613년(광해군 5)에는 김굉필·정여창·조광조·이언적·이황 등의 5현이 문묘에 종사(從祀)되었다.

한편 송시열은 김상헌의 척화의리론(斥和義理論)을 계승해 절의를 강조했다. 그가 이색의 신도비문 음기에서 본조 입사론을 맹렬히 비판한 것도 그러한 이유에서였다.59)

이러한 사회적인 분위기와 자손의 현달은 조선후기에 이르러 김자수의 절사론(節死論)에 힘을 실어 주었다. 송시열은 김홍욱신도비문(金弘郁神道碑文)에서

---

59) 申千植,〈朝鮮時代 桑村先生의 行錄〉,《桑村先生의 生涯와 思想》 제2장, 桑村思想研究會, 2003. 9, 78쪽.

공은 경주인이다. 인관(仁琯)이란 분이 있어 신라의 후예로 여조태사(麗朝
太師)였고, 그 뒤 자수(自粹), 호(號) 상촌(桑村)이란 분이 있었는데 효성스
러웠다. 조선 조 태종이 벼슬을 주며 부르니 자신은 여씨(麗氏)의 신하로서
두 임금을 섬길 수 없다 해 자살해 그 절개를 세웠다.

라고 했고, 그의 제자인 이민서(李敏敍: 1633~1688)도 그의 〈경주김씨
세보서〉(慶州金氏世譜序)에서 다음과 같이 명쾌하게 절사론을 지지했다.

김씨의 관적(貫籍)을 경주로 삼은 것은 신라 경순왕으로부터 계보가 시작
되었기 때문이다. 그 뒤 자손이 온 나라에 번창해 지금에 이르기까지 천여
년 동안 끊이지 않았다. 휘(諱) 인관(仁琯)은 고려에 벼슬해 벼슬이 태사
(太師)였고, 8세손 휘 자수(自粹)에 이르러서는 호(號)가 상촌(桑村)인데,
아조(我朝)가 개창해서는 형조판서로 불렸으나 이성(二姓)을 섬기는 것은
의(義)가 아니라 하여 추령(秋嶺)에서 자결했다.[60]

김홍욱(金弘郁)은 채유후(蔡裕後)에게 부탁해 김자수의 신도비를 세
워 절사론의 근거를 마련해 주었다. 집안에서만 구전되어 오던 김자수의
절사를 공론화해 국가와 사회에서 공인을 받게 한 데는 김홍욱의 노력이
컸다.
   이런 분위기 속에서 안동 유림들은 안동에 있는 물계서원(勿溪書院)에
김자수를 배향하려고 했다. 그러나《신증동국여지승람》의 '사본조'(仕本
朝)라는 기록이 문제되어 무산되고 말았다. 이때도 김홍욱의 〈김자수사적
서〉(金自粹事蹟序)와 김자수가 죽기 전에 쓴 시(詩)가 증거로 제시되었
다.[61]
   이에 정칙(鄭伏)은 〈상촌선생사적변〉(桑村先生事蹟辨)을 지어 김자수
의 절사론을 옹호했다.

---

60) 李敏敍,《西河集》권 21, 慶州金氏世譜序.
61) 鄭伏,〈桑村金先生事蹟辨〉.

같은 시대에 《고려사》를 편수한 사람이 선생을 위해 전(傳)을 짓되 그 말
미에 범연스럽게 "뒤에 본조에 들어와 죽었다."고 했는데, 이른바 "본조에
들어와서"란 형소판서에 제수된 일을 가리킴에 지나지 않고, 목숨을 끊은
일은 말하고 싶지 않아 생략했기에 이와 같이 된 것이다. 그렇지 않다면 선
생의 풍절(風節)과 사업이 그토록 빛나 한 편의 전(傳) 속에 넘쳤으면서도,
다만 한 마디 "入本朝終" 네 글자로 어색하게 맺은 것은 어찌 이상한 일이
아니겠는가?62)

김자수가 조선의 조정에서 버슬했다는 기록은 확실하지 않으며(조정에
서 형조판서로 '부른' 것을 제외하고는), 상촌이 일생 동안 일군 업적이 많
은데 고작 "入本朝終" 넉 자로 마친 것은 조작의 냄새가 난다는 것이다.
그리고 나아가서 다음과 같이 직접적으로 반문하였다.

무릇 선생은 효행으로서 정려까지 섰으니, 효를 미루어 충으로 이행함은 어
찌 근본이 없었겠는가? 그리고 조정에 나갔을 때도 의리로써 진퇴해 그 언
론과 기개는 청천백일과 같아 옛날의 호걸들보다 못함이 없었으니, 이로 미
루어 보면 입절(立節)을 했다고 하는 것이 사실에 가깝겠는가, 실절(失節)
을 했다고 하는 것이 가깝겠는가?63)

그리고는 이렇게 단언했다.

사실 깊은 산 속에 보관되어 있는 실록을 포쇄(曝曬)할 때 한 번 열람해 만
약에 거기에도 참으로 본조에서 버슬한 기록이 있다면 이는 단연코 속일 수
없는 대목이 될 것이다.64)

---

62) 鄭伐, 〈桑村金先生事蹟辨〉.
63) 鄭伐, 〈桑村金先生事蹟辨〉.
64) 鄭伐, 〈桑村金先生事蹟辨〉.

당시에는 비록 국왕이라도 실록을 볼 수가 없었으므로 실록을 언급하면서 절사론의 근거로 삼을 수 있었겠으나, 실록이 공간(公刊)되고 그 가운데 김자수가 벼슬한 내역이 낱낱이 적혀 있음을 확인한 지금에 와서도 이러한 견해를 유지하기는 어려울 듯하다. 그보다는 오히려 다음과 같이 생각해 보아야 할 것이다.

성조(聖朝)에서 창업할 때 거기에 추종한 사람이 수가 무척 많았고, 세조가 선위(禪位)를 받을 때 그 기무(機務)를 협찬한 사람은 재준(才俊) 아닌 이가 없었으며, 관각(館閣)에서 붓대를 들고 문단을 주도한 사람들은 바로 협찬한 부류이거나 국초에 추종한 사람들의 자손일 터이니, 비록 시세를 따라 공명을 이루기는 했으나 명의(名義)의 소중함을 생각해 볼 때 어찌 마음에 겸연스러움이 없었겠는가? 자기와 다른 세대에 있었던 절의지사(節義之士)의 경우도 오히려 자기가 그와 같지 못했음을 부끄러워했을 터인데 하물며 같은 시대의 인사로서 그 이름을 숨기고 사적을 감춘 사람에 대해 어찌 그 감추어진 빛을 드러내고 숨은 덕을 발굴하려 했겠는가?[65]

이것은 사료를 곡필, 조작했음을 암시하는 말로서 오히려 실록 기록의 조작여부를 검토할 수 있는 근거가 된다.

사실 왕조교체기의 사료는 새 집권자들이 얼마든지 조작할 수 있다. 특히 정치적인 사안은 더욱 그러하다. 《용비어천가》처럼 승리자들을 치켜세우거나 실패한 사람들의 공적을 사정없이 깎아 내리거나 파렴치범으로 몰아가기가 일쑤이다.

조선 건국 초기에도 그랬다. 새 왕조 건설에 협조한 사람들은 공신으로 책봉하고 벼슬도 주었지만, 반대한 사람들은 죽이거나 관직에서 내쫓거나 멀리 귀양을 보냈다. 왕씨(王氏)들은 강화나 거제도로 보낸 뒤 물에 빠뜨려 죽였으며, 사건을 조작하고 반대자들을 거기에 얽어 일망타진하기도

---

65) 鄭伏, 〈桑村金先生事蹟辨〉.

했다. 그리고 비협조자인 불복신(不服臣)들은 역리(驛吏)나 우리(郵吏)
로 신분을 강등하기도 했다.

그뿐 아니라 이들과 관세되는 기록은 날조하거나 빼버리기가 일쑤였다.
김자수는 불복신에 해당한다. 불사이군(不事二君)을 부르짖고 시골에 은
거해 나오지 않았다. 그러나 김자수는 조선왕조 개창 전까지 이성계 일파
에게 협조한 사람이었다. 역성혁명만 아니었으면 그들의 편으로 남았을
것이었다. 그리고 충효사상에 투철한 사람이었다. 새 집권자들도 그런 사
람들은 끝까지 회유해보려 했다. 김자수 · 길재 · 조견(趙狷) 등이 그런 사
람들이었다. 그래서 형조 판서로 불렀으나 김자수가 듣지 않고 자결해 버
리자 실록에 벼슬한 것으로 조작한 것이 아닌가 한다.

특히 실록은 하륜 등 공신들이 썼다. 그러므로 조선왕조를 합리화하는
관점이 나타나 있다. 이것이 관찬서(官撰書)인 실록의 맹점이다. 그런 점
에서 김자수나 조견의 출사 기록이 조작되었을 수도 있다. 그러나 이것은
어디까지나 '상황논리'일 뿐, 조작하는 것을 본 사람도 없고 그런 기록도
없다. 오직 가문의 구전만을 근거로 하는 약점이 있다.

어쨌든 조선후기에는 김자수의 절사론이 공론으로 받아들여졌다. 그리
하여 1665년(현종 6)에 영동 초강서원(草江書院)에 봉안된 것을 비롯해
안동의 물계서원(勿溪書院), 보은의 향현사(鄕賢祠), 충주의 지천서원(知
川書院) 등에 봉안되었다.

그 뒤로 김자수의 절사는 국가의 공식 기록에도 기정사실로 실리게 되
었다. 예컨대 국가에서 편찬한 《증보문헌비고》(增補文獻備考)에도 다음
과 같이 기록하고 있다.

> 8세손 자수(自粹)는 고려 대에 문과에 급제하고, 본조 태종 대에 형조 판서
> 를 제수했으나 스스로 목숨을 끊었다. 서원에 봉향되었다.66)

---

66) 《增補文獻備考》卷 47, 〈帝系考〉 8 慶州金氏.

그리고 1805년(순조 5)에 이병모(李秉模)가 쓴 영조의 계비 정순왕후 (貞純王后) 김씨의 묘지문(墓誌文)에도

> 신이 삼가 살펴 보건대 성후(聖后)의 성(姓)은 김씨이고, 본관은 경주로 신 라 김성왕(金姓王)의 후손입니다. 고려말에 이르러 휘가 자수(自粹), 호가 상촌(桑村)인 분이 있었는데, 효행이 있었습니다. 우리 태종 대왕께서 벼슬 을 내려 불렀으나 스스로 여씨(麗氏)의 신하라는 이유로 자신을 희생해 절 개를 세웠습니다.[67)

라고 했다. 이로써 김자수의 절사는 국가에서 공인한 셈이 되었다.

김자수는 1남 1녀를 두었는데 아들은 평양소윤을 지낸 근(根)이요, 딸 은 예조판서를 지낸 권인(權靷)의 아들 중랑장 권후(權厚: 본관은 안동) 에게 시집갔다. 권후의 아들 권계경(權啓經)은 현감을 지냈고, 권자경(權 自經)은 중랑장을 지냈다. 권후의 딸들은 이조판서를 지낸 문정공(文靖 公) 김효정(金孝貞)과 부위(副尉)였던 남의량(南義良), 감무를 지낸 권상 의(權尙宜)에게 시집갔다. 동생은 자온(自溫)·자공(自恭)·자영(自英) 세 사람이다. 자온은 문과를 거쳐 병조좌랑을 지냈고, 자영은 낭장을 지냈 다. 누이는 넷이 있었는데 첫째는 지중추부사를 지낸 박연(朴堧)의 아버 지인 삼사좌윤 박천석(朴天錫: 본관은 밀양)에게 시집갔고, 둘째는 우찬 성을 지낸 김종경(金宗敬: 본관은 영동)에게 시집갔고, 셋째는 좌윤 벼슬 을 한 홍익수(洪益壽: 본관은 남양)에게 시집갔고, 넷째는 낭장 벼슬을 한 김서린(金瑞麟: 본관은 안동)에게 시집갔다.[68)

---

67) 《純祖實錄》 卷 7, 純祖 5年 6月 壬申.
68) 《慶州金氏世譜》 卷之一, 1~2쪽.

(3) 김영유(金永濡)

[1]생애

김영유의 자는 택보(澤夫), 호는 퇴재(退齋), 본관은 경주이다. 아버지는 평양소윤을 지낸 근(根)이요, 조부는 충청도관찰사를 지낸 자수(自粹)요, 증조부는 통예문부사 오(珸)요, 고조부는 삼사부사를 지낸 영백(英伯)이다. 아버지 근(根)은 부인이 둘이었는데, 첫째 부인은 한성부윤을 지낸 박천귀(朴天貴: 본관은 밀양)의 딸이요, 둘째 부인은 병조참판을 지낸 이순(李淳: 본관은 우봉)의 딸이다. 김영유는 둘째 부인인 우봉 이씨의 4째 아들이다. 형은 영년(永年)·영원(永源)·영전(永㴊) 등 셋이 있었다.[69]

김영유는 1418년(태종 18)에 안동 남문 밖에서 태어나 1438년(세종 20)에 생원시에 합격하고, 1447년(세종 29)에 문과 별시에 급제해 승문원 정자가 되었으며, 1452년(단종 즉위년)에 사헌부감찰에 임명되고, 사선주부(司膳注簿)로 있었다. 그런데 1453년(단종 1) 6월에 진하사(進賀使)인 감찰관 유자문(柳子文)이 경천참(敬天站)에서 병이 나자 김영유를 감찰로 삼아 대신하게 했다.[70] 이때 김영유가 본부서리(書吏)를 대동하고 가려 했으나 아직 서경(署經)을 받지 못했고, 그가 장리(贓吏) 김점(金漸)의 여손서(女孫壻)라는 이유로 거절되었다.[71]

그 뒤 김영유는 1454년(단종 2) 1년 5월에 우정언이 되었고,[72] 다음해 12월에는 판관으로서 원종공신 2등에 책봉되었다.[73] 세조의 쿠테타 뒤에 실시한 공신책봉이었다. 이로써 김영유는 훈구파의 일원이 된 셈이었다.

---

69) 金景梓·金東鎭 共著,〈朝鮮名臣 恭平公〉,《退齋 金永濡先生의 生涯와 思想》所收《退齋先生集》附錄 3, 家狀·神道碑銘幷序, 215~222쪽.

70)《端宗實錄》卷 1, 卽位年 6月 丁亥.

71)《端宗實錄》卷 1, 卽位年 6月 己丑.

72)《端宗實錄》卷 6, 1年 5月 庚申.

73)《世祖實錄》卷 2, 1年 12月 戊辰.

그런데 1458년(세조 4) 정월에는 김영유에게 불행한 일이 일어났다. 자산(慈山) 사람 임유기(任有紀)와 임효선(任孝善)이 자산·숙천·은산·순천 등의 수령들이 모반했다고 무고했는데 평양소윤이었던 김영유가 그들에게 전별연을 베풀어주었다고 해 고신을 회수당한 것이다.[74] 그러나 곧 고신을 돌려받았다.[75] 1459년(세조 5)에는 성균관 사예(司藝)로서 평안도·황해도·강원도에 하삼도(下三道) 백성을 모집하여 옮기는 사명을 띠고 경상좌도에 파견되었다.[76] 그리고 1461년(세조 7) 2월에는 오랑캐들이 중국 갔다 오는 사신을 공격한다고 위협하고, 한편으로 왕을 와서 뵙게 해 달라고 하자 성균사예 김영유를 보내 잔치를 베풀어주고, 오랑캐가 왕래하는 것은 명나라가 싫어하니 이해하라고 타이르게 했다.[77] 이때부터 이미 외교관으로서 중요한 일을 맡기 시작했다.

김영유는 그 뒤 1465년(세조 11) 7월에 승문원판사가 되어 황해도의 도둑을 국문하는 일을 맡았고,[78] 다음해 1월에는 성균관대사성에 임명되었다.[79] 6월에는 호조 참의가 되었고 8월에는 명나라에 성절사(聖節使)로 파견되어 흰 까치를 바쳤다.[80] 명나라는 앞으로 흰 까치를 바치지 않아도 된다고 했다. 1468년(세조 14) 8월에는 황해도 관찰사가 되었는데 흉년이 들자 향교생도·역학생도를 방학(放學)시켰고,[81] 1469년(예종 원년) 9월에는 예조참의가 되어 대마도주에게 외교문서를 보내 세견선(歲遣船) 수를 제한해 줄 것을 요청했다.[82] 그 공로로 김영유는 두 차례에 걸쳐 말[馬]을 하사받았다.[83]

김영유는 1471년(성종 2) 5월에 가선대부에 올라 충청도관찰사에 임명

---

74) 《世祖實錄》卷 14, 4年 1月 甲申.
75) 《世祖實錄》卷 15, 5年 1月 乙巳.
76) 《世祖實錄》卷 18, 5年 12月 丙寅.
77) 《世祖實錄》卷 23, 7年 2月 丙戌.
78) 《世祖實錄》卷 36, 11年 7月 己未.
79) 《世祖實錄》卷 38, 12年 1月 戊午.
80) 《世祖實錄》卷 39, 12年 6月 辛酉 ; 《世祖實錄》卷 39, 12年 8月 戊午.
81) 《世祖實錄》卷 47, 14年 8月 庚子 ; 《睿宗實錄》卷 2, 卽位年 12月 庚寅.
82) 《睿宗實錄》卷 7, 1年 9月 戊戌 ; 《睿宗實錄》卷 7, 1年 9月 丙子.
83) 《成宗實錄》卷 8, 1年 12月 壬戌 ; 《成宗實錄》卷 9, 2年 2月 癸亥.

되어,84) 효자 · 절부의 표창을 상신해 혹은 벼슬을 주고, 혹은 정표를 세워주게 했다.85) 그리고 다음 해 4월에는 동지중추부사가 되었다가86) 1473년(성종 4) 8월에는 예소참판이 되었다.87) 이어 1474년(성종 5) 정월에는 농지중추부사 겸 경상도관찰사가 되어88)《육선공주의》(陸宣公奏議)를 간행해 올렸으며,89) 다음 해 정월에는 형조참판이 되었다.90)

그 뒤 김영유는 1476년(성종 7) 3월에 동지중추부사로서 사은사가 되어 표문(表文)을 가지고 명나라에 다녀와서91) 사헌부대사헌이 되었다.92) 대사헌은 백관을 감찰하는 대장(臺長)이다. 그는 대사헌으로 있으면서 첩자인 유자광(柳子光)에게 도총관을 제수하는 것을 극력 반대했다.93) 유자광은 유규(柳規)의 첩자(妾子)이기 때문에 그를 도총관에 임명하면 적서(嫡庶)의 구분이 없어진다는 이유였다. 전형적인 조선초기 사대부의 주장이다. 그는 여섯 달 동안 대사헌으로서 활동하다가 1477년(성종 8) 8월에 예조참판이 되었다.94) 그는 3년 동안 예조참판으로서 외교업무 및 조정 정사에 종사하다가 1479년(성종 10) 7월에 다시 동지중추부사가 되어,95) 9월에 정조사(正朝使)로서 명나라에 다녀왔다.96) 다음 해에 다시 동지중추부사에 임명되었다. 매제인 병조 참지 한천손(韓千孫)이 (추천절차를 무시하고) 김영유를 낙점했다는 이유로 처벌하자는 사람이 있었으나, 왕이 김영유는 이미 여러 벼슬을 거친 사람이니 불문에 붙이자고 했

---

84)《成宗實錄》卷 10, 2年 5月 甲午.
85)《成宗實錄》卷 15, 3年 2月 乙酉.
86)《成宗實錄》卷 17, 3年 4月 乙酉.
87)《成宗實錄》卷 33, 4年 8月 壬午.
88)《成宗實錄》卷 38, 5年 正月 己酉.
89)《成宗實錄》卷 52, 6年 2月 己丑.
90)《成宗實錄》卷 51, 6年 正月 戊寅.
91)《成宗實錄》卷 65, 7年 3月 乙巳.
92)《成宗實錄》卷 76, 8年 2月 甲戌.
93)《成宗實錄》卷 77, 8年 閏 2月 乙丑.
94)《成宗實錄》卷 83, 8年 8月 庚申.
95)《成宗實錄》卷 106, 10年 7月 戊午.
96)《成宗實錄》卷 108, 10年 9月 癸酉 ;《成宗實錄》卷 110, 10年 10月 辛未. 실제로 중국에 간 것은 10월이었고, 그때는 공조 참판(工曹參判)의 직임으로 갔다 왔다.

다.97)

김영유는 그 뒤에도 조정의 정책논의에 적극적으로 참여했다. 그러다가 1482년(성종 13) 정월에 첨지중추부사가 되었으며,98) 다음해 4월에는 한성부좌윤이 되었다.99) 1483년(성종 14) 9월에는 김영유를 황해도관찰사로 임명되었다. 김영유가 사양했으나 임금이 들어주지 않았다.100) 다음해 3월에 행첨지중추부사를 겸하게 했다가101) 1485년(성종 16) 윤 4월에 개성부유수(開城府留守)에 임명되었다.102) 70세가 되어 치사(致仕)하려 했으나 허락하지 않았다.103) 이에 사관(史官)은 이렇게 쓰고 있다.

김영유는 청렴·검소하고 욕심이 적으며, 부지런하고 삼가 직무를 받들며, 처음부터 끝까지 게으름이 없었으므로 개성 사람들이 그를 아꼈다.104)

1487년(성종 18) 5월에 형조참판, 11월에 동지중추부사가 되었으며,105) 1490년(성종 21) 7월에는 김영유가 조정에 벼슬한지 오래 되었고 또한 70세가 넘었다 하여 1자급(資級)을 올려주었다.106) 그 뒤에도 첨지중추부사, 동지중추부사 등의 명예직을 받았고 1494년(성종 25) 12월 6일(신유)에 세상을 떴다. 그의 졸기(卒記)에는 이렇게 기록되어 있다.

수중추부사 김영유가 졸(卒)했다. 철조(輟朝)·사부(賜賻)·조제(弔祭)를 전예와 같이 했다. 김영유의 자는 택보(澤夫)요, 본관은 경주이다. 정통(正統) 무오년(1438)에 생원시에 합격하고, 정묘년(1447)에 문과에 급제해 승

97) 《成宗實錄》卷 119, 11年 7月 甲申.
98) 《成宗實錄》卷 137, 13年 正月 己丑.
99) 《成宗實錄》卷 153, 14年 4月 辛卯.
100) 《成宗實錄》卷 158, 14年 9月 丙申.
101) 《成宗實錄》卷 164, 15年 3月 乙巳.
102) 《成宗實錄》卷 178, 16年 閏 4月 丁未.
103) 《成宗實錄》卷 199, 18年 丁月 癸卯.
104) 《成宗實錄》卷 199, 18年 丁月 癸卯.
105) 《成宗實錄》卷 203, 18年 5月 壬戌·癸丑.
106) 《成宗實錄》卷 242, 21年 7月 戊辰.

문원정자에 뽑히고, 임신(壬申)년(1452)에 선무랑 사헌부감찰에 임명되었
다가 사간원정언을 거쳐 형조좌랑으로 옮겼다. 천순(天順) 정축년(1457)에
평양소윤에 보임되었나가 여러 번 옮겨서 판승문원사에 이르렀고, 성화(成
化) 을유년(1465)에 통정대부성균관대사성이 되었다. 병술년(1466)에 호조
참의로 옮겼고, 무자년(1468)에 황해도관찰사로 나갔다. 기축년(1469)에 예
조참의가 되었고, 신묘년(1471)에 충청도관찰사에 임명되어 특별히 가선대
부로 승진했다. 임진년(1472)에 동지중추부사가 되고, 계사년(1473)에 예조
참판이 되었으며, 갑오년(1474)에는 경상도 관찰사가 되었다. 을미년(1475)
에는 형조 참판이 되었다가 곧 동지중추부사로 옮겼다. 정유년(1477)에는
사헌부대사헌, 무술년(1478)에는 전라도관찰사, 기해년(1479)에는 동지중
추부사가 되고, 을사년(1485)에 개성부 유수가 되었다. 정미년(1487)에 70
세로 치사하기를 청하니 윤허하지 않고 형조참판에 제수했다. 경술년
(1490)에 기정대부에 오르고, 임자년(1492)에 수지중추부사가 되었다가 이
에 이르러 병으로 졸하니 나이가 77세이다. 시호는 공평(恭平)인데 공경하
고 순함으로 위를 섬기는 것을 공(恭)이라 하고(尊賢貴義曰恭), 일을 하는
데 법이 있는 것을 평(平)이라 한다(布綱治紀曰平).107)

또한 사관(史官)은 이렇게 논평했다.

김영유는 성품이 순근(醇謹)하고, 직무를 받들면서 게으르지 아니하므로,
공청(公淸)하다고 일컬었다.108)

묘는 광주군(廣州郡) 오포면(五浦面) 신현리(新峴里) 다사동(多沙洞)
술좌지원(戌坐之原)에 있다. 첫째 부인은 한서룡(韓瑞龍)의 딸인 청주 한
씨로 1419년(세종 1)에 출생해 1483년(성종 14) 12월 1일에 죽었다. 묘
는 김영유의 묘의 뒤편 신좌(辛坐)로 있다. 5남 3녀를 두었는데 장남은

---

107) 《成宗實錄》 卷 297, 25年 12月 辛酉.
108) 《成宗實錄》 卷 297, 25年 12月 辛酉.

첨정을 지낸 훈(薰)이요, 2남은 수사를 지낸 훤(萱)이요, 3남은 판관을 지낸 명(蓂)이요, 4남은 현감을 지낸 시(蓍)요, 5남은 참봉을 지낸 평(萍)이다. 장녀는 사정(司正)을 지낸 임가동(林可棟: 본관은 평택)에게 시집갔고, 2녀는 사의(司議)를 지낸 유종수(柳宗琇: 본관은 진주)에게 시집갔고, 3녀는 부장을 지낸 김보추(金保秋)에게 시집갔다.

훈의 부인은 송학(宋鷽)의 딸인 진천 송씨로 두 아들을 두었는데, 장남은 판관을 지낸 원필(元弼)이요, 차남은 이조 판서를 지낸 십청헌(十淸軒) 문간공(文簡公) 세필(世弼)이다. 2남 훤의 부인은 남양 홍씨인데 참봉 홍필(洪弼)을 양자로 들였다. 3남 명은 이씨를 얻어 두 아들을 두었는데 장남은 좌랑을 지낸 종필(宗弼)이요, 차남은 참봉을 지낸 우필(禹弼)이다. 4남 시는 고수예(高守禮)의 딸인 개성 고씨를 얻어 1남 1녀를 두었는데 아들은 참봉을 지낸 상필(像弼)이요, 딸은 대사간을 지낸 이과(李顆)에게 시집갔으며, 홍향노(洪享老)의 딸인 남양 홍씨를 얻어 1남 1녀를 낳았는데 아들은 홍필(洪弼)이요, 딸은 참봉을 지낸 유응진(柳應辰)에게 시집갔다.[109]

김영유는 천자(天資)가 준매(俊邁)하고, 어렸을 때부터 공부를 열심히 했으며, 효성스러웠다. 과거에 합격해서는 여러 도의 방백(方伯)을 역임했는데 사무가 청백하고 진심으로 백성을 다스려 왕에게서 표창을 받았다. 안동의 영호루(映湖樓)에서 지은 시가 걸려 있는데 안동사람들이 김영유를 보는 것 같이 그 누각을 사랑했다고 한다. 김영유는 중국의 김식(金湜)·예겸(倪謙)·황찬(黃瓚)·진유(榛楡) 등과도 깊이 교류해 그의 글이 《황화집》(皇華集)·《동국시선》(東國詩選)·《공교잡지》(孔敎雜誌) 등에 실려 명성이 중국에까지 떨쳤다.[110]

이에 후손들이 김영유를 추모하고자 산음현 철수리(鐵水里) 효렴산(孝廉山) 아래 효산서원(孝山書院)을 세웠다.[111]

---

109) 金永濡 家狀.
110) 家狀 및 神道碑銘.
111) 金永濡 家狀 및 神道碑銘.

[2]업적

　김영유는 1447년(세종 29)에 문과에 급제한 뒤로 1494년(성종 25) 세
상을 뜰 때까지 53년 동안 관직생활을 했다.

　우선 김영유는 외국에 사신을 여러 번 갔다. 1449년(세조 12) 8월 19일
에 김영유는 호조 참의로서 성절사(聖節使)가 되어 명나라에 갔다 왔다.
이때 선물로 흰 까치[白鵲]를 바쳤는데 명나라 황제가 백성들에게 폐해가
된다며 앞으로는 바치지 말라는 명을 내렸다.112) 그리고 1470년(성종 1)
9월에는 대마주(對馬州) 선위관(宣慰官)으로 가는 사역원첨정 전양민(田
養民)에게 외교문서를 써 보냈다.

　　예조참의 김영유는 글을 대마주 태수(太守) 종공 족하(宗公足下)에게 드립
　　니다. 귀도(貴島)는 우리나라와 대단히 가깝고 통호한 지 이미 오래 되어
　　한 집안과 같이 보고, 이해(利害)에 대해 각각 실정대로 고했습니다. 그런데
　　지금 우리나라는 불행히도 연이어 국상을 당해 비용이 적지 않은데다, 해마
　　다 가뭄으로 흉년이 들어 공사간의 저축이 부족하게 되었으니, 이는 모두
　　족하가 들어서 아는 바입니다. 그런데 귀국 여러 주에서 사신으로 오는 배
　　가 금년에는 더욱 많아 왜관(倭館)에는 빈 날이 없고, 한 배에 탄 사람도 거
　　의 수십 수백 인에 이르니 대접하는 비용이 대개 만(萬)으로 헤아리게 되어
　　연변의 진읍(鎭邑)은 거의 견디지 못하고 있습니다. 예전에 우리나라 선왕
　　께서 귀국의 선도주(先島主)와 귀도 및 여러 주(州)의 사선(使船) 수를 약
　　정하고, 또 반드시 귀도의 문인(文引)을 받게 해 왕래를 절제한 것은 지금
　　과 같은 폐단이 있을까 염려한 것입니다. 그러나 법이 오래 되어 무너지고
　　있으니, 지금 금제(禁制)를 밝혀 두지 않으면 장차 통상을 계속하기 어려우
　　므로 영구한 우호관계의 계책이 아닙니다. …… 진실로 이해를 살피지 않고

---

112) 《世祖實錄》 卷 39, 12年 8月 戊午 ; 《世祖實錄》 卷 41, 13年 3月 乙亥.

간세한 자를 분별하지 않고서 모두 문인을 발급해 준다면 저들도 소중히 여기지 않을 것이고, 우리도 또한 어찌 족하를 신뢰하겠습니까? 이는 다만 우리나라에 폐단이 될 뿐 아니라 또한 족하에게도 이익이 되지 않습니다. 그런데 족하가 대마도를 주관한 후 항상 군중에 있어서 본도에 돌아오지 못하여 다 말할 수가 없었는데, 이제 다행히 우리 주상께서 관원을 보내 족하를 위로하게 되므로 주상의 뜻을 받들어 삼가 무릇 사선(使船)의 폐단과 삼포(三浦)의 이해를 뒤에 조목조목 열거하니 참조하기 바라며, 힘써 폐단을 제거해 피차 다 편하게 태평을 누리게 되면 매우 다행이겠습니다.113)

이는 훗날 삼포왜란(三浦倭亂) 뒤 맺어진 계해조약(癸亥條約)의 전초라는 점에서 중요한 외교문서이다. 그런 점에서 이 문서에 나타나는 조목들을 계해조약과 비교해 보는 것도 흥미있는 과제이다.

또한 김영유는 1476년(성종 7) 3월에 평양군(平壤君) 박중선(朴仲善)과 함께 명나라에 사은사(謝恩使)로 가서 황제와 황태자의 은혜에 감사하는 글을 올렸다. 이때 황제에게 황세저포(黃細苧布) 20필(匹), 백세저포(白細苧布) 20필, 흑세마포(黑細麻布) 50필, 황화석(黃花席) 20장(張), 만화석(滿花席) 20장, 만화방석(滿花方席) 20장, 잡채화석(雜彩花席) 20장, 인삼(人蔘) 100근(斤), 잡색마(雜色馬) 12필을 진헌하고, 황태후와 중궁에게 각각 홍세저포(紅細苧布) 10필, 백세저포 10필, 흑세마포 30필, 만화석 10장, 잡채화석 10장을 진헌했으며, 황태자에게는 백세저포 10필, 흑세마포 30필, 만화석 10장, 잡채화석 10장, 인삼 50근, 잡색마 4필을 진헌했다.114)

그 뒤 1477년(성종 8) 10월에 의정부·육조 당상들이 모인 자리에서 강희맹(姜希孟) 등과 함께 대일관계 회복에 유예기간을 둘 것을 건의하여 임금의 윤허를 받았다.

---

113) 《成宗實錄》 卷 7, 1年 9月 丙子.
114) 《成宗實錄》 卷 7, 1年 9月 丙子.

교린의 예를 폐지할 수는 없습니다. 그러나 근년에 본국에서 병란이 일어나 서로 버티는 것이 이미 10년이 지났습니다. 그들이 자구(自救)도 할 겨를이 없을 터인데, 어느 겨를에 관(館)에서 이웃 나라의 사신을 대접하겠습니까? 더구나 이로 인해 해적들이 함부로 마구 날뛰니 사람을 보내 위험한 나라에 들어가게 할 수는 없습니다. 만약 변고가 있다면 반드시 국가에 수치를 줄 것이며, 또 길을 안내하고 호송하는 것은 반드시 대마주(對馬主)의 힘을 입는데, 도주(島主)가 이를 하고자 하지 아니하니, 또한 강요하기도 어렵습니다. 통신사는 정기적인 것이 아니니, 아직 병란이 평정되기를 기다려도 늦지 않을 것입니다.[115]

김영유는 다시 1479년(성종 10) 10월에 공조참판으로서 동지중추부사 이극기(李克基)와 함께 정조사(正朝使)로 명나라에 다녀 왔다. 김영유는 요동에 도착해 장계를 올려 명나라의 상황을 보고했다.

중국군사가 야인(野人)을 정벌하다가 지난 11월 15일에 요동에서 군사를 일으켰는데 왕(王瑛)이 말하기를 "소자하(蘇子河) 등 지방을 수색해 토벌한 후에 대령(大嶺)에 올라가서 너희 나라와 국경을 접한 도로를 바라보니, 군사와 말의 자취가 조금도 없었다."라고 하고, 왕 태감(汪太監)은 말하기를 "조선에서는 반드시 들어와서 토벌하지 않았을 것이다."라고 했으며, 또 말하기를 "일찍이 모련위(毛憐衛)에 거주하면서 너희 나라의 직사(職事)를 받은 야인 등이 건주위(建州衛)에 이주했다가 지금 왕 태감에게 수색당해 체포되어 너희 나라에서 제수한 관직과 차자(箚子)로 맡긴 관교(官敎)를 모두 회수했다."라고 하고, 진 태감(陳太監)이 포로로 잡은 남녀 194명을 보였습니다.[116]

명나라와 조선과 야인의 삼각관계에서 발생한 사건을 해결하고자 노력

---

115) 《成宗實錄》 卷 85, 8年 10月 壬子.
116) 《成宗實錄》 卷 112, 10年 12月 甲寅.

한 것이다.

한편 김영유는 황해·충청·경상도 관찰사와 개성유수를 지냈다. 황해
도관찰사를 두 번이나 거쳤으니 관찰사를 4번이나 한 셈이었다.

김영유는 1468년(세조 14) 8월에 황해도관찰사에 임명되었다.117) 그는
흉년을 이유로 재랑(齋郞)·악생(樂生)·향교(鄕校)·역학생도(譯學生
徒)의 방학(放學)을 건의해 실현시켰고,118) 황해도 연안에 사는 삼촌숙
최승우(崔升雨)의 집에 숨어있는 역적 이시합(李時合)의 아들 이종동(李
終同)을 잡아 올렸다.119)

1471년(성종 2) 5월에 김영유는 다시 충청도관찰사가 되었다.120) 김
영유는 다음해 2월에 상소를 올려 홍주인 예문검열(藝文檢閱) 복승정
(卜承貞)·한산군 사람 장사랑 박지(朴地)·태안군 사람 학생 김득중
(金得中)·학생 조숭례(曺崇禮)·청주 사람 종사랑 경연(慶延) 등은 이
조와 병조로 하여금 재주에 따라 탁용하게 하고, 면천군 사람 선군 박문
(朴文)의 딸 지지(芷芝)는 열녀문을 세워 정표하게 했다.121)

그 뒤 1474년(성종 5) 정월에 김영유는 가선대부동지중추부사 겸 경상
도관찰사가 되었다.122) 이때 왜인들이 법을 어기는 경우가 많아 왕이 김
영유에게 명해 왜인들이 경계를 넘어 집을 짓지 못하게 하고,123) 지세포
(知世浦)에서 교부한 문인(文引)과 납세(納稅), 회비(回批), 고기잡이하
는 배의 숫자, 사람의 이름들을 자세히 보고하게 했다.124) 왜인의 불법을
막고자 함이었다.

1483년(성종 14) 9월에 김영유는 다시 황해도관찰사가 되었다.125) 이

---

117) 《世祖實錄》 卷 47, 14年 8月 庚子.
118) 《睿宗實錄》 卷 2, 卽位年 12月 庚寅.
119) 《睿宗實錄》 卷 7, 1年 8月 壬戌.
120) 《成宗實錄》 卷 10, 2年 5月 甲午.
121) 《成宗實錄》 卷 15, 3年 2月 乙酉.
122) 《成宗實錄》 卷 38, 5年 正月 己酉.
123) 《成宗實錄》 卷 42, 5年 5月 庚辰.
124) 《成宗實錄》 卷 47, 5年 9月 乙亥.
125) 《成宗實錄》 卷 158, 14年 9月 丙申.

때 김영유는 경작하지 않은 땅 1,500결에 대한 부세를 면제시켜 줄 것을 청해 도민의 세금을 깎아 주었다.126) 뿐만 아니라 도내에 곡식 종자가 없어서 묵은 밭 4천여 결에 대해서도 면세해 주도록 했다.127) 1485년(성종 16) 윤 4월에 김영유는 개성부유수가 되었다.128)

이제 흉년으로 인해 여러 도에서 흥판(興販)하는 사람을 일체 금했습니다. 개성부는 백성은 많고, 전지는 적어서 비록 연사가 풍년이 들어도 흥판이 아니면 생활해 나갈 수 없습니다. 그 흥판의 물건으로는 유의(襦衣) · 면서(綿絮) · 농기 따위가 많으니, 모두 민간에게 절실하게 쓰이는 것들입니다. 개성부는 창저(倉儲)의 수량이 적어서 진급(賑給)하기가 매우 어려우니, 청컨대 흥판을 허락하소서.

라고 아뢰었다.129) 지방관으로 있으면서 언제나 도민을 위해 선정을 베풀려 한 마음을 읽을 수 있다.

또한 김영유는 대사헌으로서 많은 역할을 했다. 김영유는 1477년(성종 8) 2월에 대사헌이 되어130) 1479년(성종 10) 6월까지 2년 4개월 동안 대사헌으로 있었다.131) 양반 관직이 자주 교체되는 관례에 비하면 아주 오래 한 셈이다.

김영유는 대사헌에 임명되자마자 변방 방어를 소홀히 해 사람과 가축을 많이 죽이고도 이를 숨기고 보고하지 않은 하숙부(河叔溥)를 중죄로 다스릴 것과 이를 두둔한 의금부 고위관료를 처벌할 것을 요구했다.132) 그러나 왕은 훈구대신을 일마다 문책할 수 없다면서 들어 주지 않았

---

126) 《成宗實錄》 卷 159, 14年 10月 丙戌.
127) 《成宗實錄》 卷 160, 14年 11月 辛卯.
128) 《成宗實錄》 卷 199, 18年 正月 癸卯.
129) 《成宗實錄》 卷 181, 16年 7月 甲戌.
130) 《成宗實錄》 卷 76, 8年 2月 甲戌.
131) 《成宗實錄》 卷 106, 10年 7月 戊午.
132) 《成宗實錄》 卷 76, 8年 2月 壬辰.

다.133) 그리고 김영유는 윤 2월에 다시 서얼인 유자광(柳子光)을 도총관
에 임명하는 것을 강력히 반대했다.134) 유자광이 유규(柳規)의 첩에서 났
다는 이유였다. 그러나 성종은 세조가 이미 허통(許通)한 것이니 들어줄
수 없다고 했다.135) 같은 해 3월에는 온양에 갔다가 공주 등지의 수령을
능욕하고, 역마를 멋대로 타고 다닌 창원군(昌原君) 이성(李晟)을 처벌하
라고 해 허락을 받았고,136) 인수대비(仁粹大妃)가 이숙생(李淑生)을 시
켜 금자경(金字經)을 사경(寫經: 불교 경전을 필사하는 일)하는 것을 반
대했다.137) 동년 4월에는 죄인 조숭손(趙崇孫)의 부탁을 들어 준 혐의가
있는 찬성 서거정(徐居正)을 처벌하라고 요구했다.138) 같은 해 6월 김영
유는 안천군(安川君) 권팽(權彭)의 기생 첩 금강아(錦江兒)와 간음한 종
실의 부림군(富林君) 이식(李湜)을 처벌하고 금강아는 잔읍(殘邑)의 노
비로 삼아야 한다고 주장했다.139) 그리고 국법을 어기고 사사로이 사람을
추천한 사복제조 윤자운(尹子雲)과 한치형(韓致亨)을 처벌해야 한다고
주장했고,140) 서거정(徐居正)의 재기용을 반대했다.141) 이러한 사안들은
모두 왕실 내지는 훈구계열의 부정부패를 공격한 것으로서, 김영유가 비
록 훈구파에 속하는 인물이지만 대사헌 직을 수행하는 과정에서 기득권
세력을 비판하는 관료로서 사림파와 상통할 수 있는 가능성을 가지고 있
었음을 알 수 있다.

  김영유는 1475년(성종 6) 2월에 경상도 관찰사로서《육선공주의》(陸宣
公奏議)를 간행해 올렸다.142) 이에 왕은 매우 기뻐하며 이렇게 화답했다.

---

133)《成宗實錄》卷 76, 8年 2月 丁酉.
134)《成宗實錄》卷 77, 8年 閏 2月 壬戌.
135)《成宗實錄》卷 77, 8年 閏 2月 乙丑.
136)《成宗實錄》卷 78, 8年 3月 壬申.
137)《成宗實錄》卷 78, 8年 3月 甲戌.
138)《成宗實錄》卷 79, 8年 4月 戊午.
139)《成宗實錄》卷 81, 8年 6月 庚子.
140)《成宗實錄》卷 81, 8月 6월 辛亥.
141)《成宗實錄》卷 82, 8年 7月 丁亥.
142)《成宗實錄》卷 52, 6年 2月 己丑.

이제《육선공주의》를 보니, 임금이 다스리는데 도움이 되는 말이 많이 있다. 경이 능히 명심(銘心)하고 올려서 나의 부족함을 도우려는 정성이 지극하므로, 내가 매우 가상하게 여기고 기뻐한다. 경에게 단의(段衣) 한 벌을 하사하니 이르거든 받으라.143)

《육선공주의》는 당나라 중기의 정치가 육지(陸贄: 754~805)의 주의(奏議)나 주초(奏草)를 모은 것으로 정치를 하는데 귀감이 되는 책이다. 《육선공전집》(陸宣公全集), 또는 《육선공한원집》이라고도 한다.144)

조정에서는 정치를 바로잡는 데 도움이 되는《육선공주의》와 같은 책을 많이 간행하려 했고, 중앙정부의 부담을 줄이고자 경상도 관찰사에게 간행해 올리라고 한 것이었다. 조선왕조는 유교를 지배이념으로 정하고 이를 확고히 하고자 경전을 비롯한 유교정치에 필요한 책들을 중국으로부터 수입해 주자소에서 간행하거나 각도 관찰사에게 간행하도록 했다.145) 이 책도 그 가운데 하나일 것이다.

(4) 김세필(金世弼)

[1]생애

김세필의 자는 공석(公碩)이요, 호(號)는 십청헌(十淸軒) 또는 지비옹(知非翁)이며, 시호는 문간(文簡: 道德博文曰文 行德不懈曰簡)이다. 아버지는 상의원 첨정 김훈(金薰)이요, 어머니는 군수 송학(宋翯)의 딸인 진천 송씨이며, 조부는 지중추부사를 지낸 김영유(金永濡)요, 증조부는 한성 소윤을 지낸 김근(金根)이다. 그리고 형조판서를 지낸 고려의 충신

---

143)《成宗實錄》卷 52, 6年 2月 己丑.

144) 金景梓·金東鎭 共著,〈朝鮮名臣 恭平公〉,《退齋 金永濡先生의 生涯와 思想》, 退齋 金永濡先生文化財事業會, 1999. 7, 72쪽.

145) 李成茂,《韓國科擧制度史》대우학술총서 인문사회과학 99, 민음사, 1997. 10, 389~391쪽.

상촌(桑村) 김자수(金自粹)는 그의 고조부이다.

김세필은 1473년(성종 4)에 한성부 명예방(明禮坊)에서 태어났다. 어려서부터 영민하고 밤새 글을 읽어 야순(夜巡)하는 군졸들까지도 이 댁에 앞으로 큰 경사가 있을 것이라 했다.[146] 그 뒤 18세 되던 1490년(성종 21)에는 임헌시(臨軒試)에 장원급제해 왕이 기특한 나머지 군(裙), 군(君), 분(分)의 운자(韻字)를 냈다. 그랬더니 그 자리에서 다음과 같은 낙하시(落霞詩)를 지었다 한다.

　진녀(秦女)가 처음으로 붉은 치마를 만들어서/나그네 기러기 편에 낭군께 보내려 했네//봄바람 만 리 밖에서 불어오니/그 힘 알지 못한지라//붙여 보내려 했는데/어느새 갈기갈기 찢어지네.[147]

이 시는 열녀전(烈女傳)에 수록된 내용으로 진녀(秦女)는 진(秦)의 두도(竇滔)의 아내인데, 양양에서 소식을 끊고 진(鎭)을 지키고 있는 남편에게 회문시(廻文詩)를 보내 자기를 기억하게 했다는 고사이다.[148] 그러나 성종이 후에 크게 쓰겠다는 마음을 먹어, 바로 급제는 주지 않았다 한다.

김세필은 1495년(연산군 1)에 생원시에 합격하고,[149] 다음 해에 문과에 급제해[150] 2년 동안 권지 생활을 하다가 1498년(연산군 4)에 홍문관 정자가 되었다.[151] 그 뒤 홍문관박사(博士)·부수찬, 사헌부지평, 홍문관부교리·교리, 이조정랑, 의정부검상·사인, 홍문관응교·전한, 승정원동부승지·우부승지·우승지, 홍문관부제학, 예조참의, 사간원대사간, 병조참지첨지중추부사 등의 청요직(淸要職)을 두루 거쳤다.[152]

---

146) 金世弼, 《十淸軒集》 卷 4, 附家先記聞.
147) 金世弼, 《十淸軒集》 卷 4, 附家先記聞.
148) 李相泰, 〈金世弼의 生涯와 思想〉, 《桑村 金自粹와 그 後裔》, 桑村思想硏究會, 2003. 9, 218쪽.
149) 《燕山君日記》 卷 9, 1年 10月 癸酉.
150) 《燕山君日記》 卷 14, 2年 4月 丙戌.
151) 《燕山君日記》 卷 31, 4年 8月 己巳.

1504년(연산군 10)에 연산군은 자신의 생모 윤씨가 억울하게 폐출·사사(賜死)당했다며 제헌(齊獻)이라는 시호를 내리고 묘의 이름을 회묘(懷墓)에서 회릉(懷陵)으로, 사당인 효사묘(孝思墓)를 혜안전(惠安殿)으로 바꾸는 사건이 벌어졌다. 이때 김세필은 권달수(權達手) 등과 함께 반대했다.

> 회묘의 일은 전하께서 묘소를 정할 때 널리 조정의 의견을 모으고 또 그 정
> 과 예를 참작해 추후로 효도하는 정성을 다했으니 지금 더 보탤 수 없습니
> 다.153)

이에 연산군은 권달수와 김세필을 사형에 처하려다 권달수는 주범이라 사형에 처하고, 김세필은 종범이라 1등을 감해 종으로 삼아 거제도에 귀양보냈고, 홍패를 회수했다.154) 그러나 1506년(중종 1) 9월 1일에 중종반정이 일어나 김세필도 귀양에서 풀려 홍문관부교리로 등용되었다.155) 이때 김세필은 시독관으로서 공신 구수영의 처벌을 건의했다.

> 지금 (구)수영이란 자가 바로 이른바 옛날의 아첨하는 사람입니다. 대군의
> 사위로서 궁중에 출입하면서 폐주에게 아첨하고, 사사로이 미색을 구해다
> 가 그 욕망을 채워서 법도를 무너트리게까지 했으니 그 죄는 형언할 수 없
> 습니다. 만약 공신이라 해 죄주지 않으면 공덕 있는 사람들이 무엇으로서
> 권장하는 것을 알겠습니까?156)

그리고 그해 12월에 김세필은 홍문관교리 이행(李荇), 부교리 김안국(金安國), 성균관직강 홍언충(洪彦忠), 도총부도사 신상(申鏛), 이조좌랑

---

152) 李相泰, 앞의 논문, 219쪽.
153) 《燕山君日記》 卷 52, 10年 3月 甲申.
154) 《燕山君日記》 卷 56, 10年 12月 戊午.
155) 《中宗實錄》 卷 1, 1年 10月 戊申.
156) 《中宗實錄》 卷 1, 1年 11月 丙子.

유운(柳雲), 성균관전적 김안로(金安老), 예문관검열 김영(金瑛)·이희증(李希曾) 등과 함께 정업원(淨業院)에 들어가 사가독서(賜暇讀書)하는 특전을 받았다.[157] 이 가운데 이행·김안국·홍언충은 그의 평생지기가 되었다.

1512년(중종 7) 10월에 전라도관찰사로 나가 선정을 베풀었다.[158] 그는 강명(剛明)한 수령을 시켜 남원의 김세기(金世其)·황개(黃愷)·김영(金楹) 등 3해(三害)라고 불리던 품관·토호를 일망타진해 공적을 올렸다. 그러나 여든 여섯 나이의 어머니를 모시고자 그만두겠다는 그의 요청이 받아들여져 한 달 뒤에 김세필은 성균관 대사성이 되었고, 대사간을 거쳐 1515년(중종 10)에는 광주목사(廣州牧使)로 나가 2년 동안 근무했다.[159] 광주목사로 부임하자 토호들에게도 국역을 부담시키고, 수확이 될 만한 곳에는 1등을 더해 세금을 징수하여 국고를 넉넉하게 했다. 이 때문에 주민 중에 원망하는 사람도 있었다.[160] 그러나 경기도 관찰사는 그의 치적을 높이 평가해 '염근봉공'(廉謹奉公)이라고 보고했고, 조정에서는 1계급을 가자(加資)해 주었다.[161]

김세필은 현직에 있을 때 모친상을 당했는데 그는 조금도 관물을 쓰지 않고, 자기 재물로 초상을 치렀으며, 상례를 어기지 않았다. 그는 늙지도 않았는데 양쪽 귀밑머리가 희었고, 본래 더러운 마음이 없었으므로 안과 밖이 한결 같았다. 다만 원칙주의자였기에 남에게 너그럽지는 않았고, 이 때문에 속류들의 미움을 샀다.[162]

1507년(중종 2) 4월에 김세필은 사가독서를 하는 신상(申鏛)·유운(柳雲)·김안로(金安老) 등과 함께 무오사화의 원인이 된 김일손(金馹孫)의 사초를 발설한 유자광(柳子光)을 사형에 처해야 한다고 상서했다.[163] 그

---

157)《中宗實錄》卷 1, 1年 12月 丁未.
158)《中宗實錄》卷 17, 7年 10月 庚申 ; 卷 18, 8年 4月 辛酉.
159)《中宗實錄》卷 27, 12年 1月 丙申.
160)《中宗實錄》卷 28, 12年 6月 己巳.
161)《中宗實錄》卷 27, 12年 1月 丙申.
162)《中宗實錄》卷 28, 12年 6月 己巳.

러자 조정에서는 그로 하여금 직접 평해에 가서 유자광을 추국하고 오도
록 했다.164) 유자광은 중종반정 공신이었기 때문에 사형은 면하고 유배당
하는데 그쳤다.

1508년(중종 3)에는 의정부 사인(7월), 홍문관 응교(11월)에 임명되었
다. 이때 김세필은 시강관으로서 경전강독에 이름을 날렸다. 다음 해 3월
에는 대마도경차관(敬差官)에 임명했으나 노모 때문에 가지 않았다.165)

1510년(중종 5) 정월에 사간원이, 적소(謫所: 귀양지)에서 부친상을
치르는 동안에 음란한 행동을 하고 매와 개를 데리고 사냥한 죄로 추국을
당한 절친한 친구 홍귀달(洪貴達)의 아들 홍언국(洪彦國)을 추궁하자, 그
는 이웃에 있던 김세필이 다 아는 일이라 했다. 김세필이 듣고 본 대로 말
하지 않았다고 해 추국당한 바 있다.166)

1510년(중종 5) 12월에 김세필은 홍문관 부제학으로서 시무 7개조를
올렸다. 그 내용은 다음과 같다

　1) 정치의 방법을 자세히 살피십시오
　2) 제사를 경건히 받드십시오
　3) 궁궐출입을 엄중하게 하십시오
　4) 종척의 화목을 도모하십시오
　5) 사정과 허위를 물리치십시오
　6) 민생을 불쌍히 여기십시오167)

3정승이 김세필의 상소에 책임이 있다며 사임하려 했으나 왕이 만류했다.
1511년에는 우부승지(2월), 예조참의(5월)를 거쳐 사간원 대사간(6월)
이 되었다. 그러나 7월에 대사간 자리에서 물러났다. 사간 이하는 이극돈

---

163) 《中宗實錄》 卷 2, 2年 4月 23日.
164) 《中宗實錄》 卷 2, 2年 7月 15日.
165) 《中宗實錄》 卷 8, 4年 3月 21日.
166) 《中宗實錄》 卷 10, 5年 2月 22日.
167) 《中宗實錄》 卷 12, 5年 12月 8日.

의 죄를 다스리려 했는데 김세필만이 반대해 서로 용납할 수 없었기 때문이다.168)

그 대신 1512년(중종 7) 정월에는 병조참지가 되고, 이어 홍문관부제학(2월), 우승지(4월), 전라도관찰사(10월)을 거쳤다. 그러나 노모의 병 때문에 전라도관찰사를 사직하고 성균관대사성(1513년 5월), 겸 동지성균관사(같은 해 11월), 사간원대사간(1514년 12월)을 역임했다.169) 1516년(중종 11) 6월에는 김세필이 이행(李荇)·김안국(金安國)·김안로(金安老)·조광조(趙光祖)·한충(韓忠)·이자(李耔)·박상(朴祥)·김정(金淨) 등 50인과 함께 성균관의 사유(師儒)가 될 만한 사람으로 뽑혔다.170) 뿐만 아니라 1519년(중종 14) 5월에는 승정원에서 김세필을 남곤(南袞)·조광조(趙光祖)·신광한(申光漢) 등과 함께 《성리대전》을 진강할 만한 학자 21인 가운데 한 사람으로 추천했다.171) 그리고 동년 10월에는 김세필이 예조참판으로서 정조겸발회표류인현계형등사은사(正朝兼發回漂流人玄繼亨等謝恩使)로 명나라에 다녀왔다.172)

1520년(중종 15) 4월에 김세필은 황해도관찰사가 되었다. 이때 남곤(南袞)은 김세필에게 사표(師表)의 책임을 맡겨야 한다는 상소를 올리게 된다.

김세필은 사표의 직임을 맡길 만합니다. 황해도관찰사의 직임도 중하기는 하나 거기에 마땅한 사람을 얻기는 쉽거니와, 교육을 이룩하는 직임에 있어서는 참으로 경술(經術)과 문학을 겸비한 사람이 아니면 그 자리에 있기에 마땅치 않습니다. 근래 학교의 일은 여느 때와 같게 해서는 안 되고 백배 더 힘써야 하는데 세필이 그것을 넉넉히 감당할 만합니다.173)

168) 《中宗實錄》 卷 14, 6年 7月 4日.
169) 金景梓·金東鎭 共著, 《金世弼 先生의 生涯와 思想》, 十淸軒金世弼先生文化財事業會, 1999. 7, 328~331쪽.
170) 《中宗實錄》 卷 25, 11年 6月 19日.
171) 《中宗實錄》 卷 26, 14年 5月 17日.
172) 《中宗實錄》 卷 37, 14年 10月 13日.
173) 《中宗實錄》 卷 39, 15년 5月 壬寅.

중종도 이에 동의해, 그는 관찰사로 나간 지 한 달도 안 되어서 불려 들어왔다.

그해 9월에 김세필은 특진관으로서 아래와 같은 상소를 올려 조광조의 사사가 지나친 처사였음을 주장했다.

"군자의 허물은 일식·월식과 같아서, 허물이 있으면 사람들이 다 볼 수 있고, 고치면 사람들이 다 우러러본다."고 했습니다. 사람은 다 요순이 아니니, 어찌 매사에 진선(眞善)할 수 있겠습니까? 필부일지라도 허물이 있으면 고치려고 생각해야 하는데, 더구나 온 백성의 위에 있는 임금은 어떠하겠습니까? 임금이 잘못하고서 능히 고친다면 백성들이 우러러 보는 일이 어찌 해와 달의 광명에 비길 뿐이겠습니까? 근래 조정에서 경화(更化)한 일이 많은데, 변경하더라도 어찌 죄다 알맞게 할 수 있겠습니까? ……
조광조(趙光祖)는 새로 사진(仕進)해 일 만들기를 좋아하는 사람이었으나 어찌 간사한 마음이 있었겠습니까? 다만 세상을 경험하지 못하고 학문이 모자라므로 마침내 나라의 일을 그르치게 되었을 따름입니다. 처음에는 총애가 비길 데 없다가 하루아침에 사사하셨으니, 이 일을 사책(史冊)에 써서 만세에 전하면 뒷날 사람들이 어떻게 생각하겠습니까? 신은 이 사람을 몰랐는데 지난 번 경연(經筵)에서 보니 사람됨이 경박해 대신의 말일지라도 반드시 가로채서 제 마음대로 하므로 신이 속으로 변변치 않은 사람이라 생각했습니다. 그러나 홍문관의 5~6품 줄에 두었고, 6조(六曹)에 출입시켜 쓸 만한가를 시험했으니 어찌 쓸모없는 재주였겠습니까? 잘못이 있거나 죄가 있으면 내쳐서 징계하는 것이 옳았을 것인데 사사까지 하셨으니 지나치십니다. 김식(金湜)과 같이 간사한 자라면 처형하지 않을 수 없겠으나 조광조 같은 자야 어찌 간사한 마음이 있었겠습니까? 그러나 상께서 이것을 지나치다고 생각하시는지 모르겠습니다. 은총이 저러하시다가 하루아침에 사사하셨으니 일이 매우 참혹합니다. 미천한 죄인일지라도 어찌 차마 이렇게 할 수 있겠습니까? 이 뒤로는 조정(朝廷)의 기색(氣色)이 암담해질까 염려됩니다. 지우(智愚)의 신하가 있더라도 어떻게 안심하고 스스로 믿을 수 있겠습니까?[174]

중종은 처음에 조광조 등 사림들의 개혁정치를 지지했다. 박원종(朴元宗) 등 공신의 발호를 막으려는 목적이었다. 그러나 조광조 등의 요구가 지나쳐 왕권을 능멸할 지경이라는 판단이 들자, 홍경주(洪景舟)·남곤(南袞)·심정(沈貞) 등 훈구 공신들과 함께 '북문의 변'을 일으켜 조광조 일당을 일망타진했다. 이것이 기묘사화이다. 누가 보아도 억지스런 사건이었다. 그러나 목숨을 내놓고 감히 이를 반대하는 사람을 찾기는 어려웠다. 김세필은 재상 자리에 있는 사람으로서 지금까지는 훈구계열에 속해 있으면서 사림파에 동정적인 태도를 가지다가, 이때에 이르러 사림파로 전향했다.

그의 상소에 대해 중종은 이렇게 대답했다.

사사한 것으로 말하면, 조정에서 그 죄명을 정한 것이 이미 가볍지 않으므로 그렇게 하지 않을 수 없었다.[175]

이에 영의정 김전(金詮), 좌의정 남곤(南袞), 우의정 이유청(李惟淸)은 김세필을 탄핵하였다.

신 등이 들건대 요즈음 석강 때 재상 줄에 있으면서 조광조를 사사한 것을 그르다고 아뢰어 이제까지도 의논이 정해지지 않도록 한 사람이 있다 하니, 재상 줄에 있는 사람이 어찌 이럴 수 있겠습니까? 추고하소서.[176]

사신(史臣)은 이 사건을 다음과 같이 논평했다.

---

174) 《中宗實錄》 卷 40, 15年 9月 丁卯.
175) 《中宗實錄》 卷 40, 15年 9月 丁卯.
176) 《中宗實錄》 卷 40, 15年 9月 辛未.

조광조 등은 일을 처리함에 지나치기는 했으나 그 속마음은 간사하지 않았는데, (그들이 억울하게 화를 당한 것에 대해) 이제까지 한 사람도 쟁론해 드러내지 않았으므로, 뜻있는 선비늘이 슬프고 분하게 여겼다. 김세필은 학문과 강개(慷慨)가 있어서 비로소 이런 논의를 했는데 그 말이 매우 격절(激切)했으므로 듣는 사람들이 봉황(鳳凰)의 울음에 견주기까지 했으나, 마침내 하옥되었다.177)

사관도 사림파의 선비였으므로 이같이 논평하는 것은 당연했다. 김세필은 옥중에서 변명하는 상소를 올렸다.

지난 번 경연에서 조광조의 일을 논할 때, 신은 '지식이 없고 경박한 사람을 차서(次序)에 따르지 않고 발탁해 은총이 다른 신료들보다 다르므로 기세가 날로 성해서 나라의 일을 어지럽게 했다'고 생각해, 이것을 반복해 아뢸 즈음에 어세(語勢)가 어그러지는 것을 깨닫지 못하고 망령되게 사사를 언급했습니다. 신은 광조와 나이의 장소(長少)와 벼슬살이의 선후(先後)가 달라서 조금도 서로 친분이 없으며, 을해년 정월에 광주목사(廣州牧使)에 제수되었다가 정축년 정월에 어미의 상을 당할 때까지 5~6년 동안 외방에 있었는데, 광조가 하는 짓을 듣고서 늘 몹시 통분해 남들에게 개탄했습니다. 기묘년 3월에 상을 마치고 조정에 벼슬해 마침 광조와 함께 경연에 모신 일이 한두 번이 아니었는데, 그의 언어·동정을 보고서는 경망하고 일만들기를 좋아하며 상께서 총애하시는 것을 믿고 거리낌이 없다는 것을 더욱 알게 되었습니다. 신이 그때에 한 말씀으로 천의(天意)를 돌려서 나라의 일이 잘못되는 것을 구제하지는 못했으나, 시비가 이미 정해진 오늘에 와서 신이 어찌 조금이라도 현란한 마음을 갖겠습니까? 말이 한번 그릇되면서 정상을 드러내지 못해, 전에 조정을 염려하고 광조를 개탄하던 마음을 끝내 성감(聖鑑)에 드러내지 못하고서 죄에 빠졌으니 신은 억울해 견딜 수 없습

---

177)《中宗實錄》卷 40, 15年 9月 丁卯

니다. 엎드려 바라건대 성상께서 신에게 다른 마음이 없음을 통찰하시어 살려 기르는 은혜를 내리소서.178)

그러나 의금부에서는 김세필의 죄를 곤장 일백·유배 삼년으로 조율(照律)해 그 동안의 공을 참작하여 죄 1등을 감한 뒤, 장(杖)은 돈으로 환산해 내게 하고 유춘역(留春驛)에 유배시켰다.179)

김세필은 2년의 유배생활을 마치고 1521년(중종 17)에 풀려나와 조정에서 중추원부사 직을 맡으라고 했으나 거절하고, 충주 지비천(知非川)에 은거하면서 후진을 양성했다.180)

지비천은 지금의 충북 음성군 생극면 팔성리이다. 당시에는 그곳에 인가가 없었는데 김세필이 우거(寓居)하면서 지비촌(知非村)이 생겼다. 이때 그의 나이 50세였다. 그는 자신의 은거생활을 공자의 제자인 거백옥(蘧伯玉)의 고사에 견주어 권도원(權道原)에게 보낸 다음과 같은 시로 읊었다.

늙어서야 이 마을에 집을 지었는데
이름을 보아 뜻을 가히 알겠지만
내가 거백옥은 아니지만
이 분이 하는 일이 좋아서 본받았네181)

이때 지은 집이 공(工)자 형으로 생겼는데 가운데는 강의실로 쓰고, 양쪽은 침실로 만들어 왼쪽은 김세필이 거처하고, 오른쪽은 제자들이 머물게 했다. 이 집은 충주 목사로 있던 친구 박상(朴祥)에게 지원을 받아 지은 것이다. 그는 이곳에서 제자를 기르면서 살다가 1533년(중종 28)에 향

178)《中宗實錄》卷 40, 15年 9月 乙亥.
179)《中宗實錄》卷 40, 15年 9月 乙亥.
180) 李相泰, 앞의 논문, 234쪽.
181) 金世弼,〈次權道原寄示韻〉,《十淸軒集》卷 1.

년 61세로 생을 마쳤다.182)

김세필이 죽은 지 5년 되는 1538년(중종 33)에는 기묘사림들이 모두 직첩을 돌려받았다.183) 물론 김세필도 여기에 포함되어 있었다. 그러나 기묘사화로 식섭 저벌을 받은 조광조 등은 빠져 있었다. 김세필은, 모재 (慕齋) 김안국(金安國)이 만든 《기묘당금록》(己卯黨禁錄)에 들어가 있다.

그 뒤 1672년(현종 13)에는 충주에 사는 한치상(韓致相) 등이 상소해 김세필을 우참찬 이자(李耔)·교리 이연경(李延慶)·영의정 노수신(盧守愼)과 함께 팔봉서원(八峰書院)에 봉안하는 것을 허락했다.184) 그리고 1746년(영조 22)에는 영의정 김재로(金在魯)가 기묘명현 가운데 시호를 받을 수 있는 정경(正卿)들에게 증직(贈職)과 증시(贈諡)를 하도록 했다.185) 김세필은 가선대부이조참판에서 자헌대부이조판서로 추증되었다.

김세필은 숙(䃞)·구(䃥)·저(䃴)의 세 아들이 있었다. 숙은 23세에 일찍 죽었고, 구는 벼슬하지 않았으나 좌승지(左承旨)에 추증되었으며, 저는 문과에 급제해 지평까지 올라갔으나 을사사화에 걸려 삼수로 유배된 뒤 사사(賜死)되었다가 선조 대에 신원(伸寃)되었다. 숙의 아들은 희경 (喜慶)이요, 구의 아들은 원경(元慶)·중경(重慶)·선경(善慶)이요, 저는 아들이 없이 죽어서 중경을 양자로 들였다.186)

[2]사상

김세필은 특별히 배운 선생이 없었으나, 김자수(金自粹)나 김영유(金永濡)의 가학(家學)에서 얻은 바가 있었으며, 또한 친구들의 영향도 받았다. 특히 김자수의 성리학적 학문경향과 김영유의 훈구파적 성격을 동시에 가지고 있었다는 점에서 주목할 필요가 있다. 그는 훈신정치 시대에서

---

182) 李相泰, 앞의 논문, 235쪽.
183) 《中宗實錄》 卷 87, 33年 4月 乙卯.
184) 《顯宗實錄》 卷 20, 13年 3月 癸酉.
185) 《英祖實錄》 卷 64, 22年 9月 己亥.
186) 〈十淸軒先生世系圖〉, 《十淸軒先生集》.

사림정치 시대로 이행하는 과도기의 학자관료였으며, 정확히 말하면 전향
사림파의 대표적인 인물이라 할 수 있다.

김세필의 사상적 성향은 크게 세 시기로 나누어 살펴볼 수 있다.

첫째 시기는 중종 대 초기이다. 이때는 김세필이 성리학자로서 정학
(正學)을 올려 세우고 이단을 물리치는데 정력을 쏟았다. 이러한 활동은
대간의 직위를 통해 달성하고자 했다. 그는 문과에 급제한 뒤 학행이 뛰
어나 이행(李荇)·어득강(魚得江)·김안국(金安國)·박상(朴祥)·이자
(李耔)·남곤(南袞)·권민수(權敏手) 등과 교류해 식견을 넓혔다. 이
가운데 훈구파도 있었고, 사림파도 있었고, 그 중간 위치에 있는 사람도
있었다.

김세필은 성리학적 이념을 실현한다는 입장에서는 사림파의 도학정치
를 반대할 이유가 없었다. 그는 특히 경학에 밝았다. 당시에는 사림·훈
구 모두 경학에 밝은 사람이 적지 않았다. 김세필은 1506년(중종 1) 12
월에 이행(李荇)·김안국(金安國)·홍언충(洪彦忠)·신상(申鏛)·유운
(柳雲)·김안로(金安老)·김영(金瑛)·이희증(李希曾) 등과 함께 사가
독서의 특혜를 받았고,187) 1519년(중종 14)에는 이행(李荇)·김안국(金
安國)·방유령(方有寧)·최숙생(崔淑生)·이자(李耔)·박상(朴祥)·김
정(金淨)·홍언필(洪彦弼) 등 52인과 함께 성균관 사유에 합당한 인물
로 추천되었으며,188) 같은 해에 남곤(南袞)·김안국(金安國)·김구(金
絿)·홍언필(洪彦弼)·김식(金湜)·한충(韓忠)·박세희(朴世熹)·기준
(奇遵)·정응(鄭應)·장옥(張玉)·조우(趙佑)·이희민(李希閔)·황효
헌(黃孝獻)·권운(權雲)·이충건(李忠楗) 등과 함께《성리대전》을 왕
에게 강의할 만한 사람으로 뽑혔다.189)

김세필은 성리학자로서 국왕이나 관료들이 다 같이 성의·정심하여 왕
도정치를 실현해야 한다고 강조했다. 이는 조광조의 도학정치와 어긋나는

187)《中宗實錄》卷 1, 1年 12月 丁未.
188)《中宗實錄》卷 36, 14年 5月 己酉.
189)《中宗實錄》卷 36, 14年 5月 己酉.

것이 아니다. 그는 특히 역경(易經)을 깊이 연구해, 중종도 경연에서 《주역》을 강독하다가 모르는 것이 있으면 김세필이 지방에 있어도 불러 올려 물어볼 정도였다고 한다. 이 시기는 주자학이 학문적·철학적으로 깊이 연구하는 시기였다. 김세필도 비록 출신은 훈구파였으나 이러한 시대적 분위기 때문에 성리학 연구에 열중하고 이를 현실정치에 반영하고자 노력했다. 그가 갑자사화의 피화자(被禍者)들과 어울리고 구수영·유자광과 같은 훈구관료를 탄핵하고 조광조와 같은 사림파를 동정해 끝내는 전향사림파가 된 것도 그 때문이다.

그러기에 김세필은 불교의 기신제(忌晨祭)를 배척하고, 산천신(山川神)에게 국왕의 복을 비는 기은제(祈恩祭)를 금지시키며, 여악(女樂)을 폐지하고, 도교의 소격서(昭格署)를 혁파하자고 주장했다.[190] 특히 그는 이미 퇴계 이전에 양명학을 이해하고 비판한 것으로 유명하다. 김세필은 박상(朴祥)에게 보낸 시(詩)에 이렇게 쓰고 있다.

자양인(紫陽人) 가버려 사문(斯文) 없어졌으니,
누가 위태롭고 미세한 것을 구문(舊聞)에서 알아내겠는가.
학문이 육상산(陸象山)에 와서 병든 곳이 많아졌으니,
그대가 비평해 다시 운운(云云)하고 말해주게나.[191]

이는 퇴계의 〈전습록변〉(傳習錄辨)보다 훨씬 앞서는 것이다.

재미있는 것은 1515년(중종 10)부터 1519년(중종 14)까지 김세필은 사림파에게 공격을 받았다는 사실이다.

1517년(중종 12) 정월에 광주 목사(廣州牧使) 김세필은 충주 목사 이귀(李龜) 등과 함께 학행과 재직할 때의 공로로 가자(加資)된 적이 있다.[192] 그런데 3정승을 비롯한 훈구파가 김세필을 지지한 것과 달리, 사

---

190) 李相泰, 앞의 논문, 271~276쪽.
191) 朴祥, 《訥齋集》附錄 第 4, 年報.
192) 《中宗實錄》卷 27, 12年 1月 丙申.

림파는 가자를 반대했다. 공로도 없고, 세금을 많이 거두어 백성의 불평이 많다는 이유에서였다.193) 정광필(鄭光弼)은 다음과 같이 김세필의 편을 들어주어, 그의 가자가 최종 결정되었다.

김세필은 명망이 있는 사람입니다. 전에 광주 목사가 되어 예전에는 부역하지 않던 백성을 김세필이 다 사역시키니 이 때문에 혹 원망해 욕하는 자가 있는데, 대간의 공론도 반드시 여기에서 들은 바가 많이 있기 때문일 것입니다.194)

이러한 논란은 2년 뒤인 1519년(중종 14) 4월에 다시 재연되었다. 김세필을 조광조와 함께 겸 동지성균관사(兼同知成均館事)에 임명하는 문제를 가지고 대립했다.195) 이때 대간은 다음과 같이 반대하였다.

원래 물망(物望)이 없는 자이므로 사표가 되어 인도하는 자리에 합당하지 않으니 체직(遞職)하소서.196)

조광조는 대신 김안국(金安國)을 추천했다. 그래서 김세필은 겸 동지성균관사에서 해임되었다. 김세필에 대한 사림파의 이해가 아직도 확실하지 않았음을 알 수 있다.

사간 박세희(朴世熹)도 김세필의 임명을 반대하였다.

성균관동지(成均館同知) 김세필은 학문이나 언론이 취할 만하기는 합니다. 그러나 한 시대의 사람이 세필보다 나은 자가 없다면 부득이 이 사람을 시켜야 하지만 이 시대에 어찌 꼭 세필로만 동지(同知)를 삼아야 합니까? 동

---

193) 金鎔坤,《金世弼의 道學政治思想》, 桑村思想硏究會, 2003. 9, 314~319쪽.
194)《中宗實錄》卷 29, 12年 8月 甲辰.
195)《中宗實錄》卷 35, 14年 4月 辛卯.
196)《中宗實錄》卷 35, 14年 4月 辛卯.

지의 소임은 반드시 유생들이 보고 본받을 수 있는 사람이 맡아야 합니
다.197)

꼭 김세필이 아니라도 동지가 될 만한 사람이 많다는 것이다. 그리고
장령 기준(奇遵)은 이렇게 김세필을 폄하했다.

세필은 사람됨이 믿기 어렵고 인망도 없습니다.198)

사림의 반대가 거세지자, 훈구파인 남곤(南袞)도 김세필을 적극 변호하
기보다는 한 발 물러서게 된다.

신이 세필과 함께 성균관동지로 있으면서 그 사람을 보니 경사를 많이 섭렵
하고 있었습니다. (그러나) 지금 논박을 받았으니 반드시 그 직에 편안히
있지 못할 것입니다. 과연 그가 동지의 소임을 맡을 수 있는지는 신이 알지
못합니다.199)

영사 안당(安塘)도 김세필의 능력을 인정하면서도, 체직하는 것이 좋겠
다며 물러섰다.

세필은 젊어서부터 학문이 있고 오래 시종(侍從)의 반열에 있었으니 그 직
을 맡음이 합당하지만, 지금 공론이 이러하니 진실로 사표에 합당하지 못하
다면 체직해야 합니다.200)

그리하여 중종도 하는 수 없이 김세필을 동지성균관사에서 해임했

---

197) 《中宗實錄》卷 36, 14年 5月 甲午.
198) 《中宗實錄》卷 36, 14年 5月 甲午.
199) 《中宗實錄》卷 36, 14年 5月 甲午.
200) 《中宗實錄》卷 36, 14年 5月 甲午.

다.201) 조광조 일파가 김세필 대신 내세운 사람은 김안국(金安國)이었다.
셋째 시기는 김세필이 조광조의 사사를 부당하다고 주장한 1520년(중
종 15) 이후이다. 조광조 일파는 김세필을 못마땅하게 생각했지만 김세필
은 사림파의 도학정치를 다음과 같이 두둔하였다.

> 조광조는 새로 벼슬해 일 만들기를 좋아하는 사람이었으나 어찌 간사한 마
> 음이 있었겠습니까? 다만 세상을 경험하지 못하고 학문이 모자라므로 마침
> 내 나라의 일을 그르치게 되었을 따름입니다.202)

이것은 조광조 개인에 대한 지지가 아니다. 사림파의 정치노선에 대한
지지이다.

> 신은 이 사람을 몰랐는데 지난 번 경연에서 보니, 사람됨이 경박해 대신의
> 말일지라도 반드시 가로채서 제 마음대로 하므로 신이 속마음으로 변변치
> 않은 사람이라고 생각했습니다. 그러나 홍문관(弘文館)의 5~6품 자리에
> 두었고 6조(六曹)에 출입시켜 쓸 만한가를 시험했으니 어찌 쓸모없는 재주
> 였겠습니까?203)

이러한 생각에서 그는 조광조의 사사가 지나쳤다고 주장하였다.

> 잘못이 있거나 죄가 있으면 내쳐서 징계하는 것이 옳았을 것인데 사사까지
> 하셨으니 지나치십니다.204)

이 발언은 중종을 비롯한 기묘사화를 일으킨 훈구세력을 극도로 자극

---

201) 《中宗實錄》 卷 36, 14年 5月 甲午.
202) 《中宗實錄》 卷 40, 15年 9月 丁卯.
203) 《中宗實錄》 卷 40, 15年 9月 丁卯.
204) 《中宗實錄》 卷 40, 15年 9月 丁卯.

했다. 비상수단을 동원해 사림파를 겨우 쫓아낸 마당에 훈구세력 안에서
자중지란이 일어나 기묘사화를 비난하면 극도의 혼란이 올 우려가 있었기
때문이다. 이에 남곤을 비롯한 기묘사화의 수동자들은 김세필의 처벌을
강력히 요구하게 되었다. 그리하여 중종은 그해 9월 23일에 그를 삭탈관
작해 유춘역(留春驛)에 유배시켰다.205) 그 이후 김세필은 음성(陰城) 지
비천(知非川)에 은거하면서 박상(朴祥)·김안국(金安國) 등의 사림들과
후진을 양성하면서 일생을 마쳤다. 훈구파의 옷을 벗어버리고 전향사림파
로 자정(自定)한 것이다.

(5) 김저(金儲)

김저의 자는 학광(學光)이요, 본관은 경주(慶州)이다. 1519년(중종 14)
에 태어나 1539년(중종 34)에 광화문 별시에 제 2등으로 합격해 한림으
로 천거되었다가 홍문관의 저작과 박사를 거쳐 이조 좌랑이 되었다.206)

　1538년(중종 33) 5월에 강익(姜益)·민기문(閔起文)·윤옥(尹玉)·정
자(鄭滋) 등과 함께 유생 전강(殿講)에 합격해 문과 회시에 직부할 특전
을 받아207) 다음 해인 1539년(중종 34) 11월 사정전에서 보인 별시 강경
시험에 합격했다.208)

　그는 1541년(중종 36) 3월에 김진종(金振宗)·이여(李畬)·오겸(吳
謙)·윤희성(尹希聖)·권물(權勿)·이천계(李天啓)·김개(金鎧)·김인
후(金麟厚)·박세후(朴世煦)·이현당(李賢譡)·백인걸(白仁傑)·이중열
(李中悅)·민기문(閔起文)·허백기(許伯琦)·유지선(柳智善)·이사필
(李士弼)·이담(李湛) 등과 함께 홍문록(弘文錄)에 뽑혔으나 수가 너무
많다는 사간원의 반대로 선출이 반려되었다.209) 그러나 다음해 3월에 김

---

205)《中宗實錄》卷 40, 15年 9月 丁丑.
206) 金鍾秀 撰,《忠愍公金儲先生實記》墓表.
207)《中宗實錄》卷 87, 33年 5月 丁亥.
208)《中宗實錄》卷 92 , 34年 11月 壬子.
209)《中宗實錄》卷 94, 36年 3月 丙午.

저는 임열(任說)·이황(李滉)·민전(閔荃)과 함께 암행어사에 발탁되었다. 재변(災變)에 따른 빈민구제에 필요했기 때문이다. 김저는 경상도어사를 담당했다.[210] 1544년(중종 39) 9월에도 재상어사(災傷御使)로 나갔다. 이조좌랑 김저는 충청도에, 종부시첨정 오상(吳祥)은 강원도에, 예조정랑 임형수(任亨秀)는 황해도에 파견되었다.[211]

김저는 그 뒤 자주 주강(晝講)·조강(朝講) 등에 나가 정책을 토론했다. 예컨대 1545년(인종 1) 4월에 기묘명현 중의 하나인 김식(金湜)의 적몰(籍沒)된 재산을 돌려줄 것을 건의했다.

…… 기묘년의 화에 김식은 억울하게 죽은 것이 가엾을 뿐 아니라, 그 죄가 적몰하기에는 이르지 않았는데 그 처부(妻父)의 재산까지 적몰했습니다. 이것을 아뢰어 억울함을 호소했는데 해사(該司)에 그 문제의 처리를 내렸습니다. 해사가 으레 방계(防啓: 임금에게 간언하는 것을 막음)한다면 김식 집안의 억울한 일은 언제쯤에나 풀릴 수 있겠습니까?[212]

중종이 죽고 인종이 즉위한 뒤, 인종의 외삼촌인 윤임(尹任)이 권력을 잡자 사림을 등용하고 기묘명현을 신원(伸寃)하려는 움직임이 벌어졌다. 예컨대 장령 김홍(金泓)은 다음과 같이 간언하였다.

…… 조광조가 벌을 받은 것은 사람들이 다 답답하게 여기므로, 유생이 상소하고 시종·대간도 경연에서 간했습니다. 조광조의 복직이 지하의 넋에 무슨 관계가 있겠습니까마는, 선비들이 이 사람을 의지할 지주로 삼고 정학을 창도(唱導)하는 일도 이 사람(을 신원하는 일)과 관련이 있는데 이렇게 중대한 일을 거행하지 않으니 이 때문에 사기가 떨쳐지지 못하고 도학이 밝아지지 못합니다. 이러고서 어찌 나라를 다스릴 수 있겠습니까?

---

210) 《中宗實錄》 卷 97, 37年 3月 己亥.
211) 《中宗實錄》 卷 104, 39年 8月 辛丑.
212) 《仁宗實錄》 卷 2, 1年 4月 庚子.

헌납 심봉원(沈逢源)은 조광조의 신원을 아래와 같이 주장하였다.

조광조는 정학인데도 죄를 받았으니, 이것이 선조의 일이기는 하나 시기에 따라서 고친다면 계술(繼述)하는 도리에 무슨 방해가 있겠습니까? ······ 더 구나 조광조가 벌을 받은 것은 본디 선왕의 뜻이 아니지 않습니까?213)

기묘사화의 핵심 인물인 조광조의 학문을 정학이라 하고, 그를 신원해 주어야 한다고 공공연히 주장하고 있는 것이다. 이것이 당시의 분위기며 김저도 그러한 주장을 하는 사림 중의 한 사람이었다. 그들은 언로를 넓힐 것과 폐지된 현량과를 부활할 것을 주장했다.214)

그러나 사림을 중용하려던 인종이 죽고 1546년(명종 즉위년) 8월에 명종이 즉위하자 문정왕후가 그의 남동생 윤원형(尹元衡)에게 밀지를 내려 인종의 외삼촌인 윤임과 그에게 동조한 유관(柳灌)·유인숙(柳仁淑) 등을 각각 원찬(遠竄), 파직(罷職), 체차(遞差)하라고 했다. 이에 윤원형은 대사헌 민제인(閔齊仁)과 대사간 김광준(金光準)에게 압력을 가해 이를 관철하고자 했다. 그러나 집의 송희규(宋希奎)·사간 박광우(朴光佑)·장령 정희등(鄭希登)·장령 이언침(李彦沈)·헌납 백인걸(白仁傑)·지평 김저·지평 민기문(閔起文)·정언 김난상(金鸞祥)·정언 유희춘(柳希春) 등은 강력히 반발해 모두 사직했다.215) 그리고 헌납 백인걸은 윤임 등을 처벌하라는 밀지를 원상(院相: 왕이 죽은 뒤 어린 임금을 보좌하며 정무를 보는 임시 벼슬)에게 내리지 않고 윤원형에게 내린 조치가 잘못되었다고 하고, 김저를 비롯한 대간들은 자신과 마찬가지로 지금의 조치에 반대하면서도 머뭇거리며 행동에 옮기지 않았으니 체직해야 한다는 상소를 올렸다.216) 백인걸의 상소에 대해 사신(史臣)은 다음과 같이 논평했다.

213)《仁宗實錄》卷 2, 1年 4月 庚子.
214)《仁宗實錄》卷 2, 1年 4月 己酉.
215)《明宗實錄》卷 1, 卽位年 8月 壬子.
216)《明宗實錄》卷 4, 1年 8月 癸丑.

심하도다. 소인이 국가에 해를 끼침이여! 자기와 뜻을 달리하는 사람을 해
치려고 하는데 조정이 따를 것 같지 않자, 자전(慈殿: 임금의 어머니)을 현
혹시켜 밀지를 빙자해 협박함으로써 공명정대해야 할 임금의 거조(擧措)를
암매(暗昧)한 지경에 빠지게 하고 당시의 공론을 봉쇄해 일망타진(一網打
盡)할 계략을 폈으니, 하늘까지 닿을 그 죄를 이루 다 주벌(誅罰)할 수 있겠
는가. 백인걸은 분발해 자기 자신의 안전을 돌보지 않고 낯빛을 발하고 직
언을 했으니, 비록 그의 말이 조금도 시행되지 않고 곧바로 죄를 받아 배척
되기는 했으나, 여러 간신(奸臣)들의 간담을 서늘하게 해주고 올바른 사람
의 시상을 씩씩하게 하기에는 넉넉했으니 우주 간에 이런 행동이 없어서는
안 된다. 옛날 장남헌(張南軒)이 호전(胡銓)의 봉사(封事)를 일컬어 일월
(日月)과 광명을 다툴 만하다고 했는데, 신은 백인걸의 이 계문(啓聞)도 또
한 그렇다고 생각합니다.217)

김저는 그 회의에서 분연히 일어나 "이는 윤임 한 사람만의 문제가 아
니라 충량한 신하들을 어육(魚肉)을 만들려는 것이다. 사류(士流)로서
차마 남곤과 심정(沈貞)의 뒤를 따를 수 있겠는가?"라고 했고, 사간 박광
우·장령 정희등·헌납 백인걸·정언 김난상 등은 모두 김저의 편을 들
었으며, 집의 송희규(宋希奎)는 "비록 내 뼈가 가루가 되어 날려 보내진
다고 하더라도 따를 수 없다."고 했고, 장령 이언침(李彦忱)·지평 민기
문(閔起文)은 하늘을 쳐다보고 크게 한숨을 쉬었다. 김저는 앉았다 일어
났다 하면서 소매를 떨치고 반발했다. 그리하여 그날 결론을 내리지 못하
고 이튿날 충순당(忠順堂) 회의 때 김저를 비롯한 8대간이 상소해 반대
하다가 드디어 하옥되어 문초를 받았다(金鍾秀 墓表).

문정왕후는 대로하여, 백인걸을 파직시켜 의금부에 가두어 추문(推問)
하고, 김저 등 대간들도 파직시켰다. 그리고 윤임은 극변(極邊)에 안치하
고, 유관은 체직하며, 유인숙은 파직시켰다.218) 그러나 정순붕(鄭順朋)이

217) 《明宗實錄》卷 4, 1年 8月 癸丑.
218) 《明宗實錄》卷 4, 1年 8月 甲寅.

윤원형에게 붙어 윤임 등의 죄를 더할 것을 주장하자 윤임은 절도(絶島)에 안치되고, 유관은 중도부처(中途付處)되고, 유인숙은 먼 지방에 부처되고, 윤임의 아들 윤흥인(尹興仁)은 먼 지방에 찬축(竄逐)되었다.219) 그리고 새로 부임한 윤원형 쪽의 대간이 권벌(權橃)을 파직시키고, 전 승지 정원(鄭源), 전 정(正) 이약빙(李若氷), 목사 이약해, 좌랑 노수신(盧守身) 등을 삭탈관작하라고 했다. 그리하여 권벌을 제외한 다섯 사람은 삭탈관작되었다.220) 현량과는 혁파되었고, 전한 이황(李滉)·양근군수 권물(權勿)·공조정랑 이담(李湛)·사인 정황(丁璜) 등도 김저와 다를 것이 없다고 해 파직되었다. 이기(李芑)의 주장에 따른 것이다. 이를 두고 사신(史臣)은 다음과 같이 논평했다.

> 심하도다. 소인이 사사로운 원한을 갚는 행위여! 이천계(李天啓)·이담(李湛)·권물(權勿)은 모두 이기가 논박 받을 때의 대간이다. 때를 타고 교묘히 중상하는 것이 마치 물여우가 모래를 물고 사람에게 뿜는 것과 같으니, 두려울 뿐이다. 이기가 사람을 배척해 함정에 빠트리고 나서는, 인심이 기묘년의 사람을 추앙하는 데에 앙심을 품고 조광조를 원수처럼 미워해 매번 조광조는 딴 마음이 있는 자라고 말하는 등 얼음과 숯불보다 심하게 서로 용납하지 못했으니, 그가 현량과를 혁파하고자 하는 것은 어찌 보면 당연한 일이다. 윤인경(尹仁鏡)과 같은 자는 그 악행이 이기처럼 심하지는 않았으나 기회를 타고 은총을 얻으려다 도리어 이기의 노예가 되어 그의 뜻을 부회(附會)함에 있어 못하는 짓이 없었다. "늙어서 죽지 않는 것을 적이라고 한다."(老而不死 是謂賊)는 말은 이를 두고 한 말일 것이다.221)

윤원형은 이에 만족하지 않고 스스로 대사헌이 되어 윤임 일당, 그리고 사림 선비들을 일망타진했다. 김저도 탄핵당한 뒤 변방으로 유배되었다.

---

219) 《明宗實錄》 卷 4, 1年 8月 甲寅.
220) 《明宗實錄》 卷 4, 1年 10月 丙申.
221) 《明宗實錄》 卷 4, 1年 10月 己亥.

……　김저는 윤임의 절친으로 유생 시절부터 그 집에 기식했고, 출신한 뒤에는 역론(逆論)을 적극 주장했습니다. 지난 가을에는 민제인(閔齊仁) 등이 종사의 대계를 가지고 중학에서 회의할 때, 그 의논을 배격했을 뿐 아니라 독한 말까지 했으니 그 당역(黨逆)의 죄가 극에 이르렀는데도 삭탈관작에 그쳤습니다.

　그 이외에도 윤임의 당여(黨與) 가운데 이임(李任)은 사사(賜死)하고, 한숙(韓淑)·나숙(羅淑)·정원(鄭源)·이약해·이중열(李中說) 등은 변방에 안치하고, 성세창(成世昌)은 외방에 찬축하고, 임형수(任亨秀)·한주(韓澍)는 삭탈관작하고, 성우(成遇)는 추국하고, 윤여해(尹汝海)는 서울에 있는 가장(家長)을 추고하도록 했다.222)

　거기서 그치지 않았다. 1547년(명종 2) 3월에 대사헌 이미(李微)·대사간 정응두(鄭應斗) 등은 다시 상소하여 김저를 처벌해야 한다고 주장하였다.223)

……　김저는 난적 윤임의 지친으로, 윤임의 아들 윤흥의(尹興義)와 더불어 친하게 사귀며 처소를 같이해 돌보아 준 은혜를 많이 입고 있어서, 윤임네 집의 흉모를 알지 못하는 바가 없습니다. 인심이 위태롭게 여기어 의심을 사게 되자, 대관으로서 궐내에 금란군(禁亂軍)을 보내어 자전(慈殿)의 문안 비자(問安婢子)를 잡기까지 했으니, 그 죄의 정상이 매우 흉악하고 참혹합니다. 양사가 모여서 의논할 때를 당해서는 힘써 공론을 배척하고, 난적 윤임을 비호하려 한 일은 사람들이 다 알고 있어서 지금까지 분하고 답답하게 여기고 있습니다. 세 사람(成子澤·李中說·金儲)의 죄는 크게 나식의 무리와 다를 바 없으니 모두 중죄로 다스리소서.224)

---

222)《明宗實錄》卷 4, 1年 8月 己丑.
223)《明宗實錄》卷 6, 2年 8月 庚寅.
224)《明宗實錄》卷 5, 2年 3月 甲子.

그 뒤 김저는 안동에 유배되었다가 다음 해인 1547년(명종 2)에 삼수로 이배(移配)되었다. 이때 어머니가 기묘사화 때 아버지 김세필이 옥에서 입던 피 묻은 옷을 가지고 동구 밖에 나와서 울고불고 하는 바람에 종일토록 떠나지 못했다. 김저가 어머니를 떼어놓고 말 위에 올라 큰소리로 울면서 떠났다. 결국 그해 일어난 정언각(鄭彦慤)의 양재역 벽서사건에 연루되어 3월 20일 사사되니 향년 39세였다(黃景源 諡狀). 묘는 용인 죽전리(竹田里)에 있는 김세필의 무덤 아래 있다.

얼마 뒤에 명종은 죄인들에 대한 처벌 수위를 더 높여야 한다며 김저의 가산까지 적몰했다.225) 퇴계 이황도 원상 이기에게 모함을 받아 벌을 받을 뻔했으나, 이기의 조카 이원록(李元祿)이 구명해준 덕분에 풀려 나와 온전할 수 있었다 한다. 이에 대해 사관(史官)은 다음과 같이 논평했다.

> 을사년 당시 최보한(崔輔漢)이 대사헌이 되어 의논하기를 "권물(權勿)·이담(李湛)·이황은 모두 죄를 주어야 한다."고 했다. 보한은 이기의 족질이니 아마도 이기의 사주를 받았을 것이다. 당시에 이천계(李天啓)도 역시 대관(臺官)으로서 "일찍이 이 사람들이 죄가 있다는 것은 듣지 못했으니 결코 안 된다."고 했다. 그 이튿날 이기가 원상이 되어 권물·이담·정황(丁璜)과 이천계까지 논계해 죄주었는데, 이기의 조카 이원록이 이황이 어진 사실을 칭찬하면서 이기에게 적극 변명해 이황은 이 때문에 화를 면할 수 있었다. 그 뒤 이원록이 자주 이기를 면대해 그의 과오를 논쟁하자 이기가 노해 이원록을 강계로 쫓아버렸다. 이황도 벼슬을 버리고 고향으로 돌아가 도학을 강론해 밝히고, 의리를 깊이 연구하며, 성리학을 전공해 당대 유림의 종사가 되었다.226)

윤임 일파를 제거한 윤원형의 독주가 심해지자 명종은 이양(李樑)을 기용해 윤원형을 견제하게 했다. 그러나 이번에는 이양이 발호해 또 다른

---

225) 《明宗實錄》卷 6, 2年 9月 己巳.
226) 《明宗實錄》卷 12, 6年 10月 甲申.

사화를 일으킬 조짐이 보이자, 명종의 장인 심강(沈綱)과 그의 아들 심의
겸(沈義謙)이 이항(李恒)을 시켜 이양의 음모를 상소케 해 그를 쫓아냈
다. 그 후 1565년(명종 20) 4월 6일에 문정왕후 윤씨가 죽자 윤원형마저
실각하고 1568년(선조 즉위년) 선조가 서자 사림정치 시대가 열렸다. 이
에 대신들이 의논하여 다음과 같은 상소를 올렸다.

> 김저 이하 열 사람은 을사년 죄인들을 국문할 때 사연(辭緣)이나 혹은 소문
> 에 드러났다 해 추후에 중한 법으로 논해 적몰까지 당했습니다. 그 죄명으
> 로 볼 것 같으면 모두 각기 죄가 있는 것 같으나 당시에 조작해서 큰 죄에
> 빠트린 것으로, 옛 사람이 "없는 죄를 교묘하게 꾸며대어 만든 것은 비록 고
> 요(皐陶)가 심리하더라도 사형을 시키기에 충분하다."고 말한 대로입니다.
> 비록 극히 억울해 너그러이 용서해 주어야 할 예에 드는 것도 있으나, 각기
> 지목한 죄명이 있으면서 또 정미년 이전에 해당되는 것은 아래에서 풀어주
> 기를 의논하기가 어려워, 별도의 단자(單子)에 써서 품지(稟旨)합니다. 그
> 나머지는 유별(類別)로 초록한 단자를 봉함해 입계합니다.[227]

다음해 2월에 조정에서 김저 · 이약해 · 정원 · 정희등(鄭希登) · 박광우
(朴光祐) · 나식 · 나숙 · 이중열 · 곽순(郭珣) · 이림(李霖) · 성자택(成子
澤) · 이약빙(李若氷) 등의 적몰된 재산을 반환해 주었다.[228] 그리고
1685년(숙종 10) 9월에 우의정 남구만(南九萬)이 상소를 올려 김저의 후
사를 이어줄 것을 청하였다.

> …… 명종 대의 직신(直臣) 김저는 김세필의 아들입니다. 김세필은 스스로
> 호를 십청이라 불렸는데, 또한 기묘명현입니다. 김저가 대간이 되어 정순
> 붕 · 이기와 맞지 않아 절색(絶塞)에 유배당했다가, 죽음에 임해 일곱 글자
> 의 시를 그 형에게 부쳤는데, 대개 스스로 혈윤(血胤)이 없으므로 형의 아

---

227) 《宣祖實錄》 卷 1, 卽位年 10月 丁亥.
228) 《宣祖實錄》 卷 3, 1年 2月 甲辰.

들로 후사를 삼도록 부탁한 것으로서, 그 말이 매우 처완(悽惋)했습니다. 그 형이 그 신주를 그 아들에게 부탁했는데, 법에 의해 후사를 세우지 못하고, 방진을 반부(班祔)한 것과 같이 했습니다. 시금은 세대가 이미 떨어져서 비록 후사를 세운다 해도 제사는 1대에 그치는 데 불과합니다. 그러나 김저는 곧은 절의로서 원통하게 죽었으니, 그 후사가 끊어지게 하는 것은 마땅하지 않습니다.229)

일을 맡은 관청에서 전례가 없다 해 시행할 수 없다고 했으나 왕의 특명으로 형의 아들 김중경(金重慶)으로 후사를 세우게 했다.

1776년(정조 9) 7월에는 진사 이우형(李宇炯)을 비롯한 경기도·충청도 유생들이 다음과 같이 상소했다.

…… 고 문간공(文簡公) 신 김세필은 선정신 조광조와 도의의 사귐을 가졌으며, 바른 말로 신구(伸救)하다가 유배되어 일생을 마쳤습니다. 김저는 곧 김세필의 아들로서 평소부터 많이 숙습(熟習)했고, 강직함을 자부했습니다. 을사사화가 일어났을 초기에 김저는 지평으로서 중학의 모임에 동참했습니다. 윤원형이 대사간 김광준(金光準)을 협박해 윤임 등을 논죄하려 하니 김저가 분연히 말하기를 "어찌 오늘날에 와서 또 남곤과 심정의 행위를 답습하려 하는가?"라고 하니 백인걸과 유희춘(柳希春) 등도 역시 얼굴빛이 모두 노기를 띠고 있었습니다. 김광준이 종일토록 논죄하려 했으나 마침내 따르지 않고 모임을 파했습니다. 다음 날 충순당(忠順堂) 회의에서 김저는 또 항소(抗疏)하다가 드디어 중형을 받고 안동으로 유배되었으며, 정미년 벽서의 변에 삼수로 이배되었다가 마침내 사사되고, 그 처자는 종이 되었습니다. 처음에 의금부 도사가 도착하매 김저는 목욕하고 옷을 갈아입기를 청하고 대궐을 바라보고 네 번 절하고는 조용히 죽음에 나아갔습니다. 이이(李珥)가 소장(疏章)을 올리자 비로소 복관이 되었고, 고 상신 남구만이 건백

---

229) 《宣祖實錄》卷 11, 10年 9月 甲戌.

해 그 형 승지 김구(金礭)의 아들 김중경을 사자(嗣子)로 삼아 그 제사를 받들게 했으니, 백세 뒤의 공의(公議)를 알 수 있습니다. 그때 화를 입은 여러 신하들은 혹은 증직하고, 혹은 시호를 내렸으나, 유독 김저는 후손이 외롭고 약해 위에 계문할 길이 없으므로 피차의 구별이 없이 똑같이 대우하는 은혜를 입지 못했습니다. 더구나 지금 을사년을 거듭 맞이해 지사들의 애끓는 감회가 곱절이나 간절합니다. 원컨대, 특별히 유사에게 명해 사화에 죽은 다른 신하들의 준례에 의해 관작과 시호를 내리게 하소서[230]

그리하여 1788년(정조 12) 4월 6일에 김저에게 충민(忠愍: 死身奉上曰忠 使民悲傷曰愍)이라는 시호가 내렸다(黃景源 諡狀).[231]

아버지 김세필은 전향사림파였지만 김저는 명실상부한 사림파였다. 그리하여 경주 김씨 상촌공파는 사림정치 시대에 핵심 가문으로 활약하게 되었다. 또한 후손인 학주(鶴洲) 김홍욱의 절사(節死)로 상촌공파는 호서 사림의 중심에 설 수 있게 되었다

(2004. 12.)

230) 《正祖實錄》 卷 20, 9年 7月 庚申.
231) 《正祖實錄》 卷 25, 12年 4月 戊戌.

퇴계(退溪) 이황(李滉)과 남명(南冥) 조식(曺植)

1. 들어가는 말

퇴계 이황(1501~1570)과 남명 조식(1501~1571)은 같은 시대, 같은 영남에서 살았던 유학의 두 종장이었다. 퇴계는 경상좌도에 태어나 인 (仁)을 사랑했고, 남명은 경상우도에 태어나 의(義)를 사랑했다. 벼슬길에 나가거나 벼슬을 버리고 물러나는 출처관(出處觀)도 달랐다. 퇴계는 과거 시험을 거쳐 37여 년 동안 관직생활을 하며 1품까지 올랐으나, 남명은 13 번이나 부름을 받고도 한 번도 관직에 나가지 않았다.

퇴계는 외척 권신정치가 끝났으니 나가서 벼슬해도 될 만하다고 생각 했던 것과 달리, 남명은 "나가면 하는 일이 있어야 하고 물러나면 지키는 것이 있어야 한다."(出則有爲 處則有守)는 신념을 고수하였다. 나가서 소 신을 펼 수 없다고 보았기에, 물러나 도학(道學)을 실천하는 데 힘써야 한 다고 생각한 것이다.

그렇다고 남명도 무조건 벼슬하지 않겠다는 것은 아니었다. 여건이 갖 추어지면 나가고자 했고, 필요할 때는 임금과 조정에 대해 바른 말을 하기 도 했다. 그러나 벽립천인(壁立千仞)의 기질을 가진데다가, 조정에서 주 겠다는 벼슬이 너무 낮아 뜻을 펼 수 없다고 생각해 굳게 지키고 나가지 않았다. 그러면서도 제자들에게는 출사(出仕)를 권유하여, 퇴계의 제자들 이 남인이 된 것과 달리 남명의 제자들은 북인이 되어 광해군 대에 정권 을 담당하기도 했다.

그런데 서인의 인조반정 당시 남인은 서인에게 협조하여 정치적 기반을 유지했으나, 북인은 완전히 몰락해 두 학파는 명운이 갈리기 시작했다. 그리하여 남명학파의 인물늘은 서서히 퇴계학파나 기호학파로 흡수되었다.

이와 같이 퇴계와 남명은 16세기 사림정치 시대의 정치와 학문을 이해하는 데 매우 중요한 위치를 차지한다. 그러나 출처관도 다르고, 기질도 다르고, 학문의 방향도 달랐다. 본고에서는 이 두 사상가의 차이점은 무엇이며, 왜 그런 차이가 생기게 되었는지를 검토해 보고자 한다.

2. 퇴계 이황의 생애와 사상

(1) 생애(生涯)

이황의 초자(初字)는 계호(季浩), 후자(後字)는 경호(景浩), 호(號)는 퇴계(退溪)·도수(陶叟)·퇴도(退陶)·청량산인(淸凉山人)·영지산인(靈芝山人)·취병거사(翠屛居士)·죽동서간병옹(竹洞栖澗病翁)·서간병수(栖澗病叟), 본관은 진보(眞寶)이다. 그는 1501년(연산군 7) 음력 11월 25일에 경상도 예안현(禮安縣) 온계리(溫溪里: 지금의 안동시 도산면 온혜동)에서 아버지 진사 이식(李埴)과 어머니 춘천 박씨(別侍衛 緇의 女) 사이에서 넷째(潛·瀣·澄·滉)로 태어났다. 아버지 식은 먼저 의성 김씨(禮曹正郎 漢哲의 女)에게 장가를 들어 3남(潛·河·瑞麟) 1녀(辛 脾에게 시집감)를 낳았는데, 아들 하나[瑞麟]는 성년이 되기 전에 죽고, 의성 김씨도 29세의 젊은 나이로 일찍이 별세했다. 그래서 춘천 박씨를 재취로 얻어 퇴계를 낳은 것이다.[1]

그런데 퇴계가 태어난 지 겨우 7달 만에 당시 40세의 장년이던 아버지

---

1) 이상은,《퇴계의 생애와 학문》, 예문서원, 1999, 19쪽.

마저 별세했다(1502년 6월). 아버지가 7남 1녀를 남기고 세상을 떠나자 생계는 어머니인 박씨 부인 차지였다. 이때 겨우 퇴계의 형인 잠(潛)만 장가를 갔을 뿐 나머지는 혼인 전이었기 때문에 박씨 부인의 책임은 더욱 무거웠다. 이에 부인은 스스로 농사를 짓고 누에를 쳐 생계를 유지할 뿐 아니라, 자식을 교육시키는 데도 열정을 다 쏟았다. 부인은 늘 "세상 사람들이 모두 과부의 자식은 교육이 없다고 조소하는데, 너희들이 글공부에 백배로 힘쓰지 않으면 어떻게 이런 조소거리를 면할 수 있겠느냐?"[2]면서 학문을 독려했다고 한다. 비록 배우지는 못했으나 식견이 넓고 총명해서 자식교육을 잘 시켰다. 뒤에 두 아들(瀣·滉)이 급제해 벼슬길에 오르자 "문예만 힘쓰지 말고, 몸가짐을 단정히 하며, 현감 이상은 하지 말고, 교만하지 말라."고 늘 타일렀다고 한다. 이러한 어머니의 고매한 인격 때문에 퇴계가 대학자로 성장할 수 있었을 것이다.[3]

시조 석(碩: 퇴계의 6대조)은 고려말 진보(眞寶)의 현리(縣吏)로서 사마시에 합격해 생원이 되어 일단 양반으로 진출할 발판을 마련했고, 그 아들 자수(子脩: 5대조)는 고려말에 명서업(明書業)에 합격해(1330) 유비창(有備倉) 주부(1344)·지춘주사 겸 권농방어사(知春州使兼勸農防禦使, 1364)·판서운관사(判書雲觀事, 1376)를 거쳐 통훈대부판전의사(判典儀使, 1382)에 올랐으며, 정세운(鄭世雲)을 따라 홍건적(紅巾賊)을 토벌하는 데 공을 세워 송안군(松安君)에 봉해졌다. 드디어 진성 이씨가 상경종사(上京從仕)하게 된 것이다.[4] 이때 자수는 본관지를 떠나 더 넓은 안동 마라촌(磨羅村: 豊山邑 下里 일대)으로 이주하게 되었다. 그리하여 그의 아들 운후(云侯: 이황의 고조)는 그곳의 토착세력인 안동 권씨 희정(希正)의 딸과 혼인해 경제적 기반을 튼튼히 할 수 있었다.[5] 운후는 음직

---

2) 世常訾寡婦之子不教 汝輩非百倍其功 何以免此議乎(〈先妣贈貞夫人朴氏墓碣識〉,《退溪學叢書》第II部 第3卷 內續集, 退溪學研究院, 322쪽).

3) 〈先妣贈貞夫人朴氏墓碣識〉,《退溪學叢書》第II部 第3卷 內續集, 退溪學研究院, 22쪽 ; 每加訓戒 蓋不惟文藝是事 尤以持身謹行爲重 未嘗不丁寧警切曰 世常言 寡婦之子 不教汝輩 非百倍其功 何以免此譏乎 觀此則 先生雖迍孤 而其得成就於大夫人者 爲多(《退溪先生年譜 卷1》,《增補 退溪全書》3, 成大 大東文化研究院, 576쪽).

4) 金文澤,〈16~17世紀 安東의 眞城李氏 門中 研究〉, 韓國學大學院 博士論文, 2004, 13~14쪽.

(蔭職)으로 군기사부정(軍器寺副正)을 지냈으며, 풍산을 떠나 다시 주촌 (周村)으로 이주했다.6)

운후의 아들은 정(禎: 이황의 증조)이다. 그는 영변판관·지한산군사 (知韓山郡事)·선산부사(善山府使)를 거쳐 1465년(세조 12)에 좌익원종 공신 3등으로 녹훈되어 불천위(不遷位)로 모셔졌다. 훈구파로 편입된 것 이다. 그리하여 1600년에 나온《진성이씨족보》초간본은 사실상 정의 후 손 중심으로 구성되었다.7) 이때부터 진성 이씨가 안동 지역사회에서 기반 이 확고해진 것 같다.

정은 우양(遇陽)·홍양(興陽)·계양(繼陽) 세 아들을 두었다. 우양은 주촌에 그대로 살았고, 홍양은 풍산 망천(輞川)으로, 계양은 예안 온혜(溫 惠)로 이주했다. 이 가운데 계양이 퇴계의 할아버지다. 그는 1453년(단종 1)에 진사시에 합격했으나 온혜에 정착해서 문호를 열었다. 계양은 식 (埴)·우(堣) 두 아들을 두었는데, 식이 퇴계의 아버지이다. 식은 여러 번 과거에 응시했으나 진사시에 장원하는 것으로 만족해야 했고, 일찍 별세 했기 때문에 크게 성취하지 못했으나, 우(1469~1517)는 1492년(성종 23)에 생원시에 합격하고, 1498년(연산군 4)에 문과에 급제해 승문원권지 부정자, 예문검열, 성균전적, 이조좌랑, 병조좌랑, 동부승지를 차례로 거치 고, 1506년(연산군 12)에 중종반정이 일어나 정국공신(靖國功臣) 3등에 녹훈되었으며, 청해군(靑海君)에 봉해졌다. 그 뒤 진주목사, 호조참판, 형 조참판, 강원도관찰사, 경상도관찰사, 안동부사를 역임하다가 1517년(중 종 12)에 고향에서 세상을 떴다.8) 퇴계의 동복 둘째 형인 해(瀣: 1496~ 1550)도 1525년(중종 20)에 진사시에 합격하고, 3년 뒤에 문과에 급제해 승문원권지정자, 예문관검열·대교, 성균전적, 남학교수, 세자시강원사서

---

5) 李樹健,《嶺南學派의 形成과 展開》, 一潮閣, 1995, 241쪽, 李云侯의 처남인 權軫은 좌의정 을 지냈고, 안동 권씨 가문은 안동의 안동 김씨(金得雨)·흥해 배씨(裵尙志) 등 유력가 문과 혼맥을 트고 있었다. 혼인을 통해 장인의 재산을 상속받을 수 있었던 것이다.

6) 金文澤, 앞의 논문, 15쪽, 李云侯의 兄弟인 李云具는 豊基에 살았다.

7) 金文澤, 앞의 논문, 15쪽

8) 金文澤, 앞의 논문, 17~18쪽.

(世子侍講院司書), 사간원정언·사간, 홍문관직제학, 사헌부대사헌, 사간
원대사간, 도승지, 예조참판, 성절사(聖節使), 충청도관찰사를 거쳤다. 그
러나 관찰사로 재직하고 있을 때 사민(徙民) 최하손(崔賀孫)을 사형시킨
일이 있는데, 뒤에 이 일로 이홍남(李洪南)의 모함을 받아 갑산으로 유배
가는 도중에 양주에서 죽었다. 그 이유는 그가 대사헌으로 있을 때 이기
(李芑: 1476~1552)를 탄핵한 일이 있는데, 이 일로 말미암아 이기가 앙
심을 품고 이홍남을 사주해 그를 공격한 데 있었다.9)

우·해·황 등의 정계진출은 퇴계가문이 현달하는 큰 계기가 되었다.
우는 당시 이조참판이었던 신용개(申用漑: 1463~1519)에게서 이 집안
최초의 비문인 아버지 계양의 묘갈명을 받는가 하면, 1565년에는 정(禎)
을 불천위(不遷位)로 모셨으며, 퇴계는 그의 상계(上系)를 체계적으로 정
리했다.10) 이리하여 진성 이씨는 유수한 가문으로 격상하는 데 성공했다.
그리고 온혜로 이주한 퇴계 가문은 지속적으로 재산을 늘려 종가보다 많
은 재산을 모았다. 그리하여 경상도에서 손꼽히는 대부호가 되었다.11)

지금까지 소개한 퇴계의 가계를 그려 보면 다음 쪽의 〈주촌 진성이씨
(周村 眞城李氏) 세계표〉와 같다.12)

퇴계가 글을 읽기 시작한 것은 6세부터였다. 처음에는 이웃에 사는 노
인에게《천자문》을 배웠다. 아침이면 반드시 세수하고 머리를 빗고 그 노
인 집으로 가서 울타리 밖에서 전날 배운 것을 두어 번 외운 다음 들어가
가르침을 받았다. 마치 엄한 스승을 대하듯 노인 앞에 공손히 부복(俯伏)
해 가르침을 받았다.13)

12살(1512)에 형 해와 함께 숙부 송재(松齋) 이우(李堣)에게《논어》를

9) 金文澤, 앞의 논문, 18쪽.
10) 金文澤, 앞의 논문, 19쪽.
11) 金文澤, 앞의 논문, 26쪽.
12) 金文澤, 앞의 논문, 216쪽 ; 이상은, 〈퇴계의 생애와 학문〉, 예문서원, 1999, 20쪽 참조.
13) 鄭錫胎 編著,《退溪先生年表月日條錄》1, 退溪學研究叢書 第 3輯, 退溪學研究院, 34쪽 ;
《退溪先生年譜》卷 1, 1쪽.(앞으로 退溪先生年譜는 '연보'라고만 표기한다. - 필자) ;
《增補 退溪全書》3 冊, 成大 大東文化研究院, 1971, 576쪽.

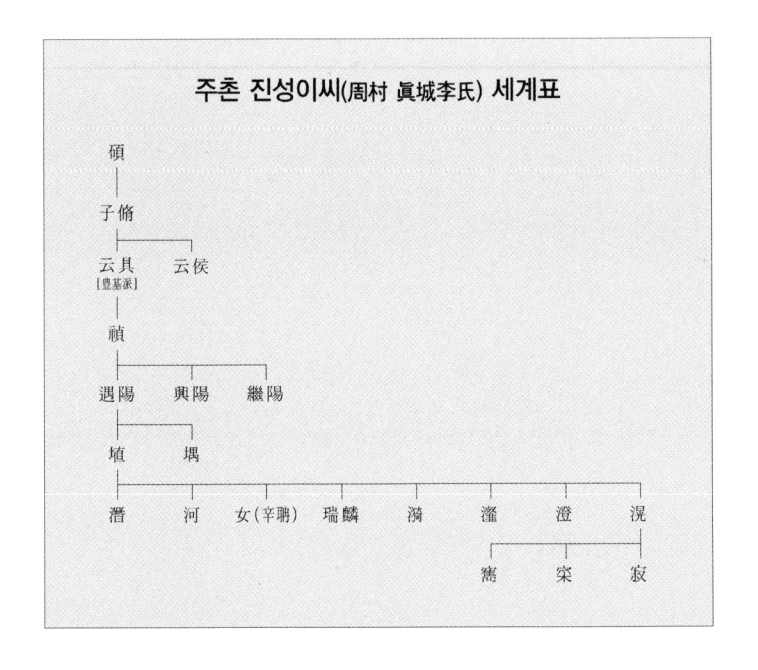

주촌 진성이씨(周村 眞城李氏) 세계표

碩
│
子脩
│
云具   云侯
[豊基派]
│
禎
│
遇陽　　興陽　　繼陽
│
埴　　埧
│
潛　　河　　女(辛聃)　　瑞麟　　潚　　濚　　澄　　滉
　　　　　　　　　　　　　　　　　　　　寯　　宷　　寂

배웠다. 퇴계는 1권을 마치면 1권을 완전히 외우고, 2권을 마치면 2권을
다 외웠다. 이렇게 하기를 오래하자 3~4권을 읽을 때는 간혹 통쾌하게
깨닫는 곳이 있었다 한다.14) 그리고 《논어》 자장편(子張篇)을 읽을 때
숙부에게 "무릇 일의 옳은 것이 이(理)입니까?"라고 물었다. 숙부가 "네가
이미 문의(文義)를 깨쳤구나."하면서 기뻐했다고 한다.15) 그리고는 "문호
를 유지할 자는 반드시 이 아이이다."라고 했다고 한다(연보 576쪽).

퇴계는 글 읽기를 좋아해 사람이 많이 모인 자리에서도 반드시 벽을 보
고 앉아서 골똘히 생각을 했고, 특히 도연명(陶淵明)의 인품과 시를 좋아
했다.16) 도연명을 좋아한 것은 퇴계의 자연 사랑과 은둔하여 학문에만 열

---

14) 一卷旣畢 通誦一卷 二卷旣畢 亦通誦二卷 若此之久 漸與初學不同 讀至三四卷 間自有通解
　　處矣(《退溪先生年譜補遺》,《上溪本》 卷 1,《退溪全書》 27, 27쪽).
15) 先生十二歲時 受論語于叔父松齋先生 一日 將論語中(李德弘錄作子張篇)理字 問曰 凡事之
　　是者 是理乎 松齋 喜曰 汝已解文義矣(《退溪先生言行錄》 卷 1,《退溪學文獻全集》 18, 19
　　쪽).
16) 好讀書 雖稠人廣坐 必向壁潛玩 愛淵明詩 慕其爲人(《退溪先生年譜》 卷 1,《退溪集》 III,

중하려는 생활태도와 무관하지 않다. 17살(1517) 때 퇴계는 형 해와 함께 경상도 관찰사로 온계에 온 모재(慕齋) 김안국(金安國: 1478~1543)을 찾아갔다. 모재는 두 형제를 만나보고 칭찬을 아끼지 않으면서 책과 양식을 주어 청량산(淸凉山)에서 독서하게 했다고 한다.17) 그런데 그해 11월 8일에 숙부인 송재가 49세를 일기로 별세하자 예안현 온계리 수곡(樹谷) 선영 동편에 장사지냈다.18)

이와 같이 퇴계는 어렸을 때 비록 숙부에게 《논어》를 배웠다고는 하지만, 선생도 없이 거의 독학으로 밤낮 없이 독실히 공부하다가 병이 생기기까지 했다. 그래서 퇴계는 특별히 지도해 주는 선생과 친구가 없어 잠도 못 자고 놀지도 못하면서 공부만 하다가 병을 얻은 것을 후회했다.19)

18세(1518)에 안동향교에서 공부했고, 19세 되던 1519년(중종 14) 4월 17일에 현량과(賢良科) 전시에 응시했고, 이때 먼발치에서 조광조(趙光祖)를 보았다.20) 이해에 《성리대전》 가운데 권 1 《태극도설》과 권 70 《시》 등 2권을 얻어서 읽었는데, 자신도 모르게 마음이 즐겁고 눈이 열려 오래 읽을수록 점점 그 의미를 알게 되고 마치 그 속으로 들어가는 길을 알 수 있는 것 같았다고 한다.21) 이것이 퇴계로 하여금 도학(道學)에 눈을 뜨게 한 계기가 되었던 듯하다. 그래서 퇴계는 자신에게 첫 깨달음을 준 《태극도설》을 제자들에게도 먼저 가르쳤다고 한다.22)

20세 되던 1520년에는, 침식을 잊고 《주역》을 너무 독실히 연구하다가 몸이 마르고 쇠약해지는 병[羸悴之疾]에 걸려 평생토록 고생했다.23) 다음

《韓國文集叢刊》31, 民族文化推進會, 220쪽).

17) 鄭錫胎, 앞의 책, 52쪽.

18) 《叔父松齋先生年譜》, 《松齋集》, 《韓國文集叢刊》17, 民族文化推進會, 545쪽.

19) 嘗曰 余自少 雖志於學 而無師友啓發之人 倀倀數十年 未知入頭下工處 枉費心思 探索不置 或終夜靜坐 未嘗就枕 乃得心恙 廢學者累年 若果得師友 指示迷道 則豈至枉用心力 老而無得乎 此雖是自謙之辭 而其爲學超然獨得 不由師友 亦可想也(《退溪先生言行錄》, 《鶴峯集》續集 卷 5, 《韓國文集叢刊》48, 民族文化推進會, 78쪽).

20) 鄭錫胎, 앞의 책, 61쪽.

21) 先生自言 十九歲時 初得性理大全首尾二卷 試讀之 不覺心悅而眼開 玩熟蓋久 漸見意味 似得其門路矣(《退溪先生年譜補遺》, 《上溪本》卷 1, 《退溪全書》27, 29~30쪽).

22) 先生講太極圖說曰 吾敎人 或以此先之者 吾初年 由此而入故也(위의 책, 29~30쪽).

해(1521)에 진사 허찬(許瓚)의 딸인 김해 허씨(1501~1527)와 혼인했는
데, 처가가 영주의 부자였는데도 처가살이를 하지 않았다.24) 1523년(중종
18)에는 처음으로 성균관 하재(下齋)에 유학했으나, 기묘사화가 일어난
뒤끝이라 사습(士習)이 부박(浮薄)해서 두 달만에 돌아왔다.25) 그러나 성
균관에서 하서(河西) 김인후(金麟厚)를 만나고, 황상사(黃上舍)에게서
종이를 주고 《심경부주》(心經附註) 한 질을 구하는 소득도 있었다. 퇴계
는 이 책을 되풀이해서 읽으며 자신의 의리지학(義理之學)을 터득하는 데
바탕으로 삼았다.26) 이 《심경부주》야말로 퇴계가 심학(心學)27)을 개발하
는 데 사서(四書)나 《근사록》보다도 더 큰 영향을 주었다.28)

　24세 되던 1524년(중종 19)에 과거시험을 보러 서울로 올라 왔으나 또
실패했다. 연거푸 3번이나 낙방한 것이다. 처음에는 낙방한 것에 대해 아
무렇지도 않게 여겼다. 그런데, 어느 날 누군가가 "이 서방"하고 부르기에
자기를 부르는 줄 알았더니, 사실은 집안의 늙은 종을 부른 것이었다. 이
에 퇴계는 자기가 아직도 이름을 얻지 못해 이런 치욕을 당한다고 생각해
과거에 뜻을 두게 되었다고 술회하고 있다.29)

---

23) 讀周易 講究其義 殆忘寢食 自是 常有羸悴之疾(연보 576쪽).

24) 先生先室夫人田庄 在榮州郡 頗饒 溪上則只有薄田數頃 而終不居于彼 家甚窘束而晏如也
(《退溪先生言行錄》,《鶴峯集》續集,《韓國文集叢刊》48, 民族文化推進會, 248쪽).

25) 위의 책, 242쪽.

26) 先生嘗游學泮宮 是時 初經己卯之變 人皆以學問爲忌諱 日以戲謔爲習 先生獨歉然自持 動靜
言行 一遵規繩 見之者 相與指笑 且之以做許多模樣 所交者惟金河西麟厚(字 厚之)一人而已
嘗訪上舍姓黃人 始見心經附註 心甚愛之 授紙求得一本 其爲註皆採朱語錄 人見之或以句讀
惟先生閉門數月 沈潛反復 或驗之踐履之實 或察之義理之精 或以文義推之 或以他書考之 久
久思量 自然心會 如有不得者 亦不彊探力索 姑置一邊 時復拈出 虛心玩味 故未有不洞然處
(《退陶先生言行通錄》卷 2,《退溪學文獻全集》17, 80~81쪽).

27) 심학이란 유가의 心性學과 불가의 唯心論을 아우르는 용어인데 여기서는 전자를 뜻한다.

28) 先生嘗言 吾得心經而後 始知心學淵源 心法精微 又曰 初學用工之地 莫切於此西(《退溪先生
年譜補遺》,《上溪本》卷 1,《退溪全書》27, 30쪽) ; 滉少時 遊學漢中 始見此書於逆旅而求
得之 雖中以病廢 而有晩悟難成之嘆 然而其初感發興起於此事者 此書之力也 故平生尊信此
書 亦不在四子近思錄之下矣(《退溪集》II 內集 卷 41,《韓國文集叢刊》30, 410쪽).

29) 嘗曰 余雖應擧 而初不屑於得失 二十四歲時 連屈三試 亦無落魄意 一日在里第 忽有人來呼
李書房者 意謂招我 徐而察之 則乃人之尋老奴者也 仍歎曰 我未成一名 故致有此辱也 造次
之頃 便覺得失之關心 科目之動人 甚可懼也 君輩戒之(《退陶先生言行通錄》卷 5,《退溪學
文獻全集》17, 388~389쪽).

그러나 27세 되던 1527년(중종 22)에는 경상도 향시에서 진사 1등, 생원 2등에 합격해 다음 해 진사시 회시에서 2등으로, 1532년(중종 27) 10월에는 문과 별시 초시에 2등으로 합격했다. 퇴계는 사마시에 합격한 다음에 다시는 과거시험을 볼 뜻이 없었으나, 넷째 형 해(瀣)가 어머니를 부추겨 강권해서 할 수 없이 응시해 우선 초시에 합격한 것이다(연보 577쪽).

1527년 10월에 둘째 아들 채(寀)를 낳았는데, 11월에 첫째부인 김해 허씨가 별세했다(연보 577쪽). 그리하여 1530년(중종 25)에는 광흥창 봉사 권질(權礩)의 딸인 안동 권씨에게 다시 장가갔는데(연보 577쪽), 1531년(중종 26) 6월에는 측실에서 아들 적(寂)이 태어났고, 1532년(중종 27) 7월에는 셋째 형 의(漪)가 세상을 떴다(연보 577쪽).

1533년(중종 28) 정월 29일부터 4월 25일까지 약 넉 달 동안은 경상도 일대를 여행하고, 5월부터는 성균관에 유학했다. 그러나 김안로(金安老) 일당이 정권을 농단하는 것을 보고 6월에 대과 향시를 보러 경상도로 내려왔다. 그리하여 그해 가을에 경상좌도 향시에 1등으로 합격했다(당시 퇴계가 작성한 답안이 아직 남아 있다). 이때 남명 조식(1501~1571)은 경상우도 향시에 2등으로 합격했다.[30] 그리고 퇴계는 다음 해인 1534년(중종 29) 3월 9일 식년문과에 을과 1등으로 급제해 4월에 승문원권지부정자로 분관되었다(연보 577쪽). 18일에는 예문관검열 겸 춘추관기사관으로 천거되었는데 장인 때문에 체직되었다. 장인 권질은 1521년(중종 16)에 일어난 안처겸(安處謙) 옥사에 연좌되어 죽은 권진(權礩)의 형이기 때문에, 그 사위인 퇴계를 사관(史官)에 임명할 수 없다는 명분이었다. 이것은 당로자인 김안로의 사주 때문이었다. 김안로는 퇴계의 첫째 부인 김해 허씨의 고향인 영주에 전장(田莊)을 가지고 있었는데, 퇴계가 찾아와 인사하지 않는다고 앙심을 품었던 것이다(연보 577쪽). 퇴계는 그 뒤 승문원부정자로 돌아왔다가 6월에 승문원정자, 10월에 승문원저작, 12월

---

30) 秋赴鄕學居第二 三居一等 此其最後也//是秋 先生居右道第二 退溪先生居左道一等 一時 以為盛事(《南冥集》別集 卷 1, 亞細亞文化社, 168~169쪽).

에 승문원박사로 승진했다(연보 577쪽).

같은 해 10월에 문신정시가 있었는데, 퇴계는 이 시험에 차석을 해 정 8품인 통사랑에서 종 7품인 계공랑으로 승진했다(연보 577쪽). 1535년 (중종 30) 6월에는 왜인 호송관으로 동래에 다녀왔다. 1537년(중종 32) 9 월에는 정 6품인 승의랑까지 올라갔으나 10월에는 어머니 순천 박씨의 상 을 당해 온계 수곡(樹谷) 남쪽 언덕에 장사지냈다(연보 577쪽).

1539년(중종 34) 3월에 어머니의 3년상을 마치자 홍문관[玉堂] 부수찬 에 임명되었다가 당일로 수찬 · 지제교(知製敎) 겸 경연검토관으로 승진 했다(연보 578쪽). 이해 김안로가 실각한 뒤, 퇴계의 승진은 빨라졌다. 다 음 해에 사간원 정언(1월), 승문원교검(3월), 사헌부지평(4월), 형조정랑 (6월)으로 승진했다. 본래 양반은 참하관에서는 450일, 참상관에서는 900 일을 근무해야 1자급을 올라갈 수 있었으나, 청요직의 경우는 그러한 제 한이 없었기 때문에 빠르게 승진할 수 있었던 것이다.[31] 그러나 그해 6월 19일에 당시 대사헌이었던 성세창(成世昌) 등 사헌부 관원들이 혹심한 한재(旱災)를 푸는 방법으로 1537년(중종 32)의 김안로 옥사 때 귀양을 갔던 사람들의 죄를 씻어주자는 상소를 올리려다, 성세창이 예조판서로 옮겨 가는 바람에 유야무야했다는 죄로 성세창을 비롯해 사헌부 관료였던 이홍간(李弘幹) · 이준경(李浚慶) · 민세량(閔世良) · 이황 등이 파직당한 사건이 일어났다.[32]

퇴계는 같은 해 7월에 곧 풀려나 부사직에 임명되었다.[33] 그런데 10월 초에 별시가 있을 예정이었다. 퇴계는 아들 준(寯)에게 편지를 보내 빨리 올라와 조카 복(宓: 형 瀷의 아들)과 함께 시험에 응시하라고 했다. 한미

---

31) 《經國大典》卷 1, 吏典 京官職, 6품 이상은 근무일수(仕) 900일이, 7품 이하는 근무일수 450일이 차면 관직을 올려 주고, 또 관계(官階)를 올려 준다(加階). 의정부 · 6조 · 한성 부 · 승정원 · 장예원 · 홍문관 · 성균관 · 세자시강원의 堂下官 및 여러 道의 都事 · 守令 에 缺員이 있으면 久任員 외에는 비록 근무일수가 차지 아니한 자라도 뽑아 쓰고, 사헌 부 · 사간원에 결원이 있으면 구임원을 가릴 것 없이 공정하고 의롭게 국사를 논할 자 를 널리 뽑아서 후보자로 왕에게 올린다.
32) 《中宗實錄》卷 18, 中宗 35年 6月 己卯, 副提學 崔輔漢等 上箚.
33) 《退溪先生年譜補遺》, 《上溪本》卷 1, 《退溪全書》27, 34쪽.

(寒微)한 집안을 일으키고자 함이었다.34) 퇴계는 그 뒤 빠르게 승진해 형조정랑(9월), 홍문관부교리(9월)·교리(10월), 사간원정언(12월) 등의 관직을 거치고 11월에는 정 5품인 통선랑으로 승진했다(연보 578쪽). 1541년(중종 36) 3월에는 홍문관교리로서 경연(經筵) 석강(夕講)에 입시(入侍)해 우역(牛疫)이 돌고 기근이 심해지니 임금이 먼저 수성(修省)해야 한다는 계를 올렸다(연보 578쪽). 재이(災異)가 생기면 임금이 수성해야 한다는 동중서(董仲舒) 이후 유학자들의 주장을 내세운 것이다. 그리고 같은 달에 사가독서(賜暇讀書)에 선발되어 동호(東湖) 독서당(讀書堂, 玉水洞, 옛 豆毛浦)에 나아가 공부했다(연보 578쪽). 이때 매달 제출한 시문을 묶은《서당삭제》(書堂朔製)와 독서록인《독서만록》(讀書漫錄)을 지었다.35) 4월 2일에는 홍문관 동료들과 함께 〈일강구목소〉(一綱九目疏)를 올렸다. 일강은 중화를 지극히 함(致中和)36)이고, 구목은 1) 궁금(宮禁)을 엄하게 하며, 2) 기강을 바르게 하며, 3) 인재를 가려 쓰며, 4) 제사를 삼가하며 5) 백성의 고통을 돌보며, 6) 교화(敎化)를 밝히며, 7) 형옥(刑獄)을 신중하게 처리하며, 8) 사치를 막으며, 9) 간쟁을 받아들여야 한다는 내용이었다. 이 상소는 부제학 이언적(李彦迪)·직제학 이준경(李浚慶) 등과 함께 올린 글이다.37)

그 뒤 사헌부지평(4월), 안태사종사관(安胎使從事官, 4월), 홍문관수찬(5월), 성절사자문점마관(聖節使咨文點馬官, 5월), 홍문관부교리를 거쳤다.38) 이때 의주에서 밀무역을 하고자 은자를 숨겨 가는 자들을 적발해 보고하고, 서울에 돌아와서 의주에 다녀오면서 지은 시를 모아《관서행록》(關西行錄)을 냈다(연보 578쪽). 9월에는 경기도 재상어사(災傷御

---

34) 鄭錫胎, 앞의 책, 196쪽.

35)《退溪先生年譜補遺》,《上溪本》卷 1,《退溪全書》27, 35쪽.

36) 자사(子思)는 "희로 애락(喜怒哀樂)이 아직 발동하지 않은 것을 중(中)이라 하고, 발동하여 모두 절도에 맞는 것을 화(和)라 한다. 중이라는 것은 천하의 큰 근본이고, 화라는 것은 천하에 통달하는 도(道)이다. 중과 화를 지극히 하면 천지가 제자리를 얻고 만물이 생장한다."라고 했다.

37)《中宗實錄》卷 95, 中宗 36年 4月 戊午.

38) 鄭錫胎, 앞의 책, 221~232쪽.

使)(9월), 사헌부 지평(11월), 성균관 전적(12월), 형조 정랑(12월)을 지
냈다(연보 578쪽). 퇴계의 겸직에는 지제교와 시종직(侍從職)이 늘 붙어
다녔다. 글을 잘 하고 경연에 필요한 인재였기 때문이다.

1542년(중종 37) 2월에는 다시 아들 준(寯)을 불러 올려 조카 복(宓)
과 함께 식년시를 준비하라고 했다. 그러나 아들과 조카 모두 합격하지 못
했다.39) 2월에 홍문관 부교리, 3월에 충청도구황적간어사(救荒摘奸御使),
4월에 의정부검상, 5월에 의정부사인에 임명되었다(연보 578쪽). 8월에
강원도재상어사가 되어 강원도 일대를 돌아보고 그때 쓴 시문을 모아《관
동행록》(關東行錄)을 냈다.40) 퇴계는 43세가 되던 1544년(중종 39)부터
병을 이유로 관직을 사퇴하고자 했다. 그러나 중종이 교서관에 명해《주
자대전》을 간행하라고 하자, 퇴계는 반드시 옥당의 교정을 거쳐 출판해야
한다고 주장하고, 스스로 그 일을 전담하다시피 했다. 퇴계는 더운 여름에
문을 닫아걸고 종일토록 앉아서 교정에 임했다. 주위 사람들이 그러다가
병이 나면 어쩌려고 그러느냐고 하자, "이 책을 읽으면 문득 가슴이 시
원해져서 스스로 더운 것을 알지 못하는데 병은 무슨 병이냐?"고 대답했
다고 한다.41). 퇴계는 중년에《주자대전》을 접한 뒤에 도학에 경도되어
침식을 잊고 독실히 탐독해 득력(得力)한 바가 많았다고 술회하고 있
다.42) 그는 어려서부터 학문에 뜻을 두었으나, 훌륭한 사우(社友)를 얻지
못한데다가 문득 벼슬까지 하게 되어 공부에 전념할 수 없었는데,《주자
대전》을 읽은 뒤부터 소견이 트였다고 말하고 있다.43) 그는 이 무렵부터

---

39) 《退溪先生全書遺集外篇》卷 5, 《陶山全書》4, 255~256쪽.

40) 《退溪先生年譜補遺》, 《上溪本》卷 1, 《退溪全書》27, 37쪽.

41) 朱子書節要序云 嘉靖癸卯 我中宗大王 命書館印出頒行 臣某始知有是書而求得之 閉戶靜觀
歷夏不輟 或以暑熱致傷爲戒 先生曰 講此書 便覺胸膈生凉 自不知其暑 何病之有(위의 책,
37쪽).

42) 中歲以後 講學益專 任道愈重 嘗得是書 沈潛講劘 積有年紀 俯讀仰思 至忘寢食 於是脫然而
悟 沛然而行 平生得力處 多在此書(《退溪先生年譜補遺》, 《上溪本》卷 1, 《退溪全書》27,
37쪽).

43) 先生曰 余自少有志 不可謂無學問之功 然不得與明師友 難疑辨惑 於道理殊無的見 學未優而
遽至登仕 則又不專於素業矣 自讀朱子大全後 稍有見處(《退溪先生年譜補遺》, 《上溪本》卷
1, 《退溪全書》27, 37쪽).

관직에 뜻이 없고, 물러가 도학을 집중적으로 연구해야겠다고 결심한 것
같다. 반평생을 허송세월한 기분이었을 것이다. 그리하여 그 뒤에는 계속
관직을 사퇴하겠다는 상소를 올렸으나, 국왕은 사림정치를 표방한 만큼
퇴계와 같은 학식과 도덕을 겸비한 유덕자를 옆에 붙들어 두고자 했다. 그
리고 다른 한편으로 선조 이후에는 사림들이 정치주체가 되었기 때문에,
이들이 정부 요소요소에 포진하여 퇴계와 같은 정신적인 지도자를 불러
올려야 한다고 계속 임금에게 요구한 측면도 있었다.

　예안 근처에 영지산(靈芝山)이라는 산이 있는데, 퇴계는 1531년(중종
26)에 이 산 북쪽 역곡(暘谷)에 지산와사(芝山蝸舍)를 짓고 영지산인(靈
芝山人)이라고 자호(自號)한 적이 있었다. 벼슬살이에서 떠나 자연으로
돌아가고자 하는 뜻을 담아 영지산인이라는 호를 계속 쓰고 있었다. 그런
데 1542년(중종 37) 가을에 이현보(李賢輔)가 고향으로 돌아가 이 산에
영지정사(靈芝精舍)를 짓자, 호를 그에게 양도한다는 편지와 시를 보냈
다.44)

　43세 되던 1543년(중종 38) 1월부터 병으로 계속 사직원을 냈으나, 처
음에는 한직인 종친부전첨으로 바꾸어 주더니(2월) 곧 사헌부장령에 임명
했다. 대산저원(大山苧元) 등의 약을 복용했지만 병이 깊어져 일을 볼 수
없게 되자, 다시 전설사수(典設司守)로 체직되었으나 곧 성균관사예(7
월), 사간원사간(8월), 사복사첨정(8월), 성균관사성(10월), 예빈시부정
(11월)으로 옮겨갔다. 지제교는 늘 따라다녔다. 배우고자 하는 제자들도
늘어가자, 10월에 휴가를 받아 고향으로 돌아와 친구나 제자들도 만나고
성묘도 했다. 다음 해 3월 (6일)에 서울로 돌아왔다. 독서당에서 사가독서
를 하다가 병으로 세자시강원좌필선에 임명되었다(4월). 병이 깊어 사은
숙배(謝恩肅拜)도 못했다.45)

　퇴계는 뒤에 남명 조식에게 보낸 편지에서 다음과 같이 밝히고 있다.

---

44) 《韓菴先生文集》 卷 1, 《韓國文集叢刊》 29, 390~391쪽.
45) 鄭錫胎, 앞의 책, 318~411쪽.

제가 어려서부터 다만 옛 것을 좋아하는 마음을 가지고 있었으나, 집이 가난하여 (현달하고자 했고) 친로(親老)·친구들이 강권했기에 과거에 급제해 이록을 취해 왔습니다. 저는 당시에 실로 견식이 없어서 문득 (강권에) 움직이자 우연히 천거를 받아 먼지와 티끌 같은 일에 골몰해 날로 다른 일을 할 여가가 없었으니 오히려 무슨 말을 하겠습니까? 그 뒤 병이 더욱 깊어지고, 또 스스로 세상을 위해 꾀할 바가 아니라는 것을 깨달아 비로소 머리를 돌려 조용히 앉아 더욱 옛 성현의 책을 취해 읽었습니다. 이에 척연(惕然)히 각오를 하고 길을 바꾸어 노년의 할 일을 거두고자 해 관직을 그만두고 분전(墳典, 古經典)을 끌어안고 산중에 들어와 장차 그 이르지 못한 것을 더 구하고자 했습니다. 하늘의 정령(精靈)에 힘입어 만약 조금이라도 얻는 것이 있다면 이것을 모아 이 일생을 헛되이 보내지 않으려 했습니다. 이것이 제가 10년 동안 바라는 것이었는데, 왕이 헛된 이름을 듣고 벼슬을 하라고 해서 계묘(1543, 중종 38)년부터 임자(1552, 명종 7)까지 무릇 3번 관직을 사퇴하고 3번을 부름을 받았습니다. 그런데도 노병으로 관직마저 제대로 수행하지 못했으니, 이러고도 그 이루는 것이 있기를 바라기가 또한 어렵지 않겠습니까?[46]

1543년(중종 38)부터 1552년(명종 7)까지 3번 사퇴하고 3번 소환될 정도로 퇴계는 관직에 뜻이 없고 도학(성리학) 연구에 몰두할 생각을 하고 있었던 것이다. 그 까닭이 《성리대전》, 《주자대전》 등 성리학 서적을 읽고 이를 천착해 깨달은 바 있기 때문이었다고 할 수 있다.

1544년(중종 39) 6월에 잠시 홍문관교리에 임명되었으나 병으로 교체되었다가 1545년(인종 1)에 홍문관응교에 임명되었다. 퇴계는 서울에 남

---

46) 按先生後與曺南冥書云 某自少 徒有慕古之心 緣家貧親老親舊强使之 由科第 取利祿 某當時實無見識 輒爲所動 偶名薦書 汨沒塵埃 日有不暇他 尙何說哉 其後病益深 又自度無所猷爲於世 始乃回頭住脚 益取古聖賢書而讀之 於是 惕然覺悟 欲追而改途易轍 以收桑楡之景乞身避位 抱負墳典 而來投於故山之中 將以益求其所未至 虛過此一生 此某十年以來之志願而聖恩含垢 虛名迫人 自癸卯至壬子 凡三退歸 而三召還 以老病之精力 加不專之工程 如是而欲望其有成 不亦難乎(연보, 579쪽).

아있으면서 명나라에 보내는 표(表)와 전(箋)을 짓거나 시관이 되거나 중종대왕행장(行狀) · 만사(挽詞), 애책문(哀冊文), 정릉지(靜陵誌) 등을 짓는 등 필요할 때마다 문필을 잡았다.47) 인종 초에 홍문관에서 이언적(李彦迪)을 재상으로 추천할 때, 퇴계만이 그가 도량이 좁다는 이유로 반대했다. 퇴계는 얼마 지나지 않아 변고가 있을 줄 알고, (사림에) 화를 덜 미치도록 하려는 의도였다고 했다.48)

2월에는 원접사(遠接使) 종사관에 임명되었으나 병으로 내섬시 · 군자시첨정으로 옮겼다. 6월에 청송부사 자리를 원했으나 받아들여지지 않았고, 다시 홍문관응교 · 전한에 임명되어 실록청낭청을 겸임하게 되었다. 7월에 인종이 승하하고 명종이 즉위하자(연보 579쪽), 퇴계는 〈걸물절왜사소〉(乞勿絕倭使疏: 왜와 사신왕래를 계속해야 한다는 상소문)를 올렸다. 조선은 1510년(중종 5)에 삼포왜란(三浦倭亂)이 일어나 왜와 국교를 단절했다. 이때 이르러 왜인이 강화를 요청했으나 거절하려는 분위기였다. 퇴계는 강화를 거절하면 북로남왜(北虜南倭)가 한꺼번에 쳐들어 와 국가가 혼란에 빠질 우려가 있다고 예단했다. 그러나 다른 옥당 관원들은 이에 동조하기를 거절했다(연보 579쪽).

퇴계는 병 때문에 홍문관직을 계속 사퇴하고자 했다. 국왕은 그를 한직인 통례원 상례(相禮)(8월), 사옹원(司饔院) 정(正)(9월)에 임명해 붙들어 두려 했다. 그러나 곧 홍문관전한으로 복귀시켰다(연보 579쪽). 문필이나 경연에서 퇴계와 같은 훌륭한 학자가 필요했기 때문이다. 그런데 10월 10일 우의정 이기(李芑)가 상소해 퇴계와 함께 장령 이천계(李天啓) · 양근 군수 권물(權勿) · 공조정랑 이담(李湛) · 사인 정황(丁熿) 등의 관작을 삭탈했다. 사림들이 자신들을 지지하지 않는데 앙심을 품고 사화를 일으켜 사림들을 일망타진하려 한 을사사화의 여파였다. 그러나 이기의 조카 이원록(李元祿)이 이기의 집까지 찾아가 퇴계는 결코 그런 사람이 아니라고 구명해, 이기가 다시 왕에게 퇴계를 풀어달라고 상소하여 사복시

---

47) 鄭錫胎, 앞의 책, 412~472쪽.
48) 《閑中筆錄》, 《文峯先生文集》卷 5, 《韓國文集叢刊》 42, 253쪽.

정에 임명되었다. 그 뒤 이기는 이원록에게 속았다며 그마저 귀양을 보냈
다.49) 이기와 같은 당인 임백령(林百齡)도 "퇴계가 근신자수(勤愼自守)
하는 사람이라는 것은 사람들이 다 알고 있는데, 지금 만약 이 사람에게
벌을 주면 '전일에 죄를 입은 사람들도 다 억울하게 당했다'는 말이 나올
것"이라 해 직첩을 돌려주었다고 한다(연보 580쪽). 사화가 일어나자 퇴
계는 더욱 관직에서 관심이 멀어지게 되었다. 잘못하면 조광조와 같이 화
를 입을 가능성이 많다고 생각했기 때문이다.

을사사화의 여파로 조정이 어지러워지자 외직을 구해 나가려 했으나
뜻을 이루지 못하고, 장인 권질(權礩)의 장사를 핑계로 휴가를 받았으나
기한을 넘겨 해직되었다(연보 580쪽). 해직된 덕분에 고향으로 내려 갈
수가 있었다. 그리하여 3월에는 월란암(月瀾菴)·용수사(龍壽寺) 등지에
우거(寓居)했다.50) 그리고 1546년(명종 1) 5~6월에는 토계(兎溪)의 동
암(東巖)에 양진암(養眞菴)을 짓기 시작했다(11월 완공). 퇴계는 본래
온계(溫溪)의 남쪽 지산(芝山)의 북쪽에 소사(小舍)를 가지고 있었는데
사람이 많아지고 한적하지 않아 이해에 퇴계(退溪)의 아래 수삼리에 있
는 동암 옆에 소암을 짓고 양진계(養眞溪)라 했다. 그리고 퇴계가 이 지
역 원래의 이름인 '토계'를 '퇴계'로 고치고 자기의 호로 삼았다고 한다.
51) 7월에 부인 안동 권씨가 출산하다가 별세해 예안 동쪽 하계(下溪) 백
지산(栢枝山: 현 경북 안동시 도산면 토계리~퇴계 산소 건너편)에 장사
지냈다.52)

1547년(명종 2) 정월에는 자하산(紫霞山) 하명동(霞明洞: 현 안동시
도산면 토계리 하계 마을)에 집터를 잡고 옮겨 살 계획을 했다. 퇴계는
1542년(중종 37) 2월 20일 밤 꿈에 하명동과 같은 산수 사이에서 노니는
꿈을 꾸었는데, 이때 드디어 이곳에 집터를 얻게 된 것이라 한다. 퇴계는

---

49) 《退溪先生年譜補遺》, 〈上溪本〉 卷 1, 《退溪全書》 27, 502쪽.
50) 《退溪先生年譜補遺》, 〈上溪本〉 卷 1, 《退溪全書》 27, 42쪽.
51) 先是 構小舍於溫溪之南芝山之北 以人居稠密 頗未幽寂 是年始假寓于退溪之下數三里 於東
巖之旁 作小菴 名曰 養眞溪 俗名兎溪 退溪先生 以退溪改兎 因自號焉(연보 580쪽).
52) 《退溪先生年譜補遺》, 〈上溪本〉 卷 1, 《退溪全書》 27, 42쪽.

이곳에 집을 짓다가 그 앞 낙동강에 국가에서 금하는 은어 잡이 어량(魚梁)이 있음을 보고 자손들이 살만한 곳이 못된다고 여겨, 죽동(竹洞: 현 안동시 도산면 토계리, 일명 댓골)으로 옮겼다. 그러나 자리가 좁고 개울물이 없다고 해 다시 계곡 위로 옮겼다.53) 세 번 집터를 옮긴 셈이다. 퇴계는 월란암(月瀾菴)에서 《무이지》(武陵誌)를 읽다가 하루는 꿈에 주자(朱子)를 보았다. 그리하여 주자의 〈무이도가〉(武夷棹歌)에서 차운(次韻)해 시 10수를 지었다.54)

7월에 안동부사에 제수되었으나 부임하지 않았다. 그러나 8월에 곧 홍문관응교로 불려 올라가 경연에 참여했다. 퇴계는 봉성군(鳳城君) 이완(李岏)의 옥사가 일어나자, 이를 막을 수 없을 것을 알고 병을 칭탁(稱託)하고 두문불출하고 있었기 때문에 차자(箚子)를 올리는 자리에는 없었으나, 응교 직임을 맡고 있었으므로 상소자 명단에 들어가 있었다. 이 상소로 명종은 봉성군을 위리안치(圍籬安置)시켰다가 자살하게 했다.55) 이에 퇴계는 병으로 휴가를 얻어 바깥출입을 하지 않았다. 12월에 병으로 사직을 청하자 의빈부경력으로 옮겨 주었다.56)

1548년(명종 3) 정월에 병으로 청송부사를 청원했으나 단양부사에 임명되었다(연보 580쪽). 이 무렵 진복창(陳復昌)이라는 권력자가 있었다. 그는 퇴계가 한번 찾아오기를 바랐으나, 퇴계는 찾아가지 않다가 단양부사로 떠나기 직전에 그에게 잠깐 들렀다. 진복창이 임금에게 퇴계와 같은 학자를 경연에 종사하게 해야지 외직으로 보내서는 안 된다고 간언했다고 말해주자, 퇴계는 그 날로 떠났고, 진복창의 말을 명종이 들어주지 않아 무사할 수 있었다. 진복창은 그 뒤에 여러 번 시와 편지를 써 보냈으나 아무런 답도 하지 않아 앙심을 품었다. 그러나 오래지 않아 그가 주살당하여

---

53) 余不知是何境 先生後得紫霞塢 喜其眞協夢境 作瀸石亭(《要存錄》, 《退溪學文獻全集》 22, 649쪽) ; 庚戌二月 始營室于溪上 今之西家是也 得地于霞明洞紫霞峯下 構舍未畢 以洞近洛川 川乃官禁所及 謂不宜子孫之居 遷于竹洞 又以洞狹隘 且無溪流 乃卜於溪上(《退陶先生言行通錄》 卷 3, 《退溪學文獻全集》 17, 195쪽).

54) 閒居讀武夷志次九曲棹歌韻十首(《陶山全書》 1, 54~55쪽).

55) 《明宗實錄》 卷 6, 明宗 2年 閏 9月 癸未.

56) 《明宗實錄》 卷 6, 明宗 2年 12月 戊辰.

퇴계가 화를 입지 않았다고 한다.57) 사헌부에서도 시종(侍從)으로 불러 올린 퇴계를 외직에 보임하면 안 된다고 주장했으나 명종이 듣지 않았 다.58) 퇴계는 외직으로 나가는 것조차 어렵게 된 것이다.

2월 20일에는 둘째 아들 채(寀)가 죽었다(연보 580쪽). 5월에는 맏손자 안도(安道)에게 《효경》을 가르쳤다. 6월에는 〈단양산수가유자속기〉(丹陽 山水可遊者續記)를, 10월에는 〈단양관우산수제영록〉(丹陽館宇山水題詠 錄)을 지었다. 한편 10월에 형인 해(瀣)가 충청 감사로 왔기 때문에 상피 (相避: 친족 등이 같은 지역에서 벼슬하는 일을 피함)에 걸려 풍기군수로 옮겨갔다(연보 580쪽).

1549년(명종 4) 4월에는 소백산을 돌아보고 《유소백산록》(遊小白山 錄)을 지었다(연보 580쪽). 9월에 병으로 사직서를 올렸으나, 조정에서는 퇴계에게 휴가를 주어 조리하게 했다. 12월에는 감사에게 백운동서원(白 雲洞書院)을 소수서원(紹修書院)으로 사액해 줄 것을 청해, 편액과 사서 오경·《성리대전》 등의 책을 내려 주었다(연보 580쪽).

그러나 퇴계는 그해 12월에 감사에게 허락도 받지 않고 벼슬을 버리고 고향으로 돌아왔다. 그 때문에 고신(告身)이 2등 감해졌다(연보 580쪽). 임소를 무단이탈한 이유를 추궁당하자, 병이 들어 감사에게 여러 번 사직 을 청해도 들어주지 않아 부득이 돌아올 수밖에 없었다고 변명했다.59)

1550년(명종 5) 2월에 개울 위 서쪽에 집을 짓고 집 위쪽 시내 가에 한 서암(寒棲菴: 현 안동시 도산면 토계리, 지금의 퇴계 종택 왼쪽)을 지어, 당호(堂號)를 '정습'(靜習)이라 했다. 이로부터 배우러 오는 사람이 날로 늘어갔다(연보 580쪽). 한서암 주변에는 매화와 버들을 심어서 세 갈래 오솔길을 만들고, 뜰에는 대나무·소나무·국화 등 6우(六友)를 갖추어 심었다. 학봉(鶴峯) 김성일(金誠一)은 《퇴계선생언행록》에서 다음과 같 이 언급하고 있다.

---

57) 《退溪先生年譜補遺》, 《上溪本》 卷 1, 《退溪全書》 27, 45쪽.
58) 《明宗實錄》 卷 7, 明宗 3年 正月 庚寅.
59) 〈擅棄豊基軍需推考緘答狀〉, 《退溪集》 1, 235~236쪽.

선생이 50세가 되도록 아직 집이 없었다. 처음에 자하봉(紫霞峯) 밑에 집터를 잡았다가 중간에 죽곡(竹谷)으로 옮기고, 드디어 퇴계의 위에 집터를 정했다. 집 서쪽 개울가에 정사(精舍)를 짓고 이름하여 한서암(寒棲菴)이라 했다. 샘물을 끌어 연못을 만들고, 이름하여 광영당(光影塘)이라 했다. 매화와 버들을 심고, 세 갈래 좁은 길을 내어 앞에는 탄금석(彈琴石)이 있고, 동쪽에는 고등암(古藤巖)이 있으며, 시내와 산이 명미(明媚)해서 완연히 하나의 별세계를 이루었다. 병진년(1556: 명종 11)에 성일이 이곳에 와서 선생을 뵈었더니 좌우에는 책이요, 향을 피우고 평온히 정좌하고 있어서 마치 장차 생애를 마치려는 것 같고 사람들이 관인(官人)이라는 것을 알지 못한다.[60]

광영당(光影塘)은 주자의 〈관서유감〉(觀書有感)이라는 시 가운데 "天光雲影共徘徊"라는 대목에서 따 온 것이며, 한서암(寒棲菴) 앞 여울 이름을 장명뢰(鏘鳴瀨)라 한 것은 역시 주자의 〈백록동부〉(白鹿洞賦)에 나오는 "澗水觸石 鏘鳴璆兮"이라는 구절에서 따 온 것이다.[61] 그리고 도연명(陶淵明)을 그리워해 그의 시에서 많이 차운하기도 했다.[62] 8월에 형 해(瀣)가 죽었다. 이해는 사헌부 대사헌으로 있을 때, 이기(李芑)가 정승으로 걸맞지 않다고 공격한 바가 있었다. 이기는 이에 앙심을 품고 해가 충청감사로 있을 때 일어난 유신현(維新縣: 忠州牧)의 옥사를 흠잡아 추고를 해 갑산으로 장유(杖流)시켰는데, 이해는 귀양을 가다가 양주 미애리(彌崖里: 현 서울 성북구 미아동)에서 죽었다. 그의 죄는 18년 뒤 1567년(명종 22)에 신원되었는데 퇴계가 그의 묘지명(墓誌銘)을 지어 그 억울함을 소상히 밝혔다.[63]

1551년(명종 6) 2월에 한서암을 허물고 개울 위 동북쪽에 계상서당(溪

---

60) 《退溪先生言行錄》 卷 3,《退溪學文獻全集》 18, 147쪽.

61) 又名溪流之瀨曰鏘鳴 取朱子白鹿洞賦 澗水觸石 鏘鳴璆兮之義也(《退溪先生年譜補遺》,《上溪本》卷 2,《退溪全書》27, 49쪽).

62) 鄭錫胎, 앞의 책 2, 41~42쪽.

63) 《溫溪先生年譜》,《韓國文集叢刊》 27, 13~16쪽.

上書堂, 溪堂)을 지었다.64) 이해에는 줄곧 이 집에 있었다(연보 580쪽).

1552년(명종 7) 4월에 홍문관교리로 불려 올라갔다(연보 580쪽). 5월에 다시 사헌부십의에 임명되었다.65) 사직원을 냈으나 6월에는 홍문관부응교에 임명되었고,66) 7월에는 성균관대사성에 임명되었다.67) 이때 퇴계는 아들 준(寯)에게 편지를 해 조관(朝官) 자제라도 업유(業儒)가 되지 않으면 군역을 면키 어려우니 열심히 공부하고, 개울 위 서당의 꽃과 대나무를 잘 보살피라고 일렀다.68) 11월에 병으로 대사성 자리에서 물러나 충무위상호군이 되었으며(연보 581쪽), 염근인(廉謹人)으로 선발되었다.69)

1553년(명종 8) 2월에 남명 조식에게 편지를 보내 조정의 징소에 응하도록 권했다. 조식은 1552년(명종 7) 7월 11일과 10월 2일에 유일(遺逸)로 천거되었으나 응하지 않았기 때문이다. 편지의 내용은 다음과 같다.

> 근자에 전조(銓曹)가 유일지사(遺逸之士)를 추천해 쓰려고 하는 것은 임금이 어진 인재를 얻어 쓰고자 하기 때문입니다. 특명으로 6품관에 초서(超敍)하는 것은 실로 우리 동방에 전에 드물게 있던 성거(盛擧)입니다. 내가 가만히 생각해 보니, 벼슬하지 않는다는 것은 의로움이 없는 것이니 대륜(大倫)을 어찌 가히 폐하겠습니까? 그런데도 선비가 혹 나가서 쓰이기를 어려워하는 것은, 다만 과거로서 사람을 혼탁하게 하고 잡되게 나아가는 길은 또 매양 낮게 보니, 그 몸을 깨끗이 하고자 하는 선비들이 어쩔 수 없이 숨어서 나오기를 싫어하는 까닭입니다. 산림(山林)을 천거하는 것은 과거의 혼탁함도 아니요, 6품직을 초수(超授)하는 것은 잡되게 진출하는 더러움도 아닙니다. 같은 때 천거된 이로 이미 토산에 부임한 성수침(成守琛)이나 고령에 부임한 이희안(李希顔) 같은 사람도 있습니다. 이 두 사람은 다 옛날

---

64) 撤寒棲菴移溪北 先生初構寒棲於溪西 以其過大 移構小堂於溪東北而居之 今寒棲菴是也 (《退溪先生年譜補遺》,《上溪本》卷 2,《退溪全書》27, 49쪽).

65) 《明宗實錄》卷 20, 明宗 7年 5月 丙午.

66) 《明宗實錄》卷 20, 明宗 7年 6月 乙巳.

67) 《明宗實錄》卷 20, 明宗 7年 7月 辛卯.

68) 〈寄子寯〉,《退溪全書》4, 268쪽.

69) 《明宗實錄》卷 13, 明宗 7年 11月 壬午.

에 관직을 거절하고 높이 드러누워 생애를 마치려 한 사람들입니다. 전에는 일어나지 않다가 지금은 일어난 것이 어찌 그 뜻이 변해서이겠습니까? 반드시 지금 스스로 나아감이 위로는 가히 성조(聖朝)의 아름다움을 이룰 수 있고, 아래로는 가히 자신의 온축(蘊蓄)을 펼 수 있기 때문에 그럴 것입니다. …… 선생이 결국 나오지 않는 까닭은 무엇입니까?[70]

남명이 나오지 않은 것은 나가서 일할 만한 분위기가 아니라는 데 있었다. 퇴계는 사림의 시대이니 아직도 위험 요소는 있지만 나갈 만하다고 본 것과 달리, 남명은 아직 그러한 분위기가 무르익지 않았다고 보았다. 결코 현실에 관심이 없어서가 아니었다. 남명은 나가면 하는 바가 있어야 하고, 물러나면 지킴이 있어야 한다는 생각을 고수했다. 그러니 남명이 퇴계의 권유를 들을 리 없었다.

4월에 성균관대사성에 임명되었다. 이때 성균관은 학풍이 제대로 서지 않았다. 4학(四學: 인재를 양성하고자 서울의 네 곳에 지은 교육기관)이 더 심했다. 퇴계는 대사성으로서 4학 유생들에게 안으로 충(忠)과 신(信)을 다하고 밖으로 손(遜)과 제(悌)를 다해 국가가 흥학(興學)·양사(養士)하고자 하는 뜻에 따르라고 유시[諭四學師生文]하고(연보 581쪽), 책문(策問)을 써서 답하라고 했다. 그러나 한 사람도 답안을 제출한 사람이 없고 오히려 비난 여론만 돌자,[71] 학생들의 습관[士習]을 바꾸기 어렵다고 생각해 대사성 자리에서 물러나고자 했으나 왕이 들어주지 않았다.[72] 7월에 가서야 병으로 체직되어 부호군에 임명되었다(연보 581쪽).

가을에는 여름에 보낸 남명의 편지에 답장을 썼다. 이 편지는 지난 여름 남명이 보낸 편지의 답장이었다. 그 내용은 다음과 같다.

지난 여름에 보내주신 편지에 가르침을 많이 받았습니다. 편지에 '벼슬에

---

70) 〈與曺植中植〉(癸卯), 《增補 退溪全書》卷 10 書, 成大 大東文化研究院, 1971, 282쪽.
71) 《退溪先生年譜補遺》, 《上溪木》卷 2, 《退溪全書》27, 52쪽.
72) 《明宗實錄》卷 14, 明宗 8年 5月 癸丑.

나아가고 벼슬에서 물러남'의 도가 본래 가슴 속에 정해져 있어서 능히 바
깥 일을 가까이 하지 않는다고 하니 말씀이 음미할 만합니다. 한 번 불러 이
르시 않는 것도 오히려 드문데 하물며 두 번 불러도 더욱 확연한 데 있어서
이겠습니까? 그러나 세속은 이를 귀하게 여기는 사람은 항상 적고, 노하고
비웃는 사람은 항상 많으니, 선비가 그 뜻을 지키는 것 또한 어렵지 않겠습
니까? 그러나 세론의 아래 가난에 쪼들리고 이익에 홀려 동서로 쫓기는 사
람은 진실로 뜻을 지키는 선비는 아니고, 공사(公事)로 말미암아 비루한 사
람들이 수립하는 것이 없음을 부끄러워하는 것입니다. 보내주신 편지에 발
운산(撥雲散)을 찾는다는 것은 감히 힘쓰고자 하지 않습니다. 단 제가 스스
로 찾아보고 마땅히 돌아가 얻을 수 없으면 어찌 능히 공을 위해 발운산을
찾을 수 있겠습니까?73)

이는 남명이 눈병이 나서 사물을 제대로 볼 수 없으니 퇴계에게 발운산
(撥雲散)으로 고쳐 달라고 한 비아냥에 답한 것이다. 남명의 편지 내용은
다음과 같다.

다만 생각건대, 공은 서각(犀角)을 태우는 듯한 명철함이 있지만, 식은 동이
를 이고 있는 듯한 탄식이 있습니다. 그런데 오히려 아름다운 문장이 있는
곳(퇴계)에서 가르침을 받을 길이 없군요. 게다가 눈병까지 있어 앞이 흐릿
하여 사물을 제대로 보지 못한 지가 여러 해 되었습니다. 명공(明公)께서
발운산(撥雲散)으로 눈을 밝게 열어주시지 않겠습니까? 삼가 헤아려 주시
기 바랍니다.74)

---

73) 去夏承辱報書 披論諄悉 有以見出處之道 素定於胸中 所以能不攖外至而言之有味也 一而不
至者猶鮮 況再而愈確耶 然而世俗知貴於是者恒少 而怒且笑者恒多 爲士而欲守其志 不亦難
乎 世論之下 怵迫西東者 固非守志之士 因公事而益愧鄙人之無樹立也 示索撥雲散 敢不欲勉
但僕自索 當歸而不能得 何能爲公謀撥雲也 公則無北來之志 僕之南行 早晩必可得也 而未有
指期 徒切慕用之私 惟照察歲寒 冀加崇珍 不宣(〈書與曺楗中植〉 癸卯,《增補 退溪全書》卷
10, 成大 大東文化研究院, 1971, 283쪽).
74) 경상대 남명학연구소 역,《남명집》, 한길사, 2001, 180쪽.

10월 7일에 조정에서 서얼허통 문제를 논의했는데, 퇴계는 나라의 풍속을 갑자기 바꾸기 어렵다고 반대했다. 반대 이유는 나라의 풍속을 갑자기 바꿀 수 없고[國俗難猝變], 적서(嫡庶)·귀천(貴賤)의 명분[大防]을 갑자기 허물 수 없다는 것[大防難猝毀]이었다. 서얼을 허통하면 서자가 적자를 핍박하고, 천인이 귀인을 멸시해 강상(綱常)이 무너진다고 주장하였다.75) 퇴계가 왕조체제를 옹호하는 사상가이기 때문에 이러한 생각을 가지는 것은 오히려 당연하다고 할 수 있다.

10월에 이웃에 사는 추만(秋巒) 정지운(鄭之雲: 字 靜而)이 〈천명도설〉(天命圖說)을 가져와 교정해 달라고 해 고쳐서 서(敍)까지 써 주었다. 퇴계는 20여 년 동안 서울 서대문 안(옛 법원 자리)에 살면서 벼슬살이를 하고 있었으나, 이웃에 정지운이 살고 있는지 몰랐다고 한다. 그런데 우연히 〈천명도설〉을 얻어 보고 정지운을 만나 보자고 해 여러 번 왕래하면서 잘못된 곳을 토론해 고쳐 주었다고 한다. 정지운은 본래 모재(慕齋) 김안국(金安國)과 사재(思齋) 김정국(金正國)의 문인이었는데, 그들에게 〈천명도설〉을 교정해 달라고 했더니 자신들의 공부가 부족하여 가볍게 의논할 수 없다고 하자, 퇴계에게 가지고 온 것이라 한다. 퇴계는 호남 선비 이항(李恒)의 '情不可置氣圈中'설을 참작해 《태극도설》을 교정했다(연보 581쪽). 이 〈천명도설〉이 퇴계와 기대승(奇大升)이 오랜 동안 전개한 4·7 논변(四七論辨)의 근거가 되었다는 것은 잘 알려진 사실이다.

11월에는 정암(正菴) 박민헌(朴民獻)에게서 《연평문답》(延平問答)을 빌려 손수 전사(轉寫)하고 오자를 바로잡아 발문(〈延平答問後語〉)까지 썼다. 그리고 《의려선생집》(醫閭先生集)을 초(抄)해서 진헌장(陳獻章)과 왕수인(王守仁)의 글을 초한 것 뒤에다 〈백사양명초후복복서기말〉(白沙陽明抄後復書其末)이라는 글을 덧붙여, 정좌(靜坐)를 잘못하면 선학(禪

---

75) 此法之改有二難 一曰 國俗難猝變 二曰 大防難猝毀 二難之中 國俗猝變 始雖甚駭 人心苟義理得中 則終當帖帖 何患難改乎 惟是大防之守 誠不可猝毀 所謂大防者 嫡庶之名分 貴賤之等倫 是也 有國家者 所以維持鞏固 無敢陵越者 以有此防也 此防一毀 以庶偪嫡 以賤蔑貴 豈可輕易爲哉(《明宗實錄》卷 15, 明宗 8年 10月 庚辰).

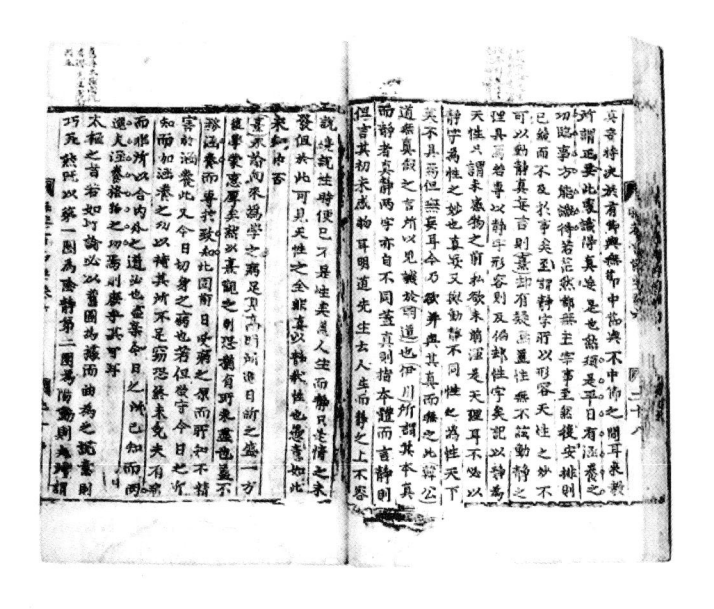

〈주자서절요〉: 퇴계 이황이 주자(朱子)의 서간문을 편집한 책이다. 조선 성리학 발달
의 근간이 되었다.

學)에 흐르게 됨을 경계했다.76)

1554년(명종 9) 5월에 형조참의에 임명되었고,77) 6월에 병조참의로 전
임되었다. 7월에는 새로 지은 경복궁의 모든 전각의 편액을 썼다(연보
581쪽). 9월에 병으로 병조참의에서 상호군, 첨지중추부사로 체직되었다
(연보 581~582쪽). 12월에 〈경복궁중수기〉(景福宮重修記)를 지어 올렸
다(연보 581~582쪽).

1555년(명종 10) 2월에는 충무위상호군에 임명되었다.78) 이날 배를 타

76) 抄醫閭先生集 附白沙陽明抄後 先生書其末曰 某按靜坐之學 發於二先生 而其說疑於禪 然在
延平朱子 則爲心學之本原而非禪也 如白沙醫閭 則爲厭事求靜 而入於禪 然醫閭比之白沙 又
較近實而正 至於陽明 似禪非禪 亦不專止於靜 而害正深矣(《退溪先生年譜補遺》,《上溪本》
卷 2,《退溪全書》27, 53쪽).
77)《明宗實錄》卷 16, 明宗 9年 5月 乙卯.
78)《明宗實錄》卷 18, 明宗 10年 2月 癸未.

고 고향으로 내려갔으나, 3월에 첨지중추부사에 다시 임명되고 경상 감사에게 음식을 하사하라는 교지가 내려졌다.79) 이해 《주자서절요》를 편찬하고자 제자들과 아들 · 조카들에게 분담해 베끼게 했다.80)

1556년(명종 11) 5월에 홍문관부제학에 임명되었으나81) 사퇴하자 6월에 첨지중추부사에 제수되었으며, 《주자서절요》를 완성했다(연보 582쪽). 9월에는 제자들이 퇴계의 남쪽 화암(花巖) 곁에 계남서재(溪南書齋)를 지었다.82)

1557년(명종 12) 정월에 동가(東家: 현 안동시 도산면 토계리. 현재의 퇴계종택 건너편)를 지었으며83), 3월에는 온계 노송정(老松亭) 뒤쪽 수곡(樹谷) 선영 아래 수곡암(樹谷菴)을 지었고, 도산(陶山) 남동(南洞, 현 도산서당 자리)에 도산서당(陶山書堂) 터를 새로 잡았다(연보 582쪽). 7월에는 《계몽전의》(啓蒙傳疑)를 완성했다(연보 582쪽).

1558년(명종 13) 2월에는 율곡(栗谷) 이이(李珥)가 장인인 성주목사 노경린(盧慶麟)을 만난 뒤 강릉으로 돌아가는 길에 찾아왔다. 이이가 퇴계를 칭찬하는 시를 지어 올렸으나 차운하지 않고, 율곡이 다시 가르침을 청하자 "마음가짐은 자신을 속이지 않는 것이 귀하고, 조정에서는 일 만들기를 좋아하지 말아야 한다."고 일렀다. 이이가 사화(詞華)를 지나치게 좋아한다는 말을 듣고 이를 억제하기 위해 차운을 하지 않았다고 한다. 그러나 퇴계는 율곡을 보고 '後生可畏'라고 평가했다.84) 4월에는 《자성록》(自

79) 《明宗實錄》 卷 18, 明宗 10年 3月 丁巳.

80) 鄭錫胎, 앞의 책 2, 367쪽, 《주자서절요》는 처음에 抄本 7책을 만들었는데 1561년(명종 16)에 黃俊良이 星州에서 《晦菴書節要》라는 이름으로 15권 8책을 간행한 바 있고, 이를 증보해 1567년(명종 22)에 柳仲郢이 定州에서 《주자서절요》라는 이름으로 20권 10책을 간행한 바 있다.

81) 《明宗實錄》 卷 20, 明宗 11年 5月 乙亥.

82) 《春塘先生文集》 권 4, 《退溪學資料叢書》 4, 510쪽.

83) 위의 책, 510쪽.

84) 鄭錫胎, 앞의 책 2, 466~467쪽, 5월에 강릉에서 율곡이 보낸 《大學章句》와 《大學或問》에 대한 問目에 답변했다. 그 내용은 다음과 같다. 往聞足下讀釋氏書而頗中其毒 心惜之久矣 日者之來見我也 不諱其實 而能言其非 今見兩書之旨 又如此 吾知足下之可與適道也 可惧者 新嗜靡甘 熟處難忘 五穀之實未成 而稊稗之秋遽及也(《退溪先生年譜補遺》, 《上溪本》 卷 2, 《退溪全書》 27, 60~61쪽).

省錄)을 엮었다.[85] 6월에 대제학 정사룡(鄭士龍)이 임금에게 퇴계를 다
시 불러올리자는 상소를 올렸다.

> 이황은 재주와 행실이 아울러 갖추어져서 사람들의 존중을 받아 온 지 오래
> 되었습니다. 이 사람은 본디 성품이 조용하고 겸손하며 기질이 미약하므로
> 번거로운 일을 싫어하고 한가하고 고요한 것을 좋아합니다. 그 글은 부박
> (浮薄)하지 않고, 이학(理學)은 정심하며, 문장은 전아(典雅)하니 문관 가운
> 데 이만한 사람이 없습니다. 이황은 청빈으로 자신을 지키므로, 서울에 있
> 을 때도 본디 부리는 하인이 없어서 땔나무도 대기가 어려웠습니다. ……
> 이황은 또 《주역》에 밝으므로, 진강할 때 경연에 나오게 하면 강론에 크게
> 도움이 될 것입니다. 감사에게 하서(下書)하셔서 간절히 부르는 뜻을 이르
> 고 돈독히 권해 관각의 벼슬에 있게 하는 것이 어떻겠습니까?[86]

이에 왕이 허락하자, 이조에서는 성균관 대사성과 홍문관 부제학 후보
로 추천하려 했다. 이 소식을 듣고 퇴계는 마땅히 벼슬할 수 없는 다섯 가
지 조건[五不宜]을 들어 사직소를 올렸다(연보 582~583쪽). 명종은 이
사직소를 보고 대로했다.

> 이제 올린 소장을 살펴보니 그간 물러가려던 일을 갖추어 기록하고, 다섯
> 가지 마땅히 벼슬할 수 없는 이유를 들어 한사코 오려고 하지 않으니, 비록
> 사람을 얻어서 다스림을 극진하게 하고자 해도 어떻게 그 뜻을 뺏을 수가
> 있겠는가. 짐이 실로 덕이 없고 사리에 어두워서 더불어 일을 하기에 부족
> 하기 때문에, 도의를 지키며 결코 도와줄 뜻이 없으니 짐이 몹시 부끄럽다.
> 이런 뜻으로 회유(回諭)하라(연보 582~583쪽).

이에 퇴계도 할 수 없이 상경하여 10월에 성균관대사성이 되었다(연보

---

85) 鄭錫胎, 앞의 책 2, 466~467쪽.
86) 《明宗實錄》 卷 24, 明宗 13年 6月 乙酉.

582~583쪽). 그러나 병을 이유로 3차례나 사직원을 제출해 상호군으로 체직되었다(연보 582~583쪽). 11월에는 조목(趙穆)에게 〈도산정사도〉(陶山精舍圖)를 그려 보내 공사를 담당한 승려 법연(法蓮)에게 공사를 차질 없이 진행하라고 했다.[87] 12월에는 다시 공조참판에 임명되었으나 사직할 것을 청해 동지중추부사에 임명되었다.[88]

1559년(명종 14) 정월에 기대승(奇大升)에게 편지를 보내 "四端 理之 發 七情 氣之發"을 "四端之發純理 故無不善 七情之發兼氣 故有善惡"으로 정정했다.[89] 7월에 세 번 사직소를 올려 다시 동지중추부사에 임명되었다(연보 583쪽). 8월에는 이산서원(伊山書院)의 편액과 기문을 써 주었다(연보 583쪽). 10월에는 기대승에게 편지를 보내 4단7정을 이기(理氣)에 분속시킬 수 없다는 기대승의 논리를 경전을 근거로 반박했다. 즉, 《주자어류》에 "四端是理之發 七情是氣之發"이라 한 말이 나오는 것을 볼 때, 자신의 "四端 理之發 七情 氣之發"이 옳을 뿐 아니라, 정지운(鄭之雲)의 해석인 "四端 發於理 七情 發於氣"조차도 틀리는 것이 아니라고 주장했다. 그리고 출처문제에 대한 답변도 했다. 이미 과거를 거쳐 벼슬길에 나온 이상 은거만을 고집하기는 어렵다는 주장이었다(연보 583쪽). 12월에 《송계원명리학통록》을 엮기 시작했다(연보 583쪽).

1560년(명종 15) 정월에 남명의 지리산 기행문인 《유두류록》(遊頭流錄)을 읽고 발문(書曹南冥遊頭流錄後)을 썼다. 남명은 '상기호이'(尙氣好異: 기를 숭상하고 다른 것을 좋아함)해 중도(中道)를 얻기 어렵다고 했다.[90] 6월에 노경린(盧慶麟)이 세운 영봉서원(迎鳳書院)의 편액과 기문을 써 주었다.[91] 여름에는 《도산잡영》(陶山雜詠)을 지어 앞으로 도산

---

87) 鄭錫胎, 앞의 책 2, 518쪽.

88) 《明宗實錄》 卷 24, 明宗 13年 12月 庚戌·戊辰, 494~495쪽.

89) 《退溪集》 內集 卷 16, 《韓國文集叢刊》 29, 404쪽. 4단7정에 대한 내용은 뒤에서 자세히 소개하기로 한다.

90) 澤堂李公植云 退溪於南冥 知其議論氣習 不無後弊 不得已而略容點化之語 所謂尙奇好異 難要以中道等語 蓋恐道之不行 賢者過之 或有於他岐耳 不幸籍出仁弘汗巖淸風 退溪當日隱憂 至是而始著 亦可謂後學之蓍龜矣(《退溪先生年譜補遺》, 《上溪本》 卷 2, 《退溪全書》 27, 64쪽).

91) 《退溪集》 I, 內集 卷 12, 《韓國文集總刊》 29, 327쪽.

서당을 중심으로 펼쳐나갈 자신의 삶을 노래했다.92) 9월에 기대승으로부터 〈4단7정제2서〉(四端七情第二書)를 받았으나,93) 11월에 가서야 답변했다. 이 편지(〈答奇書名彦論四端七情第二書〉)를 보내면서 사신의 생각을 "四端 理之發 七情 氣之發"을 "四端 理發而氣隨之 七情 氣發而理乘之"로 바꾸었다(연보 583~584쪽).

1561년(명종 16) 5월에는 기대승의 〈4단7정제3서〉(四端七情第三書)를 받았으나 이 논변이 뭇 사람들의 비웃음을 받을 뿐이라 하여 중지하자는 답장을 보냈다. 실상 8월에는 이에 답변을 몇 단으로 나누어 비평해 두었을 뿐 보내지 않았다.94) 그러니 4단7정 논변은 여기서 끝난 셈이다. 그리고 퇴계가 도산서당에 거처하지 않기로 한 데 대해 남명과 오건(吳健)이 지나치게 조심하는 것이 아니냐며 비평하자 이에 대해서도 답변했다. 퇴계는 도산서당 천광운영대(天光雲影臺) 앞쪽의 낙동강에 여름과 겨울 사이에 관가에서 은어 잡이 어량을 설치하기 때문에, 그곳을 피해 퇴계 위쪽에 거처하게 된 것이라 했다.95) 8월에 맏손자 안도(安道)가 생원회시에 합격했다.96) 가을에는 5년 만에 도산서당이 완성되었다. 도산서당(3칸)은 서당과 부속건물인 농은정사(隴雲精舍)(8칸)로 구성되어 있었다. 서당의 마루를 암서헌(巖棲軒)97), 방을 완락재(玩樂齋)98)라 이름지었다. 그리고 농운정사의 동쪽 마루를 시습재(時習齋)99), 서쪽 마루를 관란헌(觀瀾

---

92) 앞의 책, 105~109쪽. 도산잡영은 陶山書堂, 巖栖軒, 玩樂齋, 幽貞門, 淨友社, 隴雲精舍, 觀瀾軒, 時習齋, 止宿寮, 谷口巖, 天淵臺, 天光雲影臺, 濯纓潭, 盤陀石, 東翠屛山, 西翠屛山, 芙蓉峯 등 七言絶句 18首로 되어 있으며, 여기에 빠진 蒙泉, 洌井, 庭草, 澗柳, 菜圃, 花砌, 西麓, 南沜, 翠微, 寥郎, 釣磯, 月艇, 櫟遷, 漆園, 魚梁, 漁村, 烟林, 雪徑, 鷗渚, 鶴汀, 江寺, 官亭, 長郊, 遠岫, 土城, 校洞, 韓巖, 汾川, 賀淵, 屛庵 등에 대해서는 五言絶句 30首를 지었다.

93) 鄭錫胎, 앞의 책 3, 50쪽.

94) 〈答奇明彦〉, 《退溪全書》 卷 16 書, 408~426쪽.

95) 《退陶先生言行通錄》 卷 3, 《退溪學文獻全集》 17, 195~196쪽.

96) 《艮齋集》 卷 6, 《韓國文集叢刊》 51, 100쪽.

97) 연보 584쪽, "巖棲"는 朱子의 〈雲谷二十六詠〉 가운데 "自信久未能 巖棲冀微效"에서 따온 구절이라 한다.

98) 연보 584쪽, "玩樂"은 朱子의 〈名堂室記〉 가운데 "樂而玩之 足以終吾身而不厭"에서 따온 구절이라 한다.

軒)100), 방을 지숙요(止宿寮)101)라 했다. 농운정사의 "농운"은 양(梁)나
라 은사(隱士) 도홍경(陶弘景)의 詩에 "隴上多白雲"이라고 한 데서 따
온 것이라 한다. 한편 농운정사 아래쪽에 제자들이 서재를 하나 짓자 그
이름을 역락서재(亦樂書齋)102)라 했다. 또한 서당 서쪽 옆으로 매화·대
나무·국화·소나무를 심어 절우사(節友社)라 했고, 서당 앞에는 연못을
파고 연꽃을 심어 정우당(淨友塘)이라 했으며, 서당 들머리에 사립문을
만들어 유정문(幽貞門)이라 했다. 그 밖에 서당 앞쪽 낙동강을 향한 좌우
에는 대를 쌓아 왼쪽 것을 천연대(天淵臺), 오른쪽 것을 천광운영대(天光
雲影臺)라 했다. 그리고 낙동강에서 서당으로 올라오는 들머리를 곡구암
(谷口巖)이라 했다. 퇴계는 이 모든 이름을 자신이 짓고 썼으며, 각각에
대해 시[陶山言志]를 지어 자신의 뜻을 밝혔다.103) 가히 자연을 사랑하는
문사로서 최고의 멋을 부린 셈이다. 그는 1월에서 5월까지, 그리고 9월에
서 10월까지만 서당에 거처하고 다른 때는 퇴계 위에서 거처했다.104) 은
어 잡이에 대한 금령 때문이었다. 11월에 〈도산기〉(陶山記)를 완성했다.
퇴계는 여기에 서당의 건물·조경, 그곳에서의 자신의 생활 등을 자세히
적었다. 아울러 자신의 은거는 노장(老莊)과는 달리 성현의 뜻을 경전을
통해 강구하려는 목적이 있음도 분명히 밝혔다.105) 10월에 이정(李楨)에
게 답장을 보내 남명의 문장은 격식과 준례를 따르지 않는 흠이 있다고
지적하고, 남명이 쓴 이정의 아버지 묘지명 가운데 잘못된 부분을 고쳐 이
를 남명에게 보여준 다음에 수정하는 것이 좋다는 의견을 피력했다.106)

　1562년(명종 17) 여름에 이정에게 답장을 보냈다. 그 내용은 남명이 퇴

---

99) 연보 584쪽, "時習"은《論語》〈學而篇〉에 "學而時習之 不亦樂乎"에서 따온 것이다.
100) 연보 584쪽, "觀瀾"은《孟子》〈盡心章〉의 "觀水有術 必觀其瀾"에서 따온 것이다.
101) 연보 584쪽, "止宿"은 주자의 武夷精舍의 仁智堂 오른편 방 이름을 止宿寮라 했던 데서
　　　따온 것이다.
102) 연보 584쪽, "亦樂"은《論語》學而篇에 "有朋自遠方來 不亦樂乎"에서 따온 것이다.
103) 鄭錫胎, 앞의 책 3, 135~136쪽.
104) 鄭錫胎, 앞의 책 3, 135~136쪽.
105) 鄭錫胎, 앞의 책 3, 146쪽.
106)《退溪集》II, 內集 卷 21,《韓國文集總刊》30, 15~17쪽.

계와 기대승 사이에 있었던 4·7 논변을 두고 "기세도명"(欺世盜名)이라
고 비판한 것을 겸허히 받아들여야 한다는 것이었다.107) 10월에 정지운의
묘갈명을 지었다.108) 겨울에는 회재(晦齋) 이언적의 아들 이전인(李全仁)
이 회재가 지은 진수팔규(進修八規)를 지금 임금에게 올리는 것이 어떠냐
고 물어오자, 퇴계는 지금은 적당한 때가 아니니 상자 속에 깊숙이 갈무리
해 두는 것이 좋겠다고 답했다. 그리고 보내 온 《중용구경연의》는 좀더
두고 살펴 볼 수 있게 해 달라고 했다.109) 9월에 이량(李樑)이 사림을 "고
담부절"(高談不節)하다는 명목으로 모함하여 사화를 일으키려다 도리어
쫓겨났다.110) 이달 20일 순회세자(順懷世子)가 죽었다.111)

1564년(명종 19) 9월에는 공부하는 사람이 손으로는 쇄소응대(灑掃應
對)하는 절도도 알지 못하면서 입으로는 천리를 담론해 도명기세하는 풍
조를 비난하는 남명의 편지에 답장을 썼다. 그 내용은 다음과 같다.

…… 도명기세의 논의는 고명만 걱정하는 것이 아니라 저도 역시 걱정을 하
고 있습니다. 그러나 꾸짖어 억누르기가 쉽지 않습니다. 왜이겠습니까? 마
음먹기를 본래 기세도명하려는 자들은 제쳐두고, 홀로 충심으로 도덕을 바
로잡고 사람이 다 착한 것을 좋아해 천하 영재가 정성스런 마음으로 배우기
를 원하는 자들은 어떻게 한정하겠습니까? 만약 세상의 걱정거리를 범한
까닭으로 일체 꾸짖어 그치게 한다면 이는 제명석류(帝命錫類)의 뜻에 어
긋나고, 천하가 가야할 길을 끊어 내가 하늘과 성문(聖門)에 죄를 얻음이
심하니, 어느 겨를에 사람들의 기세도명하는 것을 걱정할 수 있겠습니
까?112)

---

107) 〈答李剛而〉,《陶山全書》卷 2 書, 202~203쪽.
108) 〈秋巒居士鄭君墓誌銘幷序〉,《陶山全書》3, 349~350쪽.
109) 《退溪先生年譜補遺》,《上溪本》卷 2,《退溪全書》27, 67쪽.
110) 鄭錫胎, 앞의 책 3, 256쪽.
111) 《明宗實錄》卷 20, 明宗 18年 9月 乙未.
112) 〈答曺楗仲〉(甲子),《增補 退溪全書》卷 10 書, 283~284쪽.

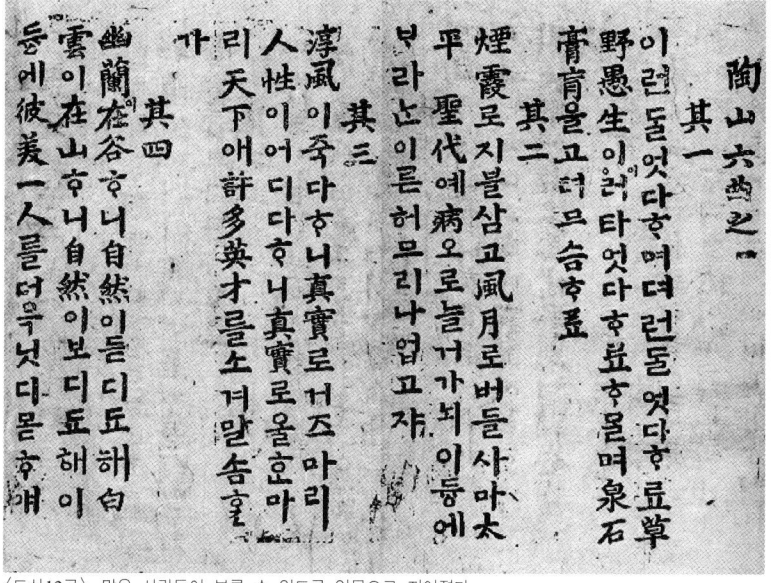

〈도산12곡〉. 많은 사람들이 부를 수 있도록 언문으로 지어졌다.

그리고 같은 달에 정암(靜菴) 조광조(趙光祖)의 행장과 〈심무체용변〉(心無體用辨)을 지었다(연보 585쪽).

1565년(명종 20) 3월에 〈도산12곡〉(陶山十二曲)을 지어 손수 쓰고, 발문을 붙여 제자나 자질(子姪)들에게 익히게 했다. 이는 자신의 지취(志趣)를 노래한 전 6곡(前六曲: 言志)과 학문과 수양을 통한 성정(性情)의 순정(醇正)을 노래한 후 6곡(後六曲: 言學)의 두 부분으로 되어 있는 언문 시조였다. 한시는 읊조릴 수는 있어도 노래 부를 수 없는 단점이 있기에, 퇴계는 노래로 부를 수 있는 언문시조를 지어 사람들의 성정 순화에 보탬을 주려 했다.113) 여러 번 동지중추부사를 면해 달라고 청해 문정왕후가 세상을 뜬 직후인 4월 19일에 허락을 받았다.114) 6월에 성균관 유생

---

113) 言志者六曲 言學者六曲 其跋略云 欲使兒輩 習而歌之 憑几而聽之 庶幾可以蕩滌鄙吝 感發融通 而歌者與聽者 不能無交有益焉(《退溪先生年譜補遺》,《上溪本》卷 2,《退溪全書》27, 72쪽).

114) 《明宗實錄》卷 21, 明宗 20年 4月 乙酉.

들이 보우(普雨)를 탄핵하는 상소를 올렸다가 들어주지 않자, 공관(空館)을 하고 떠난 사건이 일어났다. 이에 김성일(金誠一)을 비롯한 영남유생들이 대궐로 달려가 보우를 처벌하라는 상소를 올리려했으나 퇴계의 만류로 그만두었다.115) 12월에 왕의 특명으로 다시 동지중추부사에 임명되었다.116) 그리고 이해에 한강(寒岡) 정구(鄭逑)가 도산서당으로 찾아와서 《심경》에 대한 가르침을 받았다.117)

1566년(명종 21) 정월에는 퇴계가 자신이 교정한 주자연보를 밀양부교수 배삼익(裵三益)에게 주어 그곳에서 간행하게 했다.118) 동지중추부사를 사임하는 글을 올렸으나 2월에 오히려 공조판서에 임명되었다(연보 586쪽). 이어 23일에는 예문관제학에 임명되었다.119) 거기서 그치지 않았다. 홍섬(洪暹)이 홍문관대제학을 내놓자 명종은 퇴계를 공조판서 겸 홍문관 · 예문관대제학 · 지성균관사 · 동지경연춘추관사를 겸임시켰다.120) 일국의 문형(文衡)을 잡는 양관(兩館) 대제학이 된 것이다. 그러나 퇴계가 극력 사양하자, 할 수 없이 공조판서 겸 양관대제학에서 해임하고 다시 지중추부사에 임명했다.121) 잘 조리하고 날씨가 따뜻해지면 올라오라는 명이었다. 퇴계는 실제로 몸이 아파 벼슬을 할 형편이 아니었던 것 같다.

6월에 명종은 퇴계를 거듭 불러도 오지 않자 독서당 관원들에게 '招賢不至歎'이라는 제목으로 율시(律詩) 1수씩을 지어 올리라고까지 했다.122) 뿐만 아니라 퇴계가 사는 도산(陶山)을 그림으로 그려 올리고, 여성군(礪城君) 송인(宋寅: 1516~1584)으로 하여금 〈도산기〉(陶山記)와 〈도산잡영〉(陶山雜詠)을 필사해 병풍으로 만들게 하여 침전에 두기도 했다(연보 586쪽). 이와 달리, 퇴계가 왕명을 어기고 멋대로 귀가한 것에 대해 비난

---

115) 《退溪先生年譜補遺》, 《上溪本》 卷 2, 《退溪全書》 27, 73~74쪽.
116) 《明宗實錄》 卷 21, 明宗 20年 12月 己丑.
117) 乙丑 往謁退溪李先生滉于禮安陶山精舍 受心經(《寒岡集》 卷 14 行狀).
118) 〈答裵汝友〉(三益), 《陶山全書》 卷 3 書, 內集 권 49, 58쪽.
119) 《明宗實錄》 卷 32, 明宗 21年 2月 乙酉.
120) 《明宗實錄》 卷 32, 明宗 21年 3月 丁未.
121) 《明宗實錄》 卷 32, 明宗 21年 4月 壬申.
122) 《明宗實錄》 卷 33, 明宗 21年 6月 甲戌.

여론도 없었던 것은 아니었다.

7월에는 《심경부주》(心經附註)를 읽고 깨달은 바가 있어 심경후론(心經後論)을 지었다. 퇴계는 이 글에서 주자학과 양명학의 다른 점을 지적하고, 《심경》은 공·맹 이후 역대 성현들의 말씀을 모아 놓은 책이니 계속 존신(尊信)되어야 한다는 점을 명백히 했다(연보 586쪽).

10월에 명종이 남명 조식과 일재(一齋) 이항(李恒)을 불러 올렸다. 이때 남명이 일재를 찾아갔다. 일재가 "경호(景浩: 퇴계의 字)는 문장을 통해 들어갔으니, 그 학문은 그릇된 것"이라 하자, 남명은 "그의 학문은 그대와 내가 알 수가 없다. 그대는 궁각(弓角)이나 논했을 뿐이고(처음에 군사를 익혔다는 뜻), 나는 강경(講經)이나 논했을 뿐이니 어찌 그 학문의 깊이에 대해 논할 수 있겠는가?" 라고 하니, 방안에 있던 일재의 제자들이 좋아하지 않았다고 한다.123) 이를 보면 남명도 퇴계의 학문을 높이 평가했던 것 같다.

이때 퇴계는 회재(晦齋) 이언적(李彦迪)의 행장을 썼다. 퇴계는 정암 조광조와 회재 이언적의 행장을 자진해서 썼다. 도학을 밝히고자 함이었다. 그런데 정암에 대해서는 천자(天資)는 고명했으나 학문이 좀 모자랐다고 했고, 회재에 대해서는 행실은 가벼웠으나 학문이 뛰어났다 했다. 회재에 대해서 사람들 사이에 말이 많았으나, 퇴계가 행장을 지어 회재의 학문을 높이 평가하자 아무도 의심하지 않게 되었다 한다.124) 10월에

---

123) 《南冥集》卷 1 年譜, 亞細亞文化社 ; 南冥與某言曰 往年承召赴京 余訪李恒之寓邸 恒之謂余曰 景浩由文章而入 其學問誤矣余應之曰 其學問 公與吾之所不得而知者 公但弓角而已 吾但論講經而已 何可與論景浩學問之淺深耶 恒之滿座門徒不喜吾言 多有不之色矣 蓋一齋初習武 讀大學 乃覺悟 盡其業而讀書修行 南冥先生占文科初試 講誦經書 後入頭流 隱居行義 南冥歷擧其前所業 蓋欽服先生之學問如此(《退溪先生言行錄》卷 1,《退溪學文獻全集》18, 56~57쪽).

124) 十月 撰晦齋李先生行狀 先生嘗曰某於靜菴行狀 極言天資高處 而其說學力處少 晦齋行狀 極言學力深處 而其說天資高處輕輕 又曰 吾東不無道學之士 而文獻無微 其所造淺深 無從考見 以可徵者而言之 則近代晦齋之學甚正 其所著文字 皆自胸中流出 理明義精 渾然天成非所造之深 能如是乎 按澤堂李植曰 晦齋雖是一代名臣 而世不知其學之遂 退溪表而出之 當時學者 心服退溪 故不敢異辭 國論定矣(《退溪先生年譜補遺》,《上溪本》卷 3 丙寅 譜,《退溪全書》27, 81쪽).

《회재집》도 교정했다(연보 586쪽). 시력이 나빠지고, 이명증(耳鳴症)이
생겼다125)(윤 10월). 11월에는 기대승의 〈4단7정후설〉(四端七情後說)과
〈4단7정총론〉(四端七情總論)을 반복해서 읽고 답장을 썼다. 퇴계는 두
사람의 의견이 처음에는 달랐다가 끝내는 같아지게 되었다고 했다. 별지
(別紙)에서는 육왕학(陸王學)에 가까운 나흠순(羅欽順)(1465~1547)의
《곤지기》(困知記)를 따르는 노수신(盧守愼)의 인심도심설(人心道心說)
을 비판했다.126) 이해 동강(東岡) 김우옹(金宇顒)이 찾아와서 가르침을
받았다.127)

　1567년(명종 22) 정월에 담수(痰嗽)가 재발하고 다른 증세도 있어 기
력이 매우 쇠잔해졌다.128) 2월에 명나라 세종(世宗)이 죽고 목종(穆宗)이
즉위하자 명나라가 사신을 보내오게 되었다. 이에 명종은 퇴계를 제술관
(製述官)으로 삼아 명나라 사신을 수응(酬應)하라는 명령을 내렸다(연보
587쪽). 그리고 올라오는 길에 영주에서 왜국사신을 호행해 오라는 명령
을 아울러 내렸다.129) 퇴계는 충주에서 배를 타고 서울로 올라왔다. 6월
에 명종이 경복궁 양심당(養心堂)에서 승하하여, 결국 생전에 퇴계를 다
시 한 번 만나보고자 했던 뜻을 이루지 못했다.130) 퇴계는 중론에 따라 명
종의 행장을 지었다(연보 587쪽).

　7월에 명나라 목종의 등극조사(登極詔使) 허국(許國)과 위시량(魏時
亮)이 서울에 와서 동국의 문장을 보자고 하고, 공맹의 심학과 기자(箕

125) 鄭錫胎, 앞의 책 3, 556~567쪽.
126) 先生之學 一以朱子爲的 見人之尊陸學者 必深排而痛絶之 盧伊齋尊信羅整菴困知記 先生
　　以整菴之學 自謂關異端 而陽排陰助 左遮右攔 實程朱之罪人也 與伊齋力辨之 終不以爲然獨
　　奇高峯 與先生合爲作困知記跋 以斥其學 先生曰 這議甚不易 [困知記以道心爲性 人心爲情
　　先生答金景純書 亦言其謬(〈答奇明彦論盧伊齋尊信困知記之非〉,《退溪先生年譜補遺》,《上
　　溪本》卷 3,《退溪全書》27, 81~82쪽).
127) 〈拜退溪李先生〉,《東岡集》附錄,《韓國文集叢刊》50, 495쪽.
128) 滉舊患痰嗽 每年數三作 或輕或劇 今春大發 凡方書所說挾痰諸證 伏枕數月 今尙往復 羸頓
　　虛劣極矣(〈與李仲久〉,《退溪集》Ⅰ內集 卷 11,《韓國文集叢刊》29, 323쪽).
129) 鄭錫胎, 앞의 책 4, 51쪽.
130) 丑時 上薨于景福宮養心堂 …… 史臣曰 …… 先是時 上以至誠好善之意 召李滉 又以招賢不
　　至爲嘆 發於讀書堂之命題 至是 滉感激上意懇切 恩命稠疊 應召而來 未及謝恩 而上已昇遐
　　矣 中外臣民 追感其好賢之意 悲愴尤不能自己(《明宗實錄》卷 34, 明宗 21年 6月 辛亥).

子)의 홍범9주(洪範九疇)에 대해 아는 사람이 있느냐고 물었다. 답변은 퇴계가 썼다(〈回示詔使書〉). 그는 예조에서 만든 명단에 우탁(禹倬)·정몽주(鄭夢周)·윤상(尹祥)·김굉필(金宏弼)·정여창(鄭汝昌)·조광조(趙光祖)·이언적(李彦迪)·서경덕(徐敬德) 등 여덟 사람의 글을 추가했다. 뒷날 4현에 든 김굉필·정여창·조광조·이언적이 들어 있는 것이 특이하며, 특히 이언적의 무극태극론(無極太極論)을 극찬했으나 명나라 조사(詔使)들은 심학(心學: 양명학)을 따르는 사람들이라 별로 관심이 없었다.131) 이 일이 있은 뒤 퇴계는 예조판서에 임명되었다(연보 587쪽).

명종이 승하한 뒤 왕대비 인성왕후(仁聖王后) 박씨의 복제(服制)가 문제되었다. 퇴계는 명종이 인종의 왕위를 계승해 부자 사이가 되고, 이에 따라 인성왕후는 어머니로서 자식을 위해 3년복을 입어야 한다는 기대승의 주장에 동조했다(繼體母子之服).132) 8월에 예조판서 사직상소를 두 번이나 올렸으나 선조는 "경의 현덕함을 들은 지 오래다. 만약 지금 신정을 펴는데 경이 출사하지 않으면 내가 어찌 안심할 수 있겠는가? 사양하지 말라."고 하면서 허락하지 않았다.133)

그러나 퇴계는 병을 이유로 세 번 사직서를 올려 물러날 수 있었다. 퇴계는 해직된 다음 날 인사도 없이 (고향으로) 돌아갔다.134) 율곡도 "어린 군주가 새로 서서 시사가 다난하여 잘 도와주어야 하니 선생은 물러가서는 안 됩니다."라고 했으나 퇴계는 "도리로서는 비록 물러갈 수 없으나 내 몸을 보아서는 물러가지 않을 수 없소. 몸이 이미 병이 많고, 재주도 능히 할 만하지 못하오."라고 하면서 물러갔다.135) 기대승 같은 사람은 퇴계를 재상으로 임명해야 도학정치가 실시될 수 있다고 공공연히 진계(陳

---

131) 詔使檢討官許國給事中魏時亮入都 …… 翌日…… //兩使好學 求見東國文章 又問東國亦有
   心孔孟者乎 事聞 命禮曹 抄示先正臣 十餘人姓名 魏求見李彦迪著書 李滉示以論太極書 不以
   爲可 蓋魏爲陸學 與朱子異論也(《宣祖實錄》 卷 1, 宣祖 1年 7月 庚午).
132) 〈雜說〉, 《梧陰遺稿》 卷 3, 《韓國文集叢刊》 41, 567쪽.
133) 《宣祖實錄》 卷 1, 宣祖 1年 7月 1日.
134) 《宣祖實錄》 卷 1, 宣祖 1年 8月 10日.
135) 《經筵日記》 一, 《栗谷全書》 卷 28, 13~14쪽.

啓)하려하자, 퇴계가 두려워서 친구들에게 인사도 하지 않고 부랴부랴 귀향했다고 한다.136) 그러나 돌아가는 날 상호군 겸 동지경연춘추관사에 임명되었다.137)

9월에 명종의 만사(輓詞)를 지었다(연보 587쪽). 이해 가을에 역동서원(易東書院)이 완성되어 당(堂) · 재(齋)의 이름을 짓고 시를 지어 축하했다.138) 9월 19일은 명종의 발인일(發靷日)이었기에 집에 있을 수 없어 용수사(龍壽寺)에 가 있다가 장례식이 끝난 23일에 도산서당으로 돌아왔다(연보 587쪽). 10월에 퇴계가 예조판서를 지냈기 때문에 아버지 식(埴)도 증직되었다. 그리고 선조는 퇴계를 용양위대호군 겸 동지경연춘추관사에 임명했다(연보 587쪽). 아울러 넷째 형 이해의 직첩도 돌려받았다.139) 기대승의 추천으로 동지중추부사 겸 동지경연춘추관사가 되었다가,140) 허엽(許曄)의 천거로 곧 지중추부사로 임명되었다(연보 587쪽). 이때 이항(李恒)과 조식(曺植)도 함께 불려왔다. 선조가 신정을 펴고자 사림의 종장들을 불러올린 것이다. 선조가 이들의 인물됨을 묻자 기대승은 이렇게 대답했다.

> 이황의 논의를 보면, 자질이 몹시 고명하고, 정자와 주자를 조술(祖述)했기 때문에 그가 저술한 것은 정자 · 주자와 비슷해 근래 우리나라에서는 이러한 인물이 드뭅니다. 그러나 그의 성품이 염퇴(恬退)하기를 좋아해 젊어서부터 벼슬살이를 싫어하고 고향에서 사느라 고생이 많았다고 합니다. 이항은 당초 무예를 일삼으며 멋대로 행동하던 인물이었으나, 크게 깨달아 학문

---

136) 一日 門人告之曰 高峯諸人之意 皆以爲先生入相 然後吾道可行 當請對陳啓云 先生瞿然 卽不告諸友 翻然南行(《退溪先生年譜補遺》譜 八月 丁卯,《上溪本》卷 3,《退溪全書》27, 84쪽).
137) 鄭錫胎, 앞의 책 4, 81쪽.
138) 是夏四月'丁卯四月'堂成 前列六楹曰明敎堂 東西各有溫房 東曰精一齋 西曰直方齋 直方之北藏書閣曰光明室 堂後少東立祠廟三間曰尙賢祠 前列東西二齋各三間 東四勿 西三省 其南入大門入道 西齋之西立廚庫 總名之曰易東書院 皆先生所定也(《月川集》卷 5, 易東書院事實, 463쪽).
139)《宣祖實錄》卷 1, 宣祖 1年 10月 丙申.
140)《宣祖實錄》卷 1, 宣祖 1年 10月 甲辰.

을 알고는 공부를 했으니, 그 용기는 옛 사람과 견주어 무엇이 다르겠습니까? 두문불출하고 글을 읽었고, 덕행과 기국 또한 성숙되어 바라보면 엄연합니다. 다만 무인으로 처음에는 과거를 보는 공부를 하지 않다가, 만년에야 학문을 알았기 때문에 학문에 두루 통하지 못했습니다. 조식은 기질이 꼿꼿해 천길 절벽이 우뚝 서 있는 것 같다고 할 수 있으니, 무딘 자를 흥기시키고 나약한 자를 일으켜 세울 만하나 학문은 법도를 따르지 않는 병통이 있습니다.[141)

비록 논쟁을 벌였으나, 기대승은 사상적으로 퇴계의 편이었기에 그를 선조에게 적극 추천했던 것이다.

12월에 명나라 사신이 오니 제술관(製述官)으로 빨리 올라오라는 선조의 명을 받았다. 그러나 퇴계는 갈 수 없는 이유를 들어 사양했다(연보 587쪽).

그랬더니 1568년(선조 1) 정월에는 의정부우찬성 겸 지경연춘추관사에 임명했다. 퇴계는 사직소를 올려(연보 588쪽), 그런 일을 맡을 만한 자격이 안 된다고 아뢰었다. 더구나 일부에서 퇴계를 이름을 좋아하느니, 병을 핑계 대느니, 산새와 같이 왔다가는 곧 달아나느니, 이단이니 하는 비난이 돌고 있지 않느냐고 했다.[142) 사직소를 보고 선조는 바로 만류하였다.

…… 옛날 임금은 비록 명철하고 성스럽더라도 반드시 어진 이를 구해 스승으로 삼았는데, 하물며 어릴 때부터 엄한 스승의 가르침을 받지 못하고 갑자기 어렵고 큰 왕업을 이어받은 짐이야 더 말할 필요가 있겠는가? 자전(慈殿: 임금의 어머니)도 전교하기를 "너는 자식이 없는데다가 지금 외롭고 의지할 데가 없는 처지이나, 내가 어찌 너를 교도하겠는가? 이황 같은 사람이 가할 것이다"라고 하시며 항상 경이 올라오기만을 바라고 계신다. …… 경

141) 《宣祖實錄》 卷 1, 宣祖 1年 11月 戊辰.
142) …… 或以爲好名 或以爲佯病 或比於山禽 或斥爲異端 是則臣爲臣失道 獲罪時賢大矣(연보 588쪽).

은 부디 진퇴를 가지고 혐의스럽게 생각하지 말고 올라와서 병중이라도 조
정에 머물며 어리석은 짐을 보도해 달라.[143]

선조는 즉위 초기에 마음 먹고 사림정치를 펴 볼 생각이었다. 선조는
아직 부인을 맞지 않았기에 외척세력도 없었고, 정부에는 많은 인재들이
모여 있었으나 퇴계와 같은 사림의 종장이 상징적으로 버티고 있을 필요
가 있었다. 퇴계를 끈질기게 불러 올리는 것도 그 때문이었다. 유운룡(柳
雲龍)은 신정 초기에 뜻대로 정치를 해볼 만한 조짐이 보이는데, 왜 벼슬
을 안 하느냐고 따져 묻기도 했다. 퇴계는 시사도 모르고 병도 있어서 그
렇다고 대답했다.[144] 사실은, 잘못하면 조광조와 같이 뒷날 화를 입을지
모른다는 걱정도 있었고, 벼슬보다 중요한 도학 확립의 임무를 수행하려
면 벼슬로 세월을 보낼 여가가 없다고 생각해서였을 것이다.

1568년(선조 1) 2월 무렵에 문천 현감으로 재직하고 있던 조광조의
아들 조용(趙容)에게 조광조의 행장을 지어 보냈다. 이 행장은 이미
1564년(명종 19) 9월에 지어 놓은 것이었다.[145] 4월에 다시 빨리 올라
오라는 선조의 교지가 내렸다(연보 588쪽). 퇴계가 계속 사양하자 5월
에는 한직인 판중추부사 겸 지경연춘추관사에 임명했다(연보 588쪽).
7월에 충주를 거쳐 배로 서울에 들어와 건천동(乾川洞) 우사(寓舍)로
올라왔는데 찾아오는 사람들이 많았다. 이들을 만나보느라고 영의정
이준경(李浚慶)에게 늦게 찾아갔다. 이에 이준경은 "공이 서울에 온 지
이미 오래인데 왜 빨리 찾아오지 않았는가?"하고 힐문했다. 퇴계가 사
람들을 만나느라고 그랬다고 하자 "옛날 기묘사화 때도 사습(士習)이
이와 같았다. 그간에 양질호피(羊質虎皮)는 마침내 화를 매개하는 단
초가 되니 조정암(조광조) 같은 사람 이외에는 우리는 취하지 않는다."
고 기롱했다.[146] 세인의 이목이 퇴계에 지나치게 쏠리면 기묘사화와

143) 《宣祖實錄》 卷 2, 宣祖 1年 正月 戊寅.
144) 鄭錫胎, 앞의 책 4, 207쪽.
145) 〈答趙大宇〉(戊辰), 《退溪集》 I, 內集 卷 15, 《韓國文集叢刊》 29, 397쪽.

같은 사림의 화가 생길 수 있다는 우려를 드러낸 것이다.

8월에는 오건(吳健)의 건의에 따라 퇴계로 하여금 조강(朝講) 뿐 아니라 주강(晝講)과 석강(夕講)에도 참여할 수 있는 홍문관제학을 겸임하게 하였다. 지경연사는 조강에만 참여할 수 있기 때문이다.[147) 뿐만이 아니었다. 8월 6일에는 홍문관 · 예문관대제학을 겸임시켰다(연보 589쪽). 이때 퇴계는 〈무진육조소〉(戊辰六條疏)를 올렸다. 그 대강은 1) 왕통을 튼튼히 하여 인(仁)과 효(孝)를 온전히 할 것(重繼統以全仁孝), 2) 소인배의 참소를 막아 왕실의 어른을 잘 모실 것(杜讒間以親兩宮), 3) 제왕의 학문을 두텁게 하여 정치의 근본으로 삼을 것(敦聖學以立治本), 4) 성리학의 학문을 밝혀 인심을 바르게 할 것(明道術以正人心), 5) 사람의 머리에 해당하는 임금이 복심(腹心)인 대신을 신임하여 이목(耳目)인 언관의 뜻이 통하게 할 것(推腹心以通耳目), 6) 성심을 다해 수양하고 반성하여 하늘의 사랑을 받을 것(誠修省以承天愛) 등이었다(연보 589쪽). 퇴계는 관직을 면해 줄 것을 거듭 아뢰었다. 그러나 19일에는 오히려 대제학이 예겸(例兼)하는 실록청당상이 되었다(연보 589쪽). 퇴계는 계속 사직소를 올렸다. 그래서 26일에는 대제학에서 체직되어 다시 판중추부사가 되었다.[148)

9월에는 경연 석강에 입시해서 군적정리 사업을 정지할 것을 청했다. 지금 산릉(山陵)의 역사(役事)가 진행되고 있고, 명나라 사신이 다녀간 뒤이며, 흉년이 들었기 때문에 번거로운 사업을 일단 미루자는 의도였다. 왕은 가납했으나 대신들이 고집해 군적정리는 잠시 중단되었다가 재개되었다(연보 590~591쪽). 15일에는 실록찬집도청총재관 홍섬(洪暹)의 요구로 실록찬집도청당상에 임명되었다.[149) 20일에 해직시켜 고향으로 돌

---

146) 退溪入內時 卿士大夫朝夕候其門 爭相現謁 退溪一皆接見 小無閑歇 最後往見李相原吉 李相曰 公之入城已久 何不早爲相見耶 退溪答以接遇無閑之事 李相顰蹙曰 往在己卯 士習如是 其間亦有羊質虎皮 終有媒禍之端 如趙靜菴外 吾不取也云(〈雜說〉,《梧陰遺稿》卷 3,《韓國文集叢刊》41, 566쪽).

147)《宣祖實錄》卷 2, 宣祖 1年 8月 庚辰.

148)《退溪先生年譜》卷 2,《退溪集》Ⅲ,《韓國文集叢刊》31, 民族文化推進會, 234쪽.

149)《宣祖修正實錄》卷 2, 宣祖 1年 9月 15日.

아가게 해 달라고 차자(〈解職歸田箚子〉)를 올렸으나 겨울 동안 출근하지 않아도 된다는 선조의 허락을 받았을 뿐이었다.[150] 21일에는 조광조를 추숭(追崇)하고, 남곤(南袞)·심정(沈貞)의 관작을 추탈(追奪)할 것을 계정해 뜻을 이루었다.[151] 퇴계는 석상에서 선소가 소광소 추숭에 관한 의견을 묻자 이렇게 답하였다.

조광조는 천품이 뛰어나고, 일찍이 성리학에 뜻을 두어 집에서는 효도와 우애를 다 했습니다. 중종이 다스림을 구하기를 목마른 것 같이 해 장차 삼대의 정치가 일어나려고 하자 조광조도 만나기 어려운 좋은 때를 만났다고 생각해 김정(金淨)·김식(金湜)·기준(奇遵)·한충(韓忠) 등과 함께 서로 한 마음으로 협력해 크게 경장(更張)을 일으켰습니다. 조법(條法)을 설립하고,《소학》으로 사람을 가르치는 방침을 삼으며, 또 여씨향약(呂氏鄕約)을 거행해 사방이 풍동(風動)되었기에, 오래 지속되어 폐지되지 않았으면 치도(治道)가 행해지기 어렵지 않았을 것입니다. 다만, 당시 연소배들이 지치(至治)를 이루는 데 서두른 폐단은 없지 않았고, 구신들 가운데 배척된 자들이 관직을 잃어 앙앙불락해 백방으로 틈을 엿보아 망극한 참소를 획책해, 일시에 사류들이 혹은 귀양을 가고 혹은 죽었으며, 여화(餘禍)가 만연되어 지금 사람들 사이에 학행에 뜻을 두고 있는 자들이 기묘의 무리로 지목되고 있으니, 인심이 화를 두려워하는 않는 자가 없고 선비들의 풍조가 크게 더럽혀져 유학자를 불러도 나오지 않는 것이 이 때문입니다(연보 591~592쪽).

선조가 홍문관에서 남곤·심정의 관작을 추삭하자고 하는데 어떻게 하면 좋겠느냐고 물으니 퇴계는

기묘사화는 남곤·심정의 간사함과 중종의 잘못 때문에 생겼으니, 가히 하

---

150)《陶山全書》I, 內集, 卷 7, 214~215쪽.
151)《宣祖實錄》卷 2, 1年 9月 丁卯.

聖學十圖

〔태극도 그림 - 원과 음양 도형, 乾道成男 坤道成女, 萬物化生 등의 한자 도해와 太極圖說 본문〕

《성학10도》 가운데 제1도인 〈태극도〉. 《성학10도》에는 퇴계 일생의 학문이 녹아 있다. 1681년(숙종 7) 오도일(吳道一)에 의해 처음 간행되었으며, 1741년(영조 17) 중간(重刊)되었다.

늘에 통하는 죄라 하겠습니다. 임금으로서 선조(先朝) 대신의 관작을 추삭
하기가 미안한 점은 있겠으나, 중론에 따라 착한 것을 표창하고 악한 것을
처벌하는 일은, 조광조를 추증하고 남곤에게 벌을 주면 시비가 분명해질 것
입니다(연보 591∼592쪽).

라고 해 남곤의 관작을 추탈하게 되었다.

12월에는 《성학10도》(聖學十圖)를 올렸다. 《성학10도》는 퇴계가 일생
동안 연구한 학문을 〈태극도〉(太極圖), 〈서명도〉(西銘圖), 〈소학도〉(小學
圖), 〈대학도〉(大學圖), 〈백록동규도〉(白鹿洞規圖), 〈심통성정도〉(心通
性情圖), 〈인설도〉(仁說圖), 〈심학도〉(心學圖), 〈경재잠도〉(敬齋箴圖),
〈숙흥야매잠도〉(夙興夜寐箴圖) 등 10개의 그림[圖]으로 요약해 놓은 그
림이다. 퇴계는 선조에게 이것을 병풍으로 만들어 좌우에 두고 항상 익히
고 경계로 삼도록 주청했다.[152]

1569년(선조 2) 정월에는 이조판서 겸 지경연춘추관사에 임명되었다.
퇴계가 즉시 사직을 요청했으나 선조가 들어주지 않았다.[153] 그 대신 다
시 판중추부사 겸 지경연춘추관사에 임명되었다.[154] 2월에 인종을 문소
전(文昭殿)에 모셔야 한다는 차자를 올렸으나 임금이 허락하지 않았다.
추후에 문소전에 관한 의(議)와 도(圖)를 올리려 했으나 올리지 못했다
(〈擬上文昭殿議幷圖〉).[155] 28일에 의정부우찬성 겸 지경연춘추관사에
임명되었으나 고사해 다시 판중추부사가 되었다.[156] 그러나 퇴계가 물러
갈 것을 고집하자, 선조가 재삼 만류하다가 3월 4일에 드디어 허락하고,
마지막으로 할 말이 있으면 하라고 했다. 그러자 퇴계는 이런 충언(忠言)
을 남겼다.

---

152) 《退溪先生年譜》卷 2, 《退溪集》 III, 《韓國文集叢刊》 31, 民族文化推進會, 236쪽.
153) 《宣祖修正實錄》卷 3, 宣祖 2年 正月 庚戌.
154) 《宣祖修正實錄》卷 3, 宣祖 2年 正月 14日.
155) 《宣祖實錄》卷 3, 宣祖 2年 2月 己卯.
156) 《退溪先生年譜》卷 2, 《退溪集》 III, 《韓國文集叢刊》 31, 民族文化推進會, 237쪽.

옛 사람이 말하기를 "태평한 세상을 걱정하고 명철한 임금을 위태롭게 생각한다."고 했습니다. 대개 명철한 임금은 보통 사람보다 뛰어난 자질이 있고, 태평한 세상에는 우려할 만한 일에 대한 방비가 없습니다. 보통사람보다 뛰어난 자질이 있으면, 혼자만의 지혜로 세상을 이끌어 가면서 여러 아랫사람들을 가볍게 보고 소홀히 여기는 마음을 갖게 되고, 우려할 만한 일에 대한 방비가 없으면 교만하고 사치한 마음이 반드시 생겨나게 마련이니, 이는 두려워할 만한 일입니다. 지금 세상은 비록 태평한 듯하지만, 남북으로 분쟁이 일어날 실마리가 있고, 백성들은 쪼들리고 초췌하며, 나라의 창고는 텅 비었습니다. 이러다가 장차 나라가 나라꼴이 아닌 지경에 이르러 졸지에 사변이라도 있게 되면, 흙담이 무너지고 기왓장이 쏟아지는 형세가 될 것이니 우려할 만한 일에 대한 방비를 하지 않아도 된다고 말할 수 없을 것입니다 (연보 593쪽).

선조가 잘난 체하고[自聖] 신하들을 깔볼 것을 미리 알았고, 장차 임진·병자란과 같은 국란이 있을지도 모르니 대비해야 한다는 충고를 한 것이다. 이는 신하로서는 하기 어려운 말이나 사림의 종장으로서 국가를 위해 감히 진언한 것이라 하겠다. 선조도 이 뜻을 가납했다. 선조는 호피(虎皮) 한 장과 후추 2말을 하사하고, 본도에 명해 쌀과 콩을 내리게 하는 한편, 연도에 명해 말과 뱃사공을 대주게 했다.157) 5일에 봉은사(奉恩寺)에서 하루 묵었는데 기대승·박순(朴淳) 등 장안의 명사들이 다 나와서 전송했다.158) 3월 6일에 도산서당에 도착했는데,159) 4월 4일에 물러나게 해준 것에 대해 임금에게 감사하고, 차제에 완전히 치사(致仕)하게 해 줄 것을 청했으나 뜻을 이루지 못했다.160)

5월 20일에는 《성학10도》 6장을 수개(修改)했다. 선조가 《성학10도》

157) 《退溪先生言行錄》 卷 3, 《退溪學文獻全集》 18, 186~197쪽.
158) 《退溪集》 III 內集 卷 41, 《韓國文集叢刊》 31, 238쪽.
159) 鄭錫胎, 앞의 책 4, 389쪽.
160) 《退溪先生年譜》 卷 2, 《退溪集》 III, 《韓國文集叢刊》 31, 民族文化推進會, 260쪽.

를 교서관에서 인각하라는 명을 내리자 교서관 관리들이 퇴계에게 초벌 인쇄된 6장을 교정해 달라고 해서였다.161) 6월 7일에 기대승에게 아버지 의 묘갈명을 부탁하고자 〈선부군행장초기〉를 짓고, 권벌(權橃)의 행장도 지었다.162)

6월 15일에 이정(李楨)의 편지에 답장을 썼다. 진주에 살던 고(故) 진 사 하종악(河宗岳)의 후처가 과부로 살다가 음행(淫行)을 저질렀다. 남명 이 이 소식을 듣고 문인 정인홍(鄭仁弘)·하항(河沆)등과 함께 감사에게 고발해 옥사를 일으켜 여러 사람이 죽었다. 그리고 남명은 친구인 이정이 하종악 후처의 인척으로서 그녀를 비호한다고 해 절교를 선언했다. 뿐만 아니라 하항 등은 옥사가 이루어지지 않은 것을 분하게 여겨 무리를 이끌 고 가서 하종학의 집을 파괴하자 감사가 이들을 구금한 바 있는데, 이들을 처벌하는 문제를 놓고 조론(朝論)은 가부 양쪽으로 갈렸다. 퇴계는 이정 에게 보낸 답서에서 "친구 사이에 작은 일로 서로 믿음을 잃어 풀지 못하 는 것은 이해할 수 없다."고 논평했다. 뒤에 이 말이 퍼져 정인홍이 퇴계 의 저서들을 흠잡고 일생 동안 공격해 마지않았다. 그리하여 영남이 분당 되는 계기가 생겨났다고도 한다.163)

그런데 이 무렵 조정에서는 퇴계를 비롯한 사람을 비방하고 해치려는 움직임이 있었다. 이들이 스스로 작당을 해서 세도(勢道)를 만회하려 한 다는 죄목이었다. 이에 윤원형(尹元衡)·이량(李樑)의 여당이 퇴계를 위시한 신진사류를 '소기묘'(小己卯)로 지목해 해치려고 하는 기운이 돌 았다. 김개(金鎧)는 청렴하다는 평이 있었으나 도학하는 선비들을 싫어

161)《退溪先生年譜補遺》,《上溪本》卷 3,《退溪全書》27, 95~96쪽.
162)《退溪集》II 內集 卷 41,《韓國文集叢刊》30, 568~574쪽.
163) 慶尙監司啓 晉州儒生 毁人家斷罪事 先是 晉州故進士河宗岳後妻寡居 以淫行聞於鄕里 處 士曺植 偶與門人鄭仁弘河沆等 通于監司 按置起獄死者數人 植又以其友人李楨 以河妻姻黨 陰庇其事 發書絶交 歷數其罪 河沆等 慎其獄事不成 率倡朋徒 破毁河家 監司仍仍繫囚沆等 弘 文館上箚伸救 又以獄不成 故推官被臺劾坐罷者多 朝論亦相左右 上御經筵 問於入侍諸臣 大 司憲朴應南等啓 毁家儒生 便是無賴 非儒生也 若不治罪 恐後日復然 大臣洪暹 亦是其議 事 竟不行 嶺南士人 毁家黜鄕之習始此 李滉答李楨書問 '以朋儕間 仍小事相失不解 爲不可曉 云' 後其書傳於世 鄭仁洪追咎滉著書 攻斥終身不已 嶺南分黨之禍 亦始於此矣(《宣祖修正實 錄》卷 3, 宣祖 2年 5月15日).

해 퇴계가 물러난 뒤에 "경호(景浩)의 이번 행차는 소득이 적지 않았다. 잠시 경성을 방문해 손에 1품 고신(告身)을 거머쥐고 향리의 영광이 되었으니 어찌 충분하지 않겠는가?"라고 조롱했다고 한다. 이들은 기대승 등 신진사류 5~6인을 탄핵해 역시 신진을 억제하려는 영의정 이준경 (李浚慶)들에게 붙었다. 퇴계는 기대승에게 빨리 물러나라고 권했다. 그래서 당시에 여염에서는 이 두 파를 노·소당으로 부르기도 했다. 그러나 이준경이 사류를 해칠 생각이 없어 무사했고, 오히려 김개가 탄핵을 받아 삭탈관작(削奪官爵), 문외출송(門外出送)되었다.164) 9월에 허엽 (許曄)이 경상감사 이양원(李陽元)에게 교서관에서 간행한《성학10도》를 작은 크기로 다시 간행하게 하였는데, 이런 분위기를 이유로 퇴계가 감사에게 편지를 보내 중지시켰다. 시론이 퇴계를 좋아하지 않고, 그 꼬투리를《성학10도》에서 잡고 있으니 여론이 좋아질 때까지 기다려서 간행하자는 것이었다.165)

1570년(선조 3) 2월에 치사(致仕)하게 해 줄 것과 교서관·활인서 양사 제조를 사임하는 글을 올렸으나 윤허하지 않았다.166) 3월에는 맏손자 안도(安道)가 서울에서 매죽분(梅竹盆)을 가지고 오자, 기뻐하여 시를 지었다.167) 또한 류성룡이 북경에 서장관(書狀官)으로 갔다가 양명학이 유행하는 명나라에서 주자학의 정통성을 강조하고 돌아온 것을 높이 평가했다.168) 그리고 경상감사 이양원이 사임하고 돌아가는 길에 찾아왔다. 퇴계는 시를 지어 다시는 벼슬에 나가지 않겠다는 결의를 밝혔다.169)

---

164)《宣祖修正實錄》卷 3, 宣祖 2年 6月, 6~8쪽 ;《朝鮮王朝實錄》卷 25, 416~417쪽 ; 鄭錫 胎, 앞의 책 4, 428~430쪽.

165) 請停刊十圖 李公(陽元)亦善類 將以十圖刊行於本道 此意非不美矣 而時論之不悅於先生者 指點十圖 競加議議 先生以爲 爻象不好之日 李公此事 尤惹人怪怒 不如姑停以待風色稍定之 爲穩 遂貽書止之(《退溪先生年譜補遺》己巳 九月,《上溪本》卷 3,《退溪全書》27, 97쪽).

166)〈家庭雜錄〉,《退溪學資料叢書》8,《蒙齋先生文集》卷 2, 476쪽.

167)〈蒙齋先生年譜〉庚午 3月,《退溪學資料叢書》8,《蒙齋先生文集》, 404쪽.

168)《退溪先生年譜補遺》庚午,《上溪本》卷 4,《退溪全書》27, 99쪽.

169) 三月 …… 有寄李伯春詩三絶 其一云 百算全無可一端 旣歸還入有如山 唯將白首虞人義 日 望恩休病眼寒 詩下自題云 羝羊觸藩 進與逃皆罪 有死而已 雖以此詩得罪 甘如飴蜜 不須秘

이후로 세 번 사직하고자 하는 글을 올렸으나 병을 치료하고 빨리 올라 오라는 왕의 전갈을 받을 뿐이었다. 설사, 안질 등의 병을 앓았다. 5월 23 일에 승손자 장양(昌陽)이 죽었다.[170] 6월에는 이성(李楨)에게 보내는 답 서 별지에서 음부사(淫婦事) 때문에 남명에게 절교를 당하고, 계속해서 공격을 받고 있더라도 해명하지 말고 지켜보도록 권했다.[171] 8월에 역동 서원(易東書院)의 낙성식이 있었고 우탁(禹倬)의 제문을 지었다.[172]

가을에 손수 묘지명을 지어서 보관해 두었다.[173] 10월에는 기대승에 게 편지를 보내 '무극'의 '극'은 형상과 방소(方所)가 있는 것으로 오해 할 수 있으니 '무극이태극'(無極而太極)이라 한 것이라고 자기의 설을 수정했다. 따라서 '무극'은 '무(無)한 극(極)이로되'가 아니라 '극이 없 되'로 토를 달아야 한다는 것이었다. 그리고 '물격'(物格)과 '물리지극처 무부도'(物理之極處無不到)도 '물리의 극처가 자신이 궁구함에 따라 이 르지 아니함이 없다'로 해석해야 한다는 견해를 보이며 기존의 자기 생 각을 수정했다. 기대승의 이의제기를 받아들인 것이다.[174]

11월 7일에 병으로 피로해져 제생(諸生)들을 집으로 돌려보냈다(연보 595쪽). 9일에 가묘에 시사(時祀)를 지냈는데 퇴계가 병이 나자 자제들 이 제사에 참여하지 말라고 했으나 "내가 늙어서 제사를 지낼 날이 많지 않으니 참여하지 않을 수 없다"고 하고 독(櫝)을 붙들고 제물을 손수 올 려 건강이 더욱 나빠졌다(연보 595쪽). 12일에 가력일기(家曆日記)를 그 만 쓰기로 했다. 17일에는 《성학10도》의 제6도인 〈심통성정도〉(心通性

之 先生自去年一退以後 知道之難行 乞致益懇 既歸還入有如山 一句 露盡其自誓之辭 惟杜 門筮遯 專意講學 海內學者 尊信益衆 然憂世之意 亦未嘗忘也(위의 책, 99쪽).

170) 〈蒙齋先生年譜〉 庚午 3月, 《退溪學資料叢書》8, 《蒙齋先生文集》, 404쪽.
171) 〈答李剛而〉, 《陶山全書》2, 《退溪先生全書》內集 卷 30 書, 239~240쪽.
172) 《退溪集》Ⅱ 內集 卷 45, 《韓國文集叢刊》30, 486쪽.
173) 先生自銘 奇大升敍其後(《退溪先生年譜》卷 3, 《退溪集》Ⅲ, 《韓國文集叢刊》31, 民族文 化推進會, 245쪽) ; 生而大癡 壯而多疾 中何嗜學 晚何叨爵 學求愈邈 爵辭愈嬰 進行之路 退 藏之貞 深慙國恩亶畏聖言 有山嶷嶷 有水源源 婆娑初服 脫略衆訕 我懷伊阻 我佩誰玩 我思 古人 實獲我心 寧知來世 不劃今兮 憂中有樂 樂中有憂 乘化歸盡 復何求兮(陶山及門錄 自銘 〈高峯奇大升敍其後〉, 《退溪學文獻全集》20, 33~34쪽).
174) 《退溪集》Ⅱ 內集 卷 30, 《韓國文集叢刊》30, 383쪽.

情圖)의 개정을 반대하는 기대승의 편지에 이를 비판하는 답서를 보냈다. '無極而太極'에 대한 해석도 약간 고쳤다. 몸이 아파 자리에 누운 채 답을 부르고 자제들이 받아쓰게 했다. 죽기 직전까지도 퇴계의 학문에 대한 열정이 이와 같이 강했다.[175] 퇴계의 병세가 위중해지자 원근의 제자들 70여 사람이 계당(溪堂)으로 모여들었다.[176] 12월 3일 병이 더욱 위중해졌다. 자제들에게 다른 사람의 서적과 병촉(屛簇), 글씨를 돌려주라고 하고, 맏손자 안도(安道)에게 다른 사람이 빌려간 경주본《심경》교정본을 찾아다가 경주 집경전(集慶殿) 참봉 한안명(韓安命)에게 부쳐 판본의 오류를 고치게 했다. 그리고 봉화현감으로 있는 맏아들 준(寯)으로 하여금 경상감사에게 사표를 제출하게 하고, 집안 사람들이 기도 드리는 것을 일체 금지시켰다. 이날 설사를 하자, 매화에게 불결해 미안하다며 매분(梅盆)을 다른 곳으로 옮기게 했다. 권호문(權好文)은 청량산(淸凉山)에서 달려오고, 원근의 제자 30여 사람이 밖에서 기다렸다. 퇴계는 그들을 만나보려고 했으나 병이 심해서 그렇게 할 수 없었다. 퇴계의 곁에는 이석간(李碩幹)·민응기(閔應祺)·이연양(李衍樑) 등이 번갈아 가며 진맥을 해서 약을 달여 올렸으나 효과가 없었다.[177] 4일 병이 조금 덜해진 틈을 타서 좌우를 물리고 조카 영(甯)에게 유계(遺戒)를 받아쓰게 했다. 유계의 내용은 다음과 같다.

　1) 국장(國葬)을 쓰지 마라. 해당 관청에서 규례에 따라 국장을 청하면 반드시 유명(遺命)이라고 말하고 상소해 고사하라.

　2) 유밀과(油蜜果)를 쓰지 마라. 과일은 넉넉하지 못할 테니 간소하게 한

---

175)　(十一月) 己卯(15日) 答奇明彥書 改致知格物說 時疾益彌留 臥席修答 令子弟正書 寄明彥 及鄭子中等處 按又答明彥書有曰 無極而太極 此一段釋語 近亦方知愚見之誤 益自警懼 思有 以少改之 不知未死之前 可逾此意否也 此書亦改格物說 均出一時 先生篤學一念 炳然如丹之 死不已 亦見於此矣(《退溪先生年譜》卷 4,《退溪集》III,《韓國文集叢刊》31, 民族文化推進 會, 103쪽).
176)　往侍溪堂 時退陶先生寢疾已八九日 同侍門庭者 七十餘人(〈惺齋先生年譜〉, 庚午 11月 戊 子,《惺齋先生文集》,《退溪學資料叢書》6).
177)　鄭錫胎, 앞의 책 4, 646쪽.

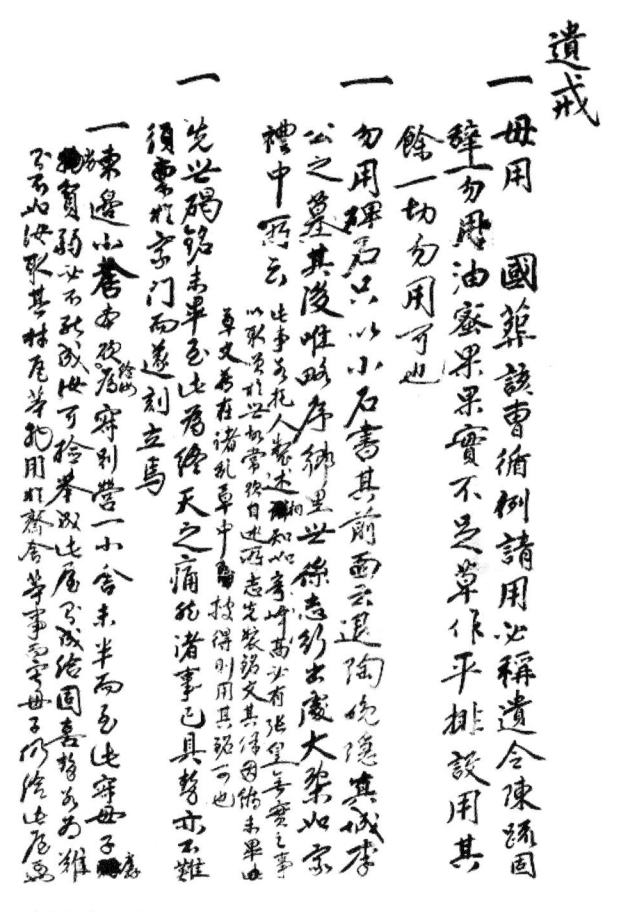

퇴계 유계(遺戒).

단씩만 차리고, 그 밖에는 일체 쓰지 못하도록 하라.

3) 비석[神道碑]을 세우지 마라. 다만 작은 돌에다 그 앞면에는 '退陶晚隱眞城李公之墓'라고 쓰고, 그 뒷면에는 향리·세계·지행·출처의 대략을 《가례》에 따라 순서대로 기록하라. 이 일을 다른 사람에게 부탁해 짓게 하면, 기대승처럼 서로 잘 아는 사람은 반드시 실속 없는 일을 장황하게 늘어놓아서 세상에 웃음거리가 될 것이다. 그래서 일찍이 뜻한 바를 스스로 적고자

해 먼저 명문(銘文: 自銘)을 지었으나, 그 나머지는 미루다가 마치지 못했다. 그 초고가 여러 원고들 가운데 섞여 있을 것이니 찾아서 쓰도록 하라.

4) 선세(先世)의 묘갈을 세우는 일을 마치지 못하고 이렇게 되니 영원한 한이 된다. 그러나 여러 가지 일이 이미 갖추어져 있고, 형편도 어렵지 않으니, 반드시 문중 사람들과 의논해 새겨서 세워라.

5) 동쪽의 작은 집은 본래 너[寯]에게 주려 했고, 적(寂)을 위해 따로 작은 집 한 채를 짓고 있는데 못 짓고 이렇게 세상을 뜨게 되었다. 적의 모자는 가난해서 반드시 완성하지 못할 것이니, 네가 맡아서 집을 완성해 주면 정말 좋겠다. 만약 형편이 어려우면, 차라리 네가 그 재목과 기와 등의 물자를 가져다가 재실 등에 사용하고, 적 모자에게는 이 집을 그대로 주는 것이 좋겠다.

이날 낮에 퇴계의 병이 위독하다는 소식을 듣고 제자들이 찾아와서 만났다. 자제들이 말렸지만 "죽고 사는 것이 갈리는 이때 만나보지 않을 수 없다."고 하며 윗옷을 걸치게 하고 "평소 그릇된 견해를 가지고 제군들과 종일토록 강론한 것 또한 쉬운 일이 아니었다."고 하면서 제자들과 영결(永訣)했다.[178]

5일 수기(壽器)를 마련하라고 지시한 다음, 제자들에게 3～4일 더 견디면 다행이라고 했다.[179] 7일에 이덕홍(李德弘)에게 서적을 맡으라고 지시했다. 제자들이 점을 쳤는데 겸괘(謙卦)의 "君子有終"이 나와 퇴계의 죽음이 다가왔음을 암시해 주었다[180] 8일 아침에 매화에 물을 주라고 지시하고, 유시(酉時: 오후 5～7시) 초에 누운 자리를 정돈하게 한 다음, 부축을 받고 편안히 앉아서 서거했다. 그날 날씨가 맑았는데, 퇴계가 별세하자 갑자기 흰 구름이 그의 집 위로 몰려들더니 눈이 한 치 가량 내렸다고 한다.[181]

---

178) 《蒙齋先生文集》卷 2, 《退溪學資料叢書》8, 483～486쪽.
179) 위의 책, 486쪽.
180) 〈溪山記善錄〉下 庚午 十二月 初七日, 《艮齋集》卷 6, 《韓國文集叢刊》51, 101쪽.

선조는 11일에 퇴계가 위독하다는 소식을 듣고 내의(內醫)에게 빨리 약을 가지고 가서 치료하라고 하고,[182] 18일에 퇴계가 서거했다는 소식을 듣고, 치부(致賻)·조제(弔祭)·예장(禮葬: 國葬)을 예법에 따라 내려 주었다. 18~19일은 조회(朝會)를 폐하고, 19일에는 의정(議政)에 합당한 예장을 치르게 했다. 그리고 20일에는 미태(米太) 100석, 종이 150권, 백정포(白正布) 20필, 육승백목면(六升白木綿) 20필, 정포(正布) 1동, 석회(石灰) 50석, 저포(苧布) 10필, 청밀(淸蜜) 1석 10두, 진유(眞油) 1석, 황밀(黃蜜) 30근을 부의(賻儀)로 보냈으며, 우부승지 이제민(李齊閔)을 보내 조문했다.[183] 또한 21일에는 대광보국숭록대부의정부영의정 겸 영경연홍문관예문관춘추관관상감사(大匡輔國崇祿大夫議政府領議政 兼 領經筵弘文館藝文館春秋館觀象監事)를 추증했다.[184]

1571년(선조 4) 1월 16일에 선조는 우승지 유홍(兪泓)을 보내 치제(致祭)하고,[185] 24일에는 예조좌랑 조인후(趙仁後)를 보내 치제했다.[186] 3월 21일에는 퇴계를 예안현 건지산(搴芝山) 남쪽 줄기의 자좌오향(子坐午向) 언덕(지금의 경북 안동시 도산면 토계리 하계마을)에 장사지냈다. 장례에는 인근의 사대부 200명이 모였다. 그리고 예장 감역관으로는 귀후서(歸厚署) 별좌 김호수(金虎秀), 가정관(加定官)으로 빙고별좌(氷庫別坐) 김취려(金就勵)와 예빈시별좌(禮賓寺別坐) 최덕수(崔德秀)가 내려와 장례의 제반사를 감독했다.[187]

1573년(선조 6) 9월 24일에 선조는 퇴계의 저서는 편언척자(片言隻字) 라도 후세에 전할 만하니 그 문집을 교서관에서 인출하라고 했다.[188] 그리고 11월 1일에는 퇴계의 위판(位版)을 이산서원(伊山書院)에 봉안하

---

181) 위의 책, 101쪽.
182) 〈考終記〉 十二月 十一日, 《蒙齋先生文集》 卷 2, 《退溪學資料叢書》 8, 486~487쪽.
183) 〈考終記〉 十二月 十八日, 《蒙齋先生文集》 卷 2, 《退溪學資料叢書》 8, 487~491쪽.
184) 《韓國典籍綜合調査目錄~安東市·郡(上)》 第5輯, 文化財管理局, 459~460쪽.
185) 〈考終記〉 辛未 正月 十六日, 《蒙齋先生文集》 卷 2, 《退溪學資料叢書》 8, 498쪽.
186) 〈考終記〉 辛未 正月 十六日, 위의 책, 498쪽.
187) 〈考終記〉 辛未 三月 二十一日 壬午, 《蒙齋先生文集》 卷 2, 《退溪學資料叢書》 8, 502쪽.
188) 《宣祖實錄》 卷 21, 宣祖 6年 9月 辛丑.

고,[189] 1574년(선조 7) 여름에는 도산서당 뒤쪽에 도산서원(陶山書院)을 세워 1576년(선조 9) 2월 13일에 퇴계의 위판을 모셨다.[190] 또한 11월 10일에는 퇴계에게 문순(文純)이라는 시호(諡號)가 내렸다. "道德博文曰 文이요, 中正精粹曰純"이라 했다. 선시관(宣諡官)은 김성일(金誠一)이었 다.[191]

1577년(선조 10) 2월에는 묘갈(墓碣)을 세웠는데 유계대로 앞면에는 "退陶晩隱眞城李公之墓"라고 쓰고, 뒷면에는 퇴계가 스스로 써 놓은 자 명(自銘)을 앞에 두고, 뒤에는 기대승이 쓴 후서(後敍)를 붙인 묘갈명을 새겼다. 글씨는 금보(琴輔)가 썼다. 신도비는 세우지 않았다.[192]

1596년(선조 29) 윤 8월 14일에는 지석(誌石)을 묻었다. 원래 지석을 홍문관 대제학이었던 박순(朴淳)이 썼으나, 제자들이 글이 마음에 들지 않는다 하여 기대승에게 다시 쓰게 해 묻었다.[193]

1600년(선조 33) 5월에는 조목(趙穆)이 주도하여 《퇴계집》(退溪集) 내집(內集) 49권, 별집(別集) 1권, 외집(外集) 1권을 간행했다. 이를 경자 본(庚子本)이라 한다.[194]

1601년(선조 34) 10월에는 도산서원 앞 천연대(天淵臺)에 이산해(李 山海)의 글씨로 '天淵臺'라는 큰 글을 새겼고,[195] 1610년(광해군 2) 4월 에는 선조의 묘정(廟廷)에 배향(配享)되었다.[196] 그리고 9월 4일에는 김 굉필 · 정여창 · 조광조 · 이언적과 함께 문묘에 종사되었다.[197]

1792년(정조 16) 3월 3일에는 정조가 규장각(奎章閣) 검교직각 이만수 (李晩秀)를 보내 도산서원에 치제하고 도산과(陶山科)를 보였는데 응시

189) 《退溪先生年譜》卷 2,《退溪集》III,《韓國文集叢刊》31, 民族文化推進會, 240쪽.
190) 위의 책, 240쪽.
191) 앞의 책, 240쪽.
192) 앞의 책, 245쪽.
193) 앞의 책, 255쪽.
194) 앞의 책, 257쪽.
195) 앞의 책, 256쪽.
196) 앞의 책, 258쪽.
197) 《退溪先生年譜補遺》庚戌 九月 初四日,《上溪本》卷 4,《退溪全書》27, 110~112쪽.

자가 7,228명이나 되어 서원 건너편 강가 평지에 시사단(試士壇)에서 과
거시험을 실시했다.198) 그리고 이때의 사실을《교남빈흥록》(嶠南賓興錄)
에 기록해 도산서원에 보관하게 했다.199) 영조 대에 이인좌(李麟佐)의 난
이 일어난 뒤로 벼슬길이 순탄하지 못했던 영남 사람들을 위무하고자 함
이었다.

　1796년(정조 20) 9월 13일에는 우승지 김한동(金翰東)을 보내 퇴계의
가묘(家廟)에 치제하고, 퇴계의 봉사손(奉祀孫) 지순(志淳)을 영유현령
(永柔縣令)에 제수했다.200)

(2) 퇴계의 도학연구

　'도학'(道學)이란 일반적으로 '도의(道義)를 숭상하는 학문'이라는 뜻
이나, 그 연원은 당말 한유(韓愈)가《원도편》(原道篇)을 써서 노불(老佛)
의 도(道)를 배격하고 공자의 인의(仁義)의 도를 주창한 데까지 거슬러
올라간다. 이러한 운동은 송대 염락관민(濂洛關閩)의 학(學)을 거치면서
두드러진 학문경향으로 정착했다. 그리하여《송사》(宋史)에는〈유림전〉
(儒林傳) 이외에〈도학전〉(道學傳)을 따로 두게까지 되었다. 도학은 송학
(宋學)·성리학(性理學)·이학(理學)·심학(心學)이라고도 부른다.201)
　이러한 도학은 송대 사대부(士大夫)들이 깊이 연구하였는데, 12세기에
원(元)을 거쳐 고려에 전래되었다. 그리하여 구세력인 귀족과 불교 사원
에 대항하려는 신흥사대부들의 이론무기로서 연구되기 시작했다. 그러나
외래사상인 도학이 이해되고 정착되기까지는 많은 시간이 필요했다. 고려
말 도학(성리학)의 이해 과정은 3단계로 나누어 볼 수 있다. 도입기(충렬
왕 대~충혜왕 대), 이해기(공민왕 대~우왕 대), 대불투쟁기(창왕 대~공

---

198)《正祖實錄》卷 34, 正祖 16年3月 辛未.
199)《嶠南賓興錄》卷 1 傳敎 第 2,《退溪學文獻全集》20, 408~410쪽.
200)〈家廟致祭文〉,《退溪先生年譜》卷 4,〈退溪集〉III,《韓國文集叢刊》31, 262쪽.
201) 이상은,《퇴계의 생애와 학문》, 예문서원, 1999, 90쪽.

양왕 대)가 그것이다. 도입기에는 안향(安珦)과 백이정(白頤正) 등이 원으로부터 주자서와 문묘제기 등을 들여왔고, 이해기에는 이색(李穡)·정몽주(鄭夢周) 등이 성균관을 새로 지어 이학을 열심히 연구하고 교육했으며, 대불투쟁기에는 정도전(鄭道傳)·박초(朴礎) 등이 성균관을 중심으로 불교를 공격했다.202)

그러나 고려시대의 성리학은 원나라 허형(許衡)의 영향을 받아 가례(家禮)·삼년상(三年喪) 실시, 가묘(家廟)의 설치 등 불교윤리를 유교윤리로 바꾸는데 집중되어 있었다.203) 그러다가 정도전의《불씨잡변》(佛氏雜辨),《심기리편》(心氣理篇)을 통해 불교와 도교를 이론적으로 비판하기 시작했고, 권근(權近)의《입학도설》(入學圖說)로 이기심성(理氣心性)에 관한 연구가 시작되기는 했으나, 도학을 본격적으로 연구하는 단계에는 이르지 못했다.

16세기부터 학문의 전통이 관학(官學)에서 사학(私學)으로 옮겨가고 재야사림들이 정치주체가 되자, 도학은 훈구파(勳舊派)에 대한 사림파(士林派)의 이론무기로서 철학적으로 깊이 연구되기 시작했다. 퇴계는 사림파의 종장(宗長)으로 도학 연구에 정열을 쏟았다.

도학은 성인(聖人)을 배우는 것을 목적으로 하고 있었다. 곧, 인간이 스스로 심성을 온전하게 발현해 인격적으로 완성함으로써 성인이 되는 것에 목표를 두고 있었다.204) 도학이 나오기 전에는 도교의 진인(眞人), 불교의 부처[佛]가 학문과 수양의 목적이었으나 도학에서는 성인을 목표로 내세웠다. 1568년(선조 1) 8월에 올린 퇴계의 〈무진육조소〉(戊辰六條疏)에서도 마음을 다스리는 성인의 학[聖學]에 힘쓰는 것이 정치의 근본이라고 설파하고 있다.

---

202) 李成茂,〈鮮初의 成均館 硏究〉,《한국의 과거제도》, 민음사, 1997, 438~443쪽.
203) 李成茂,〈朱子學이 14·15세기 韓國敎育·科擧制度에 미친 影響〉,《한국의 과거제도》, 민음사, 1997, 375쪽.
204) 琴章泰,《퇴계의 삶과 철학》, 서울대학교 출판부, 1998, 145쪽.

…… 셋째로 성학(聖學)을 돈독히 해 정치의 근본을 세울 것. 신이 듣건대 제왕의 학, 심법의 요체(要諦)는 대순(大舜)이 우(禹)에게 명한 데서 연원하니, 그 말에 가로되 "사람의 마음은 오직 위태롭기만 하고 도심(道를 향한 마음)은 오직 비약하기만 하니, 오식 성성으로 오식 하나로 해야 진실로 그 중심을 잡을 수 있다."(人心惟危 道心惟微 惟精惟一 允執厥中)라고 했습니다. 이 심법의 요체가 천하에 계속 전해오는 연유는 천하를 편안하게 하고자 해서입니다. 그 부탁한 말이 마땅히 정치보다 급한 것이 없어서 순(舜)이 우(禹)에게 정녕 고계(告戒)한 것이 고작 이 같은 것에 지나지 않고, 어찌 학문으로서 덕(德)을 이루는 것을 정치의 대본(大本)으로 삼지 않았겠습니까? 정일집중(精一執中)은 학문을 하는 대법입니다. 이 대법을 가지고 이 대본을 세우면 천하의 정치가 다 이로부터 나올 것입니다. 오직 옛날의 성모(聖謨)가 이와 같은 까닭에 비록 신과 같은 어리석은 사람도 또한 성학이 지치(至治)의 근본이 된다는 것을 알고 참람하게 아뢰는 것입니다.205)

이 성학이 도학의 핵심이요, 도학을 실천하려면 "人心惟危 道心惟微 惟精惟一 允執厥中"라는 옛부터 내려오는 심법을 갈고 닦아야 한다. 이러한 자세가 《대학》의 격치(格致)·성정(誠正), 《중용》의 명선(明善)·성신(誠信)으로 연결되면서 진지(眞知)·실천(實踐)을 이끌어 낸다는 것이다.206)

그런데 성인을 배우려면 인의도덕을 실천해야 한다.207) 어떻게 해야 실천할 수 있는가? 극기복례(克己復禮: 사욕을 누르고 예법에 맞게 행동함)해야 하고, 존천리(存天理: 하늘의 이치를 보존함)·알인욕(遏人欲:

---

205) 其三曰 敦聖學 以立治本 臣聞帝王之學 心法之要 淵源於大舜之命禹 其言曰 人心惟危 道心惟微 惟精惟一 允執厥中 夫以天下相傳 欲使之安天下也 其爲付囑之言 宜莫急於政治 而舜之於禹 丁寧告戒不過如此者 豈不以學問成德爲治之大本也 精一執中 爲學之大本也 以大法而立大本則 天下之政治 皆自此而出乎 惟古之聖謨若此 故雖以如臣之愚 亦知聖學爲治之本 而僭有獻焉(〈戊辰六條疏〉, 《增補 退溪全書》 一, 卷 6 疏, 成大 大東文化硏究院, 1971, 184쪽).
206) 琴章泰, 《퇴계의 삶과 철학》, 서울대학교 출판부, 1998, 184쪽.
207) 이상은, 앞의 책, 108쪽.

사사로운 욕망을 물리침)해야 한다. 극기(克己)를 하려면 마음의 '나'가 몸의 '나'를 주재해야 한다. 존천리 알인욕을 하려면 '경'(敬)을 해야 한다.208) '경'이란 마음이 한 군데로 전일(專一)해 이리저리 헤매지 않는 것을 말한다. 주자는 이것을 주일무적(主一無適)이라 했다. 인간은 천리와 인욕이 마음[方寸] 속에서 싸우는 존재이고, 그러므로 인간으로서 도덕적 완성을 기하려면 인욕을 제거하고, 본성 속에 있는 천리를 순조롭게 실현시켜야 한다는 것이다.209)

이처럼 퇴계의 도학은 철저히 수양론(修養論)에서 출발한다. 부정부패, 부조리를 일삼는 훈구파들을 제어하고 도학이 지배하는 세상을 만들려는 목적이었다. 그러나 초기 유학자들처럼 실천의 필요성을 말로 내세우는 것만으로는 설득력이 약했다. '왜' 그래야 하는가를 설명할 필요가 있었다. 이를 위해 하늘(天)을 끌어들인 것이다. 심성론(心性論)은 우주론(宇宙論)과 연계되어 우주와 인간 심성의 상호관계를 설명하게 된다. 동양 전래의 하늘은 '좋은 것', '착한 것'으로 치부하고 그 착한 천리(天理), 천성(天性), 천륜(天倫)을 인간의 심성에 끌어들여 이를 보존하고 악으로 떨어지지 않도록 경(敬)을 해야 한다는 것이다.

퇴계의 주리론(主理論), 이동론(理動論)은 이러한 배경에서 나온 것이며, 그 바탕에는 주자학에서 내세우는 성선설(性善說)이 자리 잡고 있다. 퇴계는 선학들의 구구한 이론들을 일일이 검증해 보고, 되도록 다른 사람의 의견을 받아들이되, 이치에 어긋나면 가차 없이 배격했다. 퇴계는 철저히 주돈이(周敦頤) · 장재(張載) · 정호(程顥) · 정이(程頤) · 주희(朱熹) 등 송나라 도학자들의 이론을 이어받아 서술[祖述]하되, 자기의 기준에 맞지 않을 경우에 한해 독자적인 견해를 내놓았지 처음부터 뾰족한 주장을 내세우지 않았다. 박학(博學) · 심문(審問) · 신사(愼思) · 명변(明辨) · 독행(篤行)의 학문태도를 견지한 것이다.210) 그가 주자학을 수호하고,

---

208) 이상은, 앞의 책, 109쪽.
209) 이상은, 앞의 책, 112쪽.
210) 이상은, 앞의 책, 110쪽.

불교나 양명학을 철저히 배격한 것도 그 때문이었다.

그는 어려서부터 학문에 뜻을 두었으나 훌륭한 사우(師友)를 얻지 못하고, 벼슬까지 히게 되어 공부에 진념힐 수 없었다고 한스러워했다.[211] 벼슬올 버리고 물러가 도학을 연구하려 했던 것도 그 때문이다. 그러나 과거시험을 보고 벼슬을 하지 않았으면 퇴계가 반드시 도학자가 되었을지 알 수 없다. 《성리대전》·《심경부주》·《주자대전》 등 주자의 책을 구독하지 못하거나 구독할 수 있었어도 너무 늦게 구독했으면 어떻게 되었을까? 퇴계는 그 뒤 주자에 심취해 1547년(명종 2)에는 《무이지》(武夷志)를 읽다가 꿈에 주자를 만나기까지 했다. 또한 주자의 〈무이도가〉(武夷棹歌)에 차운해 시 10수를 지었다.[212]

그러면 퇴계의 도학이론은 어떤 내용인가? 이를 우주론인 이기론과 수양론인 심성론을 중심으로 간단히 살펴보면 다음과 같다.

[1]우주론

《주역》 계사(繫辭) 상(上)에 "역(易)에 태극(太極)이 있고, 이것이 양의(兩儀)를 낳고, 양의가 사상(四象)을 낳고, 사상이 팔괘(八卦)를 낳는다."(易有太極 是生兩儀 兩儀生四象 四象生八卦)라 했다. 이 태극생양의(太極生兩儀)는 우주생성의 시원을 말한다. 염계(濂溪: 주돈이)의 《태극도설》에서도 다음과 같이 밝히고 있다.

무극(無極)이면서 태극(太極)이다. 태극이 동(動)해 양(陽)을 낳고, 동이 극(極)해지면 정(靜)하니, 정하여 음(陰)을 낳고, 정이 극해지면 다시 동한다. 한 번 동하고 한 번 정함이 서로 그 뿌리가 되어 음으로 갈리고 양으로 갈리니, 양의(兩儀)가 맞서게 된다. 양이 변하고 음이 합해져서 수(水)·화

---

211) 先生曰 余自少有志 不可謂無學問之功 然不得 與明師友 難疑辨惑 於道理 殊無的見 學未
    優而遽至登仕 則又不專於素業矣 自讀朱子大全後 稍有見處(《陶山全書》 1, 37쪽).
212) 閒居讀武夷志次九曲棹歌韻十首(위의 책, 54~55쪽).

(火)·목(木)·금(金)·토(土)를 생하니 오기(五氣)가 순차로 퍼져서 사시(四時)가 돌아가게 된다. 오행(五行)이 하나의 음양(陰陽)이요, 음양은 하나의 태극이요, 태극은 본래 무극이다. 오행의 생함이 각각 그 성(性)을 하나씩 가지니 무극의 진(眞)과 이(二: 음양)·오(五: 오행)의 정(精)이 묘합(妙合)해 응결된다. 건도(乾道)는 남(男)이 되고, 곤도(坤道)는 여(女)가 되어, 두 가지가 서로 교감해 만물을 화생한다. 만물이 생기고 생겨 변화는 다함이 없다.213)

퇴계는 이 "무극이태극"(無極而太極)을 백세도술(百世道術)의 연원으로 여겨 문생들에게 늘 도학공부의 근거로 강조했다. 그리고 "무극이태극"은 "무극은 태극이다."로 해석하는 것이 아니라 "무극이면서 태극이다."라고 해석해야 한다고 주장했다. 퇴계는 《성학10도》의 제1도에 〈태극도〉와 도설을 싣는 이유에 대해 이렇게 말하였다.

위의 것은 염계 주씨(濂溪周氏)가 스스로 작도(作圖)하고 스스로 해설한 것이다. 평암 섭씨(平嚴葉氏)는 말하기를 "이 그림은 계사(繫辭)에 역(易)에는 태극이 있고, 이것이 양의를 낳았으며, 양의가 사상(四象)을 낳았다는 뜻을 미루어 밝힌 것이다. 그러나 역(易)은 괘효(卦爻)로서 말한 것이고, 이 그림은 조화(造化)로서 말한 것이다."라고 했고, 주자는 이 그림을 "도리(道理)의 대두뇌처(大頭腦處)요, 백세도술의 연원"이라 했다. 이제 이 그림을 처음에 싣는 것은 《근사록》에서 이 도설을 권수(卷首)의 첫 편으로 게재한 뜻과 같다. 무릇 성인을 배우는 자는 이로부터 학문의 단서를 얻어 《소학》과 《대학》의 류까지 힘써 공부해야 한다. 공효를 거두는 날에 이르러 일원(一源)을 거슬러 올라가 끝까지 추구해 보면, 그것이 즉 이(理)를 궁(窮)하

213) 無極而太極 太極動而生陽 動極而靜 靜而生陰 靜極復動 一動一靜 互爲其根 分陰分陽 兩儀立焉 陽變陰合 而生水火木金土 五氣順布 四時行焉 五行一陰陽也 陰陽一太極也 太極本無極也 五行之生也 各一其性 無極之眞 二五之精 妙合而凝 乾道成男 坤道成女 二氣交感 化生萬物 萬物生生而變化無窮焉(〈進聖學十道箚幷圖附(周敦頤)太極圖說〉,《增補 退溪全書》一, 卷 7 箚, 成大 大東文化研究院, 1971. 198쪽).

고 성(誠)을 다해 명(命)에 이르는 것이며, 그것이 즉 신(神)을 다해 화(化)를 아는 덕(德)의 성자(盛者)인 것이다.214)

이 '태극생양의'(太極生兩儀)를 유교의 천시개벽설, 곧 우주발생론이라고 볼 수 있다.

주자는 태극은 곧 이(理)이고, 음양은 곧 기(氣)라고 한다.215) 태극이라는 이가 음양이라는 기를 생해 우주가 생겼다는 것이다. "지금 공자·주자(周子)가 음양은 태극이 생한 바라고 명언했으니 만약 이기(理氣)가 본래 한 물건이면 태극이 곧 양의이니 어찌 생함이 있을 수 있겠는가?"216)라고 해 이인 태극이 기인 음양을 생하였음은 물론 이기는 서로 다른 것[二元]이라 했다. 퇴계는 이기가 결코 일물(一物)이 아니라고 단언했다.

퇴계는 이에는 소이연(所以然), 소이연지고(所以然之故)와 소당연(所當然), 소당연지칙(所當然之則)의 뜻이 있다고 했다. 소이연은 그렇게 되는 원인·이유·이치·법칙으로 '솔개[鳶]가 날고, 물고기[魚]가 뛰는 것'을 말하며, 소당연은 '임금은 인(仁)해야 하고, 신하는 경(敬)을 해야 하는 것'처럼 타고난 품성을 의미하며, '나는 솔개와 뛰는 물고기'에 해당한다.217) 이는 또한 형이상자(形而上者)이고, 기는 형이하자(形而下者)라한다. 이는 무성취(無聲臭), 무방체(無方體), 무내외(無內外), 무정의(無情意), 무계탁(無計度), 무조작(無造作), 무작위(無作爲)이나 생성의 원리와 불멸, 무궁한 성질을 가지고 있다는 것이다. 《주역》에서 형이상자를 도(道)라 하고 도는 생성의 원리를 말한다고 했다.218) 반면에 기는 유위(有爲)요, 유욕(有欲)이며, 생멸의 성질을 가지고 있으며, 경중(輕重), 청

---

214) 〈進聖學十道箚幷圖附(周敦頤) 太極圖說〉, 《增補 退溪全書》 一, 卷 7 箚, 成大 大東文化研究院, 1971, 199쪽.
215) 總天地萬物之理 便是太極 無極而太極 只是說無形而有理(《朱子語類》 卷 94) ; 陰陽是氣(《朱子語類》 卷 3).
216) 〈非理氣爲一物辯證〉, 《退溪全書》 上, 921쪽.
217) 尹絲淳, 《退溪哲學의 硏究》, 高大出版部, 1980. 42~45쪽.
218) 一陰一陽 謂之道....形而上者 謂之道(《周易》 〈繫辭〉 上).

탁(淸濁), 수박(粹駁), 취산(聚散), 굴신(屈伸), 지귀(至歸)의 성질을 가
지고 있다고 한다.[219] 《주역》에는 형이하자를 기(器)라고도 했다.[220] 기
는 사물의 구체성, 또는 현상성을 나타내는 그릇이라는 뜻이다. 그런데 사
물은 본래 이와 기로 이루어져 있기 때문에 기는 어디까지나 형이하의 성
질에 국한된다.[221]

퇴계는 사물현상이 이와 기로 이루어진다고 생각했다. 그런데 이와 기
가운데 사물의 현상적 측면을 가리키는 것은 기이다. 그러므로 우주의 존
재는, 결국 기의 총화(總和)라고 할 수 있다. 기가 생멸(生滅)하는 것이라
면, 현존하는 기는 그보다 앞선 기에 의해 생겼다고 해야 할 것이다. 이것
을 일원지기(一元之氣), 또는 개벽지기(開闢之始)라 한다.《태극도설》에
서 말하는 음양(실제로는 양)이 바로 이 일원지기이다.[222] 그러면 이 일
원지기는 원초적으로 어떻게 생겨난 것인가? 퇴계는 이 일원지기는 태극
에 따라 탄생되었다고 한다. 태극은 음양의 능생자(能生者)이기 때문이
다. 그러므로 태극은 일원지기의 생성원리라는 것이다.[223]

이기는 불상리(不相離), 불상잡(不相雜)이라고 한다. 이기는 혼륜되어
있어서 분개할 수 없다고 한다.[224] 그리고 이가 치우치지 않는 것과 달리,
기는 치우치기 쉽고, 이가 기의 작용을 주재(主宰)한다는 점에서 퇴계는
이우선설(理優位說), 리귀기천설(理貴氣賤說)을 주창하였다.[225] 이는 기
가 있기 전에 있을 수 있지만 이가 없이 기만 있을 수는 없다는 것이다.

퇴계는 이가 동(動)하면 기가 따라서 동한다고 했다.[226] 그러나 이는 무
위(無爲)라 했는데 이가 어떻게 동하느냐는 의문이 생긴다. 이에 대해 퇴

---

219) 尹絲淳, 위의 책, 48쪽.
220) 形而下者 謂之氣(《周易》〈繫辭〉上).
221) 尹絲淳, 앞의 책, 48쪽.
222) 尹絲淳, 앞의 책, 51쪽.
223) 尹絲淳, 앞의 책, 52쪽.
224) 在物上看 則二物渾淪 不可分開 合在一處(〈非理氣爲一物辯證〉,《退溪全書》上, 921쪽).
225) 琴章泰, 앞의 책, 152~153쪽.
226) 蓋理動則氣隨而生 …… 濂溪云 太極動而生陽 是言理動而氣生也(〈答鄭子中別紙〉,《退溪
集》Ⅱ 권 26,《韓國文集叢刊》30, 民族文化推進會).

계는 이의 체용론(體用說)을 제기한다.이가 무위라고 하는 것은 이의 체(體)를 말할 뿐이며, 그 용(用)으로 말하면 이도 동정(動靜), 능발(能發), 능생(能生)할 수 있다는 것이다. 그는 주자의 이유동정실(理有動靜說)을 근거로 이동(理動)을 주상했다.227) 그러나 이무위(理無爲)인데도 불구하고 이동(理動)을 주장하는 근거는 희박하다.228) 그런데 주자나 퇴계가 반론이 있는데도 이동을 주장한 것은 무슨 까닭인가? 사람의 수양론(修養論)을 뒷받침하기 위해서였다.

정지운(鄭之雲)의 〈천명도설〉(天命圖說)에서 천즉리(天卽理)요, 이＝태극이라 했다. 유교에서 궁극적 존재를 말할 때, 주재적 존재로 인식할 때는 '천'(天)이라 하고, 본체로서의 원리를 말할 때는 '이'라 하고, 통체의 포괄자를 말할 때는 '태극'이라 했다.229) "하늘은 하나의 '이'로써 만물에 명하니, 만물은 각각 하나의 '이'가 있다."(天以一理命萬物 而萬物之各有一理)라고 했으니 이가 인간에게 품부된 것이 성(性)이라는 것이다. 천(天)＝명(命)＝이(理)＝성(性)은 하나의 존재를 그 위상에 따라 달리 부르는 것에 지나지 않는다.230)

[2]이기심성론

이기론은 수양론의 바탕인 심성론의 근원을 밝히고자 연구되었다. 천지(天地)의 이(理)가 만물에 품부된 것을 성(性)이라 한다. 따라서 천지의 이가 하나이므로 사람과 사물의 성은 다 같으나, 기가 편정(偏正)한 차이가 있기 때문에 만물이 달라진다는 것이다. 인간은 정기(正氣)를 타고나고, 사물은 편기(偏氣)를 타고난 차이가 있다고 한다. 이는 같으나 기가 바르고 치우친 데 따라 사람과 사물이 달라진다는 것이다.231)

---

227) 有這動之理 便能動而生陽 有這靜之理 便能靜而生陰 旣動則理又在動之中 旣靜則理又在靜之中 曰動靜是氣也 有此理爲氣之主 氣便能如此否 曰是也《朱子語類》周子之書, 淳錄).
228) 尹絲淳, 앞의 책, 54쪽.
229) 琴章泰, 앞의 책, 148쪽.
230) 琴章泰, 앞의 책, 148쪽.

한편 퇴계는 이우위론(理優位論)을 내세워 "이의 실천을 주장하는 자는 기를 기르는 것도 그 속에 있으니 성현이 이러하고, 기를 기르는 데 치우친 자는 반드시 성을 해치는 데 이르니 노장(老莊)이 이러하다."[232]라고 해 주리(主理)와 주기(主氣)가 정도(正道)와 이단(異端)을 가르는 기준이 된다고 했다.

퇴계는 마음(心)은 합리기(合理氣)요, 통성정(統性情)이라 했다. 그는 "고요하여 모든 것을 갖추고 있는 것이 성(性)이나, 이 성을 담아서 싣고 있는 것은 심(心)이요, 활동해 만사를 대응하는 것은 정(情)이나, 이 정을 베풀어 쓰는 것은 역시 심이다. 그러니 심통성정(心統性情)이라는 것이다."[233]라고 밝혔다. 심통성정설은 장횡거(張橫渠)에서 유래한 것이다. 그리고 마음에는 체용(體用)이 있으니 허령(虛靈)은 체(體)이고, 지각(知覺)은 용(用)이라는 것이다.

성인(聖人)은 이(理)를 따르며 성(性)을 실현하고 정(靜)으로서 동(動)을 제어하는 것과 달리, 중인(衆人)은 이가 기에 지배당하고 동에 빠져 정을 무너트린다는 것이다. 이는 주돈이의 주정설(主靜說)에 근거를 두고 있다. 마음에는 미발(未發)의 성(性)이 갖추어져 있고, 이발(已發)의 정(情)이 나타날 때 의(意)가 선(善)·악(惡)이 갈리는 계기를 제공한다고 한다.[234]

마음이 발(發)할 때 4단(四端: 惻隱·羞惡·辭讓·是非)과 7정(七情: 喜·怒·哀·懼·愛·惡·欲)이 어떻게 다른가 하는 문제가 당시에 심각하게 논의되었다. 4단은 《맹자》에서, 7정은 《예기》에서 연원한 것으로, 이 문제를 둘러싸고 퇴계와 고봉은 8년 동안 논쟁을 했다. 퇴계는 1553년(명종 8)에 추만(秋巒) 정지운(鄭之雲)의 《천명도설》(天命圖說)

---

231) 琴章泰, 앞의 책, 154쪽.

232) 主於踐理者 養氣在其中 聖賢是也 便於養氣者 必至於賊性 老莊是也(《退溪集》 續集, 卷 12, 24쪽).

233) 理氣合而爲心 自然有虛靈知覺之妙 靜而具衆理 性也 而盛貯該載此性者 心也 動而應萬事 情也 而敷施發用此情者 亦心也 故曰心統性情(《退溪集》 卷 18, 12~13쪽).

234) 意爲心發 而又挾其情 而左右之 或循天理之公 或循人欲之私 善惡之分 由玆而決焉 此所謂 意幾善惡者也(《退溪集》 續集, 卷 8, 18쪽).

가운데 〈천명도〉(天命圖)를 교정하면서 추만이 "四端發於理 七情發於
氣"라 한 것을 "四端理之發 七情氣之發"로 고쳤다. 이에 고봉은 〈4·7
논변 제1서〉(四七論辨第一書)에서 4단·7정이 모두 성(性)이 발해 정
(情)으로 나타난 것으로서, 4단은 7정 가운데 절도에 맞는[中節] 것일 뿐
이요, 4단도 7정 속에 포함되는 것이라고 반론을 제기했다. 그리고 4단과
7정은 다 같이 정에 속하는 것으로서 나아가 말하는 바[所就而言之]가
다른 것뿐이니 퇴계처럼 4·7과 이·기를 상호 대립적인 존재로 간주하
는 것[對擧互言]은 잘못이라고 했다.235) 이기불상리(理氣不相離)이니
이·기를 혼륜(渾淪)해서 봐야지 분개(分開)해서 보면 안 된다고 했다.
기일원론(氣一元論)의 입장이다.236)

이에 퇴계는 4·7이 다 정(情)이요, 이(理)·기(氣)를 겸하고 있다는
것은 인정하나, 나아가 말하는 바에 따라 4단은 인·의·예·지의 성[本
然之性]에서 발한 단서(端緒)요, 7정은 형기(形氣)에 감응해 발한 것[氣
質之性]이라 했다. 4단과 7정은 근본 내력[所從來]이 서로 다르다는 것이
다.237) 그리고는 학문하는 방법에 대해 "같은 속에 나아가 다름이 있음을
알고, 다른 속에 나아가 같음이 있음을 봄으로써, 나누어 둘로 만들어도
일찍이 분리됨이 없고, 합하여 하나로 만들어도 실제로 서로 뒤섞이지 않
는 데로 돌아가야, 마침내 두루 다 갖추어 편벽됨이 없을 것"이라고 훈계
했다.238) 이처럼 퇴계는 혼륜(渾淪)과 분개(分開)의 두 관점을 병행시키
는 입장을 견지했다. 이기호발설(理氣互發說)이다. 그리고 고봉의 생각이
정암(整菴) 나흠순(羅欽順)의 이기일원론(理氣一元論)에 치우쳐 있고,
기(氣)를 성(性)으로 보는 폐단이 있다고 비판했다. 또 퇴계는 《주자어
류》에 "4단은 이가 발한 것이요, 7정은 기가 발한 것이다."(四端是理之發
七情是氣之發)이라 한 말을 들어, 자신이 "4단은 이의 발(發)이요, 7정은

---

235) 琴章泰, 앞의 책, 161쪽.
236) 琴章泰, 앞의 책, 161쪽.
237) 琴章泰, 앞의 책, 161쪽.
238) 就同中而知其有異 就異中而見其有同 分而爲二 而不害其未嘗離 合而爲一 而實歸於不相
離 乃爲周悉而無偏也(《退溪集》 卷 16, 10쪽).

기의 발이다."(四端理之發 七情氣之發)이라 한 말이 맞으며, 정지운(鄭
之雲)의 "4단은 이에서 발하며, 7정은 기에서 발한다."(四端發於理 七情
發於氣)라고 한 말조차도 틀리지 않는다고 주장했다.239)

고봉은 제2서에서 주자가 "7정은 기의 발이다."(七情是氣之發)이라 한
것은 사실상 이와 기를 섞어서 말한 것이라고 해석해 7정을 오로지 기만
가리켜 말한 것이 아니라고 주장했다. 퇴계는 고봉의 편지를 받고 자기의
이론을 "4단은 이가 발하고 기가 따른 것이요, 7정은 기가 발하고 이가 올
라탄 것이다."(四則理發而氣隨之 七則氣發而理乘之)라고 바꾸었다. 고봉
은 4·7을 "실지는 같으나 명칭만 다르다."(同實而異名)고 하고, 퇴계는
차이가 없는데 명칭만 다를 수 없다고 고집했다. 그리고 고봉이 주자의 말
까지 무시한 것에 대해, 자신의 견해를 고집하는 태도를 버리고 성현의 글
을 그대로 순순하게 받아들이도록 충고했다.240)

고봉은 제3서에서 주자의 말은 좌우를 상대시켜 말하는 대설(對說)이
아니라 4단을 7정 속에서 발라내어 상·하로 말하는 인설(因說)이라고 주
장했다.241) 나아가서는 4·7을 "정이 발하는 것은 혹 이가 움직이고 기가
갖추어지기도 하고, 혹 기가 감응하고 이가 올라타기도 한다."(情之發也
或理動而氣俱 或氣感而理乘)으로 하면 어떠냐는 제안까지 했다. 이에 대
해 퇴계는 고봉이 기를 이로 보는 병통이 있다고 비판하고 더 이상 논전
을 하지 말 것을 제안했다. 4·7설에 대한 지나친 논쟁이 도학의 실천에
보탬이 안 된다는 각성과, 더 이상 주장하거나 양보할 것이 없다고 생각해
서였을 것이다. 고봉도 퇴계의 답장을 받지 못한 채 〈四端七情後說〉, 〈四
端七情總說〉을 지어 4·7을 이기로 분속(分屬)시키는 퇴계의 견해를 받
아들였다. 그러나 종전의 주장을 다 고친 것은 아니었다.242)

그러면 퇴계가 반론이 분분했음에도 불구하고 주리론(主理說)을 주장

---

239) 琴章泰, 앞의 책, 162쪽.
240) 琴章泰, 앞의 책, 166쪽.
241) 李相殷, 〈四七論辨과 因說의 意義〉,《아세아연구》49, 1973, 33쪽.
242) 琴章泰, 앞의 책, 168쪽.

한 까닭은 무었인가? 아마도 사화를 거듭 일으키는 훈구파들을 타도하고
자, 성선설(性善說)을 바탕으로 선의 근원을 악의 근원과 구별하려는 수
양론을 강화하려는 목적이 있었을 것이다. 그런 면에서 도학은 사람의 이
데올로기로서 사림정치 시대인 16세기 이후에 이기심성론이 특별히 부각
되어 발달한 듯하다.

[3]의리(義理)의 행(行)

퇴계는 '의리의 행'을 인성(人性)의 구현으로 생각했다.

인의예지(仁義禮智)는 인성 가운데 벼리[綱]이다. 무릇 이것들은 본래
선하지 않은 것이 없다. 애연히 4단(四端)으로 그때그때의 느낌에 따라
나타나는가 하면, 어버이를 사랑하고[愛親] 형을 경애[敬兄]하고 군주에
충성[忠君]하고 웃어른을 공경[弟長]하는 것으로 된다.243)

인의예지는 맹자가 4단지심(四端之心)으로 미루어 알게 된다고 주장
하는 인간의 본성이다. 이는 본능적인 식색(食色)의 성(性)과 구별되는
'착한 본성'이다. 성선(性善)이 그것이다. 퇴계의 생각에 따르면, 애친(愛
親)·경형(敬兄) 등 의리의 행은 착한 덕성(德性) 때문에 생긴다. 퇴계가
덕성 가운데 '인'(仁)만을 들어 의리의 행을 실현한다고 한 것은 '인'이
가장 대표적인 원덕(元德)이기 때문이다.244) 일찍이 동중서(董仲舒)는
인의예지에 '신'(信)을 보태 '5상'(五常)으로 하고, 주자가 5상을 5륜(五
倫)의 도리로 삼았다. 퇴계는 5륜의 윤리를 5상의 본성(덕성)에서 비롯된
것으로 생각했다. 따라서 본성(자연성)은 의리행(5륜)의 도리라는 것이
다. 이는 인간의 윤리행위를 필연적인 행위로 간주하는 관점이며, 필연의
법칙과 규범의 법칙을 구분하지 않는 태도이다. 다시 말하면 소이연지리
(所以然之理)와 소당연지칙(所當然之則)을 동일시하는 견해요,245) 인간

---

243) 仁義禮智 人性之綱 凡此厥初無有不善 藹然四端隨感而見 愛親敬兄忠君弟長(〈小學題辭〉,
   《聖學十圖》, 《退溪集》卷 7, 203쪽).
244) 尹絲淳, 앞의 책, 147쪽.

의 도덕적 수양을 순선(純善)인 하늘[天道]로부터 연원하는 것으로 설정하려 했다고 볼 수 있다. 그러므로 퇴계가 추구하는 의리의 행은 이 소당연 또는 지당지칙(至當之則)에 들어맞는 행위 이외의 것이 아니다. 소당연과 소이연의 법칙이 비록 그 적용 영역은 다르지만 내용상으로는 서로 같다고 생각한 것이다. 원래 '본성=의리행의 도리'라는 사고는 이미 이천(伊川) 정이(程頤)의 "성즉리"(性卽理)에서 정식화한 것이었다. 퇴계는 바로 이 이천의 입장을 계승해 이의 의미를 소당연과 소이연이 일치하는 것으로 생각했다.246) 고봉이 소당연은 사(事)이고 소이연은 이(理)라고 생각한 것과 달리, 문봉(文峯) 정유일(鄭惟一)은 소당연과 소이연이 같은 것이라 했는데, 퇴계는 문봉의 손을 들어주었다. 이를 이일치론(理一致論)이라고 한다.247)

본연지성(本然之性)은 하늘에서부터 품부받은 것으로 본래부터 착하다. 그러나 기질지성(氣質之性)은 사물에 있는 성(性)으로 식색지성(食色之性)과 비슷하게 기질에 따른 본능적 욕구에 가려 의리의 행과 반대되는 악으로 떨어질 수 있다. 퇴계는 기 또는 기질 자체를 악하다고 하지는 않았다. 그러나 기의 '유위'(有爲), '유욕'(有欲) 때문에 선·악으로 갈린다고 했다.248) 퇴계는 이렇게 주장한다.

이가 드러나고[顯] 기가 따르면[順] 선하고, 기가 가리고[揜] 이가 숨으면[隱] 악하다.249)

선이란 기가 이의 원리(原理)·원칙(原則)대로 순하게 작용해 이가 그 소당연이라는 가치관을 실현할 수 있는 경우이고, 악은 기의 방해를 받아

---

245) 尹絲淳, 앞의 책, 148쪽.
246) 尹絲淳, 앞의 책, 149~150쪽.
247) 尹絲淳, 앞의 책, 150~151쪽.
248) 尹絲淳, 앞의 책, 188~189쪽.
249) 理顯而氣順則善 氣揜而理隱則惡耳(〈答鄭子·中別紙〉,《退溪集》II 권 26,《韓國文集叢刊》30, 民族文化推進會).

이가 그 소당연의 가치관을 실현하지 못하는 경우이다.

또한 퇴계는 이렇게도 주장한다.

> 인심(人心)은 '형기'(形氣)로부터 생긴 것이고, 도심(道心)은 성명(性命)에
> 서부터 생긴 것이라 한다. 형기·성명이란 각각 심(心)의 감성적 측면과 이
> 성적 측면을 뜻한다. 그러므로 인심·도심의 구분은 이기의 견지에서 있게
> 되는 구분이다. 4단·7정의 구분도 근본적으로는 이기의 발(發)이라는 점에
> 서 이루어졌음은 물론이다.250)

그러므로 그가 4단·7정과 인심·도심이 서로 같다는 것은 오로지 이
기이분(理氣二分)의 기준에서 하는 것임을 알 수 있다. 그러나 인심은 인
욕(人欲)의 근원이기 때문에 인간은 인욕에 이끌리면 천도(天道)를 배반
해 악이 생길 수 있다. 그러므로 인욕을 버리고 천리를 따르는 것, 곧 알
인욕(遏人欲)·존천리(存天理)가 심학(心學)의 기본목표가 된다.251)

인욕이란 악의 결과를 가져오게 하는 이른바 인심의 소산이요, 천리란
선의 기준이 되는 도심의 내용인 본연지성(本然之性)을 말한다. 그러므로
인욕을 버리고 천리를 따른다는 것은 얼핏 보아 두 가지 별개의 일 같지
만 그렇지는 않다[不可謂判然爲二物].252)

그러면 천리·인욕의 구분은 근본적으로 어디서 오는 것인가? 천리·
인욕의 차이는 중절(中節) 여부와 심(心)의 주재(主宰) 여부에 달려 있
다.253) 다시 말하자면, 정의 발로(發露)로 하여금 중절(中節)토록 하는
성향이 천리요, 부중절(不中節)로 이끄는 충동이 인욕이라 할 수 있
다.254)

---

250) 尹絲淳, 앞의 책, 26쪽.
251) 大抵心學 雖多端 總要而言之 不過遏人欲存天理兩事而已(〈答李平叔〉,《退溪全書》書).
252) 尹絲淳, 앞의 책, 127쪽.
253) 然則 天理人欲之判 中節不中節之分 特在乎心之宰(〈答李宏仲問目〉,《退溪全書》書).
254) 尹絲淳, 앞의 책, 128쪽.

[4] 거경궁리(居敬窮理)

그러면 어떻게 하면 '알인욕 존천리'를 실현할 수 있나?

경(敬: 居敬·持敬)을 해야 한다는 것이다. 경의 문제는 주돈이(周敦頤)의 '주정'(主靜)과 정이(程頤)의 '주경'(主敬)에서부터 대두되었다.255) 퇴계는 '정일(精一)'을 하면 '알인욕 존천리'를 할 수 있다고 했다.256) '정일'이란 '주일(主一)'·'집일(集一)'이라고도 하는데 의식(정신)의 집중·통일을 뜻한다. '경'의 태도이다. 이렇게 하면 '성(誠)'의 상태에 든다고 한다. 그러므로 '경'은 일심의 주재라는 것이다.257) 인간은 자기 스스로 성실하고 반성할 때 이의 능력이 드러나서 '알인욕 존천리'를 실현하게 된다는 것이 퇴계의 주장이다.

이러한 이론은 주자로부터 배운 것이기는 하지만 멀리는 《서경》에서 비롯되었다. 《서경》 대우모(大禹謨)에 "오직 정성으로 오직 하나로 해야 진실로 그 중심을 잡을 수 있다."(惟精惟一 允執厥中)라고 한 것이 그것이다. 《중용》에 따르면 "중(中)이란 천하의 큰 근본이다."(中也者 天下之大本也)라고 했다. 이 '중'(中)은 도덕적 규범, 다시 말해 그때그때 합당한 시중[時中, 時宜]으로서 중용(中庸)을 의미한다. 이것은 '불편불의'(不偏不倚), '무과불급'(無過不及), '평상지리'(平常之理), '천명소당연'(天命所當然)으로서 《대학》의 지선(至善)이기도 하다. 이와 같은 '중'은 도덕규범으로서 '예'(禮)의 원리를 말한다.258) '예'가 가진 합당성·법칙성의 근거가 '중'이라는 것이다. 이렇게 보면 '집중'으로서 '존천리'는 일상생활에서 '예'로 실현되는 것임을 알 수 있다.259)

---

255) 〈答李平叔〉, 《退溪集》 卷 37 書. 퇴계는 宋代에 앞서 堯의 '欽明', 舜의 '兢業', 湯의 '聖敬', 武王의 '敬勝', 孔子의 '行篤敬'과 '修己以敬'도 居敬의 연원이라고 생각했다.

256) 能精能一 則不畔於道心 不流於人欲矣(〈答李平叔〉, 《退溪集》 卷 37 書).

257) 《聖學十圖》, 《退溪集》 卷 7.

258) 中是禮得宜處(〈答李平叔〉, 《退溪全書》 卷 37 書).

259) 尹絲淳, 앞의 책, 129쪽.

‘중’은 주관적으로는 심성의 ‘미발’(未發)을 뜻한다.《중용》에는 “희노
애락이 발(發)하지 않았음을 가리켜 중(中)이라고 일컫는다.”(喜怒哀樂之
未發 謂之中)라고 했다. 이 ‘미발’은 ‘본연지성’을 의미한다. ‘미발지중’
(未發之中)의 ‘중’이야말로 천하의 대본(大本)이라는 것이다. 퇴계는 천
리 · 인욕의 구분이 ‘심’(心)의 ‘주재’(主宰) 여하에 달렸다면서 ‘경’에 의
한 자율적 실현을 역설했다. 이렇게 보면 합체적(合禮的) 행위란 ‘미발지
중’으로서 ‘본연지성’의 자연적 발로에 지나지 않는다.260)

‘본연지성’은 “萬物各具一太極”의 ‘태극’(太極)을 뜻하는데, 태극이란
만물과 관계되는 일체의 법칙을 말한다. 그러므로 ‘존천리’란 단순히 인간
의 감성적, 합리적 행위에 그치는 것이 아니라 우주질서와 맞물려 있는 당
위(當爲)로 인식되고 있었던 것이다. 이것은 ‘이’로서 ‘천’과 인간을 합일
하는 천인합일(天人合一)의 경지에 도달한 것임을 알 수 있다.261) 결국
의리의 행으로서 인륜을 실행하면 그 결과는 사회질서만 바로잡는 데 그
치지 않고, 자연질서와도 합치될 수 있다는 것이다. 이는 유가적 예치주의
(禮治主義)의 근거가 된다.

퇴계의 학문과 삶에서 ‘경’이 가장 중시되었다. ‘경’은 마음을 주재하는
중심으로 고요할 때 존양(存養)하고, 활동할 때 성찰(省察)함으로써 마음
을 바르게 붙잡아 주는 것이다. 주자의 〈경재잠〉(敬齋箴)에 “의관을 바르
게 하고, 바라보기를 존엄하게 하며, 마음을 침잠해 거처하면서 상제(上
帝)를 마주보듯 대하라.”(整其衣冠 尊其瞻視 潛心以居 對越上帝)고 했
다. 이러한 ‘경’의 태도는 ‘정제엄숙’(整齊嚴肅)의 절도이며, ‘주일무적’
(主一無適)의 자세요, ‘기심수렴’(其心收斂) · ‘상성성’(常惺惺) · ‘구방
심’(求放心)의 방법이다.262)

‘경’은 인간을 공경하는 데 끝나는 것이 아니라 하늘을 공경하고 두려

---

260) 尹絲淳, 앞의 책, 130쪽.
261) 尹絲淳, 앞의 책, 131쪽.
262) 琴章泰, 앞의 책, 1998, 180쪽, 程子는 敬을 “整齊嚴肅”이라 했고, 주자는 “主一無適”이라
했으며, 和靖 尹淳은 “其心收斂”이라 했고, 上蔡 謝良佐는 “常惺惺”이라 했다.

위한다는 뜻도 포함하고 있다. 퇴계는 무진육조소(戊辰六條疏)에서 "성심을 다해 수양하고 반성하여 하늘의 사랑을 받을 것"(誠修省以承天愛)을 권하기도 했다.

> 천지의 큰 '덕'(德)은 '생'(生)이라 하는데, 무릇 천지 사이에 생명을 가진 무리가 빽빽하니, 동물과 식물, 큰 것과 미세한 것들을 모두 하늘을 덮어주고 사랑하는 것인데, 하물며 형상이 하늘을 닮고 가장 영특한 우리 백성은 천지의 마음이 되지 않겠습니까?263)

인간이 만물을 생성하는 천덕(天德)을 지니고 만물을 사랑하는 천심(天心)을 가져야 한다는 것이다. 동중서(董仲舒)의 천인감응설(天人感應說)은 임금이 실덕(失德)하면 하늘이 재해를 내려 견책하고, 그래도 안되면 상패(傷敗)하게 한다는 천견(天譴) 사상을 담고 있다. 그러므로 하늘은 공경해야 하는[敬天] 대상인 동시에 두려워할[畏天] 대상이 된다.

퇴계는 《시경》〈주송〉(周頌)의 "높고 높은 위에서 날마다 이곳을 감시한다"(高高在上 日監在玆)는 구절과 "나는 아침 일찍부터 밤늦게까지 하늘의 위엄을 두려워 해 길이 보전하리라."(我其夙夜 畏天之威 于時保之)라는 구절을 인용해 '경'과 '성'을 다해 '신'(愼)과 '실'(實)을 다함으로써 천명(天命)을 받들고 천의(天意)를 감동시키도록 해야 한다고 주장했다.

이처럼 하늘을 외경(畏敬)하는 것은 인간에 대한 하늘의 사랑을 받아들여 실현하려는 기본자세이며, 하늘을 섬기는 것[奉天]의 출발점이다. 퇴계는 부모를 섬기는 방법으로 하늘을 섬기라고 했다. 또한 기질의 차이에 따라 직립(直立: 인간의 특성)·횡생(橫生: 동물의 특성)·역생(逆生: 식물)의 차이는 있으나 하늘이 인간과 만물을 다 같이 낳아주고 사랑하듯이 인간도 인간과 만물을 다 같이 사랑해야 한다고 주장했다.264)

---

263) 〈戊辰六條疏〉, 《퇴계집》 卷 6, 54쪽.
264) 琴章泰, 앞의 책, 1998, 179쪽.

'경'은 동시(動時)와 정시(靜時)에 따라 실천방법이 달랐다. '戒懼'(계구)는 마음이 아직 발동하지 않은 상태인 고요할 때의 공부요, '體察'(체찰)은 마음이 활동할 때의 공부이다. '경'은 양자를 관통한다. 여기서 고요할 때가 마음의 본체로서, 마음이 아직 발동하지 않은 상태에서 마음에 아무것도 두지 않은 것을 중시했다. 그러나 사람들이 그 뜻을 잘못 알고 움직임을 싫어하고 고요함을 즐거워해 노자(老子)나 불교(佛敎)의 수양법으로 빠질 수가 있음을 경계했다. 주정(主靜)이 잘못된 것은 아니지만 고요함이 지나쳐 선(禪)이나 허무(虛無)에 빠질 염려가 있다는 것이었다. 또한 퇴계는 수양방법으로서 '구방심'(求放心) · '양덕성'(養德性)을 중시했다. 그는 마음을 '만사의 근본'이요, 성품을 '만선(萬善)의 근원'이라 해 흩어진 마음을 거두어들이는 일[求放心]과 덕성을 기르는 일[養德性]을 가장 먼저 착수해야 한다고 했다.265) 또한 그는 내면적인 마음의 수양만 중요한 것이 아니라 밖에서 마음을 제재(制裁)하는 방법도 절실하다고 했다. '삼성'(三省) · '삼귀'(三貴) · '사물'(四勿) · '구용'(九容) · '구사'(九思) 등이 그것이다.266)

또 속으로는 깊고 두텁게 성품을 함양(涵養)하고, 겉으로는 사람과 일에 접응(接應)할 때에 가볍게 지나치지 않을 것을 강조했다. 이처럼 안팎으로 '경'의 실천을 계속해 익숙해지면 스스로 자신을 얻게 될 것이고, 응접(應接)도 순조로워져 표리일치(表裏一致)가 될 것이라 했다. 겉과 속의 어느 한 쪽으로 치우치지 않는 것이 유교적 수양법의 특징이다. 나아가 '경'의 실천은 끊임없는 노력으로 점점 익숙해지는 것을 중시했다. 그리하

---

265) 琴章泰, 앞의 책, 1998, 204쪽.
266) 琴章泰, 앞의 책, 1998, 204쪽에 따르면 '三省' · '三貴' · '四勿' · '九容' · '九思'의 출처는 다음과 같다.
三省:《論語》學而, 爲人謀而不忠乎 與朋友交而不信乎 傳不習乎.
三貴:《論語》泰伯, 動容貌斯遠暴慢矣 正顔色斯近信矣 出辭氣斯遠鄙倍矣.
四勿:《論語》顔淵, 非禮勿視 非禮勿聽 非禮勿言 非禮勿動.
九容:《禮記》玉藻, 足容重 · 手容恭 · 目容端 · 口容止 · 聲容靜 · 頭容直 · 氣容肅 · 立容德 · 色容莊.
九思:《論語》季氏, 視思明 · 聽思聰 · 色思溫 · 貌思恭 · 言思忠 · 事思敬 · 疑思問 · 忿思難 · 見得思義.

여 한결같이 엄숙하게 함양하고, 침잠(沈潛)해 연색(研索)하는 것을 학문
으로 삼아(一以莊敬涵養爲本 沈潛研索爲) 도리를 체인(體認)해 그 속에
푹 젖도록 해야 한다고 했다. 이러한 경지를 '참소식'[眞消息]이라고 한
다.267)

퇴계는 "주자가 일어나 '거경궁리'(居敬窮理)로써 만세를 위한 대훈(大
訓)을 세웠다."268)고 하듯이 '궁리'는 성리학의 중심과제 가운데 하나이다.

궁리는 사물이나 일에 있는 이(理)를 인식하는 것이다. 인식한다는 것
은 인간의 마음이 가지고 있는 지각능력으로 사물에 내재해 있는 법칙·
원리인 이를 깨닫는 것이다. 마음은 '허령'(虛靈)과 '지각'(知覺)으로 나
누어 볼 수 있는데 '허령'의 '허'는 '이'요, '영'은 '이'·'기'의 결합이라 한
다. 마음의 '허령'한 본체가 사물에 깃들어 있는 '이'를 인식할 수 있다는
것이다. '격물치지'(格物致知)가 그것이다. 이때 마음의 지각작용을 '능
각'(能覺)이라고 한다면 지각대상이 되는 사물의 이는 '소각'(所覺)이라
고 한다.

퇴계는 '격물'의 '격'을 '끝까지 캐어낸다'[窮而至]로 보아 '격물치지'는
사물의 '이'를 깊이 연구해 앎을 이루어 가는[致知] 공부로 보았다. 이와
달리 '물격'(物格)은 '至'자에 비중이 있어서 物理(물리)의 지극한 곳에
도달해 앎이 이루어지는[知至] 공효(功效)로 보았다.269) 이때 마음의 이
와 사물의 이가 하나라는 것이다. 주자나 퇴계의 인식론은 객관적 관념론
인 것과 달리, 왕양명의 인식론은 주관적 관념론이다.

퇴계는 처음에 마음의 지각활동이 사물의 이를 궁구하는 것이고, 대상
의 이는 수동적으로 마음의 지각을 기다리는 것으로 이해했으나, 뒤에 기
대승이 '이자도설'(理自到說)을 제기하자 '격물'은 내가 궁구해서 사물의
극처(極處)에 이르는 것을 말하지만 '물격'은 물리의 극처가 내가 궁구하
는 바에 따라 인식되는 것이라고 생각을 바꾸었다. 이 인식론 역시 퇴계가

---

267) 琴章泰, 앞의 책, 205~206쪽.
268) 〈自省錄〉,《退溪集》III 卷 8.
269) 琴章泰, 앞의 책, 72쪽.

이의 주관성·능동성을 인정한 것이라 할 수 있다. 그런데 이때 사물의 이
는 자연법칙적·객관적인 이라기보다는 시비(是非)·선악(善惡)을 밝히
는 가치론적인 이·도녁리(道德理)라는 섬을 주목해야 한다.[270] 그리하
여 이를 '도덕지'(道德知)와 '분별지'(分別知)의 미분(未分)이라고 논병
하는 사람도 있다.[271] 그러니 퇴계의 인식론이 수양론에 국한되지 않고
본체론까지 포괄하고 있음을 간과해서는 안 된다.

[5] 양명학(陽明學) 비판

퇴계의 철학은 주자를 표준으로 하는 성리학을 바탕으로 하고 있다. 중
국에도 송대 이후에는 성리학(도학)이 정통이론이 되어 있었고, 한국에서
도 퇴계가 살던 16세기에는 성리학이 주류를 이루고 있었다. 무속(巫俗)
은 안향(安珦) 등이 이미 배격했고, 불교는 정도전(鄭道傳)의《불씨잡변》
(佛氏雜辨)과 태종·세종 대의 불교태척(佛寺汰斥)으로, 도교는 조광조
의 소격서(昭格署) 혁파로 배제되었다. 그러나 정작 같은 유학 안에서 도
학과 주의·주장이 다른 육상산(陸象山)·왕양명(王陽明) 등의 심학(心
學, 도학도 심성론을 중시하므로 '심학'이라 하기도 하지만 여기서는 '심
즉리론'(心卽理論)을 주장하는 육상산의 학문을 말한다)이 명나라에서 널
리 유행할 뿐만 아니라 조선에도 일찍이 들어와 있었다.[272] 퇴계는 심학
뿐 아니라 나정암(羅整菴)·서화담(徐花潭) 등이 주창한 기학(氣學)도
반대했다.

퇴계는 육상산의 학문을 "돈오(頓悟)의 학문"이라 매도하고, 궁리(窮

---

270) 琴章泰, 앞의 책, 72~73쪽.
271) 劉明鍾,《퇴계와 율곡의 철학》, 동아출판사, 1987, 109~112쪽.
272) 유명종, 앞의 책, 13~14쪽, 1517년(중종 12)에 韓效元이 元子를 가르치는 교재로 呂東
萊와 陸象山이 스승을 높일 것을 논한 글을 읽혔다고 하니 그때 이미 육상산의 책이
보급되었음을 알 수 있다. 그리고 吳鍾逸 교수에 따르면, 訥齋 朴祥과 十淸軒 金世弼이
1521년(중종 16)에 王陽明의《傳習錄》을 논의했다는 설도 있다.〈書陽明集〉,《西厓先生
文集》卷 18, 西厓 柳成龍도 1558년(명종 13)에《陽明集》을 처음으로 구해 본 것으로 되
어 있다.

理)는 정신을 피로하게 한다고 하며, 문학(問學)의 공부를 하지 않는다고 비난했다. '불립문자'(不立文字) · '견성성불'(見性成佛)을 내세우는 선학(禪學)과 같은 이단(異端)이라고 했다.273) 퇴계는 백사(白沙) 진헌장(陳獻章: 1428~1500)에 대해서는 그가 성현의 훈계를 완전히 버린 것은 아니나 끝내 선학의 방법으로 전락했다고 부분적으로 비판했다.

그러나 왕양명에 대해서는 그 학문이 근본적으로 잘못되었다고 힐난했다. "양명은 그 마음은 강하고 사나우며, 스스로 자기 주장을 내세우니, 말이 장황하고 휘황찬란해 사람으로 하여금 현혹되어 지키는 바를 잃게 하니, 인의를 해치고 천하를 현란시킬 자는 반드시 이 사람이 아니라 하지 못하리라."(《白沙詩敎傳習錄抄傳因書其後》)라고 비난하기까지 했다.

퇴계는 〈전습록논변〉(傳習錄論辨)에서 다음과 같이 양명학을 비판하고 있다.

1) 주자가 《고본대학》(古本大學)의 '재친민'(在親民)을 '재신민'(在新民)으로 고친 것이 잘못되었고 원래의 '재친민'이 옳다고 한 이론에 대해 언급하였다. 양명은 '친민'이라고 하면 '가르치고 기른다'는 뜻이 있지만 '신민'은 '깨우친다'는 뜻밖에 없으니 친애(親愛)의 뜻인 '친민'이 옳다는 것이다. 여기에 대해 퇴계는 '신민'은 '자기의 배움을 미루어 백성으로 하여금 그 덕을 새롭게 한다'는 뜻이니 '신'은 '배운다'는 뜻은 있으나 '기른다', '친애한다'는 뜻은 애초부터 없다고 비판했다.

2) 양명의 '심즉리설'에 대해서이다. 양명은 "마음 안에만 이치가 있고, 마음 밖에는 이치가 없다."고 했다. 철저한 유심론(唯心論)이다. 퇴계는 양명이 "본래는 궁리(窮理) 공부를 논하는 것인데 뒤집어 실천공효에 나아가 뒤섞어 말한다."고 논평했다. 또 양명은 궁리하는 대상과는 관계없이 자신의 본심으로 밝히는 것이요, 그 마음에서 인욕(人欲)을 제거하고 천리(天理)를 드러내는 것을 "치량지"(致良知)라 한다고 했다. 철저한 주관적 관념론이다. 퇴계는 양명이 궁리공부는 하지 않고 곧바로 실천과 공효

---

273) 只是一超頓悟之學 以窮理爲疲精神 不做問學工夫 正如釋氏不立文字見性成佛何異 此象山之所以異於吾道也(李滉, 〈異端〉, 《李子粹語》 卷 4).

를 추구한다고 비판했다. 퇴계는 대학의 순서처럼 궁리공부를 기초로 마음의 참된 자각을 실현하고자 하는 '격물'(格物) · '치지'(致知) · '성의'(誠意) · '정심'(正心)으로 나아가야 한다고 주장했다. 주자는 "사물에 나아가서 이치를 궁구하는 것"이라 해 심과 이를 갈라 보는데 비해, 양명은 "내 마음을 통해 사물의 이치를 인식한다."고 해 심과 이가 하나라고 한다. 퇴계는 양명이 심의 본체를 중시하여 '심즉리'를 주장하는 것은 이해하지만, 공부와 인식의 과정을 무시하고 직접 본체로 나아가 두 가지를 뒤섞어 놓은 이론이라고 못마땅해 했다.274)

3) 양명은 "마음의 천리를 순수하게 하지 않고, 사물의 의례(儀禮)나 절도(節度)만을 따지는 것을 '지선'(至善)이라 하는 것은 마치 배우가 의례 · 절도에 맞게 하는 것을 '지선'이라고 하는 것과 같다."고 했다. 이에 대해 퇴계는 객관적인 이치가 내 마음 본래의 이치와 일치하도록 해야 한다고 했다. 양명은 이러한 도학의 주객통일적 진리관을 이해하지 못하고 바깥 사물에 마음이 얽히는 것을 염려해 사물을 쓸어내고 본심에 끌어들여 뒤섞어 말하는 주관적 유심론에 빠지는 것이라고 공격했다. 이렇게 되면 선(禪)과 다를 바가 없다는 것이다.275)

4) 양명의 지행합일설(知行合一說)에 대해서 비판하였다. 양명은 "오늘날 사람들은 강습하고 토론해 진리를 알기를 기다려서 행하는 공부를 하려 하니, 마침내 종신토록 알지도 못하고 행하지도 못한다."고 해 선지후행론(先知後行論)을 비난했다. 이에 대해서 퇴계는 아름다운 여색(女色)을 보고 좋아하는 것은 지(知) · 행(行)이 일치하지만 착한 것을 보고 좋아하는 것은 그렇지 않다며 반박했다. 형기(形氣)에서 발동한 마음은 배우지 않고도 알고 행할 수 있지만 의리(義理)에서 발동하는 것은 배우지 않으면 알 수 없고, 힘쓰지 않으면 행할 수 없으므로 마땅히 '지행합일'(知行合一)이 아니라 '지행병진'(知行竝進)을 추구해야 한다고 주장했다.

---

274) 琴章泰, 앞의 책, 112~114쪽.
275) 琴章泰, 앞의 책, 116쪽.

(3) 도통(道統)의 확립

도통이란 도학의 학통(學統)을 말한다. 도학이라면 좁은 의미로 주돈이(周敦頤)-장재(張載)-정호(程顥)-정이(程頤)-주희(朱熹)로 이어지는 송대의 성리학통을 말한다. 그러나 넓은 의미로 도통은 한유(韓愈)의 〈원도〉(原道)에서 거론되고 있는 요(堯)-순(舜)-우(禹)-탕(湯)-문왕(文王)-무왕(武王)-주공(周公)-공자(孔子)-맹자(孟子)를 포함하고 그 뒤의 도통은 끊어졌다가 주돈이부터 다시 이어진 것으로 되어 있다.[276] 전자를 '도학적 도통론'이라 하고, 후자를 '전통적 도통론'이라 한다. 여기서 말하는 도학과 도통은 전자를 뜻한다.

이러한 도학(성리학)이 전래되기 시작한 것은 원에게 지배를 받던 고려 때부터였다. 그러나 원의 주자학은 송대 주자학과 약간 차이가 있었다. 원대에 관학화한 주자학은 도문학(道問學)보다는 존덕성(尊德性)에 치중되어 있었다. 그들은 주자학을 실천적 이념으로 신봉한 것이다. 주자가 '도문학'과 '존덕성'을 조화하고자 했던 데 견주어 육구연(陸九淵)은 '존덕성'을 더 우선했다.[277] 이는 원대의 주자학이 육학(陸學: 육구연의 학문)의 많은 영향을 받았다는 말이다. 그래서 당시의 원대 주자학자들은 육학을 주자학의 약점을 보완하는 '朱陸和會'의 입장에서 이해하고 있었다. 그래서 원대의 주자학이 송대의 주자학에서 명대의 양명학으로 넘어가는 다리 노릇을 한 것으로 보는 견해도 있다.[278] 그러나 꼭 그렇지만은 않은 것 같다. 주자학의 정통을 지키되, 도(道)의 '실천'을 강조하다 보니 육학과 관련되는 측면이 생긴 것이 아닌가 한다.[279]

---

276) 金泳斗, 〈朝鮮 前期 道統論의 展開와 文廟從祀〉, 西江大 博士學位論文, 2005, 27쪽, 물론 韓愈·李翶 등이 끊어진 도통을 이었다는 주장도 있으나 남송대의 도학자들은 이것을 인정하지 않는다.
277) 박경환, 〈공부 방법으로서의 尊德性과 道問學-朱熹와 陸九淵의 鵝湖論爭〉, 《논쟁으로 보는 중국철학》, 예문서원, 1994, 246~250쪽.
278) 홍원식, 〈金華朱子學〉, 《元代性理學》, 포은사상연구원, 1993, 126~128쪽.
279) 홍원식, 위의 책, 126쪽.

이러한 원대의 주자학은 원의 간섭 아래 있었던 고려로 흘러들어 왔다. 그리하여 삼년상(三年喪), 가묘(家廟)·가례(家禮) 실시, 《소학》 중시 등 유교의 실천적 측면이 강조되었다. 그러나 구 귀족들에게는 당 문화의 영향이 남아 있어서, 사상적으로도 당과 원의 유학이 혼재되어 있는 상황이었다.

조선왕조가 건국되어 주자학이 지배이념이 되었다. 그러나 아직도 구 체제에 머물러 있는 부분이 많았다. 문묘종사(文廟從祀) 제도는 주자학이 사회적으로 정착되어가는 과정에 있음을 보여준다. 문묘는 공자 이후 왕통(王統)과 성통(聖統)이 분립되고, 도(道)가 더이상 군주의 손에 유지되지 못하게 되면서 설립되었다. 이에 성통=도통을 이을 사람이 필요했다. 도학자들은 문묘종사를 통해 성리학을 국가의 공인을 받는 지배이념으로 확립하고자 했다.

그러나 도학적 분위기가 덜 성숙되어 있던 당시로서는 반드시 도학자가 종사된다는 보장이 없었다. 조선 전기만 해도 경학파(經學派: 官學派)와 사장파(詞章派: 私學派)가 대립하는 상황이었다. 집권사대부들은 관학파의 인물들을 문묘종사의 대상으로 삼고자 했다. 1409년(태종 9) 성균관이 중심이 되어 제기한 이제현(李齊賢)·이색(李穡)·권근(權近) 문묘종사 상소가 그것이다.

물론 이것은 그해 2월 14일 권근이 죽자 그를 종사하고자 올린 상소이지만, 권근이 구세력에서 전향한 인물이라는 점에서 구태의연한 주장이었다. 그가 《입학도설》(入學圖說)·《오경천견록》(五經淺見錄)을 짓고, 왕조 개창 이래 문형(文衡)을 잡았으며, 표잔문제(表箋問題)로 중국에 다녀와서 국가에 공로가 있다는 것이 상소에 언급한 문묘종사의 이유였다. 권근이 《입학도설》 등 도학에 관계된 책을 쓴 것은 사실이나 그를 종사해야 하는 이유가 구신(舊臣)으로서 공로가 있다는 데 있는 만치, 그를 도학자로 보는 사람은 없었고 도학자로서 추천될 분위기도 아니었다.[280]

---

280) 金泳斗, 앞의 책, 41~43쪽.

그리고 이제현과 이색은 중국에서 인정받는 학자라는 것이 종사 이유였다. 이제현은 1319년(충숙왕 6)에 충숙왕이 강남의 보타굴에 갔을 때 수행해 왕이 오수산(吳壽山)으로 하여금 그의 초상화를 그리게 하고 탕병룡(湯炳龍)은 그 그림에 "산악의 정기가 모여서 유종(儒宗)이 되었도다."라고 하는 찬(贊)을 붙였다.281) 또한 이색도 원의 제과(制科)에 급제하고, 규재(圭齋) 구양현(歐陽玄)이 "의발(衣鉢)은 마땅히 해외로 좇아 전하리로다."라고 칭송한 바 있다는 것이다.282) 그러나 그들이 도학을 이어갔다는 주장이나 도통과 관계가 있다는 주장은 없었다. '전통적 도통론'의 한계를 넘어서지 못한 것이다. 게다가 이색과 권근은 조선왕조 건국을 찬성하지 않는 세력이었다(권근은 뒤에 전향했지만). 그러니 국왕으로서는 이러한 세력을 치켜세우는 문묘종사를 허락할 리 없었다.

중종반정 뒤, 조광조(趙光祖) 등의 사림파(士林派)가 정권을 잡자 이번에는 정몽주(鄭夢周)와 김굉필(金宏弼)을 문묘종사하자는 주장이 나왔다. 1510(중종 5) 10월 18일 정언 이여(李膂)는 정몽주를 '동방리학지조'(東方理學之祖)라 해 문묘에 종사할 것을 요청했다.283) 그리고 1517년(중종 12) 8월 7일에 성균생원 권전 등은 정몽주는 주돈이(周敦頤)·정호(程顥)·정이(程頤)·주희(朱熹) 등의 학통을 이었고 김굉필은 끊어졌던 정몽주의 학통을 이었으니 두 사람을 문묘에 종사해야 한다고 주장했다.284)

그 뒤, 조광조의 학통인 사학파의 인물들이 관학파를 제치고 문묘종사의 대상으로 떠올랐다. 정몽주·길재(吉再)·김숙자(金叔滋)·김종직(金宗直)·김굉필·조광조(趙光祖) 등이다. 이들의 계통을 당시에 "조선도학계보"(朝鮮道學系譜)라고 불렀다. 정몽주와 길재는 절의(節義)를, 김굉필과 조광조는 도학을 높이 사서 문묘종사 대상으로 추천받았다. 이와 달리,

---

281) 李齊賢, 《益齋亂稿》 4 詩.
282) 《東文選》 권 22 七言絶句 紀事.
283) 《中宗實錄》 권 12, 中宗 5년 10월 辛丑.
284) 《中宗實錄》 권 29, 中宗 12년 8월 庚戌.

김종직은 사장(詞章)에 치우쳐 있고, 행실도 도학자로서 뚜렷하지 않다고 해 배제했다. 김숙자는 김종직의 아버지로서 단지 길재와 김종직을 연결하려는 의도로 편입시켰을 뿐 도학자의 반열에는 들지 못했다. 심성벌은 조광조의 스승이고 정몽주는 '동방리학지조'이니 조광조와 그의 일파들이 이들을 최종적으로 문묘종사의 대상으로 삼은 것이다.[285]

정몽주는 태종 대에 복권되어 당시에 이미 충신의 전형으로 인정받고 있었으나, 이때부터는 절의뿐 아니라 도학으로도 존숭되었다. 김굉필도 '소학동자'(小學童子)로서 도학을 실천에 옮기는 데 애썼다는 것이 문묘종사 추천의 대상이 된 이유였다.[286] 정몽주는 1401년(태종 1) 11월에 권근의 상소로 영의정부사에 추증되었다.[287] 이는 권근 등 뒤늦게 조선왕조에 벼슬한 부류들의 발언권이 강해졌고, 국왕으로서도 이들을 끌어안음으로써 정부의 기반을 튼튼히 할 수 있다는 계산 아래 취해진 조처라고 할 수 있다. 이에 정몽주는 1431년(세종 13) 11월 11일에 길재와 함께《삼강행실도》(三綱行實圖)의 〈충신도〉에 들어가게 되었다.[288] 이런 분위기에서 16세기에는 사육신(死六臣)조차 충신으로 평가하려는 움직임이 있었다.[289] 그리하여 1517년(중종 12) 9월 17일에 정몽주가 문묘에 종사되었다.[290] 김굉필은 "어질기는 하나 학문이 넉넉하지 않으며, 이웃 자제를 모아서 가르치기는 했으나 도(道)를 강론한 것은 아니었다."고 해 그의 문묘종사는 좌절되었다.[291] 이는 사림의 지나친 진출을 경계하는 훈구세력이

---

285) 金泳斗, 앞의 책, 73~83쪽.

286) 宏弼爲人 氣局端方 性行修潔 篤志聖學 勉力踐實 視聽言動 敬無不在 危坐儼然 卽之溫然 教人諄諄 蕎見至誠 有就學者 莫不先之以小學大學 規模已定 節目有倫 遭世政亂 間關患亂 處之怡如 篤敬做功 如初不弛 以日以夜 死而後已 游其門者 得聞斯道之杯樸 承其顔者 仰慕斯人之風儀 今之學者 擬爲山斗 尙知其有以貴德行 而賤文藝 尊經術而抑異端 殿下之欲以明好惡審取捨 整頓剛紀宣揚風化者 實緣宏弼之力也(《中宗實錄》권 29, 中宗 12년 8월 庚戌).

287)《太宗實錄》권 2, 太宗 1년 11월 辛卯.

288)《世宗實錄》권 54, 世宗 13년 11월 壬申.

289) 昔者 金宗直啓于成廟曰 成三問忠臣 成廟色變 宗直徐曰 幸有變故 則臣當爲成三問 成廟色乃定 惜乎侍臣 無以此語啓達于上者也(《石潭日記》下, 萬曆 4年(1576) 丙子 6月).

290)《中宗實錄》권 29, 中宗 12년 9월 庚寅.

291)《中宗實錄》권 29, 中宗 12년 9월 丁酉.

아직도 강성했다는 것을 의미한다.

아니나 다를까 김굉필의 문묘종사가 무산된 지 2년 뒤인 1519년(중종 14)에 기묘사화가 일어났다. 그리하여 조광조 등은 붕당을 만든 죄로 몰려 죽거나 귀양을 가고, 그들이 시행하던 정책은 모두 폐기되었다. 그러나 1538년(중종 33) 10월 전위사건(傳位事件)이 터진 이후, 중종은 정국의 주도권을 잡고자 기묘사화로 쫓겨난 사람들을 다시 불러들이기 시작했다. 김안국(金安國)·김정국(金正國)·권벌(權橃)·신광한(申光漢) 등이 그들이다. 이러한 정치적 변화는 조광조를 신원하자는 주장을 불러일으켰다. 이에 조광조가 신원되기도 전에 '조선도학계보'가 다시 거론되기 시작했다. 그리고 사림세력은 국왕의 자의적 권력행사를 제어하고자 도학의 구현을 내세우고 그 상징으로서 도학자의 문묘종사를 서두르게 되었다. 이는 도학의 계승자가 국왕이 아니고 사림이라는 데 중요한 의미가 있었다. 도학을 국왕의 상투 끝에 올려놓음으로써 사림이 정치주체가 되는 사림정치(士林政治)를 펼 수 있기 때문이다.

조광조 등 사림파가 처음 집권하면서, 자신들의 정통성을 확립하고자 도통을 수립하려고 했다. 그러나 김종직은 〈조의제문〉(弔義帝文)을 지어 세조를 비판했기 때문에 전면에 내세울 수가 없었다. 학문경향이 도학보다는 사장(詞章)에 치우쳐 있다는 것도 결격사유였다.[292] 1518년(중종 13) 4월 28일 경연 석강에서 조광조는 김종직을 대신해서 김굉필의 문묘종사를 요청했다. 이에 대해 사신(史臣)은 다음과 같이 썼다.

---

292) 〈師友名行錄〉,《秋江集》권 7, 雜著, 김종직이 이조판서로 있으면서 바른 일을 건의한 것이 없다는 이유로 김굉필은 다음과 같은 시를 지어 비난했다고 한다. 道在冬裘夏飮氷(도는 겨울에 갖옷을 입고 여름에 시원한 것을 마시는 데 있거늘)//霽行潦止豈全能(비를 걷고 홍수를 멈추게 함을 어찌 다 잘 하리오)//蘭加從俗終當變(난초도 세속에 심으면 결국은 변질되니)//誰信牛耕馬可乘(뉘라서 소는 밭을 갈고 말은 타고 다니는 짐승임을 믿으리오) ; 김종직은 이에 대해 다음과 같이 시로서 次韻해서 답변했다 한다. 分外官聯到伐氷(분수 밖의 벼슬을 하게 되어 卿大夫 자리에 이르렀으나)//匡君救俗我豈能(임금을 바르게 하고 풍속을 바로잡는 것 내 어찌 할 수 있겠는가?)//從敎後輩嘲迂拙(교육에 종사하는 후배가 우쭐해 조롱하지만)//勢利區區不足乘(세도와 권리가 구구한 벼슬길은 탈만한 것이 못되는구나) ; 金誠一, 〈論人物〉,《退溪先生言行錄》권 5, 퇴계도 "金佔畢 非學問底人 終身事業 只在詞華上 觀其文集 可知"라 한 바 있다.

…… 굉필은 근세의 대유(大儒)이다. 그 평생의 처신과 학문이 한결같이 정주(程朱)로 지표를 삼고 성학(聖學)에 빠져 성취가 몹시 높았으며, 일동일정(一動一靜)이 조금도 어그러짐이 없이 중도의 규범을 지켰다. 처음에는 김종직의 문하에 수학했는데 종직 또한 당세 명유(名儒)였다. 그러나 김종직의 학문은 문장(文章)에 치우쳤기에 김굉필이 마음 속으로 꺼리고 성학에 전심했는데, 폐조(연산군) 때 임사홍(任士洪)이 그것을 교행(矯行)이라 해 죽였다.293)

김종직과 김굉필을 의도적으로 구별하려는 논평이었다. 그리하여 김굉필을 이미 도학의 조종으로 올려 세운 정몽주에게 연결시키려 했다. 그렇다고 딱히 연결고리가 될 만한 것이 없었다. 학문경향이 같은 것도 아니요, 저술도 없고 학문이 남달리 뛰어난 것도 아니었다. 반대파들이 김굉필의 문묘종사를 반대하는 까닭도 이러한 사유 때문이었다. 김굉필이 "어질기는 하지만 학문이 넉넉한 것도 아니요, 이웃의 자제를 모아서 가르치기는 했으나 도를 강론한 것은 없다."294)는 것이었다.

그러니 김굉필이 문묘종사의 첫 번째 후보로 거론되는 이유는 그가 조광조의 스승이라는 데서 찾아야 할 것 같다. 반대파에서 "김굉필을 종사하고 그것을 빙자해 당(黨)을 세우려 한다."295)고 한 것만 보아도 알 수 있다.

1567년(선조 즉위년) 10월에 기대승은 우선 정몽주 · 김종직 · 김굉필 등 '조선도학계보'에 든 사람들의 업적을 거론한 뒤 새로이 조광조(趙光祖)와 이언적(李彦迪)을 표창 · 추존하자고 주장했다.296) 조광조는 이전부터 거론되어 왔지만 이언적이 언급된 것은 처음이었다. 이언적은 행실도 올바르지만 저술이 많아 훌륭하다는 이유로 추천되었다. 이러한 인식은 기묘사화를 재평가하고 조광조를 신원(伸寃)하는 근거로 삼으려는 것

293)《中宗實錄》권 32, 中宗 13년 4월 丁酉.
294)《中宗實錄》권 29, 中宗 12년 9월 壬寅.
295)《中宗實錄》권 29, 中宗 12년 8월 庚戌.
296)《宣祖實錄》권 1, 宣祖 卽位年 10월 己酉.

이었다. 이에 1568년(선조 1) 영의정 이준경(李浚慶)은 조광조의 관작을 회복해 주자고 했고, 대사간 백인걸(白仁傑) 등은 그를 문묘에 종사하자고 했다.[297] 그리하여 조광조는 대광보국숭록대부의정부영의정 겸 영경연홍문관예문관춘추관관상감사(大匡輔國崇祿大夫議政府領議政 兼 領經筵弘文館藝文館春秋館觀象監事)로 증직되었다.[298] 그리고 2년 뒤인 1570년(선조 3) 5월에는 '文元'(문원)이라는 시호가 내려졌다.[299] 그 뒤, 유생들은 조광조를 문묘에 종사해야 한다는 주장의 근거로 반드시 '조선도학계보'를 언급했다.

1567년(선조 즉위년) 11월에 퇴계 이황은 다음과 같은 상소를 올렸다.

> 김굉필은 김종직에게서 수업을 받았는데, 하루는 시를 짓기를 "《소학》의 글 속에서 어제의 잘못을 깨달았네."라고 하자, 김종직이 이를 보고 "성현이 될 바탕이다."라고 했습니다. 김종직은 평소의 행실이 뛰어났고, 김굉필과 정여창은 학문이 순수하고 극진했는데 연산군에게 모두 큰 죄를 받았습니다. 그 뒤 중종 대에 이르러 무고하게 죄를 받은 사람들이 모두 신원되었는데, 이 사람들은 당대 도학의 종사(宗師)로서 모두 우의정에 증직되어 춘추로 제사를 내리고 있습니다. 조광조는 학문과 행실이 김굉필이나 정여창과 같은 인물이니 그들과 같이 추증한다면 뒷사람들이 반드시 삼가 본받을 것입니다. 이언적의 학문은 김굉필이나 정여창보다 못할 것이 없으니 반드시 한결같이 표창한 뒤에야 시비가 분명해질 수 있습니다. 몸이 궁벽한 귀양지에 있으면서도 임금을 사랑하는 정성을 잊지 못해 저술까지 해서 자기의 뜻을 거기에 붙였는데, 지난번에 교서를 내리시어 남긴 글들을 수탐(搜探)하라 하셨으니 이는 훌륭한 일입니다. 그런데 신이 듣건대 (이)언적이 《중용》 9경(九經)의 뜻을 미루어 서산 진씨(西山眞氏)의 설을 모방해 하나의 책을 만들어 하문(下問)에 대비하는 자료로 삼으려 했다고 하니

---

297) 〈附錄 年譜〉, 《靜菴集》 권 5.
298) 《宣祖實錄》 권 2, 宣祖 1년 4월 庚寅.
299) 《宣祖實錄》 권 4, 宣祖 3년 5월 癸酉.

그 마음이 진실로 슬픕니다. 조정에 물으셔서 조처하는 것이 좋겠습니다.[300]

여기서 그는 장차 4현에 들 김굉필·정여창·조광조·이언적 등을 현사로 거론하고 있다.

그런데 지금까지 언급되지 않던 정여창과 이언적이 왜 새삼스레 거론되었는가?

김굉필은 조광조의 스승이었고, 정여창은 그러한 김굉필과 대단히 친했으며, 함께 복권(復權)·추증(追贈)·추시(追諡)가 논의됐다.[301] 이 두 사람에 대한 사우(祠宇) 건립 등 각종 은전은 김굉필의 문묘종사가 수포로 돌아가자 사림파들이 뽑아 든 타협 카드의 성격이 강했다. 반대파에서도 이 정도는 양보해도 된다고 생각한 것 같다.[302] 조광조를 중심으로 한 단선적인 계보보다는 사림이 공유하는 대표적인 도학자를 종사논의에 포함시키게 된 것이다.

정여창(1450~1504)은 함양 덕곡리(德谷里) 개평촌(介坪村)에서 태어났다. 아버지는 정육을(鄭六乙)로 1460년(세조 6)에 의주부 통판(通判)으로 있을 때 명 사신 장령(張寧)이 와서 그의 아들 형제를 만나보았는데 총민해 그 이름을 여창(汝昌), 여유(汝裕)로 지어주었다. 그런데 1467년(세조 13) 5월에 이시애(李施愛)의 난이 일어나 아버지는 함길도 우후(虞侯)로서 싸우다가 죽었다. 그는 진사 이관의(李寬義)와 점필재 김종직에게 배웠고, 한훤당 김굉필·추강(秋江) 남효온(南孝溫)·주계군(朱溪君) 이심원(李深源)·무풍부정(茂豊副正) 이총(李摠) 등과 형제처럼 지냈으며, 이종(李宗)·윤극창(尹克昌)·김계운(金季雲)·이목(李穆)·허문병(許文炳) 등과도 문장(文章)·절의(節義)로 자처하면서 친하게 지냈다.

---

300)《宣祖實錄》권 1, 宣祖 卽位年 11월 乙卯.
301) 金泳斗, 앞의 논문, 137~138쪽.
302)《中宗實錄》권 29, 中宗 12년 8월 癸亥, 南袞 등 대신들이 "정여창이 김굉필과 같은 때 태어나 서로 절차에 보탬이 된 것이 마치 考亭(朱熹)과 南軒(張栻)의 사이와 같다."고 해 두 사람이 불가분의 관계에 있는 것처럼 말하고 있다.

그는 이천 정이의 "천지간일두"(天地間一蠹)라는 말에서 호를 "일두"(一蠹), 또는 "睡翁"(수옹)이라 했다.303)

1478년(성종 9) 4월에 이심원이 "정여창·정극인(丁克仁)·강응진(姜應貞)·박연(朴演)등은 다 성현의 무리요, 효자 경연(慶延)은 '사직지신'(社稷之臣)이라."하고 상소한 바 있다. 그런데 이때 이심원은 남효온 등과 공모하여 노산군(단종)을 복위시키려 하고, 세조공신들을 배척하는 대신 임하유현(林下儒賢)을 쓰라고 하자 한명회(韓明澮) 등이 임사홍(任士洪)을 시켜 붕당(朋黨)을 지었다는 죄목으로 이들을 탄핵했다(《國朝寶鑑》).

1480년(성종 11)에는 성균관에서 경명행수자(經明行修者)로서 정여창을 첫 번째로 올렸다. 이때 김일손(金馹孫)이 17세의 나이로 김종직 문하에 들어와 정여창 등 13인과 신교(神交)를 맺었다. 대유(大猷) 김굉필·백욱(伯勖) 정여창·백연(伯淵) 이심원은 도덕으로, 사호(士浩) 강혼(姜渾)·위지(胄之) 이주(李胄)·낭옹(浪翁) 이원(李黿)·중옹(仲雍) 이복 등은 문장으로, 공백 남효온·덕우(德優) 신영희(辛永僖)·자정(子挺) 안응세(安應世)·여경(餘慶) 홍유손(洪裕孫)은 유일(遺逸)로, 백원(伯源) 이총(李摠)·정중(正中) 이정은(李貞恩) 등은 음률(音律)로 유명했다(《濯纓年譜》).

그는 1483년(성종 14)에 진사시에, 1490년(성종 21) 12월에 문과 별시에 급제해 예문관검열, 시강원설서, 안음현감 등의 관직을 거쳤다. 그는 지리산에 들어가 3년 동안 독서하기도 하고, 섬진강 어구에 악양정(岳陽亭)을 짓고 노닐었으며, 안음현감으로 있을 때는 합천군 야로현(冶爐縣) 말곡(末谷)에 살던 김굉필과 중간인 거창 가조현(加祚縣) 산제동(山際洞)에서 여러 번 만나 토론하기도 했다. 그러나 1498년(연산군 4) 7월 27일에는 무오사화를 당하여 종성부로 유배되었다. 체포되기 전 6월에 김일손이 청계정사(靑溪精舍)에 놀러 왔다가 그곳에서 잡혀갔다. 정여창도

---

303) 鄭汝昌,〈附錄 事實大略〉,《一蠹先生遺集》卷 2.

1504년(연산군 10) 4월 1일에 갑자사화에 다시 연루되어 귀양지에서 죽었다(〈附錄 事實大略〉, 《一蠹先生遺集》 卷 2).

이로 미루어 보아 정여창은 김굉필·김일손 등 신진사류들과 매우 친했고 도덕으로 이미 이름이 알려진 사람임을 알 수 있다. 1517년(중종 12)에 대광보국숭록대부의정부우의정 겸 영경연감춘추관사(大匡輔國崇祿大夫議政府右議政 兼 領經筵監春秋館事)에 추증되었다.

그러나 이런 정도의 업적만으로 정여창이 문묘종사가 되지는 않은 것 같다. 남효온도 "정백욱(鄭伯勗: 鄭汝昌)은 주(周)·정(程)·장(張)·주(朱)의 견식을 가지고 있어서 오경(五經)을 궁구해 통달했지만 유독 시를 전공한 인사를 등용하지 않으면서 말하기를 '시는 성정(性情)이 발한 것이니 어찌 잗달게 이를 억지로 공부하는가. 그 뜻이 비록 시를 하지 않더라도 덕이 갖추어지고, 경전에 통달하면 또한 어찌 병이 되겠는가?'라고 하였다."(《秋江冷話》)고 해 도학에 능통한 것을 인정했다. 남효온이 다시 언급하기를, "정여창이 주자의 《중용장구》를 들어 '하늘이 음양오행(陰陽五行)으로써 운행해 만물을 화생하는데 그 기가 형체를 이룬 후에 이(理)가 또한 품부된다'는 말을 취하지 않고, '어찌 기보다 뒤에 오는 이가 있을까보냐?'고 했다. 내가 듣고 매우 높게 평가했다."고 했다(《秋江集》). 이로 미루어 보아 정여창이 이기심성론에도 조예가 있었고 특히 주리론을 창도한 업적이 있는 것이 아닌가 한다. 그가 쓴 다음의 이기설(理氣說)이 그 근거가 될 만하다.

심이란 공허한 곳에서 행할 수 있는가? 반드시 형질에 담긴 다음에 행하는 것이다. 그러나 형기(形氣)의 사사로운 것에 구애되면 마음은 어두워진다. …… 형기의 사사로움을 이기면 마음은 밝아진다. 공자가 말하는 바 "조즉존"(操則存)과 맹자가 말하는 바 "수방심"(收放心)과 정자가 말하는 바 "반복입신래"(反復入身來)가 그것이다. …… 무릇 기 없는 이가 없고, 이 없는 기가 없다. 그러므로 이가 있는 곳에 기 또한 모이고, 기가 움직이는 곳에 이 또한 나타난다. 피차의 구별이 없는 것 같으나, 이는 혼연(渾然)

지선(至善)해 영위하는 것이 없고, 기는 맑고 엷으며 깨끗함과 더러움이 있어서 운용을 하면 피차의 구별이 있으니 이것은 소위 하나면서 둘이요, 둘이면서 하나이다. 대개 태극이 양의를 낳고, 양의는 하나의 태극이다. 그러므로 '충막무짐'(沖漠無朕)해 만상이 이미 구비되고 만물이 흩어져서 하나로서 꿰뚫으니 진실로 하나라 할 수도 없고, 또한 둘이라 할 수도 없다. 그러므로 이와 기를 합해 하나로 하면 자기의 사사로움에 맡겨서 이 성(性)에 작용하는 폐가 있고, 이기를 쪼개서 둘로 나누면 묘도(妙道)를 욕구해서 마침내 천지일월을 속여 유망(幻妄)한데로 돌아가니 치우치면 안된다. 배우는 자들은 모름지기 하나로 되는 실상을 알고 또 둘로 되는 뜻을 알아, 능히 자기를 이기고 예(禮)로 돌아가서 항상 도심으로 하여금 한 몸의 주인이 되어, 인심이 매양 명(命)을 듣도록 해야 한다. 공자가 말씀하시기를 형이상자(形而上者)를 '도'(道)라고 하고, 형이하자(形而下者)를 '기'(器)라고 했으니 모름지기 상하가 다 '형'(形) 자에 드러나고, 또 도기(道器)에 나누어서 나타나는 뜻을 알아야 이에 능히 이기의 묘를 안다고 할 수 있다. 대개 이가 없으면 기가 엉킬 데가 없고 기가 없으면 이가 유행할 수 없으므로, 둘은 서로 기다려서 능히 만물을 생성하니, 이는 가히 이기의 나뉨을 볼 수 있으나 만상이 이미 '충막무짐'한 가운데 갖추어져 있으니 처음부터 두 물건이 아니다.304)

자료가 부족하여 그의 사상을 더 이상 추적할 수 없는 것이 아쉽다.

퇴계는 조광조를 접점으로 종사의 대상을 구분해 보려는 뜻을 가지고 있었다. 그 이전에는 허형(許衡)의 실천유학의 영향을 받아 '존덕성'(尊德性)에 가치를 두고 있었는데, 그 이후는 '존덕성'과 함께 '도문학'(道問學)도 아울러 중시하게 되었다. 퇴계가 '조선도학계보'에 든 사람들에 대해 실천은 비록 돈독했지만 볼만한 학문이나 저술이 없다고 논평한 것도 그 때문이다.

---

304)〈第六編 理氣說〉,《朝鮮陞廡諸賢文選》19, 民族文化社, 24쪽.

한훤당의 학문이 실천에 비록 돈독하기는 하지만 '도문학' 쪽 공부에 미진함이 있지 않은가 하네(金誠一, 《퇴계선생언행록》).

한훤당이 도학에서 만일 과연 자사·맹자·정자·주자와 같다면 세대의 설에 구애되지 않는 것이 매우 마땅합니다. 다만, 선생은 덕행이 높기는 하나 미처 논저(論著)하지 못해 후세에 고술(考述)할 길이 없습니다.305)

일찍이 "조정암께서는 타고난 자질이 참으로 아름다웠으나 학문의 힘이 충실치 못해 그 배푼 바가 적당한 곳을 지나침을 면치 못했네. 그러므로 끝내 일을 실패하는 데 이르렀던 것이네. 만약 학문의 힘이 이미 충실해지고 덕의 그릇이 이루어진 뒤에 와서 세상일을 담당했더라면, 그 이룬 바를 쉽게 측량할 수 없었을 것이네."라고 말씀하셨다(김성일, 《퇴계선생언행록》).

일찍이 "우리 동방의 이학(理學)은 정포은(鄭圃隱)을 조(祖)로 삼고 김한훤당과 조정암을 우두머리로 삼는데, 다만 이 세 선생은 저술이 드러난 것이 없어서 그 학문의 깊이를 살필 수가 없네. 근래에 《회재집》(晦齋集)을 보니, 그 배운 바의 바름과 얻은 바의 깊음은 근세의 제일이네."라고 말씀하셨다.306)

조광조는 '조선도학계보'의 맨 끝에 있으면서, 동시에 새로운 도학도통의 정점에 있었다. 그러므로 문묘종사 논의는 전자와 후자를 안배하는 수밖에 없었다. 원로들은 전자를 지지하고, 퇴계는 후자를 지지했다. 조광조의 종사(從祀)에는 큰 이견이 없었으나, 이언적의 종사에 대해서는 여러 구설이 있었다. 우선 율곡 이이(李珥)는 다음과 같이 논평했다.

이언적은 박학하며 글을 잘 했고, 부모를 섬김에 효성이 지극했다. 성리학

---

305) 〈答李文樑〉, 《退溪集》 卷 2 書.
306) 〈禹性傳〉, 《退溪先生言行錄》.

책을 즐겨 읽고 손에서 책을 놓지 않았다. 몸가짐이 정중하고 입으로는 말을 가려서 했다. 저술을 많이 했으며, 깊이 정미한 경지에까지 이르러 학자들이 역시 도학자로 추존했다. 다만 경세제민의 큰 재주와 벼슬하는 데 큰 절개는 없었다. 을사사화 때 언적은 뒤로 선비들을 구하고자 했다. 그 때문에 직언으로 광구(匡救)하지 못하고 권간들의 협박을 받아 추관(推官)이 되어 올바른 사람들을 신문해 공신이 되는데 이르렀다. 곽순(郭珣)이 형문당할 때 언적이 추관이 된 것을 보고 이에 탄식하기를 "우리가 복고(復古: 이언적의 字)에게 죽을 줄 어찌 알았으리오."라고 했다. 언적이 후회해 조금씩 권간들에게 다른 의논을 제기하다가 드디어는 죄를 얻어 공훈을 삭탈당하고 멀리 유배된 뒤에 죽었다.307)

이언적의 학문은 높았으나, 권간(權奸)들의 협박을 받았다고는 하더라도 추관이 되어 선류(善類)를 해쳤다는 것이다. 율곡은 나아가서 설총(薛聰)·최치원(崔致遠)·안향(安珦)은 사도(斯道)에 관계가 없으니 문묘에서 빼내 다른 데서 제사지내게 하고, 김굉필과 정여창은 언론의 기풍과 뜻이 미약해서 드러나지 않고, 이언적은 행적이 논란거리이니 곤란하며, 오직 조광조와 이황 두 사람은 종사해도 좋다고 했다.308)

퇴계는 조광조와 이언적의 도통을 세우고자 이 두 사람의 행장을 자진해서 썼다. 조광조의 행장은 1564년(명종 19)에 둘째 아들 조용(趙容)이 종질(從姪) 조충남(趙忠男)을 시켜 상사(上舍) 홍인우(洪仁祐)의 행장을

---

307) 李彦迪 博學能文 事親至孝 好玩性理之書 手不釋卷 持身莊重 口無擇言 多所著述 深造精微 學者亦以道學推之 但無經濟大才及立朝大節 乙巳之難 彦迪欲周旋陰救士類 故不能直言匡救 而迫于權姦 作推官以拷訊善類 至於錄功 郭珣被刑訊 仰見彦迪作推官 乃嘆曰安知吾輩死於復古之手乎 彦迪後悔 稍與權姦立異 竟得罪削功 遠竄而卒(〈經筵日記〉,《栗谷全書》권 28, 明宗大王 22年 10月 丙戌).

308) 謹按 館學儒生 累請以五賢從祀 而自上不敢輕擧 固是難愼之道 但我國受命以來 諸儒非無可從祀者 而今尙闕焉 豈非盛典有虧乎 前朝從祀者 鄭文忠一人外 其餘薛聰崔致遠安裕則無與於斯道 如欲裁誌以義 則斯三人者 可以祀於他所 而不可配於文廟也 第以諸生汎請五賢 則其間豈無優劣乎 金文敬鄭文獻 則言論風旨 微而不顯 李文元則出處頗有可議者 惟趙文正 唱明道學 啓牖後人 李文純 沈潛義理 模範一時 斯二人者 表出從祀 則夫誰曰不可哉(〈經筵日記〉,《栗谷全書》권 29, 萬曆1年 癸酉, 宣祖 6년 8월).

가지고 와서 비명을 지어 달라고 했는데, 그 내용이 너무 소략해 자료를 더 모아 다시 쓴 것이다. 대략의 내용을 살펴보면 다음과 같다.

먼저 정암(靜菴)이 희천(熙川)으로 유배되어 있는 한훤당(寒暄堂)을 찾아가 학문하는 방법을 배웠다. 당시에 오직 한훤당만이 장구(章句)·문사(文詞)에 빠지지 않고, 《소학》을 실천에 옮기고 있는 도학자였기 때문이다. 정암은 이를 배워 알성문과를 거쳐 중종 치하에서 지치주의(至治主義)를 부르짖어 사림의 영수가 되었고 중종의 지우를 받아 도학을 현양하고 사림정치를 펴려 했으나 중종이 사림에게서 등을 돌리는 바람에 죽음을 당했다.[309]

퇴계는 이 행장에서 조광조의 도학을 드러내려고 했다. 단, 뜻이 좋고 기품은 뛰어났으나, 공부가 좀 모자랐음이 흠이라는 것이 퇴계의 평이다.

회재의 행장은 1566년(명종 21) 10월에 아들인 이전인(李全仁)이 그의 아들 이준(李浚)을 시켜 회재의 시문·묘지명·역관기록·언행사실 등을 모아 가지고 와서 퇴계에게 지어달라고 해서 지은 것이다. 퇴계는 특히 망기(忘機) 조한보(曺漢輔)와 왕래한 무극태극에 관한 편지(45편)를 중시했다. 주자가 염계(濂溪) 주돈이(周敦頤)의 《태극도설》을 자기 이론의 출발로 삼은 것을 본따, 회재의 무극태극론을 그가 주장한 주리론의 출발로 삼고자 한 것이다. 퇴계가 왜 다른 사람들이 비난하는데도 회재를 올려세우려 했는지 알 만하다. 퇴계는 무극태극서론 이외에 회재가 유배되어 있을 때 지은 《대학장구보유》(大學章句補遺)·《속혹문》(續或問)·《구인록》(求仁錄)·《중용구경연의》(中庸九經衍義) 등을 읽고 감격해 마지 않았다. 또한 주자의 주리론을 수호하기 위해 육학(陸學)과 같은 이단을 물리친 것도 높이 평가했다. 회재는 특별한 배움이 없으면서 도학을 창도했으니 그 덕업과 행적을 후세에 알릴 필요가 있기 때문에 행장을 썼다는

---

309) 〈靜菴趙先生行狀〉, 《增補 退溪全書》 2 冊 48, 成大 大東文化研究院, 1971, 471~476쪽.

것이다.310) 그러나 퇴계는 4현종사를 그렇게 달갑게 생각하지 않았다. 거론되는 사람 가운데 조광조와 이언적을 제외하고는 문묘에 꼭 종사할 만하지 않다고 생각했기 때문이다.311)

1570년(선조 3)에 퇴계가 죽자 4현종사는 5현종사로 바뀌었다. 퇴계가 당대 도학자 가운데 제일이라는 것은 세상이 다 아는 일이었다. 퇴계선생 졸기(卒記)에는 퇴계를 다음과 같이 평하고 있다.

…… 형 이해(李瀣)가 권력자에게 미움을 사 억울하게 죽은 뒤부터 물러가 숨을 것을 결심하여, 관직에 임명하면 대부분 나가지 않고 전적으로 성리학만을 연구했다. 《주자전서》를 구해서 읽고 기뻐해 한결같이 그 가르침을 따라서 진지(眞知)·실천(實踐)하기를 힘썼다. 제가중설(諸家衆說)의 동이(同異)와 득실(得失)을 다 달통하고, 주자의 학설과 절충해 의리가 정미하고 큰 근원을 꿰뚫어 보았다. 도를 이루고 덕을 세울수록 더욱 겸손하니 따라서 강학하려는 자가 사방에서 이르고, 현달한 관료나 귀한 사람들도 또한 마음을 기울여 사모했다. 대부분은 학문을 강론하고 몸을 닦는 일에 종사했으나, 사풍(士風)이 크게 변해 명종이 그 물러가기를 좋아하는 것을 가상히 여겨 여러 번 관작을 올려 징소(徵召)했으나 다 나가지 않았다. …… 이황이 겸양해 감히 저작하는 것을 마땅치 않게 여겼기 때문에 특

310) 晦齋李先生行狀 頃年 先生庶子全仁 來示先生所纂修諸書 近全仁又遣其子浚 而其所裒集 先生詩文誌銘及歷官首末言行事實重來示 滉謹受而伏讀之 反覆參究 質之以古聖賢之言 於 是 始知先生之於道學 其求誌如此其切也 其行之如此其力也 其得之如此其正也 而先生之出 處大節忠孝 一致皆有所本也 先生之謫所作大學章句補遺續或問求仁篇 又修中庸九經衍義 衍義未及成書 而用力尤深 此三書者 可見先生之學 而其精詣之見獨鍀妙 最在於與曺忘機漢 輔論無極太極 書四五篇也 其書之言 闡吾道之本原 闢異端之邪設 貫精微徹上下粹然 一出於 正 深玩其義 莫非有宋諸儒之緒餘 而其得於考亭者 爲尤多也 嗚呼 我東國 古被仁賢之化 而 其學無傳焉 麗氏之末 以及本朝 非無豪傑之士有志此道 而世亦以此名歸之者 然 考之當時 則率未盡明誠之實 稱之後世 則又罔有淵源之徵 使後世學者 無所尋逐 以至于今泯泯也 若吾 先生無授受之處 而自奮於斯學 闇然日章 而德符於行 炳然筆出 而垂于後者 求之東方 殆鮮 有其倫矣(〈晦齋李先生行狀〉,《增補 退溪全書》2 卷 49, 成大 大東文化硏究院, 1971).

311) 嘗曰 我朝從祀之典 多有未喩者 如崔孤雲 徒尙文章而諂佛又甚 每見集中 佛疏等作 未嘗不 深惡而痛絶之也 與享文廟 豈非辱先聖之甚乎 又曰 我朝四賢 雖有功德 至於從享聖廟 則未 可輕議也 是 館學生上疏請從祀 先生聞之 終不以爲是(金誠一, 〈崇正學〉,《退溪先生言行錄》 卷 5).

별히 지은 책은 없으나, 학문을 토론하고 수용하다가 비로소 책을 썼는데 성현의 가르침을 펴서 이단을 배척하기를 정대하고 명백하게 해 학자들이 신복했다. 매양 중원에 도학이 전하시 않아 육상산(陸象山)·왕양밍(王陽明)과 같은 편벽된 학설이 유행하는 것을 애통히 여겨 그 그릇됨을 배척했다. 우리나라 근대에도 화담(花潭) 서경덕(徐敬德)의 학문이 기를 이로 보는 병통이 있는데도 학자들이 많이 전술하므로, 이황이 학설을 개발해 이를 명백히 배척했다. 편집한 책으로 《이학통록》(理學通錄)·《주자서절요》(朱子書節要)와 문집이 세상에 전한다. 세상에서 칭하기를 '퇴계선생'이라 한다. 논자들이 "이황을 현세의 유종(儒宗)으로, 조광조 이후 비견할 사람이 없다. 이황의 재주와 기국(器局)은 비록 조광조에 미치지 못하나 의리를 깊이 연구해 정미롭게 하는데 있어서는 조광조가 미치지 못하는 바이다"라고 했다.312)

의리의 실천 뿐 아니라 성리학 연구에도 공을 쌓아 조광조 이후로 최고라는 논평이다. 즉, 퇴계는 '존덕성' 뿐만 아니라 저술을 많이 남겨 '도문학'에도 높은 평가를 받은 것이다.

1570년(선조 3년)부터 오현종사가 이루어지는 광해군 2년(1610)까지 성균관 유생들은 연중행사처럼 5현(김굉필·정여창·조광조·이언적·이황)의 문묘종사를 요구했다.313) 그러나 1575년(선조 8)에 동서분당이 되어 조신들의 논의가 여기에 집중되기 어려워졌고, 뒤이어 임진왜란이 일어났으며, 게다가 선조의 소극적인 태도로 일의 진척이 지지부진했다. 선조는 종사를 허락할 경우 왕권이 제약을 받을 것을 우려해 "중대한 일이니 신중을 기해야 한다."는 핑계로 종사논의를 저지시켰던 것이다(다른 국왕의 입장도 마찬가지였다).

그러나 1601년(선조 34)에 명나라의 사신 경리(經理) 만세덕(萬世德)이 성균관을 방문해 조선의 문묘제도가 명과 다른 것을 알고 자문(咨文)

---

312) 《宣祖修正實錄》 권 4, 宣祖 3년 12월.
313) 金泳斗, 앞의 논문, 151~154쪽.

을 보내 고칠 것을 요구해 왔고,314) 1605년(선조 38)에 임진왜란 때 불탄 성균관 문묘가 재건되자315), 기왕이면 새 문묘에 새 사람을 종사시키는 의미에서 5현을 종사하자는 논의가 더욱 거세졌다. 이번에는 성균관 유생들 뿐 아니라 전국의 유생들까지 가세했다.

선조는 지금까지의 방법으로는 더 이상 버티기 어렵다는 것을 깨닫고, 태도를 바꾸어 사림의 방법대로 이언적이 출처가 불명하다는 이유를 들어 죽을 때까지 5현종사를 허락하지 않았다.316) 행적이 불명한 것, 을사사화 때 재판관[推官]이 되어 선류를 심문한 것, 훈적(勳籍)에 든 것, 봉성군(鳳城君)을 죽이는데 동조한 것 등을 결격사유로 들었다.317)

선조의 뒤를 이은 광해군은 정통성이 약한 군주였다. 적자(嫡子)도 아니요, 장자(長子)도 아니었다. 결국 권력 다툼 끝에 영창대군(永昌大君)과 임해군(臨海君)을 죽이는 패륜을 저지르고 말았다. 이런 상황에서 사림의 지지까지 못 받으면 정권의 유지 자체가 곤란했다. 더구나 5현종사에 관한 한 사림들의 이견이 없었다. 그리하여 1610년(광해군 2) 7월에 드디어 5현을 문묘에 종사하게 되었다. 정몽주를 문묘에 종사하자고 요구한 때로부터 100년 만에, 퇴계가 죽은 지 꼭 40년 만에 5현이 문묘에 종사된 것이다.

그 결과, 퇴계의 이론이 정통이론이 되고 이와 다른 사상이나 이론은 이단으로 몰려 역사의 뒷면으로 밀려나게 되었다. 무속·불교·도교는 말할 것도 없고 유학의 다른 학파인 육왕학(陸王學)·기학(氣學)·상수학(常數學) 등도 배제되었다. 다시 말하면 퇴계의 유학이 국가의 지배사상이 된 것이다.

---

314) 《宣祖實錄》 권 133, 宣祖 4년 정월 辛丑.
315) 《宣祖實錄》 권 184, 宣祖 38년 2월 庚午.
316) 《宣祖修正實錄》 권 38, 宣祖 37년 3월 辛亥.
317) 李羲權, 〈東方五賢의 文廟從祀 小考〉, 《全北史學》 7, 1983, 120쪽.

3. 남명 조식의 생애와 사상

(1) 생애

조식의 자는 건중(楗中)이요, 호는 남명(南冥), 산해(山海), 방장노자(方丈老子), 방장산인(方丈山人)이며 본관은 창녕(昌寧)이다. 창녕은 경상좌도에 속했지만 그 가문은 낙동강 건너 삼가현(三嘉縣)에 이주한 것 같다. 남명은 1501년(연산군 7) 음력 6월 26일(음력)에 경상도 삼가현 토동(兎洞)의 외가에서 태어났다. 아버지는 조언형(曺彦亨)이고 어머니는 인주 이씨(仁州李氏)로 충순위(忠順衛) 이국(李菊)의 딸이다. 이국의 가문은 그의 증조 이안습(李安習)이 삼가현 판현(板峴)에 입향한 이후 토동에서 대대로 살았다. 전하는 말에 따르면, 어떤 술사(術士)가 이국의 집터를 보고 "이 땅에서 어느 해 마땅히 성현이 나올 것이다."라고 예언했는데 과연 남명이 태어났다. 이국이 매우 이상히 여겨 친히 밥과 국을 끓여 주면서 술사의 말이 있으니 조씨문중이 번창할 것이라 했다. 남명이 태어날 때 집 앞 팔각정(八角井)에 무지개가 피고, 광채가 방안에 가득했다고 한다.[318]

창녕 조씨는 고려말 토성사족(土姓土族)으로서 상경종사(上京從仕)하면서 사족화의 길을 걸었다. 그리하여 고려 말에 조익청(曺益淸: 공민왕 때 左政丞) · 조민수(曺敏修: 위화도회군 때 左軍都統使) 등을 배출한 권문으로 성장했다. 남명의 편년(編年: 연보)과 족보, 묘지명 등을 기초로 그의 가계를 정리해 보면 다음 쪽의 가계표와 같다.

조식의 5대조 이상의 조상이 어떤 벼슬을 했는지는 알 수 없고, 고조 조은(曺殷)이 중랑장(中郞將)이라 하나, 이는 흔히 재지품관(在地品官)

---

318)《南冥先生集》附錄 編年, 1쪽.

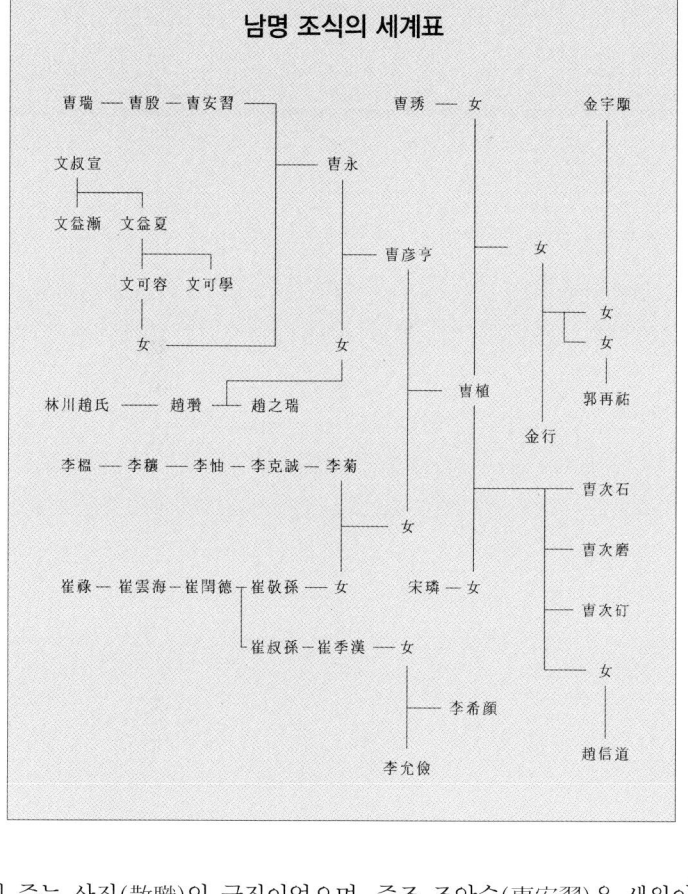

남명 조식의 세계표

에게 주는 산직(散職)인 군직이었으며, 증조 조안습(曺安習)은 생원이요,
할아버지 조영(曺永)은 벼슬하지 않았으니, 그때까지만 해도 한미한 집안
이었다.[319] 그러나 아버지 대에 와서 조언형(曺彦亨)이 문과에 급제
(1504)해 이조정랑, 집의, 수령, 승문원판교에 올랐고, 작은 아버지 조언
경(曺彦卿)은 문과에 급제해 이조좌랑에 올랐다. 그러나 조언경이 기묘사
화 때 죽음을 당하고, 조언형도 좌천되어 벼슬길이 순탄치 않았다.[320]

319) 李樹健, 〈南冥 曺植과 南冥學派〉, 《民族文化論叢》 第2·3輯, 1982, 193쪽.

그의 부계는 신통치 않았으나 고조모에서 어머니까지의 외계는 가세를 지닌 사족이었다. 고조모 현풍 곽씨의 아버지는 현감이었고, 증조모는 문익점(文益漸: 호는 三憂堂)의 조카 문가용(文可容: 文科, 學諭)의 딸로 단성현의 신흥사속이었다.321) 남명은 문익점을 높이 평가했다.

> 지정(至正) 연간에 공(문익점)이 서장관으로 원나라에 갔다가 어려운 나랏일을 당해 중국 남쪽 황량한 곳으로 귀양을 갔다. 삼 년 만에 풀려나 돌아오다가 도중에 목화 꽃을 보았다. (국법으로) 무겁게 금하는 것을 돌아보지 않고 몰래 (목화씨를) 가지고 와서 동방에 번식시켜 삼한의 생령으로 하여금 만세의 혜택을 입을 수 있게 했으니 그 공이 어찌 작다고 하겠는가? …… 그 뒤 모친상을 당해 여묘살이를 하는데, 마침 왜구가 쳐들어와 사람들이 다 도망갔으나, 공만 상복을 입고 상식(尙食)을 올리고 제사를 드리기를 평상시 같이 하니 왜적이 또한 감탄해서 나무를 깎아 "효자를 해치지 마라!"(勿害孝子)라는 네 글자를 써 놓고 갔다. …… 스스로 삼우거사(三憂居士)라 일컬었는데 '삼우'(三憂)란 왕국이 떨치지 못하는 것, 성학(聖學)이 전하지 않는 것, 자기의 도가 확립되지 않는 것을 걱정한다는 뜻이었다.322)

남명이 증조모의 조상인 문익점의 남다른 효성과 애민정신, 학문에 대한 열정을 칭송한 것이다. 그의 선비상에 감명을 받았기 때문일 것이다.

또한 할머니의 남동생인 지족당(知足堂) 조지서(趙之瑞: 1454~1504)의 영향도 컸던 것 같다. 남명은 그의 〈유두류록〉(遊頭流錄)에서 조지서를 이렇게 칭송했다.

> 승선(조지서)은 의인(義人)이다. 그 기상은 삼엄해 높은 바람이 불어오자 벽을 사이에 두고도 몸이 춥고 떨리는 듯하다. …… 한유한(韓惟漢)·정여

창(鄭汝昌)·조지서(趙之瑞) 등 세 군자를 높은 산과 큰 내에 견주어 본다
면, 십 층의 산봉우리 위에 다시 옥(玉) 하나를 더 얹어 놓은 격이요, 천 이
랑 수면에 달 하나가 비친 격이다.[323]

조지서는 연산군이 세자일 때 스승으로서 그를 잘 인도하려다가 도리
어 화를 당했다. 남명은 조지서의 묘갈명에서도 "당시에 소망지(蕭望之)
처럼 보필했고, 오자서(伍子胥)처럼 억울하게 죽었다."고 술회하고 있
다.[324] 1496년(연산군 2)에 조지서가 올린 옥중상소에서도 "신 지서(之
瑞)는 간을 베어 종이로 삼고, 피를 뿌려 글자를 써서 삼가 말씀을 올립니
다."라고 해 남명이 〈욕천〉(浴川)이라는 시에서 "만약 티끌이 오장에서
생긴다면, 지금 당장 배를 갈라 흐르는 물에 띄워 보내리."라고 한 기상을
보는 듯하다.[325] 뿐만 아니라 외조모 통천 최씨(通川崔氏)의 할아버지는
조선초기의 유일한 무관 출신 재상으로 세종 때 4군을 개척하는 데 큰 공
을 세운 최윤덕(崔閏德)이다. 외조모의 아버지인 최경손(崔敬孫)과 그의
손자인 최맹한(崔孟漢), 최계한(崔季漢) 등은 사육신 사건에 연루되었으
나 지조를 지켰다.[326] 아버지 조언형도 성품이 강직해 권세가에 아부할
줄 몰랐다 한다. 이러한 내·외족의 기질이 남명의 성격과 학문에 영향을
주었다고 생각된다.

조언형(1469~1526)은 그곳 토성인 인주 이씨 이국(李菊)의 딸에게 장
가를 들어 조식(曺植)·조환(曺桓) 두 아들과 세 딸을 두었다. 조식은 정실
에서 아들 차산(次山)을 두었으나 일찍 죽고, 딸 하나는 만호 김행(金幸)에
게 시집갔다. 그리고 부실[宋璘 女]에서는 차석(次石)·차마(次磨)·차정
(次矴) 3형제를 두었는데 외조 때문에 적실과 다름없이 벼슬할 수 있었다.
이국의 네 딸은 이공량(李公亮), 현감 정운(鄭雲), 정백영(鄭白永), 정사현

323) 앞의 책, 374쪽.
324) 앞의 책, 264쪽.
325) 이상필, 앞의 책, 17~18쪽.
326) 이상필, 앞의 책, 19쪽.

(鄭師賢)에게 시집갔다. 그 가운데 이공량은 두 아들을 두었는데 첫째인 이
준민(李俊民)은 판서를 지냈고, 둘째 아들 이헌민(李憲民)은 생원이었
다.327) 이 가운데 이준민(1524~1590)은 경상우도를 대표할 만한 학자 · 관
료로서 이조판서 · 좌참찬을 역임했고, 이이(李珥)와도 친했으며, 조종도(趙
宗道)는 그의 사위였다.328) 제자인 김우옹(金宇顒)과 곽재우(郭再祐)는 남
명의 외손서(外孫壻)였다.

남명은 어려서부터 총기가 있고 성품이 강건 · 정중해 어른스러웠으며,
7살 때 아버지에게 시와 서를 배웠는데 배우는 것마다 외우고 잊어먹지
않았다고 한다. 공부는 감독하지 않아도 스스로 하고, 모르는 것이 있으면
반드시 질문해 안 다음에야 그만두었다 한다. 행동거지가 어른과 같아 아
이들과 장난도 치지 않아 사람들이 모두 훌륭한 사람이 될 것이라고 기대
했다. 대곡(大谷) 성운(成運)이 제문에서 조식의 기품을 "품성과 정기가
높고 높아 천년의 기대에 응했고, 아름다운 기질이 맑고 순수하며, 영걸한
재주가 영명하게 뛰어났다. 어릴 때도 올연히 노인과 같았으며, 항상 앉는
곳에 앉고, 몸이 당(堂) 아래로 내려오지 않았으며, 단정하고 엄격하며 말
이 없어, 보는 사람의 혼백을 빼앗는다."고 그리고 있다.329)

9살 때 병이 위독해 어머니가 걱정하자, "하늘이 나를 낳았으니 어찌
공연한 일이겠습니까? 다행히 남자로 태어났으니 하늘이 반드시 해야 할
사업을 주셨을 것이니 어찌 일찍 죽을까봐 걱정하겠습니까?"라고 해 듣는
사람들이 놀라게 했다고 한다.330)

18살 때의 일이었다. 아버지를 따라 단천(端川)에서 서울 장의동(壯義
洞)으로 돌아왔다. 단천군에 있을 때 남명은 관아에서 매일 아침저녁으로
방 하나를 깨끗이 치워놓고, 뜻을 세워 공부를 하되, 깨끗한 대야에 물을
담아 양손으로 받치고 있으면서 밤새도록 쏟지 않았다. 이는 뜻을 견지하

---

327) 李成茂, 앞의 책, 425쪽.
328) 李樹健, 앞의 논문, 194쪽.
329) 成大谷運 祭先生文 有曰 稟精崇嶽 千載應期 美質淸粹 英才穎脫 其在兒齒 兀乎老蒼 坐有
   常處 身不下堂 端嚴淵黙 見者動魄(《南冥先生集》附錄 編年, 2쪽)
330)《南冥先生集》附錄 編年, 2쪽.

기 위해서였다. 옷에는 금방울을 달아 성성자(惺惺子)라 했다. 이는 정신을 불러 깨우기 위한 장신구이다. 책을 보는데 10줄씩 읽었으며, 경전자사(經傳子史)는 말할 것 없고, 천문(天文)·지리(地理)·의방(醫方)·수학(數學)·궁마(弓馬)·행진(行陣)·관방(關防)·진수(鎭戍)에 이르기까지 통달하지 않은 것이 없었다 한다. 연구해서 알려고 하지 않았고, 스스로 문장과 공업으로 일세를 떨치고 천고의 뜻을 앞지를 것이라 했다. 성운의 제문에 "옛날에 서울에 있을 때 옆집에 살았네. 아침부터 얘기하다 밤까지 가고 밤에는 같은 침상에서 잤네. 절차탁마(切磋琢磨)하되, 오직 도와 덕에 관한 것이었네"라고 했다.331)

19살 때 친구들과 산사에서 《주역》을 읽었는데, 《주역》이 어렵다고 하는 이유는 사서(四書)를 숙독하지 않았기 때문이라고 했다. 이해 12월에 정암(靜菴) 조광조(趙光祖)가 죽었다는 소식을 들었으며, 이때 숙부 조언경(曺彦卿)도 연루되어 죽었다. 이를 보고 사림이 조정에 진출할 시기가 아니라고 생각했다.

20세 되던 1520년(중종 15)에 어머니의 강권으로 과거시험에 응시해 생원·진사시와 문과의 초시에 합격했으나, 다음 해 있었던 생원진사시 회시에는 응시하지 않고, 문과 회시에는 떨어졌다. 소과는 출사의 길이 아니요 예비시험에 지나기 않았기 때문이다.332)

22세 되던 1522년(중종 17)에 남평 조씨(南平曺氏) 충순위(忠順衛) 조수(曺琇)의 딸에게 장가들었다. 남명은 부인을 손님과 같이 공경스럽게 대했으며, 집안에서 정숙하고 깨끗이 하도록 했다. 비록 여자 종들이라도 머리를 빗지 않고 음식을 나르지 못하게 했으며, 화려하고 아름다운 것을 숭상하지 않았다.333) 남명은 처가를 따라 한때 김해부 신어산(神魚山) 아래 탄동(炭洞)에 우거(寓居)하면서 산해정(山海亭)을 짓고, 어머니를 모시고 살았다. 남명이 일정한 생업이나 녹봉의 수입이 없이 일생동안 처사

---

331) 《南冥先生集》 附錄 編年, 3쪽.
332) 《南冥先生集》 附錄 編年, 3쪽.
333) 《南冥先生集》 附錄 編年, 3쪽.

(處士)의 신분으로 공부만 할 수 있었던 것은 삼가·김해·진주 등에 있는 내·외족의 경제적 기반 덕분이었다.[334]

25세 되던 1525년(중종 20)에는 다시 친구들과 함께 산사에서 《성리대전》을 읽었는데, 이것이 남명의 학문을 좌우하는 계기가 되었다. 남명은 《성리대전》을 읽다가 원나라 노재(魯齋) 허형(許衡)이 "뜻은 이윤(伊尹)의 뜻을 가지고, 학문은 안자(顔子)의 학문을 배운다. 나가면 하는 것이 있어야 하고, 물러나면 지키는 것이 있어야 한다."(志伊尹之志 學顔子之學 出則有爲 處則有守)라는 대목에 이르러 깨달은 바가 컸다. 나가서도 하는 일이 없고, 물러나서도 지키는 바가 없으면 뜻을 둔 바나 배우는 바가 장차 무슨 소용이 있느냐는 남명의 출처관이 이때 확립되었다. 개연히 깨달은 바가 있어 성인의 학문을 하되 지엽적인 것은 버리고, 6경(六經)·4자(四子) 및 주돈이(周敦頤)·장재(張載)·정호(程顥)·정이(程伊)·장재(張載)·주희(朱熹)의 학문만을 아침부터 저녁까지 열심히 공부해 몸소 실천하는 것을 일삼았다. 이에 '경의'(敬義)를 함께 실천하는 것을 중시해 이 '경의' 두 자는 하늘에 해가 있고, 달이 있는 것과 같아서 만고에 바꾸지 않아야 할 것이라 했다. 그리고 성인의 천언만어가 이 한 뜻에서 나오는 것이니 게으르지 않게 열심히 실천해야 한다고 했다. 성운은 "일찍부터 깨달음이 있어 성학에 뜻을 두었네. 큰 용기를 불러일으켜, 마치 노한 듯하면서도 말을 흘리지 않았네. 휘장을 내리고 외우고 읽으며, 성리를 연구하고 궁리했네. '경'에 거하고, '의'를 지키고. 몸에 돌이켜 실천하였네. 보고 듣고 말하고 행동하는 것은 4물(四勿)을 꿰고 다니네."라고 했고, 한강(寒岡) 정구(鄭逑)는 "충신(忠信)을 질(質)로 하고, 경의(敬義)를 학(學)으로 한다."고 했다. 이때는 기묘사화를 겪고 난 뒤라 사습(士習)이 투박해져 정주(程朱)의 성리서를 읽는 것이 금지되어 있었는데, 남명은 홀로 초연히 깨달은 바가 있어 탁연(卓然)히 성현의 진정한 학문에 힘썼다. 이 점에서 남명이 일반 유속(流俗)에 있는 학자들과

---

334) 李樹健, 앞의 논문, 195쪽.

는 달랐다.[335]

남명은 공자·주돈이·주자 세 사람의 상을 만들어 놓고, 매일 아침 올려다보며 예를 드렸다. 평시에는 해가 뜨기 전에 일어나 관대(冠帶)를 갖추고, 가묘와 선성(先聖)·선사(先師)에게 배례했다.[336]

26세 되던 1526년(중종 21) 3월 아버지 조언형이 서울 집에서 58세를 일기로 별세했다. 조언형은 청직한 사람으로 일찍이 지방관으로 나가라고 했을 때 병을 이유로 나가지 않았기 때문에 삭탈관작된 바 있었으나 남명이 신원을 요구해 복관되었다. 삼가현 관동(冠洞: 일명 枝洞) 선영 아래 장사지내고, 3년 동안 여묘살이를 했다. 복을 마친 다음 아버지의 묘갈명을 짓고, 참봉 성우(成遇)와 함께 두류산(頭流山)을 돌아보았으며, 다음해 정월에는 도굴산(闍崛山)에 들어가 글을 읽었다. 도굴산에 살았던 중의 말에 따르면, 남명이 정좌(靜坐)하고 글을 읽는데 하루 종일 아무소리도 들리지 않으나 밤중에 손가락으로 책상을 치는 소리가 들리는 것으로 보아, 아직까지도 책을 읽고 있구나 할 정도로 수련을 열심히 했다.[337]

30세 되던 1530년(중종 25)에 처가가 있는 김해 탄동(炭洞: 主簿洞) 신어산(神魚山) 밑에 산해정(山海亭)을 짓고 학문과 제자교육에 힘썼다. 지역이 바다와 가까워 어머니를 모시고 살기에 편했기 때문이었다. 산해정의 방 이름을 계명실(繼明室)이라 하고, 좌우명으로 "(언행을) 신의있게 하고 삼가며, 사악함을 막고 정성을 보존하라. 산처럼 우뚝하고 못처럼 깊으면, 움돋는 봄날처럼 빛나고 빛나리라."(庸信庸謹 閑邪存誠 岳立淵沖 燁燁春榮)을 써 붙였으며, 일용에는 반드시 '충신'(忠信)을 근본으로 삼았다. 궁리(窮理)에는 '명명덕'(明明德)을 제1공부로 삼고, 지경(持敬)이 무엇보다 중요하므로 '주일'(主一)·'성성불매'(惺惺不昧)·'수감신'(收歛身)에 힘써야 하고, 심학(心學)에는 '과욕'(寡欲)만 한 것이 없으니, 마땅히 극기(克己)에 치중해 '척정사제'(滌淨查滓)·'함양천리'(涵養天

335)《南冥先生集》附錄 編年, 4쪽.
336)《南冥先生集》附錄 編年, 4쪽.
337)《南冥先生集》附錄 編年, 5쪽.

理)하는 데 힘써야 한다고 했다.338)

이해 서울에서 대곡(大谷) 성운(成運)이 내려와 청향당(淸香堂) 이원(李源), 송계(松溪) 신계성(申季誠), 황강(黃江) 이희안(李希顔) 등 여러 선비들을 데리고 남명을 방문해 며칠 동안 강론을 했다. 이를 두고 사람들은 덕성(德星)이 모였다고 했다 한다.339)

31세 되던 1531년(중종 26)에는 동고(東皐) 이준경(李浚慶)이 보내준 《심경》의 후서(後序)를 썼으며, 다음 해인 1532년(중종 27)에는 규암(圭菴) 송인수(宋麟壽)가 보내온 《대학》의 후서를 썼다. 이로 미루어 보아 남명은 조정의 고위층과도 내왕이 있었음을 알 수 있다. 낙향한 뒤에도 집을 그대로 가지고 있었는데, 이해에 정리해 자부(姉夫)인 이공량(李公亮)에게 인계하고, 김해로 완전히 물러났다. 그리고 집값은 받아서 제매(弟妹) 가운데 가난한 사람에게 나누어주었다. 서울생활을 청산하고 시골에 파묻혀 일생을 보낼 결심을 한 것이다.340)

33세 되던 1533년(중종 28) 가을에 어머니의 성화에 못 이겨 문과 향시에 응시해 1등을 했으나, 다음 해의 회시에서는 낙방했다. 36세 되던 1536년(중종31)에 장자 차산(次山)을 낳았다. 이해 가을에 다시 향시에 응시해 3등으로 합격했으나 어머니를 설득해 회시에는 나가지 않았다.341) 이때부터 과거시험 보는 것을 포기하고 학문에만 전념했다.

38세 되던 1538년(중종 33)에는 이언적(李彦迪)·이림(李霖: 大司諫) 등의 추천으로 헌릉(獻陵) 참봉에 임명되었으나 나가지 않고, 다음 해 여름에는 제자들과 함께 지리산 신응사(神凝寺)에 들어가 독서했다.342)

43세 되던 1543년(중종 38)에는 경상도관찰사 이언적이 만나자고 했으나, 지위가 서로 다르니 관직을 그만둔 뒤에 회재의 고향인 안강리(安康里)에서 만나도 늦지 않는다고 거절했다. 회재가 일찍이 〈봉사10조〉(封事

338) 《南冥先生集》 附錄 編年, 5~6쪽.
339) 《南冥先生集》 附錄 編年, 5~6쪽.
340) 《南冥先生集》 附錄 編年, 6쪽.
341) 《南冥先生集》 附錄 編年, 7쪽.
342) 《南冥先生集》 附錄 編年, 7쪽..

十條)를 올렸을 때 중종이 크게 칭찬하고 가선대부로 승진시켜 준 적이 있었다. 남명은 이를 못마땅하게 생각했다. 헌책(獻策)을 하고 상을 받는 것은 신하가 부끄러워해야 할 일이라는 이유였다. 직분으로서 할 일을 한 것뿐인데 상은 무슨 상이냐는 것이다. 염치를 중시하는 남명의 단면을 볼 수 있다.343)

다음 해 6월에 장자 차산(次山)이 죽었다. 이해에 도구(陶丘) 이제신(李濟臣)이 찾아와서 한 달여 머물다 갔다. 남명은 그가 바둑을 좋아한다고 나무랐다. 그해 11월에 중종이 죽고, 다음 해 7월에 인종이 죽었다. 이때 을사사화가 일어나 남명과 친한 이림(李霖)·성우(成遇)·곽순(郭珣)·송인수(宋麟壽) 등이 차례로 화를 입자 벼슬의 뜻을 완전히 접었다. 1545년(인종 1) 11월에 어머니가 별세했다. 아버지와 함께 합장하고, 비석을 세웠다. 묘갈명은 규암(圭菴) 송인수(宋麟壽)가 썼는데 그는 다음 해에 봉림군(鳳林君) 사건에 연루되어 이기(李芑)에게 죽었다.344)

1548년(명종 3) 2월에 복(服)을 마치고 전생서(典牲署) 주부에 제수되었으나 사양하고 나가지 않았다. 그리고 삼가현 토동(兎洞)으로 옮겨 그곳에 계복당(鷄伏堂: 정신을 함양하기를 닭이 계란을 품듯 하라는 뜻)과 뇌룡정(雷龍亭: 淵默하기를 우레가 쳐도 움직이지 않을 정도라야 용이 보인다는 뜻)을 지어 후진을 양성했다. 이때부터 많은 제자들이 몰려들었다. 무오·기묘사화 이후로 세도(世道)가 일변해 선비들이 추향(趨向)할 바를 몰랐다. 남명이 이들을 모아 우선 《소학》을 가르쳐 그 기본을 세우게 하고, 《대학》으로 시야를 넓혀 의리(義理)를 명변(明辨)하고 기질(氣質)을 변화시키는 것을 요법으로 삼고, 경전을 가르치는 데는 긴요한 곳을 반복해서 분석해 주어 듣는 사람이 통창(通暢)하게 이해한 다음에 그만두게 했다. 그는 늘 "나는 배우는 사람이 조는 것을 경계할 뿐이다. 이미 눈을 뜨면 스스로 천지일월을 볼 수 있다", "사색 공부는 밤중이 더욱 전일하니 학자는 많은 책을 지을 필요가 없다.", "오늘날의 폐단은 고원

---

343)《南冥先生集》附錄 編年, 7쪽.
344)《南冥先生集》附錄 編年, 9쪽.

(高遠)한 것에 많이 힘쓰고, 자기의 절실한 병을 살피지 않는데 있다. 성현의 학은 처음에 일용·상행(常行)의 사이에서 나오지 않으나, 만약 이것을 버리고 분득 성명(性命)의 깊은 뜻만 찾으려 한다면, 이는 인사(人事) 위에서 천리(天理)를 구하는 것이 아니요, '성'을 다하고 '명'을 알려고 하면서 효제(孝悌)에 근본을 두지 않는 것이다. 비유컨대 시장에 놀러가서 진귀한 보물을 구경하면서 하루 종일 아래위로 돌아보고 값을 물어보지만 종당에는 자기 물건이 되지 않는 것과 같은 일이다."라고 했다.345) 이는 퇴계 등이 이기론, 심성론 같은 고원한 학문논쟁에만 몰두하고 효제나 쇄소응대진퇴지절(灑掃應對進退之節: 물 뿌리고 쓸고, 사람을 대하여 맞이하고, 나아가고 물러가는 예절로서 인간의 가장 기본적인 도리를 뜻함)과 같은 실천은 소홀히 하는 풍토를 비판한 것이다.

1549년(명종 4) 8월에는 제자들과 함께 감악산(紺岳山) 관포연(觀鋪淵)에 며칠 동안 놀러갔다. 1551년(명종 6)에 종부시(宗簿寺) 주부로 불렀으나 나가지 않았다. 이해에 덕계(德溪) 오건(吳健)이 산음(山陰)에서 찾아와《중용》·《심경》·《근사록》 등을 배웠다. 그는 제문에서 "공부하는 방법과 때를 아는 뜻을 귀를 끌어 가르쳐 주고 게으름을 경계했으며, 팔을 끌어 순순히 이르게 했다."고 술회했다.346)

다음 해 사인(士人) 송인(宋璘)의 딸인 후실 송씨가 아들 차석(次石)을 낳았다. 1553년(명종 8) 퇴계에게 답장을 썼다. 55세 되던 1555년(명종 10)에 단성현감에 제수되었으나 나가지 않았다. 그는 사직소에서 "임금의 정치가 이미 그릇되었고, 나라의 근본이 이미 망했으며, 하늘의 뜻이 이미 떠났고, 인심이 이미 이산되었다."라고 하고, "문정왕후는 생각이 깊지만 궁중의 한낱 과부에 지나지 않고, 명종은 유충(幼沖)해서 다만 선왕의 일개 고단(孤單)한 후계일 뿐이니, 천재(天災)의 빈발과 인심의 여러 갈래를 어떻게 감당하겠는가?"라고 격렬히 비판했다. "아래로는 소관(小官)이 주색으로 희희낙락하고 있고, 위로는 대관(大官)이 뇌물을 받아 챙

---

345)《南冥先生集》附錄 編年, 10쪽.
346)《南冥先生集》附錄 編年, 10쪽.

3. 남명 조식의 생애와 사상 205

기고 있어 백성을 착취하는 데 여념이 없는데, 나와 같은 하잘 것 없는 신하가 무엇을 어찌하겠는가? 지금이라도 전하께서 마음을 바로잡고 서정을 쇄신한다면 그때 가서 도울 수 있으면 돕겠다.”고도 하였다.[347] 이 상소가 올라가자 명종은 그 말이 군왕과 대왕대비에 불경하니 처벌해야 한다고 했으나, 심연원(沈連源) 등 재상들이 나서서 일사(逸士)가 나라를 걱정하는 말일 뿐인데 처벌하면 언론을 막는다는 혐의가 있다고 진언해 그만두었다. 당시 남명은 몇 달 동안 석고대죄하면서 벌을 기다렸다고 한다.[348] 나중에는 사림의 정신적 지주로서 목숨을 걸고 할 말을 했다는 평을 들었다. 율곡 이이는 이렇게 적고 있다.

> 당시 권간(權奸)이 용사(用邪)를 해 (국사가) 잘못되자 문정왕후가 사림의 사기가 떨어졌다 해서 공론을 가탁해 유일(遺逸)을 추천해 쓰자고 했는데, 다만 이것이 허문(虛文)이요 무실(無實)했기 때문에 (남명이) 사직 겸 시폐를 비판하는 상소를 올린 것이다.[349]

1556년(명종 11)에 환성(喚醒) 하재락(河齋洛)과 그의 동생 각재(覺齋) 하항(河沆)이 배우러 왔다. 그리고 다음 해에는 부실이 둘째 아들 차마(次磨)를 낳았다. 이때 속리산에 있는 대곡 성운을 찾아갔다. 그러자 그곳 현감으로 있는 성제원(成悌元)이 와서 함께 계당(溪堂) 최흥림(崔興霖)의 금적정사(金積精舍)에 모여서 남명으로부터 ‘왕패취사’(王霸取舍)의 변과 ‘정일중화’(精一中和)의 설을 들었다.[350] 그리고 다음 해 8월 15일에 가야산(伽倻山) 해인사(海印寺)에서 다시 만나자고 기약했다.

1558년(명종 13) 4월 14일에 김홍(金泓) · 이공량(李公亮) · 이희안(李希顔) · 이정(李楨)과 함께 두류산(頭流山)에 놀러 갔다. 섬진강(蟾津江)

---

347) 《南冥先生集》 附錄 編年, 11～12쪽.
348) 《南冥先生集》 附錄 編年, 11～12쪽.
349) 《南冥先生集》 附錄 編年, 12쪽.
350) 《南冥先生集》 附錄 編年, 13쪽.

을 거쳐 위로 쌍계사(雙溪寺) 불일암(佛日菴)을 올라갔다가 신응동(神凝洞)으로 들어가는 일정이었다. 명산에 올라 마음을 깨끗이 하고 호연지기를 기르는 것이 목적이었나. 등산이 끝난 후 〈유두류록〉(遊頭流錄)을 썼다. 그리고 8월에는 비가 오는데도 지난 해에 약속한 대로 동수(東洲) 성제원(成悌元)과 해인사에서 만났다.351)

남명은 혼인·상장·제사의 예는 모두 《가례》에서 그 대의를 취했으나 절문(節文)은 모두 합치하지 않아도 된다고 했다. 그래서 사대부 집안에서 이런 절충예법을 많이 따랐다. 동강(東岡) 김우옹(金宇顒)이 퇴계에게 이렇게 해도 좋으냐고 했더니 퇴계의 집도 그렇게 하고 있다고 했다 한다.352) 갈천(葛川) 임훈(林薰)이 나이가 60이 넘어서도 복상에 지나치게 예를 갖춘다는 말을 듣고 '중제'(中制)로 하라고 권유한 일로 보건데, 남명의 예법은 시의적절함을 중요하게 여겼다 할 수 있다.353)

1559년(명종 14) 봄에 신암(新菴) 이준민(李俊民)의 소개로 대소헌(大笑軒) 조종도(趙宗道)가 수학하러 왔다. 조종도는 이준민의 사위이며 임진왜란 때 의병장으로 유명하다. 이때 조정에서 조지서(造紙署) 사지(司紙)로 불렀으나 병을 핑계로 나가지 않았다. 5월에 황강(黃江) 이희안(李希顔)이 죽어 문상을 갔다. 다음 해 부실이 셋째 아들 차정(次矴)을 낳았다. 1560년(명종 15)에는 송암(松庵) 김면(金沔)이 배우러 왔다.354)

1561년(명종 16)에는 이희안의 묘표를 지었고, 남명은 두류산을 사랑한 나머지 이때 진주 덕산(德山) 사륜동(絲綸洞)으로 이사했다. 이사한 뒤에는 자신의 은일(隱逸)한 삶을 시로 표현하였다.

봄 산 아래에는 방초가 없고
다만 천왕봉을 사랑해 상제와 가까이 사네

---

351) 《南冥先生集》附錄 編年, 14쪽.
352) 《南冥先生集》附錄 編年, 14쪽.
353) 《南冥先生集》附錄 編年, 17쪽.
354) 《南冥先生集》附錄 編年, 15쪽.

백수(白手)가 돌아왔으니 무얼 먹고 사나
은하수가 십 리나 되니 오히려 먹고 살고 남음이 있겠구나

春山底處無芳草
只愛天王近帝居
白手歸來何物食
銀河十里喫猶餘

남명은 동생인 조환(曺桓)과 우애가 좋아서 한 방에서 자고 함께 밥을
먹었다. 이때에 이르러 토동(兎洞)의 모든 전장(田庄)은 조환에게 주었다.
그리고 자기는 덕산에 산천재(山川齋, 《주역》의 "剛健篤實 輝光日新"에
서 따온 이름)를 짓고 창과 벽 사이에는 '경의'(敬義) 두 자를 써 붙이고,
자리 오른쪽에는 〈신명사도〉(神明舍圖)를 걸어놓았다. 이는 마음공부를
국가관제에 견주어 지은 것이다. 남명은 이것을 김우옹에게 시켜 〈천군
전〉(天君傳)으로 개작하기도 했다. 약포(藥圃) 정탁(鄭琢)과 운강(雲岡)
조운(趙雲)이 배우러 왔다. 이후로 일신당(日新堂) 이천경(李天慶), 모촌
(茅村) 이정(李瀞), 동곡(洞谷) 이조(李晁), 설학(雪壑) 이대기(李大期),
갈천(葛川) 임훈(林薰), 동강 김우옹, 송암(松巖) 이노(李魯), 축암(畜庵)
이보(李普), 백암(栢庵) 이지(李旨), 수우당(守愚堂) 최영경(崔永慶), 성
암(省庵) 김효원(金孝元), 한강(寒岡) 정구(鄭逑), 월담(月潭) 최황(崔
滉), 대수(大修) 유래(兪來), 망우당(忘憂堂) 곽재우(郭再祐), 부사(浮
査) 성여신(成汝信) 등 제자들이 모여들었다.355)

1563년(명종 18) 3월에 남계(灆溪)에 가서 일두(一蠹) 정여창(鄭汝昌)
의 사당(祠堂)을 찾아가 강의를 했다. 남명은 일두에 대해 "학술의 연원과
독실함은 하자(瑕疵)가 하나도 없는데 여러 번 사화의 날을 면하지 못했
다"(學術淵篤鼓舞一疵 累其不免於禍天也)고 했다.356) 일두(一蠹)의 사

355) 《南冥先生集》 附錄 編年, 14~21쪽.
356) 《南冥先生集》 附錄 編年, 16~17쪽.

당을 찾아가고 배알한 것은 그의 학통을 계승한다는 의미도 일부 포함되어 있지 않나 생각된다. 또 김굉필(金宏弼)의 《경현록》(景賢錄)을 보유(補遺)하고, 기문(記文)을 지어 병풍으로 만든 것만을 보아도 일두(一蠹)와 한훤당(寒暄堂)을 존경한 것이 틀림없다.357)

남명은 〈유두류록〉(遊頭流錄)에서 일두(一蠹)를 "천령(天嶺)의 유종(儒宗)"이라 하고, 학문이 깊고 독실해 우리 도학의 실마리를 열어준 분이라 했다.358) 그리고, "십층의 산봉우리 위에 다시 옥(玉) 하나를 더 얹어 놓은 격이요, 천 이랑 물결 위에 둥근 달 하나가 비치는 격"(十層峯頭冠一玉 千頃水面生一月)이라고 높이 평가했다.359)

한편, 한훤당(寒暄堂) 김굉필(金宏弼)에 대해서도 "선생의 덕기(德器)의 근후(謹厚)함이 천성에서 나온 것이어서 다른 사람으로 말미암은 재앙이 선생에게 미칠 바가 아니었지만, 마침내 화를 면치 못한 것은 천운"이라고 했다.360) 그리고 〈한훤당화병발〉(寒暄堂畵屛跋)이라는 글에서 "상쾌한 바람 같은 선생의 영혼이 흐릿하게 그림 속에 남아 있는 듯 하며, 국그릇 속, 담장 사이에서도 뵐 수 있는 것과 같다."361)고 흠모의 정을 피력했다.

남명이 문인인 덕계(德溪) 오건(吳健)에게 보낸 편지에서 "한훤당이나 효직(孝直: 趙光祖의 字) 같은 분도 모두 선견지명이 부족했는데 하물며 나나 자네들과 같은 사람에 있어서랴!"362)라고 하면서 관직에서 빨리 물러날 것을 종용하기도 했다. 뿐만 아니라 남명은 〈시황계〉(詩荒戒)를 지어 시의 폐단을 언급했는데, 이것도 정여창(鄭汝昌)이나 조광조(趙光祖)

---

357) 《南冥先生集》附錄 編年, 18쪽, 26쪽.
358) 先生乃天嶺之儒宗也 學問淵篤 吾道有緖 挈妻子入山 由內翰出守安陰縣 爲喬桐主所殺(〈遊頭流山錄〉,《南冥集》卷 2,《韓國文集叢刊》31卷, 501쪽).
359) 이상필,《남명학파의 형성과 전개》, 와우출판사, 2005. 34쪽.
360) 先生德器謹厚 出於天性 人禍不及者 而終不免者 天也(〈景賢錄後〉,《南冥集》卷 4,《韓國文集叢刊》卷 31 書, 555쪽).
361) 颯颯精爽 依俙留在於畵圖中 彷佛猶見羹墻間(〈寒暄堂畵屛跋〉,《南冥集》卷 2,《韓國文集叢刊》卷 31, 501쪽).
362) 前日 寒暄堂孝直 皆不足於先見之明 況我與君輩乎(〈與吳御史書〉,《南冥集》卷 2,《韓國文集叢刊》卷 31, 484쪽).

가 먼저 피력한 바가 있다. 추강(秋江) 남효온(南孝溫)이 "정백욱(鄭伯
勗: 鄭汝昌)은 주(周)·정(程)·장(張)·주(朱)의 견식을 가지고 있어서
오경(五經)을 궁구해 통달했지만 유독 시를 전공한 인사를 등용하지 않으
면서 '시는 성정(性情)이 발(發)한 것이니 어찌 잗달게 이를 억지로 공부
하는가'라고 하였다."363)라고 기록하거나, 조광조가 "사람의 마음이 한 번
가는 곳이 있으면 도에서 멀어진다. 이 말은 심히 정미하니 문장이 나쁜
일은 아니지만 편벽되고 집착하면 마음을 상하게 한다."364)고 한 것이 그
예이다.

여기에서 미루어 보건데, 남명은 도학과 실천철학 면에서 김굉필·정여
창·조광조 등에게 영향을 받고 있었음을 알 수 있다.

남명은 특히 마음에서 사욕을 잘라내는 것을 중요하게 여겼다. 동강 김
우옹이 처음 공부하러 왔을 때의 일이다. 남명이 동강에게 이렇게 훈계했다.

> 마음을 가라앉혀 깊이 생각[沈潛]하는 사람은 모름지기 굳세고 꿋꿋한 기상
> [剛氣]으로써 일을 처리해야 한다. 천지의 기운이 굳세기 때문에 어떤 사물
> 이든 모두 뚫을 수 있는 것이다. 자네는 역량이 엷고 모자라니, 모름지기 남
> 이 하나를 하면 열 번을 하고, 남이 열 번을 하여 잘하게 되면 자기는 백
> 번을 하여 잘하겠다는 생각으로 공부를 쏟아야만 비로소 될 만하다.
> 몸소 행하는 처음에는 마땅히 금과 옥이 티끌만한 더러움도 입지 않는 듯이
> 해야 하며, 또 대장부의 행동거지는 산악과 같이 무겁게 해서 만 길이나 깎
> 아선 듯하다가 때가 오면 움직여야 바야흐로 허다한 사업을 할 수 있다.

그리고 동강에게 방울[鈴子]를 주면서 "이 물건은 맑은 소리로 사람을
깨우쳐줄 줄 안다. 차고 있으면 깨달음이 심히 아름다우니 내가 보물처럼

---

363) 鄭伯勗有周程張朱之見 窮通五經 獨不取攻詩之士 曰詩 性情之發 何屑屑强下工夫爲(南孝
溫,〈秋江冷話〉,《秋江集》卷 7,《韓國文集叢刊》卷 16, 136쪽).
364) 人心一有所之 則離道矣 此言甚爲精微 文章未是惡事 而偏着足以喪心(趙光祖,〈復拜副提
學時啓十四〉,《靜菴集》卷 4,《韓國文集叢刊》22卷, 39쪽).

아끼는 것인데, 네게 줄 터이니 이것을 잘 보관할 수 있겠는가?"라고 말했다. 동강이 묻기를 "이것은 옛 사람들이 옥을 차는 뜻이 아니었습니까?"라고 하자, 남냉이 "실로 그렇다. 그러나 이것은 의미가 더욱 설실하니 이 연평(李延平)도 일찍이 찾던 것이다."라고 했다.

그러고는 동강에게 '뇌천'(雷天) 두 자를 써서 주었다. 그 뜻은 대개 방울로 불러 깨우는 것이 '뇌천'을 대장(大壯) 괘(卦)에서 취해 성찰해서 극기 공부에 힘쓰도록 한 것이다. 뒤에 김우옹이 문과에 급제해 경연에 들어갔을 때 선조가 남명이 무엇을 가르쳐 주었으며, 동강이 한 바는 무엇이냐고 물었다 한다. 이에 김우옹은 "신은 진실로 할 수는 없는 것이나 가르침을 받은 바는 '구방심'(救放心)을 기본으로 삼고 또 '주경'(主敬)으로서 '구방심'의 요체를 삼는 것입니다. 그러니 그 문하에는 일을 맡을 만한 사람이 많습니다."라고 대답했다고 한다.365)

1565년(명종 20) 4월 문정왕후가 죽고 윤원형(尹元衡)이 실각했다. 그리하여 사림의 시대가 왔다. 이에 남명이 출사를 거부할 명분도 줄어들었다. 윤원형을 몰아낸 뒤에 명종은 재야의 인사들을 불러들이려 했다. 남명도 경상도 관찰사 강사상(姜士尙)의 추천으로 66세의 나이로 1566년(명종 21) 8월에 상의원(尙瑞院) 판관으로 불려 올라가 10월 3일에 사정전(思政殿)에 나아가 숙배하고 11일에 사퇴하고 돌아왔다. 명종은 남명에게 나라를 다스리는 법에 대해 물었다. 남명은 "고금에 다스려지고 어지러운 것은 책에 다 있으니 제가 말하지 않아도 됩니다. 신이 그윽이 생각하건대 군신 사이에 정의(精義)가 서로 맞아서 통연하게 사이가 없어야 가히 더불어 해볼 만합니다. 옛날의 제왕은 신료를 대우하기를 붕우와 같이 해 더불어 강명(剛明)하면 치도(治道)는 저절로 이루어졌습니다. (오늘날에는) 생민(生民)이 빈곤하고 메말라서 이산하는 자가 물같이 무너지고 마땅히 급급하게 구하는 것이 불난 집 같습니다."라고 했다. 또 공부하는 방법을 물으니 "인주(人主)의 학문은 정치가 나오는 근원이니 공부는 '心得'(심

득)보다 귀한 것이 없고, 마음에서 얻으면 천하의 이를 궁구하고 가히 사물이 변하는 것에 대응할 수 있어서 만기(萬機)를 총람(總攬)하는 것이 스스로 일이 없을 것입니다."라고 했다. 그러나 아직 출사할 분위기가 아니라고 여겨 다시 집으로 돌아왔다. 당시 남명이 한강을 건널 때 오건(吳健)·정온(鄭蘊) 등 서울의 많은 인사들이 운집해 배 두 척이 가득 찰 정도였다고 한다.366)

1567년(선조 즉위년) 6월에 명종이 죽고 선조가 즉위했다. 선조는 방계에서 대통을 이었고, 장가가기 전이라 외척도 없었기에, 왕권을 강화하고자 사림을 기용할 뜻이 있어 널리 인재를 구했다. 남명도 퇴계 이황, 일재 이항 등과 함께 징소(徵召)되었다. 그러나 왕의 측근에 있는 자가 남명을 헐뜯자, 노병을 이유로 나가지 않았다. 그러면서 '구급'(救急) 두 자를 나라를 일으킬 말로 권하고 〈시사10조〉(時事十條)를 올려 폐정을 조목조목 나열했다. 이해에 한강(寒岡) 정구(鄭逑)가 와서 한 달 남짓 머물렀다. 남명은 한강의 출처에 대한 마음가짐이 쓸만하다고 허여(許與)하고 사군자(士君子)에게는 출처가 중요하다고 강조했다. 사람들은 남명에게 나서서 큰 일을 해 보라고 했으나, 그는 "재덕이 모자라니 후배들이 성공하는 것을 볼 뿐"이라 대답했다.

1568년(선조 1) 5월에 선조가 남명을 다시 징소했으나 사양하는 상소를 올렸다. 이 상소에서 군주의 '명선'(明善)과 '성신'(誠信)을 강조했다. 명선은 궁리요 성신은 수신이니, 궁리를 통해 의리를 강명(講明)하고, '非禮 勿視 勿聽 勿言 勿動'의 4물(四勿)로 수신의 요체를 삼아야 한다고 주장했다. 안으로 존심(存心)하고, 밖으로 마음을 성찰(省察)하며, 수기(修己)는 '경'(敬)으로 주를 삼아야 한다고 했다. 주경(主敬)을 하지 않으면 존심이 안 되고, 존심이 안 되면 천하의 이치를 궁구할 수 없으며, 궁리가 안 되면 사물의 변화를 제어할 수 없다는 것이었다. '경'을 중심으로 하는 철저한 수양론을 개진한 것이다. 실천을 중시하는 남명 사상이 여기에서

366)《韓國文集叢刊》22卷, 19~20쪽.

도 잘 드러난다.

또한 이 상소에서 남명은 유명한 서리망국론(胥吏亡國論)을 제기했다. '서리망국론'이란, 자고로 권신(權臣)·외적(外戚)·부시(婦寺)가 전횡한 다는 말은 들었으나, 지금은 군민(軍民)의 서정(庶政)과 방국(邦國)의 기무(機務)가 모두 서리의 손에 좌우되어 이들의 착취와 부정이 날로 심하고 방납(防納)이 성행해 망국의 징조가 보인다는 의론이었다.367)

7월에 부인 조씨(曺氏)가 죽었다. 다음 해인 1569년(선조 2)에 종친부 전첨(典籤)에 임명되었으나 병으로 나가지 않았다. 정확히 언제인가는 알 수 없지만 남명은 제자들에게 일본의 침략을 분쇄해야 한다는 책(策)을 써 바치게 해 일본에 대한 경각심을 불러일으켰다. 요즈음 도이(島夷: 왜인)들이 제포(齊浦)를 돌려달라거나, 불경 30질을 찍어 보내라는 등 나라를 능멸하는 태도를 보이는데, 정부는 좋은 말로 무마시키려고만 하니 이는 방어책이 없음과 마찬가지라는 것이다. 이 때문인지 임진왜란 때 남명의 제자들이 의병을 많이 일으켰다.368) 남명은 70세가 되던 1570년(선조 3) 경에 마지막으로 징소를 받았으나 나가지 않았다고 기록되어 있다.369) 국가에서 13번 불렀으나 한 번도 나가지 않은 것이다.370) 다음 해 정월에 퇴계의 부음(訃音)을 들었다(사실은 그 전해 12월에 이미 서거했다). 이 소식을 듣고 남명은 "이 사람이 죽었다 하니 나도 세상에 남아있을 날이 머지 않았구나"(斯人云亡 吾亦不久於世)라고 하면서 《상례절요》(喪禮節要) 1책을 문인 하응도(河應圖)와 손천우(孫天祐)·유종지(柳宗智) 등에게 주면서, 내가 죽거든 이대로 장사를 지내라고 했다. 남명은 일찍이 말

367) 《韓國文集叢刊》 22卷, 23~24쪽.
368) 《韓國文集叢刊》 22卷, 25쪽.
369) 《韓國文集叢刊》 22卷, 25쪽, 柳潮溪의 제문에 70세에 사직상소를 올렸다는 말이 있으나 기록이 정확치 않다.
370) 이상필, 앞의 책, 66쪽, 남명은 1538년에 獻陵 參奉(종 9품), 1548년에 典牲署 主簿(종 6품), 1551년에 宗簿寺 主簿(종 6품), 1553년에 典牲署 主簿(종 6품), 1555년에 丹城縣監(종 6품), 1559년에 造紙署 司紙(종 6품), 1566년 7월에 召命, 8월에 尙瑞院 判官(종 5품), 1567년에 두 번의 召命, 1569년에 宗親府 典籤(정 4품), 1570년에 召命 등 13번의 徵召를 받고도 한 번도 벼슬에 나가지 않았다.

하기를 "퇴계는 왕을 도울만한 학문이 있으며, 근일에 벼슬하는 자들이 출처가 절도에 맞지 않는 경우가 많은데, 오직 퇴계만은 거의 고인(古人)에 가깝다."고 했다고 한다.371)

4월에 본도의 감사를 통해 왕이 식물을 하사해 감사하다는 상소를 올렸다. 12월에 병이 걸렸으나 21일 무렵에는 조금 나았다. 71세 되던 1571년(선조 4) 정월에 김우옹·정구·하응도 등이 문병왔다. 15일에 병이 위독해 김우옹이 "동쪽으로 머리를 두면 생기가 날 것"이라 해 그대로 했다. 세상을 뜬 뒤에 무슨 칭호를 쓸지 물으니 '처사'(處士)로 부르라고 했다. 이날에 약물과 미음을 끊었고 2월 8일에 운명했다.372)

세상을 뜨기 전 6일에 하응도·손천우·유종지 등을 불러 다시 장사절차를 일러주고, 8일에 내외를 안정시키고, 부인들을 가까이 오지 못하게 한 다음 정침에 누워서 죽었다. 전년 겨울에 명나라 사신이 "너희 나라의 고인(高人)이 곧 불리(不利)할 것"이라 하더니 이때 남명이 죽었다 한다. 왕이 중사(中使)를 보내 진맥하게 했으나 도착하기 전에 운명했다. 제자들이 마지막 가르침을 묻자 '독신'(篤信)과 '경의'(敬義)를 강조했다. 죽을 때 평소에 적어놓은 '경'에 대한 요어(要語)들을 외우면서 정신이 혼미한 가운데서도 조존(操存)·성찰(省察)하는 면모를 볼 수 있었다고 한다.373)

남명이 죽자 선조가 통정대부사간원대사간(通政大夫司諫院大司諫)을 증직하고, 부물(賻物)을 내렸으며, 예관을 보내 치제(致祭)하게 했다. 4월에 산천재(山天齋) 뒷산에 장사지냈다. 묘갈명은 대곡 성운이 썼다.374)

남명의 학덕은 사후에도 문인과 사우들이 계속 현창(顯彰)했다. 1576년(선조 9)에 산천재에서 서쪽으로 3리 떨어진 곳에 덕산서원(德山書院)을 세웠고, 1616년(광해군 8)에는 정인홍(鄭仁弘)·이이첨(李爾瞻) 등 북인정권의 당로자들이 앞장서 삼각산 백운봉 아래 백운서원(白雲書院)

---

371) 《韓國文集叢刊》 22卷, 25~26쪽.
372) 《韓國文集叢刊》 22卷, 26쪽.
373) 《韓國文集叢刊》 22卷, 26~27쪽.
374) 《韓國文集叢刊》 22卷, 27~29쪽.

을 세워 사액(賜額)했다.375) 덕산서원과 같은 해에 송희창(宋希昌) 등이
발의해 삼가현 회현(晦峴)에 회산서원(晦山書院)을 세웠다가 터가 좁다
고 향천(香川)으로 옮겨 용암서원(龍巖書院)이라 했다. 1578년(선조 11)
에는 부사(府使) 하진보(河晉寶) 등이 향인들과 의논해 김해 탄동(炭洞)
에 신산서원(新山書院)을 창건하고, 1609년(광해군 1)에는 북인정권에서
덕산·용암·신산서원에 사액을 내렸다. 그리고 1615년(광해군 7)에는 관
학유생들의 요구로 남명에게 대광숭록대부의정부영의정 겸 영경연홍문관
예문관춘추관관상감사세자사(大匡崇祿大夫議政府領議政 兼 領經筵弘文
館藝文館春秋館觀象監事世子師)를 증직하고, 시호는 문정(文貞: 道德博
文曰文 直道不搖曰貞)이라 했다. 그리고 1617년(광해군 9)에는 영남생원
하인상(河仁尙) 등이 남명을 문묘에 종사할 것을 상소한 바 있었다. 남명
의 수제자 정인홍은 이언적과 이황 대신 남명을 문묘에 종사해야 한다는
회퇴변척(晦退辨斥)을 주장하다가 오히려 성균관 청금록(靑衿錄)에서 이
름이 삭제되기도 했다.

　그러나 인조반정으로 정인홍이 실각하자 남명의 추숭운동은 저항을 받
을 수밖에 없었고, 많은 남명의 문인들이 퇴계 연원(淵源)으로 바뀌기도
했다.376)

(2) 사상

　퇴계와 남명은 훈구파에 의해 사림파가 박해를 받던 난마와 같은 세상
에 태어났다. 남명이 태어나기 3년 전에 무오사화(1498)가 일어났고, 4세
때 갑자사화(1504)가 일어났으며, 19세에 기묘사화(1519)가 일어나 조광
조와 함께 숙부인 조언경(曺彦卿)이 죽었고, 45세에 을사사화(1545)가
일어나 친구인 이림(李霖)·성우(成遇)·곽순(郭珣)·이치(李致)·송인
수(宋麟壽) 등이 차례로 죽었다. 남명은 이러한 시대상황을 보고 벼슬할

---

375) 《光海君日記》 권 109, 光海君 8년 11월 丁丑.
376) 李成茂, 앞의 논문, 434쪽.

남명 조식 영정(影幀).

생각을 접고 임천(林泉)에 물러나 처사(處士)로서 늙기로 마음먹었다. 나가서 싸우다 죽는 사람도 있었으나, 그들도 처음부터 그런 목적으로 벼슬길에 나간 것은 아니다. 사림의 의기를 가지고 권간(權奸)들과 싸우다가 그렇게 된 것이다.

조선왕조를 개창한 집권 사대부들은 지방사림을 그들의 동반자로 육성했다. 그래서 신진사림들이 중앙정계로 많이 진출하여 사림파를 형성했다. 그런데, 수양대군(首陽大君)이 계유정난(癸酉靖難)을 일으킨 뒤, 어린 조카 노산군(魯山君: 단종)을 몰아내고 왕위에 올랐다. 이 과정에 참여한 공신들을 중심으로 훈구파가 생겨났고, 이들은 권력자가 되어 부정과 비리를 많이 저질렀다.

사림파는 훈구파의 비리와 부도덕성을 공격했다. 이들을 제압하고자 훈구파는 여러 차례의 사화를 일으켰고, 사림파는 속절없이 핍박을 받게 되었다. 사화가 날 때마다 많은 선비들이 죽음을 당하거나 관직에서 쫓겨났다. 사림들은 계속 저항하거나 은둔했다. 그러나 사림의 정계진출은 이미 역사적 대세였다. 사화를 일으켜 몇 사람을 제거한다고 막을 수 있는 것이 아니었다. 공신들의 도움으로 즉위한 군주도 사림을 끌어들여 훈구세력을 견제하고자 했다. 이에 훈구파 관료들은 은둔해 있는 사림 유학자들을 불러들여 타협을 하고자 했다.

퇴계와 같은 일부의 유학자들은 과거시험을 통해 벼슬을 했다. 이들의 세력이 점점 커져 위협적인 존재가 되면 사화가 일어날 가능성이 있었다. 퇴계도 몇 번이나 덫에 걸릴 뻔했다. 그러므로 되도록 중앙에 있지 않거나 벼슬을 버리고 은둔하려 했다. 그러나 사림들이 그들의 정신적 지주인 퇴계를 자꾸 불러 올리도록 요구했고, 퇴계가 사퇴하고 내려가기를 반복한 것도 그 때문이다. 물론 도학연구를 할 시간을 벌고자 사퇴한 것이기도 하다.

이와 달리, 남명은 처음에 주위의 권유로 과거시험 준비를 했다. 그러나 스스로 문장이나 기질이 과거를 보아 벼슬하기에 적당치 않다는 것을 깨달았다. 그는 과거를 포기하고 은둔하면서 제자들을 기르고 일사(逸士)로서 기회 있을 때마다 시정의 잘못을 비판하기로 했다.

남명은 25세 때 산사에 들어가《성리대전》을 읽다가 노재(魯齋) 허형(許衡)의

> 뜻은 이윤(伊尹)의 뜻을 가지고, 학문은 안자(顏子)의 학문을 배운다. 나가면 하는 것이 있어야 하고, 물러나면 지키는 것이 있어야 한다.[377]

라는 말에 이르러 "대장부가 마땅히 이래야 한다. 나가서 하는 일이 없고, 물러나서 지키는 바가 없으면 그 뜻과 배움은 무엇에다 쓸 것인가?" 하고는 문득 깨달은 바 있어 성인의 학문을 공부하기로 하여, 지엽적인 것을 털어 버리고 육경(六經)·4자(子)와 주돈이·정호·정이·장재·주희의 책을 밤낮 없이 연구하고 이를 실천에 옮기려 했다. 그리고 '경의'(敬義) 두 자면 하늘에 해와 달이 있는 것과 같고 성현이 말한 천언만어의 요점이 여기에 있는 것이니, 수양을 하는 데 게을리 하지 않아야 한다고 강조했다.[378]

이는 커다란 깨달음이요, 선언이었다. 25세에 이미 남명은 뜻을 굳히고 갈 길을 찾은 것이다. 나가서 뜻을 펴지 못할 바에야 은둔하는 수밖에 없는데, "나가면 하는 것이 있어야 하고, 물러나면 지키는 것이 있어야 한다."라는 말에서 그 논리적인 근거를 찾았다. 대곡 성운이 말했듯이 성리학을 연구해 '거경집의 반궁실천'(居敬集義 反窮實踐)을 수양의 근본으로 삼고, 그 시작을 4물(四勿: 非禮 勿視 勿聽 勿言 勿動)로 한다는 것이다.[379]

당시는 기묘사화가 일어난 지 얼마 되지 않아 사습(士習)이 투박하고, 정·주(程朱)의 성리학 책을 읽는 것이 금기로 여겨졌지만, 남명은 일찍이 성현의 학문을 힘을 쏟았으니 용기와 소신이 있는 학자라고 할 만하다.

---

377)《南冥先生文集》附錄, 編年, 4쪽.
378) 至是 讀性理大全 至魯齋許氏言 至伊尹之至 學顏子之學 出則有爲 處則有守 大丈夫當如此 出無所爲 處無所守 則所志所學 將何爲 逢脫然契悟 慨然欲學聖人 向裏做去 刊落枝葉 專就 六經四子 及周程張朱書 窮日繼夜 苦心致精 硏窮探索 以反躬實踐爲務 應接體究 表裏交養 以爲敬義夾持 用之不窮 吾家有此二字 如天之有日月 亘萬古而不易 聖賢千言萬語 其要歸不 出於此一意 進修孜孜不怠(《南冥先生文集》附錄, 編年, 4쪽).
379)《南冥先生文集》附錄, 編年, 4쪽,

남명의 사상은 '연궁성리 거경집의'(研窮性理 居敬集義)에 함축되어 있다. 줄여서 말하면 '경의'(敬義)에 남명의 사상이 집약되어 있다. 남명은 먼저 '경의'에 대한 북송 학자들의 글을 널리 수집해 읽고 그 얻은 바를 적어놓았다가 도(圖) 그리고 명(銘)을 썼다.380)

정인홍은 남명의 행장에서 남명의 학문에 대해 다음과 같이 말하고 있다.

> 최후에 특히 '경의'를 제시해 창벽 사이에 크게 써 붙였다. 일찍이 말씀하시기를 "우리 집에 '경의' 두 글자가 있는 것은 마치 하늘에 해와 달이 있는 것과 같아서 만고에 바뀔 수 없는 것이다. 요컨대 성현이 남긴 천 마디 만마디가 모두 이 두 글자 밖에서 나온 것이 아니다."라고 했다.381)

'경의'는 《주역》 곤괘(坤卦) 문언전(文言傳)에 "경이직내 의이방외"(敬以直內 義以方外)에서 나온 것으로, 같은 괘(卦) 육이(六二) 효사(爻辭)에 "직방대 불습 무불리"(直方大 不習 无不利)라고 한 '직방'(直方)을 부연한 것이다. '직'이란 마음을 곧게 하는 것인데, 이는 '경'을 통해야만 가능하고, '방'이란 외물(外物)과의 접촉과정에서 일을 바르게 처리하는 것인데, 이는 '의'를 기준으로 해야 가능하다는 것이다.382)

그런데 남명은 이를 '내명자경 외단자의'(內明者敬 外斷者義)라고 바꾸었다. 〈패검명〉(佩劍銘)에 새겨 놓은 말이다. 이동환(李東煥)은 이 가운데 '명'(明)과 '단'(斷)이 중요한 개념이라 했다.383) '명'은 《대학》의 '명명덕'(明明德)이나, 《중용》에 나오는 '명선'(明善)의 '명'(明)과 같이 마음을 밝힌다는 송대 유학의 개념을 받아들인 것이다. 또한 '단'은 '잘라버린다'는 뜻으로 결연한 실천의지를 보인다. 남명은 존양성찰(存養省察)을 의미하는 '명'과 처사접물(處事接物)할 때 내리는 결단을 의미하는 '단'을

---

380) 김충열, 〈다시 울린 千石鍾〉, 《남명 조식의 학문과 선비정신》, 예문서원, 2006, 282쪽.
381) 鄭仁弘, 〈南冥先生行狀〉, 《來庵集》 卷 12, 《韓國文集叢刊》 43, 448쪽.
382) 이상필, 앞의 책, 37쪽.
383) 李東煥, 〈曹南冥의 精神構圖〉, 《南冥學研究》 創刊號, 1991, 참조.

'직', '방'의 자리에 대치함으로써 그만의 독특한 사상을 만들었다.384)

이러한 남명의 '경의' 사상은 그의 〈신명사도〉(神明舍圖)에 잘 나타난다. 〈신명사도〉에는 태일군(太一君)이 가운데 주재하고, '경'이 총재(冢宰)로서 모든 일을 주관하며, 성곽에는 심기(審幾)라는 대장기(大壯旗)가 꽂혀 있고, 밖에는 극치(克治)가 대사구(大司寇)를, 치찰(致察)이 백규(百揆)를 맡아 외적의 침입을 막게 되어 있다. 그리고 맨 밑에는 존양성찰(存養省察)을 반복하면 '지어지선'(至於至善)에 이른다는 의미에서 '지'(止)와 '지'(至)를 써놓았다. 한편, 〈신명사명〉(神明舍銘)에는 마음에 사욕(私欲)이 일어나면 "낌새가 있자마자 용감하게 이겨내고, 나아가 가르쳐서 시살(厮殺)하라."(動微勇克 進敎厮殺)고 했다. 그리고 외적[私欲]이 쳐들어오면 국군(國君)은 사직을 위해서 죽어야 하고[國君死社稷], 3천 명이 한마음이 되면 1억 명의 군사도 물리칠 수 있다고 했다.385) '시살'에 대해서는 역시 〈신명사명〉 부주(附注)에 다음과 같이 설명하고 있다.

> 밥솥도 깨부수고, 막사도 불사르고, 배와 노도 불태우고, 사흘 치 양식만 가지고, 사졸들에게 반드시 죽지 않고는 돌아오지 않으리라는 마음을 보여주어야 한다. 이렇게 해야 바야흐로 시살(厮殺)할 수 있다.386)

사생결단하고 외적[私欲]을 막아야 한다는 것이다. 가히 시살적(厮殺的) 존양성찰(存養省察)이라고 할 수 있다.

그는 '경'의 방법으로 정자(程子)의 '주일무적'(主一無適)과 '정제엄숙'(整齊嚴肅), 윤화정(尹和靖)의 '기심수렴'(其心收斂), 사상채(謝上蔡)의 '상성성법'(常惺惺法)을 이어받았지만 '명선'(明善)과 '성신'(誠信)을 내세워 시살적 존양성찰을 개발한 것이다.387)

---

384) 이상필, 앞의 책, 38쪽.
385) 國無二君 心無二主 三千惟一億萬則仆(〈神明舍銘 附注〉, 《南冥集》 卷 1).
386) 〈神明舍銘 附注〉, 《南冥集》 卷 1.
387) 이상필, 앞의 책, 43쪽.

남명의 〈신명사도〉(神明舍圖). 그의 '경의' 사상을 압축적으로 표현하고 있다.

남명은 수양에 필요하다면 노장(老莊)의 이론도 가져다 쓰는 것을 주저하지 않았다. 그의 호인 '남명'조차 《장자》〈소요유〉(逍遙遊)에 나오는 붕새의 최종 목적지를 뜻한다. 퇴계는 남명의 〈계복당명〉(鷄伏堂銘)을 보고 "이런 글은 노장서(老莊書)에서도 못 본 것"이라고 할 정도였다.[388]

'경'과 '의'는 상호보완적이다. '경'은 자신을 밝히는 과업이고, '의'는 일을 반듯하게 처리하는 잣대이다. 경은 자신과 관계된 일에, 의는 남과 관

388) 〈答黃仲擧〉, 《退溪先生全書》 卷 26 書, 《陶山全書》 卷 2, 150쪽.

계되는 일에 쓰인다. 경이 안 되면 의의 실현은 불가능해진다. 그렇다고 의가 경에 종속된 것이 아니다. 〈신명사도 · 명〉에 경에 대한 설명은 많고, 의에 대한 설명은 적으나, 의로써 실천하지 않으면, 경에 의한 수양이 의미가 없기 때문에 경과 의는 대등한 의미를 가진다고 할 수 있다.[389]

남명은 '경의'의 상징으로 성성자(惺惺子)라는 방울을 차고 다녔으며, 경의검(敬義劍)이라는 칼을 가지고 다녔다. 칼에는 '내명자경 외단자의'(內明者敬 外斷者義)이라고 썼다. 이 성성자는 뒤에 동강 김우옹에게, 칼은 내암(來菴) 정인홍에게 주었다고 한다. 또한 김우옹에게는 〈천군전〉(天君傳)을 지어 마음공부의 지표로 삼게 했다.[390]

그러면 그의 경의관(敬義觀)은 송유(宋儒)들로부터 어떤 면을 받아들였는가를 알아보자. 조선의 심성수양론에 영향을 끼친 송유 가운데 대표적인 사람은 주돈이 · 정호 · 정이 · 주희 등이다.

주돈이는 《태극도설》에서 "성인이 중정인의(中正仁義)를 가지고 표준을 정하고, 주정(主靜) 공부로 인극(人極)을 세웠다."고 했다(聖人定以中正仁義 以主靜 立人極焉). 그리고 중정(中正)은 '무욕'(無欲)을 말한 것이라 했다. 그런데 그는 《중용》의 역동적인 '성'(誠)을 정적(靜的)인 《주역》의 '寂然不動 感而遂通'과 잘못 연결함으로서 불교적이고 도교적인 인생관을 도출했다.[391] 《양송사상술평》(兩宋思想述評)을 쓴 진종범(陳鍾凡)도 다음과 같이 지적하고 있다.

《통서》(通書)의 여러 설은 어느 하나 인위를 반대하고 자연을 치중하지 않음이 없으니, 이는 도가에는 가깝고 유가에는 멀다 하겠다. 또한 나는 사람이 과연 감정을 억제하고 자신을 외면하고 동기를 막고 욕망의 싹을 끊은 뒤 그리고도 마음에 무엇이 남을 수 있는지 모르겠다. 이른바 '적연부동'(寂

389) 《退溪先生全書》卷 26, 《陶山全書》卷 2, 49~50쪽.
390) 李成茂, 〈남명 조식의 생애와 사상〉, 《개정증보 조선의 사회와 사상》, 일조각, 2004, 437쪽
391) 李成茂, 위의 책, 262쪽.

然不動)·'정일부잡'(精一不雜)·'순수지선'(純粹至善)의 '성'(誠)을 이룬
사람이 있다면 그 모습이 과연 어떠할까? 모르긴 몰라도 아마 고적(枯寂)
하고 허무한 환각뿐일 것이다. 그러니 이것으로 수양을 말한다면, 장차 말
라버린 나무와 식은 재를 만들어 인간 세상에 한없이 많은 폐물만을 더할
것이다.392)

북송초기 불교와 도교의 영향 아래 오도(誤導)되었던 인생관과 수양론
은 정호·정이에 이르러 《주역》과 《중용》의 철학사상에 《대학》을 포함시
켜 불교와 도교의 영향에서 벗어나 유교의 본령으로 넘어오게 되었다.

정호는 성명(性命)이 천도(天道)에서 품부된 것이라는 혼륜(渾淪) 체
계를 세워 '이'(理)·'심'(心)·'성'(誠)을 엄격히 구별하지 않으며, '성'과
'경'을 병용하기도 했다. 그리하여 불교와 도교의 굴레를 벗어나 생동하고
정감적인 '천인합일'(天人合一)·'물아일체'(物我一體)의 도덕관을 정립
했다.393) 주돈이가 '성'을 정체(靜體)로 본 것을 정호는 "성이 바로 신
(神)이다"(誠便是神)고 정정해 동적인 면을 되살렸다. 따라서 인간도덕생
활의 요체도 천도(天道)의 '성'에서 인도(人道)의 '성지'(誠之)로 내려왔
다. '경'은 '성지'와 같이 '성'으로 되어 가는 진수공부(進修工夫)의 과정
이다. 다시 말하면 '경'은 불교의 '선정'(禪定)과는 달리 하학상달(下學上
達)하는 현인(賢人)의 공부이다. 《주역》 곤괘(坤卦)에 보이는 '敬以直內
義以方外'도 그러한 범주에 속한다. 또한, '경'에 '의'가 덧붙여졌다. '성'
은 천리(天理)요, '경'은 인도인 셈이다. 그리하여 '경의'는 송대 성리학자
들에게 하학상달의 준거가 되었다.394)

정호는 형이상과 형이하, '심'·'성'·'이'를 원융하게 하나로 보는 일원
론자인 것과 달리, 정이는 형이상과 형이하, '도기'(道器)와 '이기'(理氣),
'성정'(性情)과 '선악'(善惡)을 구별해 보는 이원론자이다. 정이는 '경의'

---

392) 陳鍾凡, 《兩宋思想述評》, 東方出版社, 40쪽.
393) 李成茂, 앞의 책, 264~265쪽.
394) 李成茂, 앞의 책, 265~267쪽.

공부를 '격물'(格物)과 병행해 '양기'(養氣)의 한 면만 담당하는 소극적인 위치에 놓았다. '격물치지'(格物致知)를 중시한 것이다. 이는 《주역》과 《중용》 중심의 철학에서 《대학》 중심의 철학으로 이행하고 있음을 의미한다. 천리에 밝게 통하려면 함양(涵養)을 해야 하고, 함양 공부는 반드시 '경'을 해야 한다. '경'의 내용은 '주일무적'(主一無適)이다. 정호가 '경'과 '성'을 결부시켜 과분한 의미를 부여한 것과는 달리 정이는 그 본래의 의미인 '정신집중'(精神集中), '계신공구'(戒愼恐懼), '엄숙정제'(嚴肅整齊)로 환원한 것이다.395)

정이는 '경'과 함께 '의'를 강조했다. 일이 없을 때 수양공부는 '경'이 주가 되나, 일이 있을 때의 실천 공부는 '의'가 아니면 안 된다는 것이다. 불교와 도교에서는 '경'만으로도 족할 것이다. 그러나 세상일을 영위해야 하는 유교에서는 따로 '의'가 필요하다. '경'은 안에만 속하지만, '의'는 안팎에 다 속한다. 안팎의 '의'를 모아서 합의하는 '집의'(集義)를 해야 한다는 것이다.396)

주희의 경사상은 정이와 비슷하다. 그러나 '의'는 '격물궁리'(格物窮理), '반궁천실'(反躬踐實)에 가려 약화된 감을 준다. 주희는 '주일'(主一)을 '경'이라 하고, '무적'(無適)을 '사'(事)라 했다. 그리고 지경(持敬)을 하려면 '정제엄숙'(整齊嚴肅), '위의엄격'(威儀嚴格), '동용모'(動容貌), '정사려'(整思慮), '존첨시'(尊瞻視)해야 한다는 것이다. 거기다가 사양좌(謝良佐)의 '상성성'(常惺惺)을 받아들였다. 그러나 사양좌의 활발한 '상성성'이 주희에게 와서는 '허정무위'(虛靜無爲)한 '성성'으로 소극화되었다. 그것은 주희가 도학에 들어오기 전에 유자휘(劉子翬) 등 불교와 도교에 심취한 사람들의 영향을 많이 받았기 때문이다. 정이 철학에서 동적(動的)으로 재정립된 '경의' 사상이 주희에 이르러 '의'를 제치고 궁리(窮理)하는 치지(致知)가 대신함으로서 다시 주정적(主靜的)인 성격이 강해졌다.397)

---

395) 李成茂, 앞의 책, 267~269쪽.
396) 李成茂, 앞의 책, 269~274쪽.

남명은 25세에 산사에 들어 가《성리대전》을 읽다가 이상과 같은 송유들의 심성수양법을 접하고 크게 느낀 바가 있어 벼슬길을 접고 학문과 수양, 제자교육에만 전념했다. 위기지학(爲己之學)의 참된 의미와 출처(出處)의 명분을 찾은 것이다. 나가면 뜻을 펴야 하고, 물러나면 책을 읽고 마음을 수양해 장차 나갈 때 쓰이도록 해야 한다는 것이다. 남명은 결코 벼슬을 안 하자는 것은 아니었다. 할 수 있을 분위기가 되면 할 마음도 있었다. 다만 당시는 권신들이 사림을 탄압하고자 사화를 자주 일으켰고, 사회가 혼란해 뜻을 펼 수 없다고 보았기 때문에 나가지 않았다. 그는 사화에 숙부도 잃었고, 친구들도 잃었다. 그러나 제자들이 벼슬하는 것을 말리지는 않았다. 그리하여 선조 대에는 퇴계의 제자들 못지않게 남명의 제자들이 정계에 많이 진출해 광해군 대의 북인정권을 담당하기까지 했다.

한편 남명은 큰 일을 하려면 기개(氣慨)를 키워야 한다고 생각했다. 지리산 아래 산천재(山川齋)와 뇌룡정(雷龍亭)을 짓고, 제자들을 가르친 것만 보아도 알 수 있다. '산천'은 건괘(乾卦)와 간괘(艮卦)가 합친 것으로 '강건하고 독실한 자세로 크게 온축(蘊蓄)함으로써 나날이 그 덕을 새롭게 한다'는 뜻이다. '뇌룡'은 우레처럼 큰 소리를 내려면 평소에 깊은 연못처럼 고요히 침묵을 지키면서 학문적으로나 정신적으로 온축해야 하며, 용처럼 현묘한 조화를 부리려면 제사 때의 시동(尸童)처럼 꼼짝도 하지 않으면서 학문에 정진하고 정신력을 키워야 한다는 뜻을 가지고 있다.398) 남명은 문인들에게 "장부(丈夫)의 행동은 산처럼 중후하고 만 길 절벽처럼 우뚝해야 한다."고 역설하였다.399) 맹자가 호연지기(浩然之氣)를 기른 것처럼 남명은 지리산의 정기를 받아 마음을 수양해 '벽립천인'(壁立千仞), '추상렬일'(秋霜烈日)과 같은 호기(豪氣)를 길렀다. 그리하여 말할

---

397) 李成茂, 앞의 책, 274~280쪽.

398) 이상필, 앞의 책, 62~63쪽.

399) 丈夫動止 重如山岳 壁立萬仞(金宇顒, 〈南冥先生言行錄〉,《東岡集》卷 17,《韓國文集叢刊》50, 420쪽).

때가 오면 나라의 대비(大妃)에게도 '과부'라고 하고, 국왕에게도 '고아'라고 할 정도의 용기와 기개를 지녔다.

남명은 "정주 이후에는 저술을 할 필요가 없다."[400]고 하면서 시도 잘 짓지 않고, 저서도 많이 남기지 않았다. 성리학에 대한 연구는 이미 정주에 의해 어느 정도 정리되었고, 후학들은 이를 실천만 하면 된다는 것이었다.[401] 남명이 학문이 미숙하거나 저술할 능력이 없어서가 아니었다. 성리학이 너무 분석에 치중해 실천을 소홀히 하기 때문에 이를 못마땅하게 여겼을 따름이다. 유교만이 아니고 다른 사상이라도 몸으로 인간 이상을 실천하는 데 동원하면 되는 것이지 더 이상 언어유희를 할 필요가 없다는 것이다. 남명의 저작으로는 《남명집》(南冥集)과 《학기류편》(學記類編)만이 남아있다.[402] 《학기류편》도 연구한 내용을 모아놓은 것에 불과하고, 그것도 후세에 재정리한 것이다. 성리학에 관한 논문은 한 편도 없다. 남명은 실천은 도외시하고, 쓸데없이 이기(理氣)·성명(性命)에 관한 공리공담만 하는 것을 비판했다.

> 요즈음 공부하는 자들을 보건대, 손으로 물 뿌리고 비질하는 예절도 모르면서, 입으로는 천리를 담론해 헛된 이름이나 훔쳐서 남들을 속이려 하고 있습니다. 그러다가 도리어 남에게 상처를 입히고 그 피해가 다른 사람에게까지 미치게 하니, 아마도 선생 같은 어른이 꾸짖어 그만두게 하지 않기 때문일 것입니다. 저와 같은 사람은 마음을 보존한 것이 황폐해 배우러 찾아오는 사람이 드물지만, 선생 같은 분은 몸소 상등의 경지에 도달해 우러러 보는 사람이 참으로 많으니 십분 억제하고 타이르심이 어떻겠습니까? 삼가 헤아려 주시기 바랍니다.[403]

---

400) 有言曰 程朱以後不必著書 深以後學著書立言爲病焉(鄭蘊,〈學記跋〉,《桐溪集》).
401) 曰從古聖人 微辭奧旨 人不易曉者 周程張朱 相繼闡明 靡有餘蘊 學者不患其難知 特患其不爲己耳(鄭仁弘,《南冥集四種》 行狀).
402) 김충열,《남명 조식의 학문과 선비정신》, 예문서원, 2006, 140쪽, 문집에는 詩 200수, 賦 3편, 銘 7편, 書 23편, 記 4편, 跋 5편, 碑文 21편, 疏 4편, 論 1편, 雜著 4편이 실려 있다.
403)〈與退溪書〉,《南冥集》.

퇴계와 고봉의 4·7 논쟁을 두고 한 말이다. 그러나 한편에서는 남명이 학문이 부족해 논쟁에 끼지 못한다고도 했다. 이에 대해 남명은 오건(吳健)에게 보낸 편지에서 이렇게 일축하였다.

> 나는 평생 다른 일은 모르고 책만 읽어 왔다. 만일 입으로 천리를 떠들고자 한다면 어찌 사람들만 못하겠느냐? 쓸데없는 입씨름에 말려들기 싫어서이다.[404]

실제로《학기유편》을 보면 남명의 성리학 수준이 대단히 높음을 알 수 있다. 특히 그의 도설(圖說)을 보면 그렇다.《학기유편》에는 20여 편의 도설이 있다. 그 가운데 '경'에 관한 도설이 5편이다.

첫 번째 도설은 〈경도〉(敬圖)이다.

오른쪽이 정이의 '정제엄숙'(整齊嚴肅)이다. 일체의 몸가짐을 바르게 엄격하게 가다듬어야 한다는 것이다. 그리고 왼쪽이 사양좌(謝良佐, 上蔡)의 '상성성법'(常惺惺法)이다. 밑에는 윤화정(尹和靖)의 '기심수렴'(其心收斂)이다. 이때의 수렴은 천하 사물의 이치를 알아가는 작업을 말한다. 따라서 그 '심'은 '요재치지상'(要在致知上)에 수렴되어야 한다는 것이다. '심'이 궁리를 다 하면 '주일무적'(主一無適)의 경지에 도달한다. 이 일련의 공부 과정을 주재하는 자가 '경'이라는 것이다.[405]

두 번째 그림은 〈경성도〉(敬誠圖)이다.

이 그림에는 맨 위에 '소학'과 '대학' 과정을 병립시키고, 소학 과정에서는 '수방심'(收放心), '쇄소응대진퇴지절'(灑掃應對進退之節), '예악사어서수'(禮樂射御書數)로서 '양기덕성'(養其德性)해서 대학 과정으로 발전해 '찰의리'(察義理), '궁리정심'(窮理正心), '수기치인'(修己治人)을 함으로써 '조제사업'(措諸事業)을 하게 되어 있다. 소학과정에서는 본원을 함양하는 것을 목적으로 하지만 아직 '지'(知)가 얕고 '행'(行)이 작은

---

404) 〈與吳子强書〉,《南冥集》.
405) 김충열, 앞의 책, 290~291쪽.

단계인데 견주어, 대학과정은 진수덕업(進德修業)해서 '지'가 깊고 '행'이 크게 된다는 것이다. 밑에 있는 '경'과 '성'은 상하관계이다. '경'하면 '성'에 이른다는 뜻이다. '명'(明)·'신'(新)·'지'(止)는 '경'에 해당하고, '성'(性)·'道'(도)·'교'(敎)는 '성'(誠)에 해당한다. '성'에 이르려면 '격치성정'(格致誠正)을 해 '지'를 쌓고, '수제치평'(修齊治平)을 해 '행'을 이루어야 한다는 것이다. 그리고 '성'은 '지'(智)·'인'(仁)·'용'(勇)의 근본이요, 비덕(費德)이며, 천도(天道)와 인도(人道)가 상통하는 경지이다.406)

세 번째 그림은 〈주성도〉(主誠圖)이다.

〈주성도〉는 남명의 그림 가운데 문자가 가장 많다. 그리고 '성'을 중심으로 《대학》의 '격물치지', 《주역》의 건괘(乾卦) 구이(九二)의 한사(閑邪), 구삼(九三)의 수사(修辭), 그리고 곤괘(坤卦) 육이(六二)의 '경이직내'(敬以直內)·'의사방외'(義以方外)가 모두 '성'을 지향하게 했다. '성'의 정의를 내린 것이다.

네 번째 그림은 〈기경도〉(幾敬圖)이다.

중앙에 세로[縱]로 '정지'(精知), '거업'(居業), '뇌천'(雷天)을 늘어놓고 관련된 수양덕목을 늘어놓았다. 이는 역서학용어맹일도(易書學庸語孟一道)라는 다른 명칭을 가지고 있기도 하다. 《주역》·《서전》·《대학》·《중용》·《논어》·《맹자》 등에 나오는 심성수양 용어들의 상호관계를 알기 쉽게 그림으로 표시해 놓았다.

다섯 번째 그림은 〈심경도〉(心經圖)이다.

이는 임은(任隱)의 그림이다. 남명은 심학자(心學者)이다. 그러나 육왕(陸王)의 유심론(唯心論)과는 다르다. 남명의 심은 '심통성정'(心通性情)의 심이요, '주객통섭'(主客統攝)의 심이라 육왕의 심과는 다르다. 심은 한 몸의 주재(主宰)이나, 경에 따라 주재되어야 한다는 것이다. 그러므로 심의 '유정유일'(惟精惟一), '택선고집'(擇善固執)은 불가피하고, 그렇기

---

406) 김충열, 앞의 책, 292쪽.

때문에 '정일명선'(精一明善)을 기하려면 끊임없는 '구방심'(求放心) · '조존심'(操存心) · '존심양성'(存心養性) 공부를 해야 한다는 것이다. 이 심을 외부로부터 지켜주고 내면에서 '명각'(明覺)시켜 주는 것이 경이다. 그러므로 남명의 경은 심을 '성'하게 하는 유일하고 절실한 요소(要素)이다. 요컨대 남명의 심학은 끊임없는 수양을 전제로 하는 것으로 결국 '경'에 의존하지 않으면 안 된다는 것이다.407)

이러한 도설들로 미루어 보아 남명의 성리학에 대한 수준이 상당히 높았음을 알 수 있다. 이기론에서도 그렇다. 남명은 주리론이 아니라 이기병건론(理氣幷健論)을 주장했다. 그는 우주의 구조와 운행 작용에서 건(乾)과 곤(坤)이 함께 해 만물을 생성하는 것처럼 이와 기를 서로 상대적인 존재로 보았다. 나아가서는 기의 활동성을 은근히 강조했다.

> 대개 기는 응결하고 조작할 수 있지만, 이는 오히려 정의(情意)도 없고, 계탁(計度)도 없고, 조작(造作)도 없다. 노자(老子)는 "허(虛)가 기(氣)를 낳을 수 있다"라고 했는데, 이는 틀린 말이다.408)

이는 이가 기를 낳았다는 주자의 설과 다르다. 결코 물질이 아닌 허무(虛無)에서 물질이 나올 수 없다는 것이다. 그렇게 되면 기는 이와 대등해지고[無先後, 無主從], 이는 '만물을 주재하는 원리'에서 '사물의 일반적인 조리(條理)'로 내려올 수밖에 없다. 그는 이의 주재력을 장재(張載)의 귀신론(鬼神論)을 원용해 대체했다.

> 정명도(程明道)는 "지묘(至妙)한 것으로 말하면 신(神)이라 하고, 공용(功用)으로 말하면 귀신(鬼神)이라 할 수 있다. 기가 모이면 정기(精氣)가 되고, 기가 흩어지면 유혼(幽魂)이 된다. 모이면 물(物)이 되고, 흩어지면 변한다. 이러한 모이고 흩어짐을 관찰하면 귀신의 정상(情狀)을 환히 알 수

---

407) 김충열, 앞의 책, 288~299쪽.
408) 蓋氣則能凝結造作 理却無情意無計度無造作 老氏言虛能生氣非也(《南冥集四種》, 302쪽).

있다."라고 했다. 장횡거(張橫渠)는 "천지 변화를 드러내고 가속시키는 것[至著至速]이 귀신이다."라고 했다. 진잠실(陳潛室)은 "이(理)·기(氣)·신(神) 셋은 다만 일물(一物)일 뿐이다. 이 하나에서 분출해 나온 것이 이·기·신이다. 예컨대 심(心)·성(性)·정(精)과 같은 것이다. 이와 기가 발함에 신이 나타나니, 이는 신의 정상(精爽)이다. 여러 이를 묘용(妙用)케 하는 것을 일컬어 신이라 한다."라고 했다.409)

남명이 활약하던 당시, 성리학은 특수계층에게만 통하는 공론으로 흘러 백성들이 살아가는 무대인 자연에 대한 연구는 방치해 자연과학을 발달할 수 없게 한 흠이 있다. 그런데 남명은 자연·생기 면과 의리·심성 면을 똑같이 다루었다. 물질생활을 도덕생활과 같은 차원에서 중시하는 태도이다. 심물병중론(心物竝重論)이다.410) 이기론으로 말한다면 이기병중론(理氣竝重論)이다. 그러다 보니 유교뿐 아니라 불교와 도교 사상이라도 이 이론에 맞는 것은 받아들였다. 남명이 노장에 기울었다거나 잡학이라는 비판을 받는 것도 그 때문이다.

4. 맺는 말

지금까지 퇴계와 남명의 삶과 사상을 검토해 보았다. 이를 바탕으로 두 사람의 차이점을 들어 보면 다음과 같다.

- 퇴계는 경상좌도에서 태어났고, 남명은 경상우도에서 태어났다. 퇴계는 청량산(淸凉山) 밑에서 살아 품성이 온화하고 치밀한 데 견주어 남명은 지리산(智異山) 밑에서 살아 기질이 드높고 강인했다. 그러기에 성호(星湖) 이익(李瀷)은

---

409) 《南冥集四種》, 16쪽.
410) 김충열, 앞의 책, 164~167쪽.

남명선생은 우도에, 퇴계선생은 좌도에 해와 달처럼 있었으며 …… 좌도는 인(仁)을 숭상하고, 우도는 의(義)를 숭상한다.411)

고 했고,

퇴계가 소백산 밑에서 출생해 우리나라 유학자의 종주가 되었다. 그 계통의 인물들은 깊이가 있으며, 빛을 발해 예의가 있고 겸손하며 문학이 찬란해 수사(洙泗)의 유풍을 방불케 했다. 남명은 지리산 밑에서 출생해 우리나라에서 기개와 절조로서 가장 높은 위치를 차지했다. 그 후계자들은 정신이 강하고 실천에 용감하며 의리를 숭상하고 생명을 가볍게 여기어 이익을 위해 뜻을 굽히지 않았으며, 위험에 처해 뜻을 굽히지 않는 독립적인 지조를 지녔다. 이것이 상도(上道)와 하도(下道)의 다른 점이다.412)

라고 썼다. 그리고 영사 윤승훈(尹承勳)은 "상도에는 이황이 있어 학문을 숭상하고, 하도에는 조식이 있어 절의를 숭상한다."413)고 했다. 개암(開岩) 김우굉(金宇宏)도 "남명선생은 우도에, (퇴계)선생은 좌도에 일월과 같아서 다 사문(斯文)을 일으키는 것을 자기의 임무로 여길 뿐입니다."414)라고 했다.

 ― 퇴계는 사람들이 모인 자리에서도 벽을 보고 글을 읽었으며, 시를 좋아했고, 특히 도연명(陶淵明)의 시를 좋아했다고 한다.415) 일재(一齋) 이항(李恒)이 퇴계가 문학으로 발신(發身)했다고 한 것도 그 때문이다. 그리고 읽다가 모르는 것이 있으면 곰곰이 생각하다가, 그래도 모르겠으면

---

411) 南冥先生之於右 退溪先生之於左 如日月 …… 左道尙仁 右道尙義(李瀷, 〈人事門 退溪南冥〉, 《星湖僿說》 卷 9).

412) 李瀷, 〈天地門 白頭正幹〉, 《星湖僿說》 卷 1.

413) 上道則 李滉在 而學問相尙 下道則 有曺植 而節義尙高(《宣祖實錄》 卷 42, 宣祖 34年 10月 己丑.

414) 開岩 金副學宇宏 …… 曰 南冥先生之於右道 先生之於左道 如日月然 皆以興起斯文爲己任 已(李瀷, 〈人事門 退溪南冥〉, 《星湖僿說》 上, 卷 3, 景仁文化社, 1967, 297쪽).

415) 好讀書 雖稠人廣坐 必向壁潛翫 愛淵明試 慕其爲人(《退溪集》 III, 《文集叢刊》 31, 220쪽)

젖혀 두었다가 다시 생각해 알아내고야 마는 성격을 가지고 있었다.

이와 달리 남명도 모르는 것이 있으면 알 때까지 질문했으나,[416] 경전을 읽을 때는 열 줄씩 읽어 나가다가 수양에 관한 대목이 나오면 세밀하게 궁구해 읽었다고 한다.[417] 남명은 외가의 기질을 이어받아 고답적이고 세상을 가볍게 보려는 기질을 타고났다. 그리하여 스스로 인정했듯이 다소 객기가 많은 편이었다.[418] 이에 퇴계도 그를 "사람됨이 우뚝 솟아 속세를 벗어났고, 희고 맑은 성품이 세상 밖에 있을 정도로 높고 멀다."(亭亭物表 皎皎霞外)라고 평했는가 하면[419], 제자들은 '벽립천인'(壁立千仞)의 기질이 있다고 했고, 우암(尤菴) 송시열(宋時烈)은 '추상렬일'(秋霜烈日)의 품격을 가지고 있다고 했다.[420] 이와 달리, 퇴계는 남의 허물을 말하지 않으며, 시폐(時弊)를 입에 담지 않았다고 한다.[421] 그러나 이단을 배척하는 데는 단호했다.

- 출처관이 달랐다. 남명은 "내 평생에 하나의 장점이 있다면 그것은 죽는 한이 있어도 구차하게 따르지 않는 것이다."[422]라고 해 벼슬길에 나가지 않을 뜻을 분명히 했다. 왜 출사를 하지 않으려 했나? 남명은 벼슬길에 나간다면 마땅히 명분의 가르침[名敎]을 펴야 한다고 생각했다. 그러나 사화가 일어나고 사림이 죽어 나가는 판에, 벼슬을 한들 무슨 소용이 있겠느냐는 마음을 먹었다. 윤원형이 실각한 뒤, 남명이 징소(徵召)에 응한 적이 있었다. 그러나 명종을 만나보고 개혁의 뜻이 보이지 않자 즉시 돌아왔다.

이와 달리 퇴계는 37년이나 벼슬살이를 했고, 극품(極品)까지 올라갔다. 벼슬도 양관 대제학에 우찬성까지 했다. 집안이 한미해 집안을 일으키

---

416) 至疑晦處 必質問 曉解後已(《南冥先生集》附錄 編年).

417) 李成茂, 〈남명 조식의 생애와 사상〉, 《개정증보 조선의 사회와 사상》, 일조각, 437쪽.

418) 李樹健, 〈南冥曺植과 南冥學派〉, 《民族文化論叢》第 2·3輯, 嶺南大 民族文化硏究所, 1982. 199쪽.

419) 李瀷, 〈人事門〉, 《星湖僿說》上, 卷 3, 景仁文化社, 1967. 297쪽.

420) 李成茂, 앞의 논문, 439쪽.

421) 《明宗實錄》卷 31, 明宗 20年 4月 乙酉 ; 《明宗實錄》卷 32, 明宗 21年 2月 丁丑.

422) 金宇顒, 〈南冥先生行錄〉, 《南冥先生文集》卷 5, 141쪽.

고자 벼슬한다는 명분을 내세웠다. 그리고 그의 아들이나 조카들에게도 과거시험을 보라고 여러 번 권했다. 그러다가, 43세 되던 해에 교서관에서 왕명으로 《주자대전》을 찍어 낼 때 교열을 보며 이를 정독하고 나서는 벼슬을 버리고 도학연구에 전념하고자 했다. 도학연구가 벼슬하는 것보다 훨씬 더 중요하고 공부할 시간이 많이 남아있지 않다는 생각에서였다. 그러나 사양할수록 벼슬이 높아지고 징소는 거듭되었다. 병을 핑계로 계속 사직소를 올렸지만, 그는 죽기 전까지도 벼슬을 버리지 못했다. 그러다가 소기묘(小己卯)로 몰려 위태롭기도 했으나 덕망이 높고, 따르는 무리도 많아 도학자로서 최고의 영광인 문묘종사의 특전을 받기까지 했다.

 － 도학사상도 다르다. 두 사람 모두 《성리대전》에서 감명을 받아 도학에 입문했다. 그러나 지향은 달랐다. 퇴계는 주자의 주리론을 받아들여 이가 기에 우선한다고 해, '이선기후'(理先氣後), '이귀기천'(理貴氣賤)를 주장했다. 그리고 그 이는 천리(天理)에서 왔고, 사람에게는 '성'(性)으로 품부된다고 했다. 성선설에 바탕을 두고 '성'은 원래 착한 것이나 사욕에 가려 악하게 될 수가 있으니, 모름지기 수양으로 이를 착하게 유지시켜야 한다는 것이다. '경'이 그것이다. 이것을 이론화하고자 퇴계는 많은 저서와 글을 썼다. 그리고 양명학은 유학의 일파이기는 하나 이단이라 하여 배격하고, 불교와 도교도 모두 배척했다.

 이와 달리 남명은 "정주(程朱) 이후로는 저술할 필요가 없다"며 이론은 선현들이 이미 다 연구해 놓았으니 이를 실천하는 것이 더 중요하다고 했다. 남명은 《남명집》과 《학기유편》밖에는 남긴 책이 없다. 이 가운데 《학기유편》은 독서 뒤의 감상을 모아놓은 책에 지나지 않고 후진들이 편목을 정한 것이라 한다. 그는 실천에 도움이 되면 비록 불교나 노장 이론도 원용하는 태도를 지니고 있었다. 이는 주자학 이외는 모두 이단이라고 배척하는 퇴계의 비판을 받기도 한다. 남명은 오히려 물질은 기이므로 이가 기를 만들었다고 하는 것은 신용하지 않았다. 그런 면에서 남명의 이기론은 이기병건론(理氣竝健論)이거나 한 걸음 더 나가면 주기론이라고 할 수 있다.

　이러한 차이 때문에 남명은 4 · 7 논변(四七論辨)에 끼기를 싫어했다. 실천에는 힘쓰지 않으면서 천리나 심성만 논하는 것은 공리공담일 뿐이며 바람직하지 않다고 생각했다. 존덕성(尊德性)을 강조한 것이다. 이와 달리 퇴계는 남명처럼 존덕성도 중요하지만 학습을 통해 왜 실천을 해야 하나를 연구하는 도문학(道問學)도 아울러 중요하다고 했다. 왜 심성수양을 해야 하는지, 그리고 어떻게 해야 심성수양이 제대로 이뤄지는지를 궁구해야 한다는 것이다.

　퇴계는 도통을 확립하고자 조광조와 이언적의 행장을 자진해 쓰기까지 했다. 조광조–이언적을 잇는 도통을 새로이 확립하려고 한 것이다. 그리고 1610년(광해군 2)에 퇴계 자신을 포함한 5현의 문묘종사가 단행되었다. 이로써 퇴계의 노선에서 벗어난 모든 사상은 이단으로 배척되거나 행세하지 못하게 되었다. 그 결과, 경의(敬義)를 앞세운 남명의 실천주의 도학도 절의의 마지막 단계로 평가받을 뿐 주류에서 밀려나게 되는 운명에 처하게 되었다.

부록 조선전기 역사 연구의 쟁점들

1. 들어가는 말

학술원 제 3분과에서는 광복 이후 역사연구의 성과를 정리하는 사업을 하기로 했다. 우선 우리의 역사연구를 국사·동양사·서양사로 구분하고, 그 가운데 국사를 《과거의 회고와 전망》을 쓸 때의 시대구분에 따라 고대, 고려, 조선전기, 조선후기, 근현대로 나누어 평가·서술하기로 했다. 이 논고는 그 가운데 조선전기 부분에 해당한다.

그리고 이러한 각 시대구분 안에서 분야별로 정치·경제·사회·문화로 다시 나누어, 논의가 많았던 부분을 주제 중심으로 서술하기로 했다. 지면의 한계로 모든 분야를 샅샅이 다룰 수는 없기 때문이다.

조선전기는 대체로 사대부와 사림이 정치주체가 되어 있던 시대이다. 사대부는 고려시대 호족의 후예인 향리에서 중앙관료로 성장한 학자관료(Scholar Official)로서, 고려 말에 내우외환으로 세력을 얻게 된 신흥무장과 힘을 합쳐 고려왕조를 무너트리고 조선왕조를 건국했다. 이들은 당나라의 귀족문화와 원나라의 세계문화에 고려의 토착문화를 용해시켜 세종대의 황금문화를 이룩하는 데 공헌했다. 그들은 독자적인 중앙집권적 문치주의의 관직체계를 갖추는가 하면, 왕조례(王朝禮) 중심의 수준 높은 예법을 만드는 데 성공했다. 이러한 성과는 《경국대전》으로 법제화했다.

그러나 권력을 차지한 이들은 곧 건국초기에 강화된 왕권과 충돌하고, 권문귀족이 되어 지방사림의 도전을 받는다. 여기에 세조가 추진한 왕권 강화책의 실패로 말미암아 정치가 불안해졌다. 수양대군이 계유정난(癸酉靖難)을 일으킨 뒤 8차례에 걸쳐 공신 250여 명이 책봉되어 훈구파가 생겨났고, 임금들이 이들 훈구세력을 견제하고자 종친세력과 사림세력을 기용한 결과 잦은 정변이 일어났다. 남이(南怡)의 옥(獄)은 훈구세력이 종친세력을 숙청한 사건이었고, 4대 사화는 훈구세력이 사림세력을 견제하고자 벌인 정변이었다.

하지만 중앙의 사대부들이 지방의 사족(士族)을 그들의 우익(羽翼)으로 끌어들인 이상 지방 사림의 정계진출은 계속될 수밖에 없었다. 또한 공신들에게 눌려 지내던 국왕이 왕권 강화를 꾀하고자 사림세력을 자기편으로 삼으려는 경향과, 사림의 단결로 사림세력이 훈구세력을 밀어내고 새로운 정치주체가 되는 흐름은 역사적인 대세였다. 그리하여 선조 대부터는 사대부정치시대를 지나 사림정치시대로 접어들게 되었다.

그러나 훈구파가 무너지고 사림파의 적대 세력이 없어지자, 사림들은 혈연, 지연, 학연에 따라 갈리어 붕당 사이의 정쟁이 치열해지게 된다. 사림은 도덕적 수양을 강조하고 이기심성론에 기울어져 지나치게 명분을 중시했다. 그리하여 학파 사이에 주의·주장이 다르고, 혈연·지연·학연에 따라 이해관계가 달라 분열의 시대가 오게 된다.

조선후기 숙종 대에 이르면 당쟁으로 나라가 망할 지경이 되자 왕권 중심의 탕평정치가 모색되고, 영·정조 대에는 사림을 견제하고 탕평정치를 하고자 외척세력을 키웠다. 그러나 그 후과(後果)로 19세기 이후 외척세도정치가 발호(跋扈)하여 나라를 망치고 말았다.

2. 정 치

조선전기 정치 분야에서는 우선 근세(近世)의 개념과 함의를 살펴보고, 이 시기의 정치주체인 사대부, 훈구, 사림의 성격을 살펴보고자 한다.

(1) 근세의 개념에 대하여

일본의 교토대학 학파에서는 중국의 송대 이후, 한국의 조선시대 이후, 일본의 도쿠가와 막부 이후를 근세로 설정했다. 서구식 3구분법을 따르기에는 중세가 너무 길고, 동북아 3국에서는 이 시기부터 중세와는 다른 사회변화가 일어나고 있다는 이유에서였다.

이에 따라 진단학회 《한국사》에서는 조선시대를 근세전기편, 근세후기편으로 나누어 서술하고 있다.[1] 이 책의 서문에서 조선시대사를 집필한 이상백(李相伯)은 시기구분의 문제에 대해 이렇게 밝히고 있다.

> 고대·중세·근세 같은 시대구분은 원래 구주인(歐洲人)이 구주의 역사를 다루려고 생각해낸 것인데, 우리도 편의상 그 개념을 흔히들 전화(轉化), 이용은 하나, …… 구주의 역사는 그 전개의 양상에 따라서 고대·중세·근세의 구분이 자연히 생긴 것이나, 동부 아시아에서 이와는 다른 생활사를 형성해 온 우리의 역사를 동일한 시대구분으로 구획하려는 것은 무리한 일이 아닐 수 없다. …… 한국사의 시대구분을 한 원래 의도는, 아마 중국 재래의 왕조사적인 구분에 현대의 서구적인 선례를 혼효, 모방하여 (시대구분을 하는 과정에서) 조선왕조사를 필자가 맡았기 때문에, 선행하는 고려사를 중세사라고 하므로 이것을 근세사라고 명명한 것이나, 그것이 실제에 꼭 맞을 수 없는 것은 이미 말한 바와 같다.

그러므로 여기에서 근세라 한 것은 단지 고려사를 중세라 하니 그렇게 붙인 것뿐이지 꼭 맞는 것은 아니라고 했다. 따라서 진단학회 《한국사》에서 '근세'라는 시대구분은 편의상 붙인 것이지 교토대학 학파의 근세와는 다른 것이다.

---

1) 震檀學會, 《韓國史》, 乙酉文化社, 1959. 6.

이러한 이상백의 고대 · 중세 · 근세의 구분법은 진단학회《한국사》의
기획자인 이병도(李丙燾)의 견해를 따른 것이다. 이병도는 이 책의 총설
(總說)에서 이렇게 밝혔다.

> 선사시대로부터 신라말기까지를 고대, 고려 대를 중세, 이씨조선 초로부터
> 철종 말까지를 근세, 그 이후를 최근세로 하였다.[2]

그러면서도 역사라는 것은 물이 흐르듯 연속성이 있기 때문에 시대를
명확히 구분한다는 것은 무리라고 했다.

시대를 구분할 때는, 일반적으로 유럽의 고대 · 중세 · 근세(근대)의 3구
분법을 따르고 있다.[3] 유럽사에서 고대는 그리스 · 로마의 분산적 도시국
가군(群)이 로마제국으로 대통일되는 과정이고, 중세는 대제국이 분열되
어 봉건제가 나타나는 시대이며, 근세는 새로운 통일국가가 생기는 시대
라 한다.[4] 통일-분열-재통일이 유럽의 3구분법의 바탕에 깔려 있다. 곧,
통일의 구심력과 분열의 원심력이 교차하면서 역사가 전개되어 왔다는 인
식이다.

'근세'라는 용어의 시초는 르네상스 시대의 인문주의자들이 그리스 · 로
마 시대와 자신들의 시대의 사이에 '중세'라는 시대를 끼워 넣고, 자신들
의 시대를 역사적으로 큰 의미를 부여해 새롭다는 의미의 '근대'(modern)
라는 명칭을 붙인 것이라 한다.[5] 고대의 대제국이 분열하면서 중세가 열
렸고, 이 시기에는 소지역 사이의 이해 대립과 이로 말미암은 무력전이 일

---

2) 李丙燾(震檀學會 編),《韓國史》古代篇 總說, 乙酉文化社.
3) 한림대 한림과학원총서 26《한국사 시대구분론》, 소화, 1995, 347~350쪽, 서구의 Ancient
 · Medival · Modern은 古代 · 中世 · 近世, 또는 古代 · 中世 · 近代로 번역되기도 한다. 近世
 와 近代는 어떻게 다른가? '世'는 아래로 대수를 따질 때 쓰고, '代'는 위로 대수를 따질
 때 쓴다고 하나 서로 바꾸어 쓸 수 있는 것이 보통이다. '世'나 '代'는 다같이 30년을
 한 세대로 본다. 그러나 '인생 일대'라고 쓸 때에는 30년이 아니다. 그리고 왜 하필 古
 代와 近代는 '代'라고 쓰면서 中世만 '世'라고 쓰는지에 대해서도 해명되어야 할 것이
 다.
4) 宮崎市定,《아시아사론》, 中央公論社, 2002. 2, 112쪽
5) 車河淳,〈시대구분의 이론과 실제〉, 한림과학원총서 26《한국사 시대구분론》, 소화, 13쪽.

어났다. 상인세력이 성장해 봉건적 속박에서 스스로 해방되어 인간성의
각성, 문예부흥, 종교개혁이 일어났다. 도시의 부(富)가 늘어나면서 본격
적으로 대두한 부르주아들의 희망과 제왕의 정치적 야심이 결합하여, 광
범한 민족을 바탕으로 하는 국민국가, 국민주의가 나타나게 되었다.6) 국
민국가를 발전시키는 데는 제지술·인쇄술·화약제조술·항해술 등 과학
기술의 발달이 촉진제가 되었다.

그리하여 1750년 무렵에 영국에서 산업혁명, 프랑스에서 정치혁명이
일어나 새로운 시대를 열게 되었다. 유럽의 경우, 1300년 무렵에 문예부
흥, 그보다 200년 뒤에 종교개혁, 1750년대에 산업혁명, 1800년대에 정치
혁명이 계속적으로 일어나게 된 것이다.7)

그러면 중국사에서는 어떠했는가?

중국의 고대는 춘추시대 도시국가의 할거에서 시작해, 전국시대의 소
(小)통일을 거쳐, 진·한에 이르러 중앙집권적 대(大)통일국가(고대국가)
를 만들었다. 그러나 한 제국은 북방민족 출신의 군벌 세력에게 멸망하고,
삼국시대 이후 지방분권적인 경향이 두드러지게 되었다. 서진(西晉)이 일
시 통일을 하기는 했으나 북방민족의 침입으로 곧 붕괴되고, 남·북조의
오랜 기간에 걸친 분열시대가 도래했다. 지방분권적인 경향이 강해지면서
호족의 세력이 본격적으로 대두했다. 이에 중앙정부[軍閥天子]는 이들을
지방관아의 관리로 등용했고, 호족들도 관직을 통해 스스로의 이익을 보
존하고자 했다. 그리고 봉건적인 중앙정부는 신분제를 실시해 호족세력을
국가 지배체제 속에 편입시켰다. 이리하여 호족들은 사회적 지위와 재산
을 자손에게 세습·상속할 수 있었다. 이 때문에 중국에서는 봉건제가 실
시되지 않고서도 중세사회를 견딜 수 있었던 것이다.8)

뿐만 아니라 중국 중세에는 당과 같은 대제국이 있었기에 북방민족의
침입을 막고 사회제도를 보존할 수 있었다. 이는 유럽사에서 프랑크 제국

---

6) 宮崎市定, 앞의 책, 116쪽
7) 宮崎市定, 앞의 책, 122쪽.
8) 宮崎市定, 앞의 책, 118쪽.

이 번성하여 이슬람 세력의 침입을 막아냈던 일과 견주어볼 수 있다.9)

그러면 한국에서는 어떠했는가? 한국사에서는 통일신라까지를 고대통일국가로 보는 것이 일반적이다. 나말려초부터 고대국가는 당의 귀족문화를 배우고, 지방 호족세력을 군현제에 편입시키는가 하면, 봉건적 신분제도를 실시해 중앙·지방의 사족들의 관직과 재산을 세습·상속할 수 있게 했다. 음직(蔭職)과 과전(科田)·공신전(功臣田)·사전(賜田) 등의 수조지(收租地)나 식읍(食邑)·녹읍(祿邑) 등이 그것이다. 고구려·백제·신라의 3국이 멸망한 후 고려는 국가 기반의 안정을 꾀하고자, 당나라의 중앙집권적인 문치주의를 배우고, 지방에 산재해 있는 호족세력을 그들의 우익(羽翼)으로 삼음으로써 통일국가 안에서 유사봉건제도를 실시했다.

그러다가 여말선초에는 중국 송나라와 마찬가지로 독서인층이던 사대부세력이 일어나 중국의 강남농법(江南農法)을 도입하여 경제적 부를 확보했고, 종이와 화약, 금속활자, 도자기 등을 만들어 문화능력을 과시했다. 그리고 남아 있는 호족의 후예인 향리 세력을 타도해 행정실무자 층인 중인으로 격하시키고, 자작농을 육성하는가 하면 농업기술을 발전시킴으로서 국부를 늘리고 4군 6진을 개척해 강역을 넓혔다. 뿐만 아니라 세계적인 표음문자인 훈민정음을 만들어내고, 중국과는 다른 독자적인 법체계와 예악제도를 만들어 냈다. 이러한 문화적 성취는 《경국대전》과 《국조5례의》(國朝五禮儀) 등에 집대성되어 있다.

이러한 사실로 미루어 보아 조선시대를 근세라고 불러도 좋을 것 같다. 원래 시대구분이란 편의적인 것이기는 하나 중국사와 비교해 보면 조선시대는 여러 모로 송나라 이후의 근세사회와 비슷한 점이 있는 것은 사실이다.

(2) 사대부란 무엇인가?

사대부의 개념이 역사적으로 일정한 것은 아니었다. 선진(先秦) 시대에

---

9) 宮崎市定, 앞의 책, 118쪽.

통용되던 천자 · 제후 · 경(卿) · 대부(大夫) · 사(士)의 봉건적 위계에서 대부와 사는 제후의 가신(家臣)이었다. 따라서 이때에는 사대부라는 개념보다는 대부 · 사의 개념으로 쓰였다. 그러나 한 · 당대 이후에는 문 · 무관 관료군을, 송대 이후에는 문 · 무 관료와 광범한 포의(布衣)의 독서인층을 의미했다.[10]

이러한 사대부 개념은 고려사회에도 수용되었다. 그러나 고려 · 조선은 봉건사회를 경험한 적이 없기 때문에 제후의 가신인 대부 · 사는 없었다. 그러므로 사대부라 하면 문관 관료, 아니면 문 · 무 관료란 의미로 쓰였다. 곧, 문관 4품 이상을 대부, 문관 5품 이하를 사라 한 것[11]은 문관관료만을 의미하고,

> 경기(京畿)는 사방(四方)의 근본이니 마땅히 과전을 두어 사대부를 잘 대접해야 한다.

고 했을 때의 사대부는 문 · 무 관료를 의미한다.[12]
그러나 박지원(朴趾源)이 《연암집》에서

> 오직 양반은 이름이 여러 가지여서 책(유교경전)을 읽는 사람을 사라고 하고, 벼슬하는 사람을 대부라 하며, 덕이 있는 사람을 군자라 한다.[13]

고 했을 때의 사는 독서인층을 의미하고, 대부는 관료를 의미한다.

---

10) 李成茂,〈麗末鮮初의 士大夫〉,《朝鮮兩班社會硏究》, 一潮閣, 1995, 1쪽.

11)《世宗實錄》卷 52, 世宗 13年 5月 戊辰, 詳定所啓 …… 請以四品以上 稱爲大夫 五品以下 稱爲士 從之.

12)《高麗史》卷 78, 志 32, 食貨 1, 田制 祿科田. 에 나오는 "京畿四方之本 宜置科田 以優士大夫"이라는 자료와 "京畿則 給居京侍衛者之田 以優士族"이라는 자료를 비교해 보면 士大夫가 士族과 같은 의미로 쓰고 있음을 알 수 있다. 科田法에서는 문관뿐 아니라 무관도 科田을 주고 있었기 때문에 여기서 말하는 사대부는 문 · 무 관료를 의미한다고 할 수 있다.

13) 朴趾源,《燕岩集》卷 8, 別集 放璚閣外傳, 惟闕兩班 名謂多端 讀書曰士 從政曰大夫 有德爲 君子.

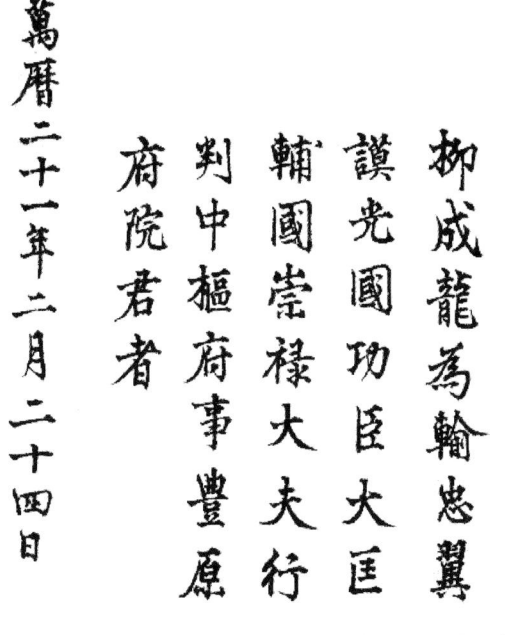

教旨

柳成龍爲輸忠翼
謨光國功臣大匡
輔國崇祿大夫行
判中樞府事豐原
府院君者

萬曆二十一年二月二十四日

교지(敎旨). 왕이 신하들에게 관직과 품계 등을 내리는 문서이다. 위의 교지는 선조가 서애 류성룡을 수충익모광국공신대광보국숭록대부행판중추부사풍원부원군(輸忠翼謨光國功臣大匡輔國崇祿大夫行判中樞府使豊原府院君)에 봉한다는 내용이다.

그런데 사대부는 이러한 개념으로만 쓰인 것이 아니다. 송대에는 정치 주체인 문·무 관료 집단을 의미하기도 했다. 송대에 이르면 사대부는 문·무 관료집단 뿐 아니라 유교적 교양을 갖춘 광범한 포의의 독서인층까지 포함하는 새로운 지배계층을 일컬었다. 당말에 안사의 난(755년), 황소의 난(874년)과 주변 민족의 할거로 혼란기를 맞이하게 되자 이를 수습하는 방법으로 부병제(府兵制)를 번진체제(藩鎭體制)로 바꾸었다. 그리하여 지방 번진의 절도사들이 군정권·민정권·재정권을 모두 차지해 중앙통제를 벗어나 분권적, 반(半)독립적 무인정치 시대가 도래했다. 이러한 절도사 및 일부 지방 세력의 자립·할거는 당나라의 귀족정치를 뿌리째 흔들어 놓았다. 그리하여 907년(天佑 4) 주전충(朱全忠)이 당나라를 멸망시킨 뒤 중원(中原)에 5왕조, 각 지방에 10여 국이 난립해 이른바 5대 10 국(五代十國) 시대로 접어들게 되었다.[14] 5대 10국을 세운 무인들은 국 가를 꾸려가고자 행정능력이 있는 문인들을 기용했다. 이 문인관료들 가 운데는 기왕의 관료 출신도 있었지만 포의 출신들도 포함되어 있었고, 오 히려 시간이 갈수록 포의 출신의 수가 관료 출신의 수를 능가하게 되었 다.[15] 관료사회에 새로운 피가 속속 흘러들어 오게 된 것이다. 이러한 추 세는 송대에 이르러 더욱 확산되어 갔다.

송 태조는 당말·5대 10국 시대의 무인정치가 빚어낸 혼란을 극복하고 천자 중심의 강력한 전제권을 확립하고자 문치주의 정치를 선언했다. 문 치주의를 정착시키고자 송에서는 흥학정책(興學政策)을 펴 학교교육을 강화했다. 관학(官學)에 학전(學田)을 지급하고, 삼사법(三舍法)을 실시 했다. 관학이 쇠퇴하자 가숙(家塾)·서루(書樓)·학사(學舍)·학당(學 堂)·사관(舍館)·소학(小學)·촌교(村校)·향학(鄕學)·서사(書舍)· 서원(書院) 등의 사학(私學)을 장려했다.[16] 특히 서원은 향약·향음주례 등을 주도해 향촌사회의 지배권을 강화하고 국가에서 사액을 받아 농민들 위에 군림했다.

이러한 관학·사학은 독서인층을 육성하는 온상이 되었고, 국가에서는 이들 학생에게 군역(軍役)과 형벌을 감면해 주기도 하고. 공식적으로 처 사(處士)의 사호(賜號)를 내려 차역(差役: 백성에게 부과하던 토목 등의 노역)을 면제해 주기도 했다.[17] 또한 이들에게 과거시험을 볼 수 있는 길 도 열어주었다.

한편, 독서인 수가 증가하고 책의 수요가 늘어나자, 제지술과 인쇄술이 아울러 발달하여 책을 구해 보기가 쉬워졌다. 돈 있는 토호들은 많은 책을 소장할 수 있었고, 가난한 독서인들은 이를 빌려 보거나, 관학, 또는 소장

---

14) 梁鍾國, 《宋代士大夫社會硏究》, 三知院, 1996. 9~11쪽.
15) 梁鍾國, 위의 책, 11~13쪽.
16) 梁鍾國, 위의 책, 40~41쪽, 學堂·學舍·書樓·家塾은 下級私學, 小學·村校·鄕學은 中級私學, 書院은 高級私學이었다.
17) 梁鍾國, 위의 책, 38~42쪽.

자들의 별서(別墅)에 수장되어 있는 도서를 빌려 보기도 하고 필사할 수도 있었다. 이러한 분위기는 독서인층을 존중하는 사회풍조를 조장했고, 고급관료들도 포의의 독서인과 통혼하는 것을 꺼리지 않게 되었다. 이들 포의의 독서인들이 장차 과거시험을 거쳐 관료가 될 수도 있었고, 자신들의 출신기반도 결국은 독서인이었기 때문이다.[18]

송대 독서인층의 성장은 농업기술의 발달로 말미암은 생산력 증대 및 인구 증가와도 밀접한 관계가 있었다. 농업기술의 발달로 단위면적당 생산량이 늘어나고, 잉여생산물의 유통으로 시장과 상업이 발달했으며, 인구의 급격한 증가로 노동력 수요를 충당할 수 있었다. 이러한 변화는 강남지방을 중심으로 활발하게 일어났다. 이에 새로운 자영농을 바탕으로 하는 중ㆍ소 지주층이 널리 성장하고 이들이 관학이나 사학에서 공부해 새로운 문신 중심의 사대부층을 형성하게 되었다.[19] 그리하여 문신관료와 포의의 독서인층을 아우르는 송대의 사대부 개념이 생겨났다.

고려에서 송대의 사대부 개념이 도입된 것은 무신정권 때의 능문능리(能文能吏)부터라는 주장이 있다. 이우성(李佑成)은 그의 〈고려 관인체제하의 이(吏)〉라는 논문에서 아래와 같이 주장했다.

> 지방 향리의 신분으로 과거에 급제하여 당당한 관인으로 진출할 때에, 도필(刀筆)을 가업으로 삼아 오던 그들의 실무기술적 전통 위에 문학적 교양을 아울러 구비하여, 그야말로 '능문능리의 신관료'라는 새로운 관인층이 이룩되었던 것이다. 이 능문능리의 새로운 관인층이 곧 '사대부'계급이었다. '사대부'는 과거의 '문신'ㆍ'무신'과 '형'(型)을 달리하는 지배계급이었다. "책을 읽는 사람을 사라고 하고, 벼슬하는 사람을 대부라 하며"라고 한 바와 같이 '학자적 관료'이며, '관료적 학자'인 이 신흥계급은 고려후기에서 말기로 접어들면서 정치적ㆍ사회적 기반을 확립하고 나아가 조선왕조의 건국에 주동적 사명을 담당했던 것이다.[20]

---

18) 梁鍾國, 앞의 책, 43쪽ㆍ51쪽.
19) 梁鍾國, 앞의 책, 18~23쪽.

고려중기 무신정권 아래서 탄생한 '사대부'가 송대의 '사대부'와 같은 새로운 지배계급이라는 것이다. 이들은 학자 관료로서 고려 말에 (신흥무관들과 힘을 합쳐) 조선왕조를 세운 주역들이다.

이 글은 상당한 영향을 미쳐 조선초기 양반의 능문능리 기원설로서 지금까지도 사람들의 입에 오르내리고 있다. 그러나 능문능리에는 문[文學]·리[吏務]만 포함되어 있을 뿐 독서인층은 아직 포함되지 않았다. 독서인층까지 사대부에 포함되는 것은 16세기 사림의 시대가 되어서이다. 박지원이 말한 "독서왈사"(讀書曰士)의 "士"가 바로 독서인층을 의미한다. 그러므로 '사대부'가 조선왕조를 세운 정치주체이기는 하나 송대의 '사대부' 개념이 일반화하는 시기는 조선중기 이후라고 할 수 있다.

신흥사대부들은 지배층이 비대해지는 것을 우려해 조선시대에는 오히려 자신의 출신 성분이었던 이(吏)의 관직 진출을 억제했다. 그리하여 이들을 중인층으로 격하되고 말았다. 사대부가 양반과 중인으로 갈린 것이다.

그러면 어떤 부류의 사람들이 사대부가 된 것인가? 이우성은 그의 〈고려시대 촌락(村落)과 백성(百姓)〉이라는 논문에서 이렇게 주장했다.

> 나는 일찍이 고려후기의 신흥관료가 대개 그 당시의 지방 출신, 지방 토착세력을 발판으로 중앙에 진출한 사람들이라고 말했으며, 고려시대의 지방 토착세력이란 구체적으로 《고려사》 곳곳에 등장하는 '기인백성'(其人百姓)·'향리백성'(鄕吏百姓)·'인리백성'(人吏百姓) 등에 해당되는 것이라고 생각했다.21)

향리·인리·기인·백성이 사대부의 연원이라는 것이다. 향리·인리·기인은 군현의 지배자, 백성은 촌락의 지배자인 촌장·촌정(村正)을 뜻한다. 이들은 부농 가운데 등장한 자들로서, 어떤 새로운 사회적 계기를

---

20) 李佑成, 〈高麗 官人體制下의 '吏'〉, 《韓國中世社會研究》, 一潮閣, 1991, 111쪽.
21) 李佑成, 〈高麗時代의 村落과 百姓〉, 《韓國中世社會研究》, 一潮閣, 1991, 36쪽.

만나면 그들의 경제적 능력에 바탕을 두고 얼마든지 신분을 상승시킬 수 있었다는 것이다.[22] '사대부'가 바로 그러한 경우라고 할 수 있다.

그러면 '사대부'가 모두 향리·백성 출신인가? 그렇지는 않다. 고려초기의 상황을 보자면, 후삼국 통일과정에서 왕건을 지지한 공신들, 고려에 귀순한 신라귀족, 귀화인들, 지방에서 호응해온 호족세력 등이 '사대부'가 될 수 있었다.[23] 그러나 공신들은 광종의 개혁 때 도태된 사람이 많아, 주로 호족세력과 신라귀족 가운데서 과거나 서리직을 통해 중앙으로 진출한 자들이 관료군을 구성하고 있었다. 향리·백성은 호족세력에 포함되어 있었다고 할 수 있다. 그 가운데서도 향리가 지방 토착세력 가운데 지위나 경제력이 가장 높았으니, 이들 가운데 '사대부'로 진출한 사람도 가장 많았다고 보아야 할 것이다.

그러나 고려의 중앙집권정책으로 너무 많은 지방 세력들이 중앙으로 몰리게 되자, 고려 말에는 이들을 견제하려는 움직임이 있었다, 향리의 아들 가운데 3정 1자(三丁一子: 향리 한 사람이 세 아들을 두면, 그 가운데 한 아들만 등용할 수 있게 하던 제도)에 한해 벼슬하거나 과거에 응시하게 한 것 등이 그 예이다.[24] 그리하여 향리의 과거급제자가 크게 줄어들었으며, 공민왕 대 이후에는 향리 출신의 사대부는 거의 없게 되었다.[25]

John Duncan은 그의 박사논문 〈The Origin of the Choson Dynasty〉에서 다음과 같이 주장했다.

> 조선왕조 창건은 새로운 계층에 의한 정치·경제·사회적 변동이 아니라 고려왕조의 세습적 지배계급이 주도한 왕조의 교체일 뿐이다.[26]

---

22) 梁鍾國, 앞의 책, 54~55쪽.
23) 李成茂, 《朝鮮初期 兩班研究》, 一潮閣, 1980, 17쪽.
24) 國制 吏有子三 許一子從仕(《高麗史》 卷 106, 〈列傳〉 19, 嚴守安傳) ; …… 禑令東堂雜業監 試明經 依舊施行 鄕吏則 三丁一子 許赴(《高麗史》卷75, 志 29, 選擧 3, 鄕職).
25) 李成茂, 위의 책, 26~27쪽.
26) John Duncan, 고려대 박사학위 논문 〈The Origin of the Choson Dynasty〉, 2000, 참조.

그러나 이것은 잘못된 생각이다. 혁명주체인 개혁파 사대부들은 당시 사회상을 보았을 때 충분히 개혁적이었다. 하지만 정복왕조가 아닌 이상 모든 지배층을 다 바꾸기는 어려웠다. 정권안정 차원에서 신왕조에 반대하지 않는 한 구세력에게도 관직을 주는 것은 당연한 이치이다. 개혁은 그 주체와 내용이 중요한 것이지, 반드시 모든 것을 뒤집어야만 개혁이라고 할 수 있는 것은 아니기 때문이다.

(3) 사림과 사림정치

사림이란 '사대부지림'(士大夫之林), 즉 사대부의 수풀이라는 뜻이다. 사대부가 문관관료 내지는 문·무 관료를 아우르는 용어로 쓰였다는 것은 이미 앞에서 말한 바 있다. 그렇다면 사림은 관료집단을 말하는가? 그렇지는 않다. 오히려 포의의 독서인을 포괄하는 용어이다. 송대의 사대부 개념 가운데도 이미 포의의 독서인이 포함되어 있었으나, 조선건국 초기에는 거기까지 미치지는 못했다. 그래서 필자는 여말선초를 (사림이 아닌) 사대부 정치시대로 보고자 한다.[27]

그러나 조선왕조를 건국한 사대부들은 그들의 우익을 늘리고자 지방 품관(品官)을 양반으로 편입시켰다. 과거에는 향리가 오히려 양반의 공급원이었는데, 이때는 고려의 중앙집권화 과정에서 지방 세력을 너무 많이 끌어들여 관직세계가 포화상태에 이르렀다. 그리하여 이들을 양반과 중인으로 나누었다. 양반은 정책입안, 중인은 행정실무를 맡았다. 이때 지방세력도 기왕에 국가로부터 관품을 받은 품관은 사족, 그렇지 않은 사람은 향리로 구분했다.[28]

지방사족을 집권층인 양반으로 인정한 이상, 이들의 관계진출을 막을 수는 없었다. 더구나 왕조교체 과정에서 많은 인재들이 희생되었고 신왕조를 위해 새로운 인재들이 필요했다. 인재를 충원하고자 학교·과거제도

---

27) 李成茂, 《조선왕조사》 상, 동방미디어, 1998, 서문 참조.
28) 李成茂, 《朝鮮初期 兩班硏究》, 一潮閣, 1980, 31쪽.

를 정비하고 관직제도도 개혁했다. 그리하여 많은 지방사족들이 중앙 관계로 흘러들어 왔다.

이러한 분위기 속에서 문운(文運)이 일어나고, 관료가 되기 위해 공부하는 독서인층이 늘어나게 되었다. 이와 같이 형성된 지배층을 우리는 '사림'이라 한다. 이이는 유교적인 언행으로 공론(公論)을 조성하는 독서인들을 사림이라 했다.

> 마음 속으로 고도(古道)를 그리고 몸으로는 유행(儒行)에 힘쓰며 입으로 법언(法言)을 말함으로써 공론을 가진 자를 일컬어 사림이라 한다.[29]

사림은 기성 집권관료에 대항하고자 경전 공부에 몰두했다. 집권사대부들도 유학자이기는 했지만, 왕조교체기에는 경전 연구보다 불교를 배척해 불교윤리를 유교윤리로 바꾸는 실천적 문제에 집중했기 때문에, 송대 유학, 곧 유교의 실천윤리와 도교·불교의 형이상학을 결합한 성리학을 이해하는 데 미흡한 상태였다. 더구나 원에서 도입된 유교는 허형(許衡)의 실천유교였기 때문에 가묘(家廟), 3년상, 충효 등 유교윤리를 보급하는 데 급급했다.

도학이란 송나라 주돈이(周敦頤), 장재(張載)가 일으키기 시작해 정호(程顥)·정이(程頤) 두 형제를 거쳐 주희가 집대성한 학문으로, 도통을 중시하고, 4서에 바탕을 두고 유교의 정신을 설명하는 특징을 가지고 있었다. 도통이라 함은 요-순-우-탕-문-무-주공으로 이어져온 이상을 공자가 밝혔으며, 그 제자 증자, 자사를 거쳐 맹자에 이르러 전통이 끊어졌다가, 이때에 와서 다시 이어졌다는 것이다.[30]

당시 지배세력이던 훈구파는, 어린 조카인 단종을 몰아내고 왕위를 찬탈한 수양대군(세조)을 도운 공신들로부터 그 뿌리가 시작되었다. 이는 수기(修己)와 충절을 중시하는 소외 세력인 사림파에게 공격의 좋은 구실

---

29) 李珥,〈玉堂時陳弊疏〉,《栗谷全書》卷 3.
30) 武內義雄,《中國思想史》, 岩波全書 73, 1936, 229쪽.

이 되었다.

이에 사림파는 소학정신(小學精神)에 바탕을 두고 우선 절의를 내세워 훈구파를 공격했다. 소학동자(小學童子)라는 별명이 붙을 정도로 《소학》에 충실한 사상을 폈던 김굉필(金宏弼)이 추앙되고, 절의를 지킨 정몽주, 길재, 사육신 등이 높이 평가된 것도 그 때문이다.

이들의 훈구파에 대한 투쟁은 세 단계로 나누어 볼 수 있다. 첫 단계에서는 앞에서 말한 대로 절의를 내세워 훈구파의 비행을 폭로하면서 수기와 충절을 중시해 도통을 확립하고, 중종 대에는 그 대표자인 정몽주를 문묘에 배향했다. 두 번째 단계에서는 언론권·인사권을 차지해 공론을 조성, 훈구파를 정치적으로 압박했다. 이는 공신들에게 억눌려 있던 국왕의 협조를 받아 큰 위력을 발휘했다. 그러다 보니 양파의 충돌이 여러 차례 일어났다. 4대 사화가 대표적인 사건이다. 세 번째 단계에서는 퇴계·율곡 등을 중심으로 그들의 이론무기로서 이기심성론·인심도심론·4단7정론 등 도학을 깊이 연구해 정치·사상 이론을 바탕으로 정국을 장악했다.

정치세력으로서 사림파의 근거지는 향촌이었다. 당시는 농경사회였고, 따라서 경제적 바탕은 농촌에서 마련해야만 했다. 이들은 강남농법을 도입해 경제력을 향상시키고, 경재소·유향소·향안·향약·계 등을 만들어 향촌자치능력을 기르는가 하면, 서원·서당 등을 만들어 사림의 재교육과 사림파의 지지기반을 만들었다. 이들의 군집성(群集性)은 공론으로 나타났다.

이태진이 사림에 대한 정의를

> 사족의 군집성을 드러내는 표현으로 대개 15세기부터 상용되며 현직 관인보다는 생원·진사층을 중심으로 한 재야지식인층을 포괄하면서 사장(詞章)보다는 경학, 그리고 그것의 기본정신을 성리학에서 구하는 공통점을 가진 재지(在地) 중소지주로서 서원과 향약에 기초한 향당(鄕黨) 조직을 기반으로 하는 존재[31]

라고 한 것도 이 점을 밝힌 것이다.[32] 그런데 사림이 재야지식인층에
머물렀던 것은 사림파가 생긴 초기의 일이고, 그 뒤에는 사림파가 이미 정
계에 많이 진출해 훈구파와 권력투쟁을 하고 있었다는 사실을 잊어서는
안 된다. 그리고 사림파가 중소지주층이라는 것도 상대적인 이야기이다.
물론 언전(堰田: 간척지)을 개발하고 남의 토지를 점탈한 권력형 관료지
주에 견주면 경제력이 떨어졌겠지만, 농업기술의 발달을 바탕으로 이들도
대지주로 성장할 수 있었던 것이다. 이는 농법의 연구와 그와 같은 사례를
찾아본 뒤에 주장해야 한다.

또한, 사림파가 영남에 몰려 있고 다른 지역은 없었는가 하는 문제가
있다. 이병휴는 사림파가 영남 뿐 아니라 기호지방에도 있었고, 전국에 널
리 퍼져 있었다고 했다.[33] 그리고 Edward Wagner는 현량과(賢良科) 급
제자 28인 가운데 19인이 서울사람이었던 점을 지적하며, 사림파라고 꼭
지방 사람으로 볼 수는 없다고 했고,[34] 이병휴는 현량과 급제자 가운데
일급거족(一級鋸族)도 포함되어 있고, 재경자(在京者)라 하더라도 그들
의 고향은 지방일 수 있기 때문에 지방별로 사림파를 파악하는 것보다 이
념의 성향을 가지고 파악해야 한다고 했다. 경청할 만한 의견이다.

훈구·사림 2계급론은 전환기를 설명하는 데 충분치 못하다. 물론 기본
적으로는 지방사림의 훈구관료에 대한 도전으로 설명할 수 있지만 이념의
문제는 그렇게 간단치 않다. 사림파들이 도학을 이론무기로 도입해 연구
하기 시작하자 훈구파 가운데서도 이에 동조하는 이른바 전향사림파가 생
겨나기 시작했다. 훈구파의 자제 가운데도 전향사림파가 많다. 예컨대 김

31) 李泰鎭, 〈조선시대 정치적 갈등과 그 해결〉, 《조선시대 정치사의 재조명》, 1985, 34~35
쪽.
32) 李泰鎭은 그의 〈14·5세기 農業技術의 발달과 新興士族〉, 《東洋學》 9, 1978. 에서 14·
5세기에 休閑法이 극복되고 連作法이 실시되어 농업기술이 발달해 중소지주층인 신흥
사족이 등장했다고 한다. 이는 江南農法의 도입 때문이고, 이러한 농업기술은 세종대
에 발간된 《農事直說》에 수록되어 있다고 한다. 〈世宗代의 農業技術政策〉, 《世宗朝文化
硏究》 II, 1984. 참조.
33) 李秉烋, 《朝鮮前期 畿湖士林派 硏究》, 一潮閣, 1984. 참조.
34) Edward Wagner, 〈李朝士林問題에 대한 再檢討〉, 《全北史學》 4, 1980. 참조.

세필(金世弼)은 훈구대신이었는데도 조광조(趙光祖)의 신원을 주장하다
가 제거되었다. 사회가 변함에 따라, 훈구파들은 지위·재산·사회적 권
위를 계속 누리고자 사림파로 전향하기도 하고, 도학에 심취하여 사림파
와 한 통속이 되기도 했다. 훈구파는 시간이 갈수록 늙어가고, 전향사림파
가 많이 생겨 마침내 조선은 사림파의 세상이 되었다.

사림파는 사림의 공론에 바탕을 둔 사림정치를 폈다. 사림정치의 틀은
삼사(三司)의 언론권, 전랑의 자대권(自代權), 당하통청권(堂下通淸權),
사관의 회천권(回薦權) 등이 중심이었다. 그런데 이러한 권한은 《경국대
전》에도 규정된 바 없는 관행에 지나지 않았다. 이중환(李重煥)은 그의
《택리지》인심조(人心條)에서 삼공(三公)·육공(六公)의 감독권, 삼사의
언론권, 전랑의 당하통청권은 국정을 수행하는 데 삼각관계를 이루고 있
어서 서로 물고 물리는 협력·견제기능을 가지고 있었다고 했다.[35] 전랑
은 3공·6경의 지휘·감독을 받아야 하고, 삼사의 관리는 전랑이 천망(薦
望)하기 때문에 전랑의 눈치를 보아야 하고, 3공·6경은 삼사의 탄핵을
두려워해야 했다. 이러한 체제는 고려시대 이후 발생했던 재상의 전횡을
막고자 하는 과정에서 정착되었다. 젊은 사림들은 실무 청요직(淸要職)인
삼사와 전랑 자리를 차지함으로써 재상의 독주를 견제하고, 인사권을 분
할해 전랑이 당하관(堂下官)의 천망권(薦望權)을 쟁취해 권력의 핵에 참
여했다. 그러나 그 동안 지나치게 사림의 권한과 역할에 관해서만 연구했
기 때문에 정홍준(鄭弘俊)은 대신권(大臣權)을,[36] 이재철(李在喆)은 비
변사(備邊司)[37]를 강조했다.

한편 설석규(薛碩圭)는 사림공론(士林公論)이 왕권보장을 전제로 형성
되는 것으로 제도언론 삼사(三司) 이외에 관유(館儒)·향유(鄕儒) 등의
유소(儒疏)에 주목했다. 여론형성층이 중앙뿐 아니라 지방유림까지 확산
되어 있었다는 것이다.[38] 역사를 통해 왕과 관료를 경계하는 사관의 역할

---

35) 李重煥, 《擇里志》總論 人心條
36) 鄭弘俊, 〈조선중기 정치권력 구조연구〉, 고대 《民族文化硏究論叢》 73, 1996. 참조.
37) 李在喆, 〈朝鮮後期 備邊司硏究〉, 《조선시대사연구논총》 10, 2001. 참조.

을 강조한 글도 있다.39)

　다음은 사림정치와 이른바 '조선중기'의 관계이다. 정만조(鄭萬祚)는 중종 대부터 갑술환국이 일어난 1694년까지를 조선중기로 설정하고 있다.40) 사림정치의 부산물인 당쟁이 이때에 이르러 누그러지고 탕평정치로 넘어갔기 때문이다. 그러나 사림정치의 틀은 1741년(영조 17)에 깨지니 그 때까지를 중기로 보아야 하는 문제가 생긴다. 여하튼 조선중기설은 이태진이 제기한 뒤41) 여러 학자42)의 동조를 얻었고, 마침내 국사편찬위원회에서 발간한 《신편 한국사》에도 반영되었다. 그러나 이 글에서는 편의상 임진왜란을 조선전기의 하한으로 삼았다.

3. 경 제

(1) 토지 국유제와 사유제

　조선사회는 농업사회였고, 주민의 대부분이 농민이었다. 부의 축적은 토지소유를 통해서 이룩되었다. 그러므로 토지소유권이 조선사회를 이해하는 데 절대적인 비중을 차지한다는 것은 상식에 속한다.

　당시 사회에서 토지가 중요한 만치 그에 대한 내용이 복잡하고, 또한 연구도 많이 진행되었다. 여기서는 조선전기의 토지제도가 국유제였는가 사유제였는가 하는 논의에 대해서만 살펴보고자 한다.

---

38) 薛碩圭, 《조선시대 유생상소와 공론정치》, 도서출판 선인, 2002. 참조.

39) 李成茂, 《'조선왕조실록', 어떤 책인가》, 동방미디어, 1999. 등 참조.

40) 鄭萬祚, 〈朝鮮中期 政治史 연구에 대한 재검토〉, 《韓國學論叢》第 25輯, 국민대 한국학연구소, 2002, 90쪽.

41) 李泰鎭 〈조선 중·후기 정치사 이해의 방향〉, 《조선후기의 정치와 군영제 변천》, 1985. 참조.

42) 김성우, 《조선중기 국가와 사족》, 역사비평사, 2001. 등

[1] 토지국유제론

토지국유제론(공유론・공전론)은 크게 보아 일제 관학자들과 북한의
유물사관을 신봉하는 학자들 사이에 유행해 일제시대부터 해방 직후까지
정설처럼 여겨져 왔다. 양자는 다같이 조선시대의 토지제도가 국유제라고
해야 유리한 입장이었다. 일제 관학자들은 총독부의 땅을 늘리고자, 북한
학자들은 모든 토지가 국유인 공산주의체제로 수월하게 넘어가고자 토지
국유제론을 주장한 것이다.

토지국유제론은 일제 강점기 토지조사사업의 실무를 맡았던 와다 이치
로(和田一郎)가 1920년에 쓴《조선의 토지제도 및 지세제도 조사보고서》
(朝鮮의 土地制度 及 地稅制度 調査報告書, 朝鮮總督府)에서부터 비롯
되었다. 그는 삼국 성립 이전부터 원시적 공산제가 존재하다가 신라의 삼
국통일 이후 공전제로 발전해 모든 토지는 국유였고, 국가는 국유지인 토
지를 관료에게는 직전・사전・녹전 등의 명목으로, 농민에게는 정전의 명
목으로 지급했으나, 이것은 소유권 이전이 아니었다고 주장했다. 관료에
게는 수조권(收租權), 농민에게는 경작권(耕作權)을 주었을 뿐이라는 것
이다. 그리고 이러한 공전제는 고려・조선시대에 이르기까지 계승되었다
고 한다.[43] 이같은 주장은 일제가 토지조사사업을 통해 방대한 토지를 국
유지를 낙인찍어 접수하려는 의도가 담긴 것이었다고 할 수 있다.

그 뒤 토지국유제론은 아소(麻生武龜)・슈우도(周藤吉之)・후카야(深
谷敏鐵)・이마호리(今掘誠二)・아리이(有井智德) 등 일제 학자들이 계
승했다.[44] 이들은 과전법(科田法)이 실시된 여말선초의 토지제도를 연구

---

43) 和田一郎,《朝鮮의 土地制度 及 地稅制度 調査報告書》, 朝鮮總督府, 1920. 참조.
44) 麻生武龜,《朝鮮田制考》, 朝鮮總督府中樞院, 1940 ; 周藤吉之,〈麗末鮮初의 農莊에 대하
   여〉,《靑丘學叢》17, 1934 ; 周藤吉之,〈高麗朝부터 李朝初期에 이르는 田制의 改革-특히
   私田의 變遷過程과 그 封建制와의 關連에 대하여〉,《東亞學》3, 1940 ; 深谷敏鐵,〈朝鮮
   의 土地制度 一班-所謂 科田法을 중심으로〉,《史學雜誌》50-5. 9, 1939 ; 深谷敏鐵,〈科田
   法에서 職田法으로-鮮初의 土地制度의 一班〉,《史學雜誌》51-9. 10, 1940 ; 深谷敏鐵,
   〈朝鮮의 土地慣行'竝作牛收'試論〉,《社會經濟史學》11-9, 1941 ; 深谷敏鐵,〈朝鮮에서 近

대상으로 했다. 이때의 사료가 많지도 적지도 않으며, 정책적으로 토지국
유제를 부활하려고 애쓴 시기였기 때문일 것이다.

슈우도는 고려의 전시과 체제를 공전제라 하고, 전국의 토지를 수조권
의 귀속에 따라 공선과 사전으로 나누었다. 즉, "국가에 조세를 내는 토지
를 공전"이라 하고, "국가가 토지를 사급(賜給) 또는 반급(班給)하여 피
급자(被給者)로 하여금 그 전조(田租)를 받게 하는 토지를 사전"이라 정
의했다. 수조권 귀속을 기준으로 하는 이와 같은 공·사전 분류법은 와다
(和田一郎)의 유산이며, 이러한 발상은 과전법이 가지는 공·사전의 성격
에서 유래했다고 볼 수 있다.[45] 과전법을 제정한 여말 전제개혁론자들의
목적은 사유지 자체를 규제하려는 것이 아니라 불법으로 점거한 타인의
토지를 본주에게 환원시키고, 국가에 세금을 내지 않는[不收租] 사유지화
한 사전에 세금을 부과하려는 데 있었다. 이리하여 국유지를 공전, 사유지
를 사전이라 하던 전시과 이전 시대의 공·사전 분류법은 수조권을 기준
으로 하는 공·사전 분류법에 묻혀 공·사전이라 하면 으레 후자의 분류
를 따르는 것으로 인식되었다.[46]

그의 견해에 따르면, 고려초기 전시과 체제 아래서는 사전을 양반·군
인 등에게 반급(頒給)함으로써 분권적인 봉건제를 유지·강화했다. 그러
나 고려중기 이후로 세가(勢家)의 사전이 발달하여 광범한 토지를 겸병하
고 땅주인이 마음대로 세금을 걷고 나라에는 세금을 바치치 않았으나, 이
에 대해 국가가 어찌할 수 없는 지경이 되고 결국 고려왕조가 멸망하게
되었다는 것이다. 이와 달리 조선왕조는 사전을 개혁해 공전을 확대함으
로써 중앙집권적인 봉건제를 발전시킬 수 있었다고 주장한다. 그리고 고

世的 土地所有의 成立過程-朝鮮朝의 私田부터 李朝의 民田〉, 《史學雜誌》 55-2, 3, 1944
; 深谷敏鐵, 〈李朝의 民田에 대한 考察-朝鮮에 있어서의 土地所有의 近世的 性格〉, 《小
野武夫博士還曆記念論文集 東洋史硏究》, 1948 ; 深谷敏鐵, 〈高麗時代의 民田에 대한 考
察〉, 《史學雜誌》 69-1, 1960 ; 有井智德, 〈高麗朝初期의 公田制-특히 均田制를 中心으
로〉, 《朝鮮學報》 13) 1958.

45) 旗田巍, 〈李朝初期의 公田〉, 《朝鮮中世社會史의 硏究》 1972. 296~297쪽.
46) 李成茂, 〈高麗·朝鮮初期의 土地所有權에 대한 諸說의 檢討〉, 《朝鮮兩班社會硏究》, 一潮
閣, 1995, 105쪽.

려시대의 농장은 사전(수조지)을 중심으로 발전했으나, 조선시대의 농장은 공전을 중심으로 발전했다고 한다. 과전법에서 금지한 병작반수(竝作半收: 소작제)가 국가수조지인 민전에까지 확산되었기 때문이라는 것이다.[47]

그러나 농장은 수조지에서 발달하는 것이 아니라 사유지, 또는 사유지화한 사전에서 발달했다. 결국 농장의 발달은 전시과 체제 아래서 정해진 전정(田丁)을 기준으로 하는 편의적 균전제의 모형을 무너트리고 그 내부에 내재하고 있는 사유지를 집중시킨 것에 지나지 않는다. 균전의식은 이 때문에 여지없이 무너지고 사유지가 일반적인 형태가 되어, 그 위에 국가는 수조권만을 행사하는 체계로 바뀌었다. 과전법에서 공·사전의 구분을 수조권만을 기준으로 구분하게 된 것도 그 때문이다. 그리고 이는 사유지의 일반화를 전제로 성립된 것이라 할 수 있다.[48]

후카야(深谷敏鐵)는 토지소유의 질적 분할론을 제기했다. 그는 과전법에 대한 여러 연구에서 조선초기에는 아직 근대적 토지소유권이 성립되지 않았다고 했다. 그리하여 동일한 토지의 소유권을 구성하는 권능이 국가의 관리·처분권, 전주의 수조권, 농민의 경작권의 3권으로 분할되어 있었다고 주장했다. 이 3권은 질적으로 분할되어 있었기 때문에, 그 하나하나는 불완전한 소유권이어서 상호보완적인 동시에 상호제한적인 성격을 가지고 있었다는 것이다. 그러나 이 3권 가운데 국가의 관리·처분권이 가장 우위에 있었으므로 전국의 토지는 국유의 성격을 띠는 공전이었다고 주장했다. 그는 이러한 광의의 공전 속에 수조권의 귀속에 따라 협의의 공전과 사전이 포함되어 있었다고 여겼다. 즉, 수조권이 국가에 귀속된 토지를 공전 가운데 공전, 사인(私人)에게 귀속되는 토지를 공전 가운데 사전이라고 했다.[49]

---

47) 李成茂, 앞의 책, 105쪽.
48) 李成茂, 앞의 책, 105쪽.
49) 深谷敏鐵, 〈朝鮮의 土地制度 一班- 소위 科田法을 中心으로〉, 《史學雜誌》 50-5, 9, 1939. 933쪽.

그러나 그는 수조권을 지나치게 중시한 나머지 실제상의 토지사유권을 단지 경작권의 지위로 격하시켜, 본래 토지소유의 실상에서 벗어나고 말았다. 경작권이란 단지 토지경작에 관한 권능만을 뜻한다. 그리고 국가의 관리·처분권이란 왕토사상에서 파생한 의제적(擬制的) 토지소유권을 의미하고, 수조권이란 조(租)를 수취할 권능만을 의미한다. 관리·처분권과 경작권은 토지에 대한 일정한 권능과 제한을 가할 수 있는 권한을 가지지만 토지소유권의 주체는 아니다. 국유지의 경우는 국가가 토지소유권의 주체가 되겠지만 사유지(민전)의 경우는 엄연히 민전주(民田主)가 토지소유권의 주체가 되는 것이다. 이러한 사적 지주는 양반으로부터 노비에 이르기까지 모든 신분에 걸쳐 있었으나 여말선초에는 양반과 향리만이 토지겸병을 통해 대토지 소유자가 될 수 있었다. 이들은 겸병된 토지를 경작할 사람이 필요해지자 압량위천(壓良爲賤)을 통해 많은 노비를 불법적으로 획득했다. 노비의 끊임없는 재생산을 꾀하여 노비세전법(奴婢世傳法)을 만들기도 했다. 이들은 자기의 토지를 노비를 시켜 농사짓거나, 소작을 주어 경작케 했다. 노비가 농사짓는 경우에는 경작권까지도 지주가 가지는 것이지만, 소작의 경우는 경작권은 소작인[佃戶]에게 주어 수확량의 50퍼센트를 전조(田租)로 받았다. 이와 같이 당시 지주의 소유권은 수조권과 경작권에 일정한 제약을 받아 로마법에서 찾아볼 수 있는 배타적 소유권은 아니었지만, 가장 우세한 소유권임에는 틀림없었다. 이러한 특성을 바탕으로 조선시대의 토지소유권의 형태를 근세적 토지소유로 부르기도 한다.50)

후카야(深谷敏鐵)는 아리이(有井智德)와 함께 고려시대에 균전제가 시행되었다고 했다.51) 고려전기에는 당의 균전제를 모방해 국가의 토지를 농민에게 균등하게 분급한 바 있었으나 고려중기 이후 농장의 발달로 이러한 균전제가 무너지게 되었다고 한다. 균전제야말로 공전제의 극치이다.

---

50) 深谷敏鐵, 앞의 책, 107~109쪽.
51) 深谷敏鐵, 〈高麗時代의 民田에 대한 考察〉, 《史學雜誌》 69-1, 1960 ; 有井智德, 〈高麗朝初期에 있어서의 公田制— 특히 均田制를 中心으로〉, 《朝鮮學報》 13, 1972. 참조.

그러나 하타다(旗田巍)는 민전균급(民田均給)을 인정하지 않을 뿐 아니라 균전제 실시 자체도 부정하고 있다. 《고려사》에 보이는 '先王均田制' '均田之舊制' '井地不均' '丘井之制' 등 균전제·정전법과 유관한 용어는 고려말 전제개혁론자들의 관념에서 나온 말이거나 《맹자》에 나타나는 정전법의 의식을 인용한 것에 지나지 않고, 고려시대에는 균전제와 정전법이 전혀 실시된 적이 없다고 했다.52)

하타다 뿐만 아니라 이우성과 강진철도 균전제의 실재를 부정하고 있다. 이우성은 "고려시대에 있어서 토지의 급여는 특정한 국역(國役)을 담당하고 있는 계층에 한하여 시행되었을 뿐"이라고 했고, 53) 강진철도 1) 당의 균전제는 조·용·조가 농민마다 얼마씩 일정한 양으로 고정되어 있었는데 고려에서는 경작면적의 양에 따라 전조의 차등이 있었고, 2) 당의 부병은 균전농민으로부터 확보했으나 고려의 부병은 국가로부터 받는 토지 이외에 따로 군인전이 지급되었으며, 3) 토지를 지급받지 못하는 광범한 농민층이 있고, 4) 토지는 오히려 향리·군인(부병)·역정(驛丁) 등 특정한 직역을 부담하는 자들에게 주었다는 등의 이유를 들어 고려시대에는 균전제를 실시한 적이 없다고 주장했다.54)

그러면 고려시대에는 균전제가 전혀 실시되지 않았는가? 그렇지는 않은 것 같다. 그러나 당나라와 같은 '전형적인' 균전제는 실시되지 않았다고 볼 수 있다. 부병제도 마찬가지이다. 고려의 전제는 당의 균전제를 본떠 나라의 토지를 (수조권) 직역(職域)에 따라 차등있게 영업전(永業田)으로 나누어주고, 당사자가 죽으면 그 유족에게 구분전(口分田)을 주었다. 균전제 반대론자들은 《고려사》에 나오는 균전·부병 기록들을 여말 전제개혁론자들의 이상주의에서 나온 것이므로 믿을 수 없다고 했다. 그러나 이들이 국가의 명분에 어긋나지 않는 한 사료를 위조할 필요는 없었

---

52) 旗田巍, 〈高麗時代에 있어서의 均田制의 有無〉, 《朝鮮中世社會硏究》 1972, 152~154쪽.
53) 李佑成, 〈高麗의 永業田〉, 《歷史學報》 卷 28, 1965. 7쪽.
54) 姜晉哲, 〈韓國土地制度史〉 (上), 《韓國文化史大系》 II, 高大民族文化硏究所 刊, 1985, 1305~1310쪽.

다고 생각한다.

뒤에서 다시 언급하겠지만, 고려시대에는 이미 사유지가 있었다. 신라 시대에도 마찬가지다. 조정에서는 이들 사유지를 공인해 주는 대신, 나라 에서 내려준 땅으로 인식하게 했다. 공로에 따라 토지를 지급하는 역분전 (役分田)이 그 좋은 예이다. 그리고 전국의 토지를 전시과체제에 묶어 수 조권에 한해서나마 국가의 통제를 받게 했다. 그러다 보니 국유지뿐만 아 니라 사유지에도 전시과 제도를 적용해 운영할 수밖에 없었다. 여기에 고 안된 것이 정전제이다.

정전은 조세·역역(力役)의 수취단위이다. 전정의 단위는 족정(足丁: 17結)과 반정(半丁: 5~8結)이 있었다. 그런데 하타다는 전정을 토지라 했고,55) 한우근(韓㳓劤)은 인정(人丁)의 연령이라 했으나,56) 후카야는 1) 정남의 수에 따른 정호(正戶)의 종별, 2) 입역(立役)의 양에 따른 인정 의 종별, 3) 전토(田土)의 일정한 전결수(田結數)를 의미한다고 했다.57) 그러나 전정은 토지와 인정이 결합되어 있는 고려시대의 수취단위였다. 이러한 전정을 공유지에는 물론 사유지에도 적용했다.58) 사유지를 그대로 둔 채로, 그 위에 전정이라는 수취단위를 인위적으로 만들어 의제적인 균 전제를 실시한 것이다.59)

전정의 구성은 족정의 경우 17결의 토지를 3정이 1호가 되어 경작하되 그 가운데 1인이 정군으로 입역하게 되어 있었다. 역이 중요하거나 무거 울수록 토지의 수를 늘려 주었다. 반정은 쌍정(雙丁)으로 구성된 것인데 쌍정은 둘을 합해 군정 하나를 내게 되어 있었다. 단정(單丁)은 원칙적으 로 입역시키지 않았다. 단정인 경우는 따로 작정(作丁)해 족정을 만들어

55) 旗田巍, 〈高麗時代 土地의 嫡長子相續과 奴婢의 子女均分相續〉, 《朝鮮中世 社會史의 硏 究》, 1972, 333쪽.
56) 韓㳓劤, 〈麗代足丁考〉, 《歷史學報》第 10輯, 1958, 112쪽.
57) 深谷敏鐵, 〈高麗時代의 民田에 대한 考察〉, 《史學雜誌》第99編 第 1號, 1960, 85쪽.
58) 武田幸男, 〈高麗田丁의 再檢討〉, 《朝鮮史硏究會論文集》8, 1971. 참조.
59) 李成茂, 〈高麗·朝鮮初期의 土地所有權에 대한 諸說의 檢討〉, 《朝鮮兩班社會硏究》, 一潮 閣), 1995, 125쪽.

야만 했다. 쌍정·단정이 생기는 것은 자연가호(自然家戶)를 중심으로 작
정(作丁)하다 보니 족정을 구성할 수 없는 단약(單弱)한 인정이 문제되었
기 때문이다.

　전정은 가족이나 친족을 중심으로 작정하는 것이 보통이었다. 그러므로
전정연립(田丁連立) 규정에도 족정의 책임자가 죽으면 아들-손자-사위
-형제의 순으로 상속을 받게 한 것이다. 다시 말하면 같은 시기를 살아가
는 가족범위를 넘지 않는다는 것이다. 그런데 이러한 전정 책임자의 상속
을 토지상속으로 보아 이를 적장자단독상속(嫡長子單獨相續)으로 보는
것은 잘못이다.[60]

　그러나 이러한 균전원칙은 양반·사원의 토지겸병, 압량위천으로 서서
히 붕괴되어 갔다. 농장의 확대로 말미암은 현상이다. 사유지의 확대는 민
전의 확대를 의미한다. 민전은 고려의 전 기간에 걸쳐, 또 전 지역에 걸쳐
존재했다.[61] 과전법은 사유지가 널리 분포하던 당시 현실을 인정하는 바
탕 위에, 전시과 체제를 시행하여 국가에서 수조권을 확실히 행사하면서,
새로 집권한 개혁파 세력의 경제적 기반을 조성하고 국가재정을 회복시키
려는 목적으로 실시된 것이다. 농민을 토지에 묶어두고, 수조권 이외에 토
지매매나 병작반수를 금지한 것도 그 때문이다. 그러나 사유지가 있는 한
토지매매와 병작반수는 막을 수 없었다. 그리하여 세종 대에 이르면 토지
의 매매·전당·환퇴(還退)가 자유롭게 이루어지고, 병작반수도 다시 일
반적인 현상이 되었다.

　유물사관을 신봉하는 사회경제사학자들도 토지국유제론을 주장했다.
이들은 토지국유의 원칙을 주장해 지대=조세로 보는 견해, 수조권의 귀
속에 따라 공전·사전을 구분하는 이론, 국가의 관리·처분권이 가장 지
배적인 토지소유권으로 보는 견해 등에서 일제 학자들과 다른 것이 없다.
또한 이러한 토지국유제는 삼국시대부터 19세기까지 일반적인 토지제도
였다고 주장한다. 앞서 언급했듯, 이러한 견해는 과거의 토지제도와 공산

---

60) 旗田巍, 앞의 논문, 참조.
61) 旗田巍, 〈高麗의 民田에 대하여〉, 《朝鮮中世社會史研究》 1972, 195쪽.

주의라는 새로운 사회체제 사이의 연속성을 강조하려는 정치적 의도에서
나왔다고 볼 수 있다.

　백남운(白南雲)은 삼국시대 이후 원칙적으로 토지국유제이며, 왕실·귀
족·사원 등 누구에게 주어졌느냐에 따라 어료지(御料地)·사전(賜田)·사
원전(寺院田) 등으로 구별되며, 여기에는 경작권 혹은 수익권만 허여(許
與)되었다고 주장한다. 고려에서도 토지국유제가 시행되었고, 고려말 시행
된 과전법도 실상 국가적 공전제의 재확립이 목표였다는 견해이다.62) 이것
은 마르크스가 내세운, 국가가 최고의 지주이고 토지사유라는 개념이 부재
(不在)한 아시아적 생산양식이라는 개념과 부합한다.63)

　안병태도 조선후기의 토지제도는 최고의 정치지배자인 국왕의 단일한
토지소유에 수렴되며, 그 내부에 중층적 소유·보유 관계가 성립된 조선
적 특질을 띠었다고 했다.64)

　김석형(金錫亨)도 봉건적 토지소유관계는 봉건국가가 양반지주와 양인
농민, 노비·소작농을 제약하는 토지국유제였다고 보았다. 소토지소유자
인 양인농민과 소작인인 노비농민은 기본적으로는 토지소유자이지만 국
가는 이들에 대한 제한과 통제를 가해 가혹한 착취를 했다는 것이다. 물론
양반지주의 토지소유도 양인농민에 견주어서는 미약했지만 또한 국가의
제한과 통제를 받았다고 한다. 그러니 전체적으로 국가가 토지소유권에
대한 압도적 권한을 가지고 있었다는 것이다.65)

　그러나 박시형(朴時亨)의 이론은 색다르다. 그는 삼국시대부터 토지국
유제가 발달해 온 것은 인정한다. 그렇다고 토지에 대한 사적 점유를 국가
가 일일이 간섭한 것은 아니라고 본다. 오히려 귀족층에게 많은 토지가 집
중되는 것을 촉진했다는 것이 그의 주장이다. 이는 신분제도의 발달과도
무관하지 않다고 한다.66) 그는 토지사유제를 사실상 인정하고 있다. 이에

---

62) 白南雲, 《朝鮮社會經濟史》, 1933 ; 《朝鮮封建社會經濟史》, 1937. 참조.
63) 朴時亨, 《朝鮮土地制度史》(上), 북한 과학출판사, 1960(신서원, 1994, 해제 4쪽).
64) 안병태, 《조선근대경제사연구》, 1975. 참조.
65) 김석형, 〈조선 중세의 봉건적 토지소유에 대하여〉, 《조선봉건시대 농민의 계급구성》,
　　 1957. 참조.

그는 토지국유제 앞에 '원칙적'·'봉건적'이라는 수식어를 달고 있다. 또한 그는 과전법 시행 이전은 전조(田租)＝지대(地代)가 지배하던 시기, 곧 토지국유제의 원칙이 강하게 구현된 시기로 보고, 그 이후는 소작료＝지대가 지배하는 시기, 즉 토지국유제의 원칙이 현저히 약화되거나 유명무실하게 된 시기로 분류한다. 고려의 국가적 농노제가 과전법 붕괴에 따라 지주적 농노제로 전환되었다는 것이다.[67]

[2] 토지사유제론

고려·조선초기의 토지제도가 국유제가 아니고 사유제였다는 견해는 광복 직후에 김한주(金漢周)·이상백(李相伯) 등이 제기하기 시작하여, 1960년대에 이르러 김삼수(金三洙)·이성우(李佑成)·강진철(姜晉哲)·천관우(千寬宇)·하타다 등 학자들이 이 학설과 관련한 실증적인 연구를 진행했다.[68]

《조선경국전》(朝鮮經國典) 부전(賦典) 경리조(經理條)에 다음과 같이 언급하고 있다.

> 옛날에는 관(국가)이 토지를 소유해 이를 민에 지급했으니, 민의 경지는 모두 지급된 토지요, 천하의 민은 모두 국가의 토지를 지급받은 자이거나 국가의 토지를 경작하는 자였다. 그런 까닭에 빈부강약의 차는 그다지 심하지 않았고, 그 토지의 소출은 모두 국가로 들어와 국가도 또한 부유했다.

즉, 고려전기 전시과제도가 토지국유를 원칙으로 삼았다고 했다. 이 국유라는 것은 국가가 토지를 소유해 토지를 지급·회수하는 권능 뿐 아니

---

66) 林時亨,《조선토지제도사》(上), 북한 과학출판사, 1960(신서원, 1994, 해제 4쪽).
67) 林時亨,《조선토지제도사》(上), 북한 과학출판사, 1960(신서원, 1994, 해제 8쪽).
68) 千寬宇,〈科田法과 그 崩壞-朝鮮初期 土地制度 一斑〉,《近世朝鮮史研究》, 一潮閣, 1979, 149쪽.

라[69] 토지의 조(租) 또한 국가에서 받는 권능을 가졌다는 것이다.[70] 그런데 이러한 토지국유가 무너진 것은 강자의 토지겸병과 국가의 자간(自墾)·자점(自占) 허용 때문이라 했다. 《조선경국전》 부전 경리조를 다시 살펴보자.

전제(田制)가 무너지면서부터 호강(豪强)한 자가 겸병을 할 수 있어 부자의 땅은 밭두렁을 연이어 있게 되었다. 그러나 가난한 자는 송곳을 꽂을 땅조차 없어, 부자의 땅을 빌려 경작해 일 년 내내 노력해도 먹고살기가 도리어 부족하니, 부자는 편안히 앉아서 경작하지 않고 소작인을 부려 태반의 수입을 먹는다. …… 또한 백성의 토지에 대해 그 자간(自墾)·자점(自占)을 허락해 국가가 다스리지 않으니, 힘이 많은 자는 개간을 많이 하고 세력이 강한 자는 많은 토지를 점유하는 것과 달리, 힘이 없고 약한 자는 또 힘 있고 강한 자의 땅을 빌려서 경작해 소출의 반을 내니, 농사 짓는 사람은 하나인데 밭의 소출을 먹는 사람은 둘인지라, 부자는 더욱 부자가 되고 가난한 자는 더욱 가난해져 스스로 존립할 수 없게 된다.

그래서 이성계는 모든 토지를 국유로 해 이를 재분배하는 과전법을 만들었다는 것이다.[71]

그러나 과전법의 토지국유는 어디까지나 표방(標榜)이요 의제(擬制)였다. 그것은 "넓은 하늘 아래 임금의 땅 아닌 곳이 없고, 모든 땅의 물가에 이르기까지 임금의 신하 아닌 사람이 없네."(溥天之下 莫非王土 率土之濱 莫非王臣)라는 왕토사상[72]에 바탕을 둔 의제적 토지소유에 지나지 않았다.

---

69) 臣等 願遵聖祖至公分授之法 革後人私授兼倂之弊 令終其身. 謹按祖宗田制 役分之田 戶別之丁 皆爲國田 父不得與之子 必告有司而與之 如其無子 且或有罪 則必歸於公 不敢私也 (《高麗史》食貨志 田制 祿科田, 辛禑 14年 李行 등 上疏).

70) 千寬宇, 앞의 논문, 153쪽.

71) 千寬宇, 앞의 논문, 153쪽.

72) 《詩傳》 小雅 北山.

  고려·조선의 토지제도가 사유제를 바탕으로 하고 있다는 견해는 이우성이 본격적으로 제기했다. 이우성은 숭복사비(崇福寺碑)의 비문을 조사하여, 왕릉의 장지(葬地)를 마련하고자 주변 땅을 현곡(現穀)을 주고 산 예를 들어 신라시대부터 사유지가 있었다는 근거를 보였다.[73] 나아가서는 전시과의 영업전은 전체토지(傳遞土地)로서 나라에서 대를 이어 무기한으로 빌려주는 사유지이고, 그 위에 전시과 제도가 덮어씌워진 것이라 했다.[74] 영업전은 전주가 개개의 전호를 시켜 독립적으로 경영되었고, 전조도 자기의 노비를 시켜 직접 수취했기 때문이라는 것이다.[75]

  강진철도 신라의 공전은 공유지(관유지 또는 왕실 어료지), 사전은 사유지라 했다.[76] 그는 또한 당시의 토지를 공전·사전·전정으로 나누었다. 공전은 왕의 자유·임의 처분권에 속하는 국가의 관유지, 왕실의 직속지로서 전조가 국가에 귀속된다는 특징이 있으며 또한 궁원전·사원전·양반전·군인전·기인전·민전과도 구별되는 특수한 지목(地目)이라 했다.[77] 그리고 사전은 공전의 반대개념으로서 궁원전·사원전·양반전 등과 같은 사유지이다. 이는 공·사전의 개념을 혼동한 것으로서 심지어는 과전조차도 계속적으로 양반층의 사경제·사생활의 기반이 된다고 했다.[78] 그러나 과전은 수조권을 포함하는 사전이었음은 말할 것도 없다. 한편, 전정은 공전도 아니고 사전도 아닌 농민의 개별적 보유경작지라 했다. 그러나 앞에서도 지적했듯이 전정은 공·사유지를 막론하고 이미 존재하던 소유관계 위에 인위적으로 편성해 놓은 수취단위였기 때문에 공·사전의 개념과 무관하다. 이는 전정을 직역(職役)을 부담하는 농민의 보유지로 파악하고 있기 때문이다.[79] 하타다가 삼과공전(三科公田)이 국가

---

73) 李佑成,〈新羅時代의 王土思想과 公田〉,《韓國中世社會研究》, 一潮閣, 1991, 7쪽.
74) 李佑成,〈高麗의 永業田〉, 위의 책, 83쪽.
75) 李佑成,〈高麗의 永業田〉, 위의 책, 83쪽.
76) 姜晉哲,〈高麗前期의 公田·私田과 그의 差率收租에 대하여〉,《歷史學報》제 29집, 1965, 17쪽.
77) 姜晉哲, 위의 논문, 23쪽.
78) 姜晉哲, 위의 논문, 27쪽.
79) 武田幸男,〈高麗田丁의 再檢討〉,《朝鮮史研究會論文集》12, 1977, 85쪽, 武田幸男은 田丁

수조지인 민전이라는 글을 발표하자, 그는 이 견해를 스스로 철회했다.[80)
    하타다는 처음에 토지국유제론을 주장하다가 이우성의 논문을 보고 사
유제론으로 돌아섰다. 그는 공전을 1과 공전(一科公田: 왕실어료지), 2과
공전(二科公田: 公廨田), 3과 공전(三科公田: 민전)으로 나누고, 신라의
공전에는 3과 공전은 없고 1·2과 공전만 있었으나 과전법에 이르러서는
오히려 1·2과 공전이 3과 공전에 흡수되었다고 했다. 그러므로 거시적으
로 보아 공전은 신라시대부터 고려시대를 거쳐 조선시대에 이르는 동안
왕실어료지, 관청부속지에서 국가수조지로 바뀌어 가는 과정이라고 했다.
이 과정에서 공전이라는 말이 의미하는 토지의 범위가 넓어져 갔다고 주
장한다. 공전의 확대는 과세지(課稅地: 국가수조지)의 확대에 지나지 않
았고, 과세지는 국유가 아니고 그 내부에 사적 토지소유가 형성되어 있었
다. 따라서 과세지의 확대는 국유지의 확대가 아니라, 오히려 본래의 공전
이 가지고 있는 국유지적 성격의 상실에 지나지 않는다는 것이다.[81) 공·
사전에 대한 가장 명쾌한 설명이다. 다만, 1과 공전이 왕실어료지, 2과 공
전이 공해전, 3과 공전이 민전이었다는 주장의 근거가 부족한 것이 흠이다.

(2) 조세문제(租稅問題)에 대하여

    고려초기의 공전의 전조(田租)가 4분의 1이냐 10분의 1이냐에 대한 논
란이 있었다.
    강진철은 공전의 조율(租率)은 수확량의 4분의 1, 사전의 조율은 수확
량의 2분의 1이라 했다.[82) 그는 공전(국유지)의 일부도 고려초기 이래 소
작지를 실시해 오다가 992년(고려 성종 11)에 정식으로 공전수조규정을
제정해, 사전의 분반수익(分半收益)의 절반인 4분취일(四分取一) 원칙을

이 軍·其人 뿐만 아니라 兩班·胥吏·邑吏·閑人·登科者 등 광범한 신분층에게 주어
지는 토지라 했다.
80) 旗田巍, 〈高麗의 公田〉,《史學雜誌》 77-4호, 1968, 참조.
81) 旗田巍, 위의 논문, 115~116쪽.
82) 姜晉哲, 앞의 논문, 7쪽.

정하게 되었다고 했다. 그런데 이 공전조율이 사전조율보다 적었던 것은 공전이 공적인 성격의 토지인 만큼 국전·왕토로 보아야 할 농민들의 보유경작지와 기준을 같이 하는 것이 당시의 사회적 통념으로 보아 합당하리라 생각했기 때문이라 했다.[83] 또한 사전조율을 2분의 1로 한 것은 삼국시대부터 있어 온 병작반수의 관행에서 유래한 것으로 사전은 나말려초 호족들의 지배 아래 있던 방대한 사점지(私占地)와 계보적으로 연결되는 것이라 했다.[84] 다시 말하면 공전조율은 국유지의 조율, 사전조율은 사유지의 조율이라는 것이다.

그렇다면 국가수조지인 민전에서는 10분의 1 수조율이 시행되었다고 보아야 할 것이다. 그 근거로는 1388년(고려 우왕 14) 7월에 조준(趙浚)이 올린 상소를 들 수 있다.

> 태조가 일어나 즉위한 지 34일에 여러 신하들을 맞이해 보고, 분개해서 말하기를 "요즘에 세금을 마구 거두어들여 1경의 조로 6석을 받아 백성들이 편안히 살 수 없으니, 내가 이를 심히 민망하게 여긴다. 지금부터 마땅히 10분의 1 조율에 따라 논밭 1부에 조 3승을 거두라."고 했다.[85]

즉, 고려 태조가 즉위한 지 34일 만에 10분의 1 조율을 공정(公定)했다는 것이다. 고려 태조가 '夏六月 丙辰'에 즉위했으니 즉위한 지 34일이라면 7월이 맞다.[86]

그런데 강진철은 태조의 10분의 1 수조율은 동양적 선정(善政)의 이상적 표현인 '십일조법'을 표방한 것으로서 실제로는 조(租) 2섬[石]을 수취하려는 기만적인 가식에 지나지 않고, 10분의 1이라는 세율 자체에는 별로 의미가 없다고 했다.[87] 태조의 '십일조법'은 상등전(上等田)의 수확량

---

83) 姜晉哲, 앞의 논문, 40·41쪽.
84) 姜晉哲, 앞의 논문, 41·47쪽.
85) 《高麗史》卷 78, 食貨志 1 田制.
86) 金載名,〈高麗時代 什一租에 관한 一考察〉,《淸溪史學》2, 51쪽.
87) 姜晉哲, 앞의 논문, 10쪽.

인 15~18섬보다 높은 20섬(조선초기 상등전의 수확량)을 기준으로 한 것이므로 하등전(下等田)의 수확량인 7~10섬을 기준으로 한 992년(고려 성종 12)의 공전 수조율보다 실제로 높은 것이라는 것이다. 전자가 1결당 수조액이 2섬인 데 견주어, 후자(하등전)는 그보다 적은 1섬 11말 2되 5홉이었던 사례를 보면 알 수 있다.

이와 같이 강진철은 태조의 '십일조법'을 기만적인 것으로 보고 성종 11년의 '4분취일법'이 현실화한 수조율이라고 주장했다. 뿐만 아니라 10분의 1 수조율은 민전에 대한 수조율이요, 4분의 1 수조율은 공전(국유지)의 수조율이라 했다. 이렇게 되면 10분의 1 수조율은 단지 기만책에 지나지 않게 된다.88) 그러다가 고려 중·후기 어느 시기엔가 4분의 1 수조율이 10분의 1 수조율로 인하되었다는 것이 강진철의 주장이다.

그러나 이에 대한 반론도 만만치 않다. 김재명(金載名)은 1362년(공민왕 11)의 백문보(白文寶)가 올린 차자(箚子)에 "나라의 토지제도는 중국 한(한)나라의 한전법을 취하여 세가 10분의 1 뿐입니다."(國田之制 取法 於漢之限田 十分稅一耳)89)라고 한 자료나 이제현(李齊賢)의 과거 책문(策文)에

> 문제. 맹자 가라사대, "하후씨(夏候氏)는 50무(畝)로 공(貢)이라 하고, 은나라 사람은 70무로 조(助)라 하고, 주나라 사람은 100무로 철(徹)이라 했다"라고 했으니 그 실상은 다 10분의 1 조율이다. …… 우리 조종이 왕통을 이어 온 지 지금까지 400년이나 되어 나라를 경영하는 꾀와 백성들로부터 거두는 제도가 다 옛날에 합치되고 후세에 전할 만하다. …… 무릇 부(負)라 하고, 결(結)이라 하는 것은 땅을 재는 기준이요, 두(斗)라 하고, 석(石)이라 하는 것은 곡식을 헤아리는 기준으로 옛날의 정전(井田)으로 경계를 삼는 10분의 1 조법과 같은 것인가? 다른 것인가? 법제가 행한 지 이미 400년이 넘었으니 폐해가 없을 수 없다. 혹 그대로 둘 것도 있고, 고칠 것도 있

---

88) 姜晉哲, 앞의 논문, 10쪽.
89) 《高麗史》 卷 78, 志 卷 32, 食貨 1, 田制 租稅.

으며, 옳은 것도 있고, 그릇된 것도 있지 않겠는가?[90]

라고 한 자료를 들어 10분의 1 수조율이 백문보·이제현 당대(공민왕 대)는 물론 그보다 400년 전인 고려초기부터 일반화해 있었다고 했다.[91]

조준은 적어도 일정한 근거사료를 가지고(지금은 전하지 않지만) '십일 조법'을 거론했을 것이다. 비록 그것이 고려초기에는 철저히 실시되지 못했다 하더라도 원칙으로서 실재했던 것만은 사실이다. 조준이 국가이념도 아닌 세금제도까지도 자신의 사상에 끼워 맞출 이유는 없으며, 사료를 자기 견해와 다르다고 무작정 거짓으로 치부하는 것은 바람직하지 않다고 본다.

4분의 1 조(租)는 국유지의 수조율이고, 10분의 1 조는 왕토인 공전의 수조율이다. 둘을 혼동해서는 안 된다. 전시과체제가 생긴 뒤로 국유지는 계속 농민들에게 분급되거나, 개간, 토지겸병 등으로 차츰 민전화해 4분의 1 조의 국유지는 점점 줄어드는 것과 달리, 10분의 1 조의 민전은 점점 늘어났다. 또한 조를 내지 않는 농장이 늘어남에 따라 국고수입은 줄어들었다. 고려 말의 전제개혁은 이러한 농장을 민전으로 환원함으로써 국고수입을 늘리려는 목적이 있었다. 곧, 10분의 1 조는 토지에 대한 국가의 통제력을 강화하려는 것이었다.

후카야(深谷敏鐵)는 사전의 조율이 2분의 1인 것에 견주어 공전의 조율이 4분의 1이었던 것이, 공전의 경작자가 국가에 부역을 부담했던 것과 달리 사전의 경작자는 이러한 부역을 지지 않았기 때문이라 했다.[92] 이것도 공전과 사전을 수조권의 귀속에 따라 구분하는 데서 오는 잘못이다.

하타다(旗田巍)는 과전법에서 공전과 사전은 수조권의 귀속에 따라 구분되는 것으로 수조액이나 부역부담은 차이가 없고, 조(租)의 귀속처와 세(稅)의 유무만 다르다고 했다. 즉, 공전과 사전은 본질적으로 차이가 없

---

90) 李齊賢, 《益齋集》 제9권 下, 亞細亞文化社, 策問 9下.

91) 金載名, 앞의 논문, 55~56쪽.

92) 深谷敏鐵, 〈朝鮮에서 近世的 土地所有의 成立過程〉, 《史學雜誌》 제55편 2·3號, 1944. 185~187쪽.

는 등질의 토지였다고 주장한다. 다만 공전과 사전은 수조권이 국가에 귀속되느냐 사인에게 귀속되느냐에 따라 구분될 뿐이라는 것이다.[93]

다음은 전세(田稅)의 문제이다. 전세는 사전의 전주가 국가에 내는 세금이다. 고려의 전세는 1013년(고려 현종 4)에 1결당 5되에서 1069년(고려 문종 23)에 1결당 7되 5홉으로 올랐으나 과전법에서는 1결당 2말씩을 내게 되어 있었다.[94] 이같이 세액이 점차 늘어나는 것은 국가의 토지에 대한 통제력이 점차 늘어가고 있기 때문이다.

그런데 1444년(세종 26)에 공법(貢法)이 발표됨에 따라 '전분6등'(田分六等) '연분9등'(年分九等)으로 수조율은 20분의 1로 떨어졌으나 하하전(下下田)을 기준으로 수세(收稅)해 1결당 4말이 일반화되는 추세였다. 그러므로 실제 세수는 과전법을 시행할 때보다 올라간 셈이다. 그리고 병작반수가 일반화하면서 조(租)와 세(稅)의 구분도 없어지게 되었다.[95] 결국 과전법이 실시된 지 80년 만에 병작반수가 일반화하고 토지사유제는 확고한 기반을 가지게 되었다.

4. 사 회

(1) 조선전기의 사회신분

[1] 신분의 구분

신분은 불평등을 의미한다. 나나 우리가 남과 다르다는 불평등이다. 그

---

93) 旗田巍, 〈李朝初期의 公田〉,《朝鮮史硏究會論文集》 3, 1967. 참조.
94) 李成茂, 〈高麗·朝鮮初期 土地所有權에 대한 諸說의 檢討〉,《朝鮮兩班社會硏究》, 一潮閣, 1995, 137쪽.
95) 千寬宇, 〈科田法의 崩壞〉,《近世朝鮮史硏究》, 一潮閣, 1979, 217쪽.

러므로 신분은 사회'의식'이라 할 수 있다. '의식'이기 때문에 신분의 경계
는 명확하지 않고 복잡하다. 꼭 법으로 구별되어 있지도 않고, 관행에 따
라 나뉘는 경우가 많다. 이것을 너무 분명하게 구분하려고 하면 오히려 잘
못을 범할 수가 있다.

특히 신분은 혈통과 밀접한 관계가 있다. 개인보다 가족을 비롯한 공동
체가 중시된 전근대사회에서는 더욱 그러하다. 이 점에서 계급·계층과
다르다. 우리 집안과 저 집안이 격이 다르다는 생각이 신분이다. 그래서
신분구분은 이견이 있을 수 있고, 다양한 차이를 낳을 수도 있다. 다만 사
회의식을 추적해 보면 대체로 어떤 구분이 가능하다는 정도이다.

그 때문에 조선전기의 신분구분에 대한 견해도 다양하다. 가장 단순하
게는 양천(良賤) 구분 밖에는 없었다는 양천론(한영우)부터, 양신분(良身
分)을 양반(兩班)·중인(中人)·양인(良人)으로 나누자는 4구분법(이성
무), 단지 양반·중인·양인층만 인정하는 3구분법(이상백), 양반과 양인
사이에 중인, 양인과 천인 사이에 신량역천(身良役賤)을 넣어야 한다는 5
구분법(천관우)까지 다양한 의견이 있다.

먼저 양천론에 대해 알아보자. 양천론을 가장 강력히 주장하는 한영우
는 조선전기의 신분을 크게 양인과 천인으로 대별했다.

> 양인 내의 신분은 혈통이 아니라 직업의 귀천에 의해서 결정되었고, 직업의
> 귀천에 따른 신분분화는 아주 복잡하면서도 체계적인 계층질서(hierarchy)
> 를 형성하고 있었다. 다만 그 계층질서는 본인의 희망과 능력에 따라서 올
> 라갈 수도 있고 내려갈 수도 있는 유동성을 가진 것이었다. 따라서 양인과
> 노비의 구별이 귀속적인 것이라면, 양인 자체 내의 신분구별은 성취적인 것
> 이라 하겠다.[96]

전근대사회에서는 천인을 제외한 양인(자유민) 사이에 아무런 차별이

---

96) 韓永愚, 〈조선전기 사회계층과 사회이동에 관한 시론〉, 《동양학》 제8집 단국대 동양
학연구소 간행, 1978, 400쪽.

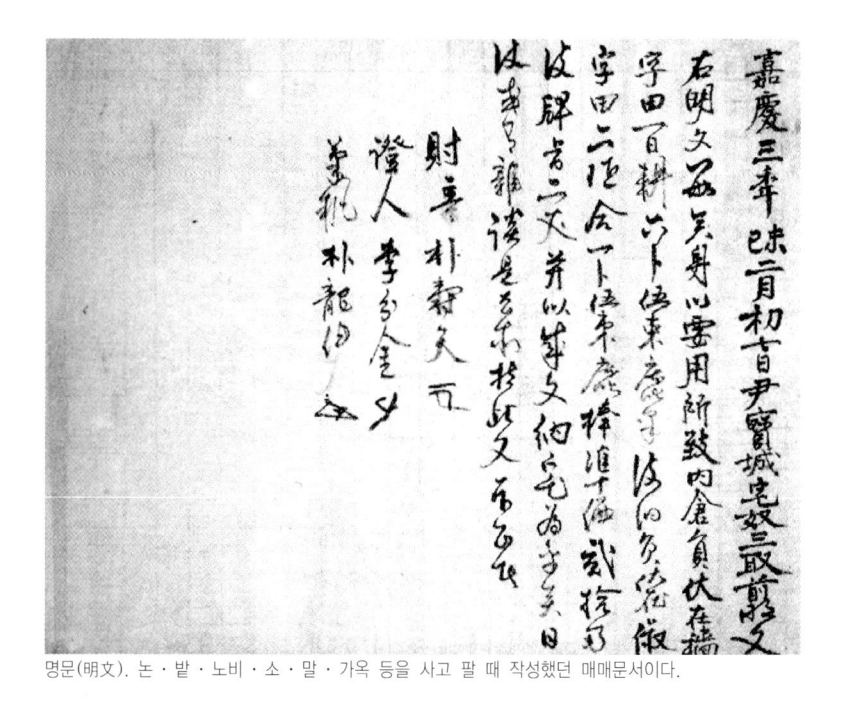

명문(明文). 논·밭·노비·소·말·가옥 등을 사고 팔 때 작성했던 매매문서이다.

없고, 본인의 희망과 능력에 따라 직업이 다를 뿐이라는 것이다. 노비가 대부분인 천인은 본래 전쟁포로, 범죄자, 채무자 등이었고, 신라가 삼국을 통일한 뒤 노비의 재생산이 어려워지자 양반관료들이 노비세전법(奴婢世傳法)을 만들어 천인신분을 세전(世傳)하게 했다. 그러니 그런 천인을 제외하면 나머지 자유민은 희망과 능력에 따라 직업을 마음대로 차지할 수 있었다는 말이 된다. 천인을 제외한 다른 신분의 사람들에게 조선전기 사회는 현대 시민사회와 별 차이가 없다고도 볼 수 있다. 과연 그랬을까? 더구나 고려시대에는 귀족이 있었는데, 16세기에야 양반과 중인이 새로 생겼다니 더욱 이해가 안 된다. 그러면 15세기만 신분의 차별이 없는 무계급사회가 존재했다는 말인가?

계급사회는 어느 시대, 어느 민족의 사회에나 있었다. 적어도 어떤 형태로

든 통치행위가 벌어지는 사회라면, 필연적으로 그 통치행위가 시작된 바로
그 순간부터 계급분화가 일어났다고 보아야 한다.[97]

그러므로 이렇게 말할 수 있다.

우리가 생각하는 사회계급이란 천인과 비(非)천인으로 구분되는 그런 것이
아니라 비천인들 사이에서 직업 · 재산 또는 그 밖의 요인 등으로 인해서 형
성 · 발전된 계급을 말한다.[98]

한영우가 말하는 양천제는 실상 조선시대에만 있었던 것이 아니고 중
국의 진 · 한 시대부터 있어 왔으며, 당(唐)대에 이르러 뚜렷한 신분구분
법으로 정비되었다. 이 당나라의 양천제가 고려와 조선에 영향을 미친 것
이다. 신분제가 정비된 목적은 귀족사회에서 노비의 신분을 천인으로 묶
어놓고 자자손손 사역하려는 것이었다. 노비 이외의 신분(양신분)은 통치
를 받지 않는다든지, 양신분 안의 구분이 없다는 뜻은 아니다. 귀속신분은
결국 노비법을 말하고, 양신분 내의 지배 · 피지배 관계는 따로 논의되어
야 할 문제이다. 그렇기 때문에 양신분을 지배신분, 천신분을 피지배신분
으로 환원하는 것은 온당치 못하다.[99]

[2] 조선초기에는 양반이 없었는가?

한영우는 이렇게 주장한다.

---

97) 宋俊浩, 〈朝鮮兩班考〉, 《朝鮮兩班社會硏究》, 一潮閣, 1987, 172쪽.
98) 宋俊浩, 앞의 책, 172쪽.
99) 韓永愚는 〈조선초기 사회계층 연구에 대한 재론〉, 《한국사론》 12. 에서 "조선초기의
   지배 · 피지배 관계를 극단화시켜 이야기한다면 양인전체를 지배신분, 천인을 피지배
   신분이라 해도 좋을 것이다."라고 주장했다. 그러나 같은 책에서 "양인 안에서도 권리
   · 의무의 세밀한 차등이 있어, 양인 전체를 일괄해서 지배신분이라고 규정하는 데는
   주저되는 점이 있다."고도 언급해 혼란스럽다.

조선초기 사회는 양반과 평민을 양극적(兩極的)으로 파악할 만한 법제적
규정도, 사회적 통념이나 관습도 뚜렷하게 성립되었던 시대가 아니다.[100]

그의 주장에 따르면, 조선전기에는 우리가 일반적으로 생각하는 하나의
사회계층으로서 양반은 아직 형성되어 있지 않았다. 물론 양반은 있었으
나 그 양반은 조선후기에 보이는 것처럼 중인이나 상한(常漢)과 대칭되는
사회계급을 의미하는 것이 아니며, 따라서 중인이나 상한보다 상위에 위
치하는 특권적인 신분층의 의미를 갖지 않는다고 했다. 그러한 지배신분
으로서 양반은 16세기의 과도기를 거쳐 조선후기, 특히 17세기에 뚜렷하
게 성립된다는 것이다.[101]

물론 양천제가 시작된 초창기에 능력과 희망을 바탕으로 양인들끼리
경쟁할 때는 양인의 평등을 인정할 수 있다. 그러나 그러한 경쟁이 계속
치열하게 전개되면서, 토지나 관직을 차지한 가계(家系)가 특권신분층인
양반으로 부상했을 것이다. 그러니 초창기(그것이 고려초기인지 그 이전
인지는 모르지만)의 양인평등을 가지고, 이미 경쟁의 결과로 지배신분인
양반이 생긴 뒤의 문제를 설명하려 한 것은 앞뒤가 맞지 않는다.

그는 양반특권층이 생기게 된 책임을 훈척과 사림에게 둘러씌웠다.

16세기 이후부터 양인계급 안에서 훈척과 사림이 성장하고, 이들이 배타적
이고 권위적인 상위신분을 형성하면서, 양반과 중인, 그리고 상한의 분화가
서서히 진행되어 갔다.[102]

그러면 과연 이 이론이 맞는 것인가. 중앙집권적 양반관료제는 이미 고

---

100) 韓永愚, 〈조선초기 사회계층 연구에 대한 재론-이성무 교수의 조선초기 신분사연구
의 문제점 및 송준호 교수의 조선양반고에 답함〉, 《東洋學》 8, 단국대 동양학연구소,
1978, 309쪽.
101) 韓永愚, 〈조선전기의 사회계층과 사회이동에 관한 시론〉, 《동양학》 8, 附錄, 1978, 3~
8쪽.
102) 韓永愚, 앞의 논문, 21쪽.

려초기부터 시작되어 왔다. 고려는 신라의 골품제를 타파하고, 지방에 산재해 있는 재지세력(호족, 뒤에는 향리)들을 과거제도, 기인제도 또는 서리직 부여 등을 통해 관료사회로 편입해 나갔다. 양반은 이러한 과정에서 경쟁에 이겨 지배층이 된 부류들이다. 양반에 편입된 사람들은 주로 왕건을 추종한 공신그룹, 신라귀족, 그리고 호족의 후예인 향리세력이었다. 이들은 양반지배층으로 진입하는 데 유리한 고지를 차지하고 있었다. 일단 재지 지주로서 중앙과 지방의 관직을 차지하면 그 신분적 기반을 굳히고자 온갖 노력을 다했다. 과거에 합격해 관직을 차지하고, 혼인을 통해 음직(蔭職)의 혜택을 누리며, 귀족들의 과거준비 교육기관인 사학(私學)에 들어가 학벌을 조성했다.

여말선초에는 귀족 아닌 신흥사대부들이 대두해 양반의 폭을 넓히고 행정사무원들을 떼어내어 이들을 점차 중인 신분으로 격하시켰다. 그 시기가 조선 건국초기인 15세기요, 왕조교체 기간에 민심을 수습하고자 신분에 따른 차별을 가급적이면 심하지 않게 했을 뿐이다. 그리고 신분은 사회의식의 산물이며 법제로만 정해지는 것이 아니기 때문에, 신분구분을 법으로 명쾌하게 구별하지 않았고, 불평등 의식은 다양하기 때문에 실상을 파악하는 데 혼란을 줄 수도 있는 것이다.

그러나 분명한 것은 고려·조선초기를 거치는 동안 지배신분계급으로서 양반의 개념이 생겼고, 실제로 그런 계층이 있었다는 사실이다. 양반이라는 용어가 상급 지배신분을 가리키는 사례는 필자의《조선초기양반연구》에서 열거한 바 있거니와,[103] 꼭 양반이란 용어가 아니라도 사족(士族), 사대부, 귀가(貴家), 세가(世家), 세족(世族), 세벌(世閥), 문벌(門閥), 세신(世臣), 세록(世祿), 귀가대족(貴家大族), 대가세족(大家世族), 거족(鉅族) 등 다양한 용어를 써서 지배계급을 부르고 있다.[104] 당시는 가족(家族)·친족(親族)·인척(姻戚) 등 혈족과 그들의 세거지(世居地)인 향촌(鄕村)과 같은 공동체가 발달해 있었기에 개인의 영달은 곧 혈족,

---

103) 李成茂,《朝鮮初期兩班研究》, 一潮閣, 1980, 13쪽.
104) 宋俊浩, 앞의 논문, 174~175쪽.

향촌의 영광이요, 현달로 인식되었다. 그 때문에, 문·무반을 일컫던 양반이 지배신분 층을 가리키는 용어로 변화할 수 있었던 것이다. 따라서 이런 혈연·지연·학연을 떠나서는 조선사회를 이해할 수 없다.

사족은 "士大夫之族"이라는 말로 사대부의 가족·친족을 뜻한다. 여기에는 아들, 사위(딸), 동생, 조카[子壻弟姪]가 우선적으로 포함된다. 이들은 또한 가문·문중이라는 친족에 속해 있으므로 친족공동체의 일원이 된다. 여기에 혼인을 통해 외가, 처가가 포함되어 강력한 공동체적 결합을 이루게 되었다. 벼슬을 주거나 재산을 상속하거나, 세금·군역을 부과할 때도 이 틀을 이용하게 되었다. 양반관직을 차지한 가족·친족·인척들이 관직과 부를 지킬 목적에서 특권적인 세습제를 만들거나 배타적인 관행을 알게 모르게 만드는 것은 당연했다. 이에 따라, 사회가 신분사회로 굳어지고 불평등이 노골적으로 드러나게 되었다. 양반은 그렇게 해서 생긴 특권지배층이다.

성현(成俔: 1439~1504)은 (당시) 우리나라의 거족(鉅族) 76씨족을 열거하면서 이 거족 가운데

> 옛날에는 융성했으나 지금은 쇠미한 씨족도 있고, 옛날에는 쇠미했으나 지금 융성한 씨족도 있다.[105]

고 해 거족 하나하나의 역사는 기복이 있으나 거족집단은 어느 시대나 있었다는 것을 말해주고 있다. 그리고 같은 씨족 가운데 특정 계파(系派)가 현달했다가 또 다른 가계가 현달하기도 했다. 그러니 같은 본관을 가졌다 하더라도 그 안에는 양반도 있을 수 있고, 또 비양반도 있을 수 있는 것이다.

세족이라는 말은 오래된 양반가문을 지켜온 삼한세족(三韓世族), 대가세족(大家世族) 등을 의미한다.

---

105) 成俔, 《慵齋叢話》, 《大東野乘》 1, 京熙出版社, 1969. 68~69쪽.

대저 동서양반은 다 삼한세족인데, 그 (양반) 가운데 간혹 한미한 자는 다 과거시험을 통해 진출한 자들이다.106)

양반은 다 삼한 때부터 있어 온 집안인데 그렇지 못한 사람들은 과거 (문과)에 급제해 양반이 된 사람들(향리)이라는 것이다. 군현제가 실시되면서 이러한 양반들이 군현의 지배자가 되었기에, 고려는 봉건제를 실시하지 않고서도 이들 세력을 흡수해 중앙집권제를 시행할 수 있었다. 다시 말하면 중앙집권체제 속에 봉건제의 기틀인 세족을 용해시켜 체제유지의 기반으로 삼았다는 것이다. 그리하여 이 세족들은 양반정권을 뒷받침하는 버팀목, 번병(藩屛)으로서 작용했던 것이다. 이에 양성지(梁誠之)는 대가세족이 양반정권의 버팀목이 된다고 했다.

大家世族을 중외[京鄕]에 두어 혹 간웅(奸雄)이 있더라도 그 틈을 엿보지 못한다. 무릇 대가세족이 가문을 유지하는 것은 노비를 가지고 있기 때문이다. 이 때문에 내·외, 상·하의 구분이 있는 것이다.107)

이러한 세족을 기르고자 고려시대에는 벼슬하는 사람의 세록으로서 양반세업전(兩班世業田)을 준 바 있다. 태종 13년(1413) 4월에 의정부가

一. 세가를 존양(存養)할 것. 신 등이 그윽이 듣건대 문왕이 기(岐) 땅을 다스릴 때 벼슬하는 사람에게 세록을 주어[仕者世祿] 후세에 그 인후(仁厚)함을 칭송했습니다. 고려의 세업전(世業田)이 바로 세록의 끼친 뜻이니 역시 가히 인후하다고 할 만 합니다. 그런데 공양왕 말년에 세업전을 혁파해 과전(科田)으로 삼았고, 조선에 들어와서도 그 제도를 그대로 쓰고 있습니

---

106) 夫東西兩班 皆三韓世族 其間或有微者 皆由科目而進(《成宗實錄》권 140, 成宗 13年 4月 辛亥).

107) 以東方大家世族 布列中外 雖有奸雄 不得睥睨於其間也 夫大家世族之爲大家世族 以其有奴婢也 以此而有內外上下之分也(〈北方備禦三疏三策〉,《訥齋集》續編 권 1, 亞細亞文化社 刊, 1973, 489쪽).

다.108)

  라고 한 것이 그것이다. 세록이란 무엇인가? 대대로 녹을 준다는 말이
다. 비록 식읍이나 녹읍처럼 지방 사유지에 세금을 면제해 세업전으로 인
정한 것만은 못하지만 과전도 부분적인 세록인 것만은 틀림없다. 과전은
우선 수전자(受田者)의 사유지가 아닌 경기도의 민전에 수조권만을 주는
한계는 있으나 수전자가 죽은 뒤에도 수신전(守信田)과 휼양전(恤養田)
이라는 이름으로 그의 처나 아들에게 생계유지비로 그 전부, 또는 일부를
지급했다.109) 음직도 부조(父祖)의 관직 고하에 따라 7품 이하의 실직을
주었으니 그것도 부분적으로는 세관이라 할 수 있다. 그러므로 세록과 세
관은 중앙집권적 관료제에 용해되어 있는 봉건제의 유제라 할 수 있다. 고
려사회는 이와 같이 집권관료제와 분봉제가 절충된 형태로 시작된 것이
다. 그러나 조선시대로 올수록 분봉제의 유제는 없어져가고, 집권관료제
를 강화해 간 것으로 이해된다. 류수원(柳壽垣)은 다음과 같이 당시 사회
의 변화를 설명하고 있다.

  세록은 진실로 선왕의 제도이다. 그 근원은 봉건에서 나왔고, 봉건은 정전
  으로 풍부해진다. 선왕이 녹을 계산해 땅을 나누어주고 사람 수를 보아서
  먹을 것을 차등 있게 나누어 주었으니, 제후는 경의 10배요, 경은 대부의 4
  배요, 사의 녹은 상농부(上農夫)가 겨우 대경(代耕)하는 정도일 뿐이다. 이
  것이 다 선왕의 세상, 성현의 후에 천자가 제후를 세우고, 제후가 대부에게
  명해 대대로 그 녹이 있게 해서 그 직(職)을 잃지 않게 함이다. …… 후세에
  는 그렇지 않아서 천맥(阡陌)의 제도가 정전과 달라지고, 군현법(郡縣法)이
  봉건제와 다르니 어찌 세록만을 홀로 행할 수 있을 것인가?110)

---

108) 《太宗實錄》권 25, 太宗 13年 4月 壬申.
109) 李成茂, 앞의 책, 299쪽.
110) 柳壽垣,, 〈論門閥之弊〉, 《迂書》권 2.

봉건제가 중앙집권적 군현제로 바뀌면서 세록은 존립의 근거가 없어지고 있음을 말하고 있는 것이다.

그러나 조선의 중앙집권적 관료제 아래서도 양반의 특권은 법적·관행적으로 보장되고 있었다. 음직이나 양반청요직의 설치 및 시행, "대부는 형벌로 다스리지 않고, 서인은 예로 다스리지 않는다."(刑不上大夫 禮不下庶人)는 통치 방식, 문과, 생원·진사시에서 여러 특권, 관계(官階)의 차별화, 특수군(特殊軍)의 설치·운영, 실질적인 군역 면제, 과전의 지급(명종 5년에 왕자과전을 제외한 과전 폐지) 등의 법적인 특권과 전랑자대제(銓郞自代制), 전랑의 당하통청권(堂下通淸權), 한림회천제(翰林回薦制) 등의 관행이 그것이다.111) 이러한 특권이 관직과 관련되어 있는 것은 사실이지만 이들 관직이 양반의 관직인 점을 잊어서는 안 된다. 심지어는 과거부정(科擧不正), 인사부정(人事不正)까지도 군역회피와 함께 법 외적인 특권에 속한다고 할 수 있다. 한국은 신라통일 이후 정복왕조가 들어선 적이 없기 때문에 귀족·양반의 합법적, 법 외적인 특권에 급격한 변동이 생기는 일이 많이 않았던 것이다. 물론 시간이 흐를수록 이러한 특권이 법적으로는 줄어든 것처럼 보이지만, 법 외적, 더 나아가 탈법적인 관행은 오히려 더 늘어나 백성을 침탈하였고, 이로 말미암아 나라의 기틀이 흔들리게 되었다.

[3] 양반과 양인의 차이는 무엇인가?

법제적으로 양반과 양인은 다 같은 자유민이기 때문에 다를 것이 없다. 그러나 오랜 생존경쟁에서 기득권을 획득한 고려 건국공신, 신라귀족, 지방호족 가운데 과거합격자, 군공 수립자 등이 우세한 지위를 차지해 지주, 관료가 되어 평민들과 사회적인 차별이 생기게 된 것이다.

고려·조선사회에 인도의 카스트와 같은 철저한 계급제도가 있었던

---

111) 李成茂, 앞의 책 참조.

것은 아니기에, 개인의 능력과 경제력을 바탕으로 신분이동을 할 수는 있었다. 그러나 이러한 신분이동은 그렇게 쉽지 않았다. 기득권층인 양반의 견제가 심했기 때문이다. 지식인 집단이기도 했던 양반은, 법제는 공평한 것처럼 보이게 했지만, 실제로는 평민들이 양반으로 진입하는 것을 방해하는 여러 장치를 만들었다. 예컨대 모든 자유민은 학교교육을 공평하게 받을 수 있다고 규정하면서도, 생원진사시(生員進士試)를 향교·4학과 격리해, 양반자제들은 향교(鄕校)에 가지 않고 특권적인 사립학교(서당·서재)교육을 받아 응시할 수 있게 한 것을 들 수 있다. 한편으로는 생삼진육(生三進六)이라 해, 생원 3등과 진사 6등으로 합격하면 불행한 일이 생긴다는 미신을 기화로 이를 평민에게 배당함으로써 과거의 공정함을 알리는 수단으로 삼기도 했다. 자유민이 공평하다는 틀 위에 양반의 특권을 알게 모르게 확보한 것이다.

송준호는 양반과 양인의 차이에 대해 다음과 같이 주장했다.

> 한 가문으로서 사족이란 관료와 그들 관직자의 일정 범위 안에 속한 가족 및 자손에 대한 지칭인 바, 그러한 사족들이 형성한 상류특권계층도 역시 사족이라고 불렀다. 사족은 한 마디로 말하여 치자집단(治者集團)이다. 치자의 자격을 갖추고, 지위와 권한 및 임무를 부여받은 사람들이다. 그러한 사람들에게는 그 지위와 권한에 상응한 각종 특권이 혹은 국가에서 합법적으로, 혹은 사회에서 관례상으로 주어졌으며, 그러한 특권은 일정 범위 안에서 그들의 가족 및 자손에게도, 차등적으로나마 주어졌으므로 그들 치자집단을 중심으로 하는 특권계층의 출현은 지극히 당연한 추세였다.112)

그런데 한편으론 '양반과 양인의 차이를 만드는 객관적이고 공식적인 기준'에 대해서는 회의적인 견해를 밝혔다.

---

112) 宋俊浩,〈朝鮮兩班考〉,《朝鮮社會史硏究》, 一潮閣, 1987, 242쪽.

결론적으로 말하여 사족의 범위 내지 한계에 관한 어떤 객관적인 기준, 즉
언제 어디에서나 일률적으로 적용될 수 있는 객관적인 기준 같은 것이 官에
의해서 공식적으로 제정된 일은 없다.[113]

신분은 사회의식이기 때문에 신분구분은 국가에서 할 수 있는 것도 아
니다. 사회적인 불평등으로서 자연스럽게 생긴 것이다. 그러다 보니 어떤
기준이 있을 수 없다. 각자의 가슴속에 불평등이 자리 잡고 있기 때문에
구분이 복잡하고 다양할 수밖에 없다.
  그러나 양반과 비양반의 기준은 명확했다.

양반과 비양반의 한계기준이 상대적이요 주관적이었다고 해서 그것이 애매
모호한 것이라고 생각한다면 큰 잘못이다. 실제로는 지극히 명확한 기준이
있었다. 다만 그 기준은 성문화된, 그리고 어느 지역의 어느 상황에서나 적
용이 될 수 있는 객관적인 기준이 아니라, 주어진 상황에 따라 변경 설정되
는, 곧 어느 특정한 지역의 특정한 상황 아래서 관련된 사람들의 의식구조
에 형성되는 주관적이고도 상대적인 기준이다.[114]

사족의 범위에 자동으로 들어가는 사람은 내외구유현관자(內外俱有顯
官者)이거나 문·무과 출신자의 자손이었다.[115] 중종 20년(1525)에 내린
전지(傳旨)를 살펴보자.

성종 대 이상 사족으로서 전가사변자(全家徙邊者: 죄를 지어 함경도 지방
으로 쫓겨간 자)는 없었는데 가정(嘉靖) 4년(중종 20) 전지에 죄를 지어 입
거(入居: 조선시대 4군 6진 지역)에 초출된 사람 중에 문·무과 출신 인원
의 자손 및 양변사조구유현관자(兩邊四祖俱有顯官者)는 모두 전가입거(全

---

113) 宋俊浩, 앞의 논문, 243쪽.
114) 宋俊浩, 앞의 논문.
115) 宋俊浩, 앞의 논문, 255쪽.

家入居)를 면제한다.[116]

　문·무과 출신자의 자손 및 부·모 양쪽의 4조(부·조부·증조부·외
조부) 내에 현관(顯官, 9품 이상 문·무관)이 있는 자는 전가입거를 면제
한다는 것이다. 그러니 4조 내에 현관을 지낸 사람이 있어야만 양반신분
을 유지할 수 있었다고 할 수 있다.[117] 그리고 보충군 입속 자격에 대해
《경국대전》에 "文武官 生員進士 錄事 有蔭子孫 及 無嫡子子孫者之妾子
孫承重者"가 해당된다고 했다. 양반에는 문·무관, 생원진사, 녹사, 유음
자손이 포함된다는 것이다. 다시 말하면 양반은 문·무관, 생원진사, 녹사,
유음자손 및 4조 내에 현관이 있는 자가 양반이라고 할 수 있다. 4조 내에
현관이 있어야 양반이라는 것은 법규가 아니라 사회의식일 뿐이다.

　양반으로 군림하려면 가문 내에 현조(顯祖)가 있어야 한다. 현조는 많
을수록 좋고, 현조가 없는 양반은 없다. 현조란 '양반으로서의 전통과 지
위를 유지 또는 강화하려는 노력을 계속하고 그 과정에서 어느 정도 이상
의 업적을 이룩하는데 성공한 사람'을 가리킨다.[118] 그리고 현조 이후의
세거지에서 과환(科宦)·학행(學行)·혼인(婚姻)·가풍(家風) 등에서 전
통을 지켜온 가문이 양반가문으로 행세하게 되는 것이다.[119] 조선사회는
'누대세거'(累代世居)로 표현되는 고도의 정착성과 '이웃 4촌'으로 표현되
는 고도의 공동체적 성격을 지닌 농업사회였다. 그러므로 혈연, 지연, 학
연으로 얽힌 공동체사회에서 경쟁에 이긴 가문이 양반으로 군림한 것이
다. 당쟁이 혈연, 지연, 학연과 무관하지 않은 것도 그 때문이다.

　양반이 되는 요건으로서 처음에는 관직, 과거, 혼인이 중요했으나 관직
수가 제한되어 있었고, 사림정치가 대세가 되면서 조선후기에는 도학과

---

116) 《受敎輯錄》, 朝鮮總督府 中樞院刊 1930, 刑典 推斷.
117) 擧子錄名時 四祖非有衆所公知顯官者 外方則 保單字 及京在所備三員 京居人則保單字及
　　當部官員備三員着名進呈後 許赴(《大典後續錄》卷 3, 禮典 諸科).
118) 宋俊浩, 〈朝鮮의 兩班制를 어떻게 이해할 것인가?〉, 《朝鮮社會史研究》, 一潮閣, 1987,
　　136쪽.
119) 宋俊浩, 위의 책, 135쪽.

학통(學統)이 양반이 되는 요건으로 추가되었다. 사림정치는 도학정치였기 때문이다. 박지원이 "무릇 양반은 여러 가지 이름이 있는데, 글을 읽으면 사(士)라 하고, 정치에 나아가면 대부(大夫)라 하고, 덕이 있으면 군자(君子)라 한다."(唯厥兩班 名爲多端 讀書曰士 從政曰大夫 有德爲君子)120)라고 해 '有德爲君子'를 양반이 되는 새로운 덕목으로 추가한 이유도 거기에 있었다.

[4] 양인의 과거응시 문제

처음에는 문과(文科), 생원(生員) · 진사시(進士試)에는 양반만 응시할 수 있었고, 양인 이하는 응시할 수 없다고 알려져 있었다. 예컨대 이상백(李相伯)은

> 생진과(生進科: 生進試)와 문과(文科)는 양반 이외에는 원칙적으로 응거(應擧)의 자격이 없었고, 무과(武科)는 그 제한이 상당히 완화되었으나 천인(賤人)만은 그 자격이 없었다.121)

고 했고, 한우근은

> 양반관료체제가 확립되면서 과거의 응시자격에 대한 신분적인 제약이 엄격해져서, 생진과 · 문과에는 원칙적으로 양반계급만이 응시할 수 있도록 제한이 마련되었다.122)

고 했으며, 이기백도

---

120) 朴趾源, 〈放璚閣外傳〉, 《燕岩集》 卷 8, 別集.
121) 李相伯, 《韓國史》 近世前期篇, 震檀學會 編, 乙酉文化社, 1962, 278쪽.
122) 韓㳓劤, 《韓國通史》, 乙酉文化社, 254~255쪽.

사실 양반에게 있어서 과거는 인생의 등용문이었던 것이다. 그러므로 이 과
거시험의 응시는 아무에게나 허락되는 것이 아니었다. 과거 중에서도 가장
중요한 문신채용의 생진과와 문과 응시는 양반자제에게만 허락된 특권이었
다.[123]

라고 주장했다.

그러나 《경국대전》을 비롯한 어느 곳에서도 양인이 과거를 볼 수 없다
는 규정은 발견할 수 없다. 주자의 《대학장구》(大學章句) 서문에서도 왕
공(王公) 이하 민지준수자(民之俊秀者)까지 (천인을 제외하고) 누구나
대학에 들어갈 수 있다고 되어 있다. 양인은 자유민이기 때문에 교육·과
거에 참여해 관리가 될 수 있다는 말이다. 이 점을 의심하는 사람은 거의
없다.

그러나 '양반자제와 양인자제가 균등한 조건에서 경쟁을 했겠느냐'는
별도의 문제이다. 양반은 역사적으로 이미 생존경쟁에서 평민보다 토지소
유·과환(科宦)·혼인에서 우세한 지위를 차지하고 있는 지배계층이다.
평민도 능력이 있어서 이러한 경쟁에 이겼더라면 이미 양반이 되어 있었
을 것이다. 그렇지 못했기 때문에 불리한 여건에서 양반과 경쟁할 수밖에
없게 되었다.

그럼에도 양인이 양반에 견주어 과거응시에 전혀 불리한 점이 없었고,
그래서 문과에 급제한 실례가 많았다는 주장이 있다. 최영호(崔永浩)는
《경국대전》의 규정이나, 《대전후속록》(大典後續錄)의 보단자(保單子:
보증인)에 관한 규정이 양인의 과거응시를 금지하는 조항이 될 수 없고,
양인농민은 누구나 과거응시가 가능했다고 주장했다.[124] 그리고 조선전기
200년 동안 양인이나 천인이 과거에 합격한 사례 10여 건을 소개했다. 최
서(崔湑)는 조모가 천한 악인(樂人)의 딸인데도 1480년에 문과에 급제했

---

123) 李基白, 《韓國史新論》, 一潮閣, 211쪽.
124) Choi Yong HO, 〈Commoners in Early Yi Dynasty Civil Examination: An Aspect of Korean Social
Structure 1392~1600〉, 《Journal of Asian Studies》 vol. 23, No 4, 1974. 참조.

고, 비(婢)의 아들인 최립(崔岦)은 1561년에 문과에 급제해 형조참판이
되었고, 사노(私奴) 반석평(潘碩枰)은 속량(贖良)된 뒤 1507년에 문과에
급제해 형조판서가 되었다는 것이다. 이는 천인이 문과에 급제한 경우다.
그러나 이는 속량되었다든지 누구의 도움을 받았다든지, 재주가 비상했다
는 등 중간 설명이 빠진 채 결과만 기록해 놓았기 때문에 특별사례로 볼
수 있다. 특별한 일이기 때문에 실록에까지 기록된 것이다. 그러니 이것을
가지고 천인도 문과에 응시할 수 있었다고는 할 수 없지 않은가?

또한, 수군(水軍)의 아들인 김의정(金義精)이 1450년에 문과에 장원급
제했고, 한미한 출신의 고형산(高荊山: 1483)·방유녕(方有寧: 1489)·안
중선(安中善: 1513)·최산두(崔山斗: 1513) 등이 문과에 급제했다는 사실
을 양인도 평등한 조건에서 과거 응시가 가능했다는 주장의 근거로 삼기도
한다.125) 그러나 이들이 한미했다 하여 반드시 양인이었다고 단정할 수는
없다. 양반 가문도 몰락해 한미해질 수 있고, 같은 문중이라도 계파에 따라
한미할 수도 있다. 또 백보를 양보해, 이들이 양인이었다고 하더라도, 한미
한 양인이 문과에 급제한 '특례'를 기록해 놓은 것에 지나지 않는다. 그런
일이 계속 일어났다면 특별히 기록했을 까닭이 없기 때문이다.

최영호는 또 향리 이순명(李順命)이 1474년에, 이득전(李得全)이 1504
년에 문과에 급제한 것도 근거로 들고 있다.126) 고려시대에는 향리의 자
손이 과거응시의 주축을 이루고 있었다. 그러나 고려 말에는 향리 3정 1
자(三丁一子)에 한해 잡과(雜科)와 명경과(明經科)에 응시할 수 있게 제
한했다.127) 그리고 조선시대에는 향리에게 생원·진사시 복시(覆試) 전에
《소학》과《주자가례》를 시험보는 학예강(學禮講) 말고도 4서1경(四書一
經) 시험을 더 부과했다.128) 그리하여 향리의 문과급제는 대폭 줄어들게
되었다. 그렇다고 향리가 전혀 문과에 급제할 수 없었던 것은 아니다. 이

---

125) Choi Yong HO, 앞의 논문.
126) Choi Yong HO, 앞의 논문, 620~621쪽.
127) 《高麗史》권 73, 選擧考 1.
128) 宋俊浩,《李朝生員進士試의 研究》, 국회도서관, 1970, 31쪽.

순명과 이득전은 그러한 사람 가운데 포함된다.

그런데 《경국대전》에 양인의 과거응시에 대해서는 가타부타 말이 없으면서, 향리나 양반서얼(兩班庶孼)에 대해서는 문과, 생원·진사시를 볼 수 없게 하는 구체적인 제한 규정을 두고 있는 이유는 무엇인가? 양인은 가만 두어도 별로 경쟁력이 없었던 것과 달리, 향리와 양반서얼은 강력한 경쟁자가 될 수 있었기 때문이다. 양반의 천첩자(賤妾子)는 천인이므로 애초에 과거응시 자격이 없었고, 양첩자(良妾子)에게 과거응시자격을 주지 않은 것은 서얼차대(庶孼差待)와 경쟁자 제거라는 목적이 동시에 있었던 것이다.[129]

양인은 양반보다 과거응시에 현실적으로 어려움을 가지고 있었다. 우선 양인은 양반에 견주어 오랜 동안 과거준비를 할 만한 경제력이 취약했다. 조선시대 문과급제 평균연령은 40세 전후였다. 양반이 아니고서는, 5세부터 40세까지 과거공부에만 몰두할 수 있는 여건을 갖추기 어려웠을 것이다.[130]

송나라의 경우도 그랬다. 호농(豪農)·호상(豪商)들은 그들의 재력을 바탕으로 자제를 독서인으로 전향시키는 데 별 어려움이 없었으나, 일반 중·하층 인민들은 그날그날의 호구지책을 마련하는 데 바빴으므로 여가를 이용해 공부하는 정도로는 도저히 전업 독서인과 경쟁이 되지 않았다. 이 때문에 지식계급이 자연히 고정되고 지식이 있으면 관리가 되고, 관리가 되면 재산을 축적하고, 재산을 축적하면 그 자제를 유학(遊學)시킬 수 있어서 문화적으로는 독서인, 정치적으로는 관료, 경제적으로는 지주, 자본가가 되었다.[131]

뿐만 아니라 교육환경에서도 차이가 컸다. 평민은 우선 집안에 책과 배울만한 가학(家學)이 없었다. 지금 같으면 서점에서 책을 마음대로 사볼 수 있지만 당시만 해도 책과 종이가 귀해 텍스트를 확보하기가 어려웠다.

129) 李成茂, 〈朝鮮初期 文科의 應試資格〉, 《한국과거제도사》, 민음사, 1997, 170쪽.
130) 宋俊浩, 앞의 책.
131) 宮崎市定, 《아시아사론》, 中央公論社, 2002, 172쪽.

향교는 무료이니 향교에 가면 되지 않느냐고 말할 수도 있다. 물론 조선건국 초기에는 유교교육을 장려하고자 군현마다 향교를 두고, 향교육성을 수령7사(守令七事) 가운데 하나로 넣어 장려했으나 곧 재정궁핍과 양반의 배타적 학습기회 확보 과정에서 향교교육은 희생되어 퇴락 일로에 있었다. 그리하여 공교육보다는 양반의 사교육에 인재양성을 의뢰하는 지경에 이르렀다. 이에 향교에는 군역면제를 목표로 하는 양인교생들로 들끓고, 양반은 과거응시에 필요한 재적명부인 청금록(靑衿錄)에만 이름을 올리는 사태가 벌어졌다. 그러기에 생원·진사시를 향교시험과 분리시켜 향교를 안 다니고도 소과를 볼 수 있도록 과거제도를 기형적으로 운영한 것이다. 중국의 명·청대 교육제도에서 학교과정을 마치는 최종시험이 과거였던 점을 비교해 보면, 그 차이가 뚜렷해진다.

[5] 중인이란 무엇인가?

중인에는 두 가지 개념이 있었다. 좁은 의미의 중인과 넓은 의미의 중인이 그것이다.《비변사등록》(備邊司謄錄) 권 111, 영조 18년 10월 11일 조를 살펴보자.

조종의 제도에 중인 및 소민은 조시(朝市) 근처에 살도록 허락해 그 생리(生理)를 편하게 했는데 이것이 중로(中路)의 이름이 나온 바이다.

곧 조시 근처에 사는 부류를 중인이라 했다. 이때의 중인은 의역(醫譯)과 같은 기술관을 의미한다. 그러나 이중환의《택리지》총론 인심 조(人心條)에

서얼 및 잡색인(雜色人)을 중인 일층(一層)으로 한다.

고 할 때의 중인과,《정조실록》권 33, 정조 15년 11월 임오 조(壬午條)에

교왈(敎曰) 중인배란 양반도 아니요, 상인(常人)도 아닌 그 사이에 있는 사
람으로 가장 교화하기 어려운 사람들이다.

라고 할 때의 중인은 넓은 의미의 중인이다.132)

고려의 중앙집권정책에 따라 많은 지방향리들이 중앙으로 진출하자 관
직세계가 포화상태에 이르게 되었다. 이에 사대부들은 직종에 따른 지배
층의 양분화 작업에 들어갔다. 기왕에 품관(品官)이 된 사람은 양반으로
편입시키고, 그때까지 향리나 서리로 남아 있던 사람, 곧 기술관, 행정관
리, 군교(軍校), 역리(驛吏), 우리(郵吏), 산사(算士), 화원(畵員) 등을 점
차 하급지배신분층인 중인으로 격하시켰다. 독서인과 행정관리를 구별하
게 된 것이다. 양반층이 고려시대부터 형성되기 시작해 조선초기에 확립
되듯이, 중인층은 조선초기에 성립되기 시작해 조선후기에 확립되었다고
할 수 있다.133)

여기서 유의해야 될 점은, '중인이란 용어가 언제부터 쓰였느냐'도 중요
하지만 '그러한 신분층이 실제로 언제부터 생기게 되었고, 왜 생기게 되었
는가'가 더 중요하다는 것이다. 조선시대에 양반과 상인 사이에 중간신분
층으로서 중인이 있었고, 양반층이 상급지배신분층이었던 데 견주어 중인
층은 하급지배신분층이었음은 확실하다. 다만 신분은 불평등을 사회의
식으로 나타내는 것이기 때문에 말하는 사람에 따라 편차가 있을 수 있다
는 것도 알아야 할 것이다. 중인에 서얼을 포함되느냐 되지 않느냐를 따지
는 것도 그러한 이유에서이다. 《경국대전》에 따르면 양반의 양첩자손이
기술관직을 할 수 있게 규정해 놓고 있으므로 중서(中庶)로 통일해 부르
기도 한 것이다.

---

132) 韓永愚, 〈조선초기 사회계층 연구에 대한 재론〉, 《韓國史論》 12, 서울대 국사과, 334~
336쪽.
133) 李成茂, 〈조선초기 신분사연구의 문제점〉, 《역사학보》 102집, 1984, 214쪽.

[6] 천인(賤人)의 실체

천인은 본래 범죄자·전쟁포로·채무자 등 비자유민이었다. 이들의 직업은 노비·부곡인·광대·기생·백정 등 다양했으나 노비가 대부분이었다. 부곡인은 본래 특수지역에 사는 천인이었으나 고려 이후 부곡이 해방되면서 양인이 되었다. 간(干)·척(尺) 등 신량역천(身良役賤)은 여말선초에 보충군에 들어가 1천 일만 근무하면 양인이 될 수 있었다.

노비는 양반을 떠나서는 설명할 수 없다. 중인이나 양인도 노비를 소유할 수 있었고, 심지어는 노비도 노비를 소유할 수 있었다. 그러나 대부분의 노비주는 돈과 권력을 가진 양반이었다. 노비의 봉사가 있었기에 양반은 생산노동에 직접 종사하지 않고 사회적인 권위를 유지하면서 독서와 수기치인(修己治人)에만 종사할 수 있었던 것이다. 양성지(梁誠之)가

무릇 대가세족이 그 권세를 유지하는 것은 노비를 소유하고 있기 때문이다.[134]

라고 한 것도 그 때문이다.

토지가 사방에 널려 있던 고려시대에는 토지보다 노비가 더 중요한 재산이었다. 그래서 노비는 힘있는 귀족이나 호족의 차지였다. 국역(國役)을 부과할 때도 토지와 노비를 묶어서 수세단위(收稅單位)를 정했다. 전정(田丁)이 그 예이다.

후삼국이 통일된 뒤에 더 이상의 정복전쟁이 없었기 때문에, 고려의 양반은 노비의 조달에 어려움을 겪었다. 전쟁포로가 없어졌기 때문이다. 이에 양반은 안정적인 노비 양산을 꾀하여 노비세전법(奴婢世傳法)을 만들었다. 노비의 소생은 노비가 되게 하는 법이었다. 이는 서얼차대(庶孽差待)와 함께 악법 가운데 악법이었다.

---

134) 梁誠之, 《訥齋集》續編 권 一, 北方備禦三疏三策, 亞細亞文化社, 1973, 489쪽.

노비는 노비끼리 혼인해야만 했다. 즉, 양천상혼(良賤相婚)은 원칙적으로 금지되어 있었다. 이는 강상을 어기는 것으로 인식되었다. 그러나 실제로 노취양녀(奴娶良女)나 비가양부(婢嫁良夫)가 얼마든지 이루어졌다. 양반이 노비를 양산하기 위해 비법적(非法的)으로 이를 조장했기 때문이다. 이럴 경우에 노비의 소산(所産)을 누가 차지하느냐가 문제였다.

노비는 사람이 아니고 물건과 같아서 매매·상속·증여가 가능하고, 노비주가 형살(刑殺)을 제외한 사형(私刑)을 가할 수도 있었다. 노비의 소산은 가축처럼 여자 쪽 (노비주의) 소유가 되었다. 이러한 천자수모법(賤者隨母法)은 1039년(고려 靖宗 5)에 제정되었다.[135]

노취양녀의 경우에 천자수모법에 따르면 노비주는 그 소산을 양모(良母)에게 뺏기게 되어 있었다. 그러나 양반 노비주는 이것조차 자기의 소유로 삼았다. 그리고 그 신분은 말할 것도 없이 노비가 되게 했다. 이른바 일천즉천(一賤則賤)의 원칙이 생긴 것이다.

노비주인 양반과 노비의 사이는 하늘과 땅으로 비유되는 절대적인 복종관계였다. 만약 노비가 상전을 때리거나 죽이면 신하가 임금, 아들이 부모를 죽일 때처럼 극형에 처하게 되어 있었다. 이른바 강상을 어긴 죄에 해당하기 때문이다. 이처럼 노비는 권리는 없이 복종의 의무만 있고, 교화가 아닌 형벌의 대상일 뿐이었다. 그러기에 《경국대전》에 노비에 관한 규정은 형전(刑典)에 수록되어 있다.[136]

일천즉천의 노비법으로 노비의 수가 늘어나면서 고려의 기틀이 흔들리고 망하게 되었다. 노비는 노비주에게만 봉사할 뿐 국역(國役)과 조세(租稅)를 부담하지 않았다. 따라서 노비의 양산은 국력 약화와 국가재정 파탄으로 이어졌다. 이를 바로 잡으려면, 탈점(奪占)·투탁(投託)·압량위천(壓良爲賤)된 노비를 본 주인에게 돌려주거나 양인으로 환원시켜야만 했다. 고려 말에 실시된 노비변정법(奴婢辨正法)이 그것이다.

이를 위해 보충군(補充軍) 제도를 도입했다. 신분제의 혼란으로 양천

---

135) 《高麗史》 卷 85, 志 39, 刑法 2, 奴婢 靖宗 5年.
136) 《經國大典》 卷 5, 刑典 奴婢.

(良賤)이 불확실하거나 간·척(干尺) 소속이라고 자칭하는 자들을 보충
군에 입속시켜 1천 일만 근무하면 양인으로 환원하는 제도이다.[137] 그보
다 적극적인 방법은 조선초기에 실시된 노비종부법(奴婢從父法)이다. 우
선 양반비첩산(兩班婢妾産)에 한해서 노비종부법(奴婢從父法)을 실시해
그 소생을 양인으로 삼게 했고, 양인비첩산(良人婢妾産)은 40세까지 적
자(嫡子)가 없는 사람에 한해 양인으로 삼기도 하고, 천인으로 삼기도 했
다. 양인과 노비 인구의 비율을 조절하고자 노비종부법은 신축적으로 운
영되었다. 그리하여 같은 형제 가운데도 어떤 아들은 양인이 되고, 어떤
아들은 노비가 되는 웃지 못할 현상이 생기게 되었다.[138]

양인이 많고 노비가 적으면 나라가 부강해지고, 노비가 많고 양인이 줄
어들면 양반 노비주는 좋겠지만 나라가 망한다. 이처럼 양반의 사권(私
權)과 국가의 공권(公權)은 일정한 함수관계에 있었다. 양반은 결국 국가
를 운영하는 주체인 관료였기 때문에 이 양자를 조화롭게 조절하면서 사
권도 누리고, 공권도 유지하려 한 것이다. 그리하여 다른 나라에 유례가
없이 500여 년 이상이나 국가를 유지해 온 것이다.

(2) 향촌사회의 변화

[1] 향촌이란 무엇인가?

향촌은 '향'과 '촌'의 합성어이다. 향이라 하면 군·현·면 단위의 비교
적 넓은 지역을 일컫는 데 견주어, 촌은 자연적으로 형성된 촌락을 의미한
다. 따라서 향촌이라 하면 군·현·면·이·동·촌 등을 총칭하는 이름이
라 할 수 있다. 조선시대에는 사면제도(동·서·남·북면)가 있었고, 이는
골[巷]과 같이 목·고지·실·리로 불렸으나 조선시대에는 실제로 동과

---

137) 劉承源,〈朝鮮初期의 身良役賤階層〉,《韓國史論》1, 1973. 참조.
138) 李成茂,〈朝鮮初期 奴婢의 從母法과 從父法〉,《歷史學報》권 115輯, 歷史學會, 1987 ; 李
    成茂,〈朝鮮時代 奴婢의 身分的 地位〉,《韓國史學》9, 韓國精神文化硏究院, 1987.

같은 의미로 쓰였다. 동=이=동리=동내는 서로 의견소통이 되기에 적당한 지역범위의 생활공동체이다. 그러므로 동은 한 개의 자연촌으로 이뤄질 수도 있고, 두세 개의 자연촌으로 구성될 수도 있었다. 그러나 읍지(邑誌)들을 살펴보면 어느 경우는 동이 이보다, 이가 동보다 크기도 하고, 동이 면과 같기도 했다. 이것은 면리제(面里制)가 철저히 정착되지 않은 증거이다. 촌은 조선시대 향촌조직의 기본단위로서 2, 3호(戶)에서 10호 정도, 또는 그 이상의 규모를 가지고 있는 자연촌이었다. 그러므로 조선시대의 향촌구조는 촌-동·이-면-읍의 상하관계를 가지고 있다. 이 가운데 동과 이가 실제로 조선시대 지역사회의 중심이었으나, 실제로 국가행정체계에 편제된 때는 조선후기였다.139)

향은 마음의 고향으로, 떠나서 살 수도 없고 떠나면 다시 돌아가고 싶어지는 대상이 되기도 한다. 향에는 상고(商賈)가 발달하지 않고 농업에만 종사하게 된다. 향이 상고가 발달하는 도시와 대립되는 개념인 까닭도 여기에 있다.140) 촌은 향 가운데 점재(點在)되어 있는 마을을 의미한다. 즉, 촌은 사람이 사는 장소로 향보다는 좁은 지역공동체이다. 그러므로 촌은 지역사회에서 일차적인 공동의 장소였고 촌을 넘어서서 긴밀히 접촉할 수 있는 범위인 향을 지연공동체의 한계로 삼고 있었다고 할 수 있다.141) 이에 향촌은 같은 내용을 가진 상하의 성층적 개념으로, 촌에서 비롯하여 향의 주변으로 확대되어 결합의 단계를 달리하는 대소의 공동체가 지역의 넓고 좁음에 따라 물고 물리게 되는 것이다. 뿐만 아니라 향촌에는 자연히 종족(宗族)을 같이하는 인간집단이 살게 되어 혈연공동체적인 요소를 강하게 가지고 있었고, 이들 사이에 도덕적인 사회관계가 결성되어 더 강인한 사회공동체로서 존재하고 있었던 것이다.142)

이 공동체의 힘은 그 지역에 살고 있는 주민들의 세력과도 무관한 것이

---

139) 崔敬洛, 〈李朝에 있어서의 地域社會의 構造 硏究-鄕約의 構造를 中心으로〉, 《天理大學報》 第 61輯, 1969, 참조.
140) 淸水盛光, 《中國鄕村社會論》, 岩波書店, 1951, 1~11쪽.
141) 淸水盛光, 위의 책. 참조.
142) 淸水盛光, 위의 책. 참조.

아니었다. 그러므로 지방통치에서 주민들의 세력 여하에 따라 성층적으로
구성된 향촌조직을 도외시할 수 없었다.

따라서 국가에서는 군현제를 실시해 지방관-향리-민의 공적 경로로
지방을 통치함과 아울러 경재소-유향소-민의 사적 경로를 활용해서 보
조적으로 지방통제를 하게 되었다.

[2] 중요 향촌조직

경재소와 유향소

고려시대에는 해당지역 출신의 공신, 또는 지방장관을 사심관으로 삼아
지방통치에 협조하도록 했다. 사심관의 주요 임무는 지역 주민의 종주가
되어[宗主人民], 관리들의 품계를 구별하여 적당한 업무를 주고[甄別流
品], 부역을 균등하고 평등하게 부과하며[均平賦役], 풍속을 바로잡는 일
[表正風俗]이었다.143) 그러나 실제로는 권력을 이용해 군현의 토지와 인
민을 점거하고, 향리를 괴롭히며, 사리사욕을 채우기만을 일삼았다. 그리
하여 1318년(충숙왕 5)에는 사심관을 혁파하고, 대신 감무(監務)를 대폭
늘렸다.144)

경재소는 고려의 사심관을 이어받은 것이다. 그런데 사심관과 경재소는
약간의 차이가 있다. 전자가 고려 구 귀족의 지방통치기구였던 것과 달리,
경재소는 여말선초 신귀족의 사적인 지방통치 기구였다. 고려 말에 사심
관이 혁파된 뒤, 재지성(在地性)이 강한 신귀족의 경재소가 자생적으로
생겨났다. 그러므로 경재소가 합법적인 기구가 아니라고 문제가 되지는
않았고, 오히려 지방통치에 보조적인 기관으로 인식되었다. 지방 사대부
들은 각 지역에 분경재소(分京在所)인 유향소를 두어 향리세력을 누르고
향권(鄕權)을 차지했다. 국가에서도 유향소를 통해 향리세력을 누르고 지
방 지배층 가운데 재지품관(在地品官)을 사족으로, 향리를 중인으로 양분

---

143) 《高麗史》 卷 84, 刑法志 1, 職制.
144) 《高麗史》 卷 34, 忠肅王 5年 5月 庚申.

했다.

경재소의 임원은 좌수(座首) 1명, 별감(別監) 4명(삼상森上 2, 삼하森
下 2)이었다.[145] 경재소 관원은 부 · 모 · 처의 내 · 외향, 조 · 증조의 외향
등 8향에 한해 임명될 수 있었다.[146] 고려시대에 아비의 내 · 외향, 본인의
처향, 조 · 증조의 처향 등 5향보다 대상이 늘어났다. 전 관료를 경재소 관
원으로 만들어 중앙집권적 양반관료체제를 강화하고자 했기 때문이다.

경재소는 해당 군현의 유향소와 긴밀한 유대를 가지고 향리규찰, 인물
추천, 향풍교화, 공부수납(貢賦收納), 공물방납(貢物防納) 등 여러 일에
간여했다.[147] 그리고 유향소의 임원인 좌수와 별감은 경재소가 임명했다.

유향소는 조선 초부터 운영되고 있었으나, 당시에는 인리(人吏)와 노비
의 범죄를 다스리는 정도의 기능만을 수행했을 뿐이다.[148] 그러나 유향소
는 수령을 헐뜯고, 백성을 침어(侵漁)한다는 이유로 1406년(태종 6)에 혁
파되고,[149] 나라에서 대신 신명색(申明色)을 두었다.[150] 군현제 개편에
방해가 되기 때문이었다. 다만 유향소를 국가에서 공식적으로 공인했던
것은 아니었으니 혁파라는 말이 적당치 않을지도 모른다.

그러면 혁파된 유향소는 언제 복구되는가? 여기에는 1428년(세종 10)
설과 1488년(성종 19)설이 있다. 둘 다 효녕대군이 만들었다는 향헌(鄕
憲)에 근거를 두고 있다. 이 향헌이 만들어진 것이 1428년(세종 10)인데,
이수건(李樹健)은 그 말미에 기록된 동부승지 최응현(崔應賢, 1428~
1507)이 동부승지로 있었던 기간이 1488년(성종 19)이기 때문에 후자로
보아야 한다고 했다.[151]

세조 대에 유향소는 다시 한 번 혁파되었다. 이시애(李施愛)의 난(亂)

---

145) 《世宗實錄》 권 69, 世宗 17年 9月 己巳.
146) 《世宗實錄》 권 69, 世宗 17年 9月 己巳.
147) 李樹健, 《朝鮮時代地方行政史》, 民音社, 1989, 318쪽.
148) 留鄕所 自開國初 稱號已久 其所糾正 不過人吏奴婢所犯而已(《成宗實錄》 권 16, 成宗 19
年 5月 己亥).
149) 《太宗實錄》 권 11, 太宗 6年 6月 丁卯.
150) 《太宗實錄》 권 34, 太宗 17年 12月 庚辰.
151) 李樹健, 앞의 책, 237쪽.

때 함경도 유향소가 이시애에게 동조했고, 충주 유향소가 수령을 고소한 백성을 심하게 침학(侵虐)했기 때문이라 했다.152) 그러자면 그 전에 유향소가 복설되었어야 하지 않겠는가?

세조 대에 혁파된 유향소는 1482년(성종 13)부터 김종직(金宗直) 등 사림파가 복설을 주장해 오다가 1488년(성종 19)에 복설되었다.153)

유향소는 처음에는 경재소의 영향 아래 훈구파들이 운영해 왔으나 사림파가 성장해 유향소를 그들의 세력기반으로 만들고자 복설운동을 벌였다. 사마소(司馬所)와 같은 기관도 사림파의 영향력을 키우고자 설치한 기관이었다. 이들은 재지지주로서 자신들이 가진 영향력을 늘리고자 사족 중심의 향촌조직을 강화해 갔다. 향규, 향약, 향안, 향음주례, 향사례, 계 등이 그것이다.

향약과 향안 · 동계

향약은 본래 중국 송대 남전(藍田)에 살던 여씨문중(呂氏門中)에서 실시한 향촌규약이었다. 이 《여씨향약》을 주자가 손질한 《주자증손여씨향약》(朱子增損呂氏鄕約)이 조선에 전래되어 널리 유행하게 되었다. 그러나 중국 송대와 풍토가 다른 조선에서 《여씨향약》이나 《주자증손여씨향약》을 그대로 실시할 수는 없었다. 따라서 조선의 향약은 시기와 지역, 실시목적에 따라 다양한 특성을 가지고 있었다.154)

조선중기에는 향촌에 기반을 둔 사림세력의 여론정치가 실시되었다. 따라서 지방사림들은 그들의 세력기반을 튼튼히 하고자 향약 · 향안 · 향음주례 · 향사례 · 사창 · 서원 등을 만들었다. 향약도 지방사족 사이의 유대를 돈독히 하고 하층민을 효과적으로 교화하고 제어하고자 실시한 향촌규약이었다. 향약은 중종 대에 기묘사림들이 등용되면서 국가주도로 보급하려 했으나 기묘사림의 실각으로 무위로 돌아가자, 이후 관의 지원 아래

---

152) 李成茂, 〈京在所와 留鄕所〉, 《朝鮮兩班社會硏究》, 一潮閣, 1995, 237쪽.
153) 李成茂, 앞의 책, 237쪽.
154) 李成茂, 〈朝鮮時代 鄕村支配勢力의 推移〉, 《朝鮮兩班社會硏究》, 一潮閣, 1995, 208쪽.

향촌 구성원의 자발적 노력으로 실시하도록 했다.155) 그리하여 향약은 실시목적에 따라 관 주도, 사족 주도, 사민협력(士民協力)의 다양한 형태로 나타나게 되었다. 그러다 보니 향약의 내용도 주어진 여건에 따라 달라질 수밖에 없었다. 향약이 향규 · 헌목(憲目) · 향헌(鄕憲) · 향규약(鄕規約) · 향안규식(鄕案規式) · 유향소규(留鄕所規)라고 불리는 경우가 많았던 것도 이 때문이다. 이에 향규는 향약과 다른 사족 중심의 향촌규약이라고 하는 주장도 나오게 되었다.156) 그러나 향규도 향촌규약이라는 점에서 향약의 범주에 들지 않는 것은 아니다. 다만 사족의 이해를 대변하는 사족향약의 성격을 띠는 향촌규약에 속할 뿐이다.

그러나 향약이라는 이름은 같지만 실행 주체와 실행 목적, 실행시기에 따라 내용이 얼마든지 달라질 수 있다. 김덕룡(金龍德)도 이런 뜻에서 조선의 향약을 향규[士族鄕約], 주현향약(州縣鄕約), 동약(洞約)의 세 부류로 나누었다.157) 그런데 필자의 견해로는 오히려 사족향약, 수령향약, 동리향약으로 나누는 것이 나을 것 같다. 왜냐하면 향약의 성격은 명칭보다 시행 주체가 누구냐가 더 중요하기 때문이다.158)

사족향약은 조선전기 향안(鄕案)에 실린 향원(鄕員)의 규약으로서 일향(一鄕)의 사족세력을 단합시켜 향리세력을 누르고 향권을 장악하려는 데 목적이 있었다. 사족향약은 향회를 중심으로 운영되었고, 향회의 구성원을 향원이라 하며, 이들의 명단을 향안이라 했다. 향회의 경비는 향원들의 향계(鄕契)로 충당했다. 회의 경비는 때로는 회원들에게 회비를 각출하기도 하고, 보(寶)와 같은 기금을 두어 그 이자로 충당하기도 했다. 그리하여 향약의 명칭을 아예 향약, 동약, 촌약, 종약으로 부르기도 했다. 뿐만 아니라 그 모임의 책임자를 계장이라 부르기도 하고, 모아진 재산이나

---

155) 田花爲雄, 《朝鮮鄕約敎化史의 硏究》 歷史篇, 鳴鳳社, 1972 ; 李泰鎭, 〈士林派의 鄕約普及運動- 16世紀의 經濟變動과 관련하여〉, 《韓國文化》 4, 1983 ; 韓相權, 〈16 · 17世紀 鄕約의 構造와 性格〉, 《震檀學報》 58, 1984. 등 참조.

156) 田川孝三, 〈李朝의 鄕約에 대하여〉 一 · 二 · 三, 《朝鮮學報》 76 · 78 · 81, 1975~1976 ; 金龍德, 〈鄕規硏究〉, 《韓國史硏究》 54, 1986. 등 참조.

157) 金龍德, 앞의 논문, 28쪽.

158) 李成茂, 앞의 논문, 209쪽.

전곡(錢穀)을 계전·계곡, 계재라고도 했다. 계가 그 목적사업의 기초가
되기 때문이다.159)

  향회의 대표는 향집강(鄕執綱: 향수鄕首·향선생·향로·향대부)으로
서 나이 많고 덕이 높은 사람이 추대되었다. 일향의 여론을 좌우하는 직책
으로서, 임기가 정해져 있지 않은 자리였다. 향집강은 향임(鄕任)을 통해
군현의 인사·조세·역역(力役)·공부(貢賦) 등 모든 행정업무에 간여할
수 있었으며, 향안에 등재된 향내인 뿐 아니라 향안에 등재되어 있지 않은
향외인까지 처벌할 수 있었다.160)

  사족향약이 본격적으로 나타나기 시작한 것은 16세기 이후지만 그 이
전에도 향음주례·향사례·춘추강신 등의 형태로 사족의 결속과 향민의
교화를 시행한 예가 많다. 향음주례와 향사례는 특히 김종직 등 사림파가
성종 조 이후부터 크게 장려하여 사족향약의 기초가 되었다. 향음주례가
사족향약으로 바뀌어 간 대표적인 예는 정극인(丁克仁)이 만든 태인현
(泰仁縣) 고현향약(古縣洞約)을 들 수 있다.161) 또한 유향소의 청사인 향
청(鄕廳)을 향사청(鄕射廳)이라고 한 것을 보면 향사례도 사족향약과 관
계가 깊다고 생각된다.162)

  그러나 사족향약은 퇴계·율곡 때부터 본격적으로 제정·시행되기 시
작했다. 퇴계의 향립조약(鄕立約條), 율곡의 해천향약(海州鄕約)·해천
일향약(海州一鄕約)·사창계약속(社倉契約束) 등은 당대 뿐 아니라 후대
의 사족향약에도 깊은 영향을 끼쳤다. 이러한 향약들에 때로는 중국의 향
약 4덕목을 가미할 수도 있고, 가미하지 않을 수도 있었다. 그것은 어디까
지나 조선의 실정에 따라, 시행자의 의도에 따라 실시되었고, 정도의 차이
는 있을지언정 본질적으로는 조선적 향약의 틀을 벗어나지 않고 있었

---

159) 金三洙,《韓國社會經濟史硏究》, 博英社, 1966 ; 金弼東,〈朝鮮時代 契의 構造的 特性과
    그 變動에 관한 硏究〉, 서울대박사논문, 1989 ; 中村榮孝,〈朝鮮經濟史雜考 一 '寶'〉,《靑
    丘學叢》第1號, 1930. 등 참조.
160) 金龍德,〈鄕規硏究〉, 54쪽, 89~96쪽.
161) 李康五,〈泰仁 古縣鄕約에 관한 硏究〉,《全羅文化論叢》1, 1986. 참조.
162) 金龍德, 위의 논문, 72~75쪽.

다.163)

주현향약은 수령이 중심이 되어 군현단위, 면단위, 동리단위로 실시된 향약을 말한다. 단, 동리단위의 동약은 촌락단위의 촌약(계)과 함께 향도 · 두레 · 동제와 같은 전통적인 존민의 공동체 조직과 결부되어 있다는 점에서 차이가 있다. 동약 · 촌약을 주현향약의 일환인데도 별도로 구분하려는 것도 그 때문이다.164)

조선전기에도 주현향약이 지역에 따라 일시 실시된 적이 있었다. 경상 감사 김안국(金安國)이 실시한 향약이나, 율곡의 서원향약(西原鄉約) 등이 그것이다. 그러나 이 시기의 주현향약은 군현제, 면리제의 미비와 사족들의 비협조로 실효를 거두지 못했다. 따라서 주현향약은 면리제가 국가의 공적 행정단위가 된 조선후기에 이르러 널리 퍼져나갔다. 또한 주현향약은 사족의 상계(上契)와 일반민의 하계(下契)로 구성되어 전 주민을 수령의 통제 아래 끌어들이는 것을 목적으로 했다.165)

동리향약은 주현향약의 일환으로 실시되었다는 것은 앞에서도 이미 지적한 바 있다. 동리향약에는 두 가지 특징이 있었다. 하나는 공동납(共同納)의 문제이고, 다른 하나는 촌락에 자생적으로 오래 전부터 내려오는 향도 · 계 · 두레 · 동제 등 공동체 조직과 결합하는 문제이다. 공동납은 이미 고려시대부터 있어 왔다. 전정(田丁)이 그것이다. 《경국대전》에 나타나는 8결 작부(作夫)의 조역법(調役法), 조선후기의 비총법(比總法), 이환(里還) 등도 공동납을 목표로 했다. 1711년(숙종 37)의 양역변통절목(良役變通節目)의 이정제(里定制)도 바로 이러한 목적으로 제정된 것이다.166) 이 이정제는 조세 · 환곡 · 역역의 동 단위 공동납을 목적으로 실시된 것이었다. 이때에 모든 부담은 토지에 집중되고, 그 수납은 동 단위로 공동연대책임을 지도록 되어 있었다. 관에서는 이러한 동 단위 공동납의

---

163) 李成茂, 앞의 논문, 213쪽.
164) 李成茂, 앞의 논문, 214쪽.
165) 李成茂, 앞의 논문, 215쪽.
166) 金俊亨, 〈18세기 里定法의 展開-村落의 기능강화와 관련하여〉, 《震檀學報》 58, 1984. 참조.

재원으로 일정한 전곡을 출자해 민고(民庫)를 설치하고, 이 민고의 기금을 고리대(高利貸)로 불려 각종 용도에 충당하게 했다.167) 동리향약도 이 민고를 바탕으로 실시되었다. 이러한 공동납 체제 아래서는 사족이건 하층민이건 간에 전 주민이 국가에 대한 세납을 연대적으로 책임지게 되어 있었다. 족징(族徵)·인징(隣徵) 등 가렴주구가 가능했던 것도 그 때문이었다. 이에 하층민의 도산(逃散)이 심해져 삼정(三政)이 문란하게 되고 민란(民亂)이 빈발하게 된 것이다.168)

동리향약은 향도(香徒)·향도(鄕徒)·향촌계약·동린지계(洞隣之契) 등 향촌공동체의 계규약(契規約)이 동약과 결부되어 있는 것이었다. 동계에는 두 가지가 있었다. 하나는 주현향약의 일환으로 사족이 참여하는 동계요, 다른 하나는 전통적인 촌락 중심 결사체와 연계되어 있는 동계이다. 계의 목적이 공동납을 위한 것이냐, 혼인·상장·친목·공동노동 등 다른 목적을 위한 것이냐에 따라 그 성격이 달라진다. 이와 같은 각종 향촌 계규약이 잦은 흉년과 외침 속에서도 한국민이 지금까지 꿋꿋이 버텨올 수 있게 한 원동력이 되었다는 견해도 있다.169) 아쉽게도, 이러한 동계는 하층민들의 생활공동체로서 관습적으로 운영되어 왔기 때문에 규약이 전하는 경우가 드물다. 다만 사족의 동약에 이따금 그 자취가 보일 뿐이다.

---

167) 金仁杰,〈朝鮮後期 鄕村統制策의 위기-洞契의 성격변화를 중심으로〉,《震檀學報》58, 1984. 참조.
168) 安秉旭,〈18세기말 19세기 전반 賦稅收取와 鄕村社會의 動向〉, 제 19회 동양학학술회의 강연초: 朝鮮王朝後期(5)-朝鮮後期 身分制와 鄕村社會의 變動, 1989. 참조.
169) 金龍德,〈洞契考〉,《斗溪李丙燾博士九旬紀念韓國史學論叢》, 1976, 534쪽.

5. 문 화

(1) 도통과 유교의 학파

유교에서는 도를 자연과 인간의 원리요 질서라고 보았다. 중국 송나라 정호(程顥)는 음양의 소장(消長)을 하나로 보아 이를 이(理), 또는 천리 (天理)라 하고, 이 천지생생(天地生生)의 이를 따르는 것을 인(仁)이라 하며, 의례지신(義禮智信)도 다 인이라 했다. 천리는 곧 만물을 생성하는 우주의 도라는 것이다.

도학, 또는 성리학은 송대의 주돈이 · 장재 · 정호 · 정이를 거쳐 주희에 이르러 대성한 학문을 말한다.170) 이들 도학자들은 도통을 중시하고, 4서 (四書)에 따라 유교의 정신을 설명하는 것을 특징으로 삼았다.171) 도통이 라는 말은 주자가 처음 썼다.172) 앞서 사대부에 대해 논구하면서 이야기 한 바와 같이, 요-순-우-탕왕-문왕-무왕-주공의 이상(理想)을 공자가 천명하고, 증자-자사(子思)를 거쳐 맹자로 계승되었다가 맹자 이후 전통 이 끊어졌으나, 송대의 주돈이를 비롯한 도학자들이 다시 전통을 이어받 았다는 것이 도통에 대한 설명이다.173) 그는 자신의 철학적 이념을 설명 하고자, 주돈이-장재-정호 · 정이-주희로 이어지는 새로운 도통을 만들 고 이를 설명하는 도통론을 창안했다.

옛날에는 도학이란 말이 없었다. 공자는 덕은 있으나 지위가 없었고, 도 를 펴지도 못했다. 그래서 물러나 그 무리와 함께 예악을 정하고, 헌장(憲 章)을 밝히며, 《시》를 산삭(刪削)하고, 《춘추》를 개수하며, 《주역》에 전

---

170) 武內義雄, 《中國思想史》, 岩波全書, 1936. 229쪽.
171) 武內義雄, 위의 책, 229쪽
172) 표정훈 역, 《陳榮捷의 朱子講義》, 푸른역사, 2001, 113쪽.
173) 武內義雄, 위의 책, 229쪽

(傳)을 붙이고, 분전(墳典)을 토론해 성인(聖人)의 도를 밝히는 데 그쳤다.

그런데 당대(唐代)의 유학자 한유(韓愈)는 왕통(王統)과 도통[聖統]으로 구분했다. 공자 이전의 요-순-우-탕왕-문왕-무왕-주공은 왕통이고, 공자부터는 성통이라는 주장이다. 맹자 때만 해도 군주와 신하를 막론하고 성인의 계통을 설정했는데 한유에 이르러 이러한 변화가 생긴 것이다.174)

송대의 도통론은 '전통적 도통론'과 '도학적 도통론'으로 나눌 수 있다. 전자는 정자(程子) 이전의 도통론이요, 후자는 정자 이후의 도통론이다.175) 정이는 자기의 형 정호가 맹자 이후 1400년 동안 끊어져 있던 도통을 이었다고 했다.176) 그는 북송 인종 대(1041~1048) 정학운동(正學運動)조차도 도통에서 배제해 자기 학파의 정통성을 확립했다.177) 정이를 이어 주희는 〈중용장구서〉(中庸章句序)에서 도의 내용을 가지고 자기철학의 계통을 수립했다. 이른바 '도학적 도통론'의 완성이다.178)

주희의 도통론은 자기 철학을 종합한 주자학의 완성이라 할 수 있다. 이에 주돈이-장재-정호·정이-주희를 잇는 이철학을 제외한 모든 학설은 주변으로 밀려났다. 이에 대한 반발이 없을 수 없었다. 한차주(韓侂胄) 등이 주도한 위학지금(僞學之禁)이 그것이다. 그러나 한차주가 죽은 뒤, 주자학은 남송의 관학으로 받아들여졌다.179) 그리고 주돈이로부터 주희에 이르는 도학자들이 문묘(文廟)에 종사(從祀)되었다. 그리고 《송사》에는 유림전(儒林傳)과 별도로 도학전(道學傳)을 두어 북송 5자(五子)와 정주학파의 인물들의 열전을 수록했다.180) 원대에도 주자학이 관학의 지위를 차지하기는 했으나 주자학에서 육상산(陸象山)의 심학(心學)으로 이행하

---

174) 韓愈, 《五百家注昌黎文集》 권 11, 雜文 原道, 文淵閣四庫全書 集部 13, 別集類.
175) 金泳斗, 〈朝鮮 前期 道統論의 展開와 文廟從祀〉, 서강대 박사논문, 2005. 26~27쪽.
176) 표정훈 역, 《陳榮捷의 朱子講義》, 푸른역사, 2001, 112쪽.
177) 李範鶴, 〈魏了翁의 經世學과 道統論〉, 《韓國學論叢》 22, 2000, 127~128쪽.
178) 이용주, 〈朱憙 道統論의 형성과 사상적 과제〉, 《退溪學報》 101, 1999, 150~162쪽.
179) 金泳斗, 위의 논문, 31쪽.
180) 이용주, 위의 논문, 151쪽.

는 과도기로서 주육화회(朱陸和會)의 경향이 두드러졌다.181)

고려시대에는 이미 최치원·설총·안향이 문묘에 종사되었다. 그 뒤 조선시대에는 15세기에 성균관을 중심으로 이제현·이색·권근을 문묘에 종사하자는 의논이 일어났다. 이는 '도학적 도통론'이 아닌 '전통적 도통론'에 의한 것이었다. 이는 권근이 신 왕조 건국에 비협조적이었던 태도를 버리고 태종을 도와 공을 세운 여세를 몰아 문묘종사를 시도한 것이었다. 이것이 달성되면 그들의 사회적 기반이 든든해지기 때문이었다. 그러나 태종은 이들의 부상(浮上)을 달가워하지 않았다. 그 뒤의 국왕들이 이들의 문묘종사를 달가워하지 않았던 것도 그러한 이유에서였다. 더구나 15세기 후반기에 오면 사림들의 절의론이 대두해 정몽주가 도학의 정통으로 떠오르는 판국이었다. 이러한 때 이들의 요구가 받아들여질 리 없었다.182)

중종이 즉위하고 조광조가 등용되자 정몽주-김굉필 문묘종사론이 제기되었다. 정몽주는 그의 충절과 더불어 동방이학지조(東方理學之祖)라는 이유로, 김굉필은 소학동자(小學童子)로서 도를 밝혔다는 이유로 추천되었다. 그리하여 1517년(중종 12)에 정몽주만 종사되었다. 기묘사화로 조광조가 실각하자 김굉필 종사론은 무산되었다. 그러나 정몽주-길재-김숙자(金叔滋)-김종직-김굉필-조광조의 '조선도학계보'가 드러나게 되었다.183)

선조가 즉위하고 사림의 시대가 되자, 이황은 김굉필·정여창(鄭汝昌)-조광조(趙光祖)-이언적(李彦迪)의 4현종사를 주장했다. 그는 조광조와 이언적의 행장을 자진해 지어 자기의 도통을 밝히는 징검다리로 삼았다. 이언적은 무극태극론(無極太極論)으로 주돈이에 버금가는 학자로 올려 세워졌다. 그러나 김종직은 사장(詞章)에 치우친데다가 〈조의제문〉(弔義帝文)을 지어 세조를 비판했다는 이유로 배제되었다. 이황은 절의보다는 도학을 더 중시해 길재-김숙자 등을 배제시켰다. 그리고 이황이 죽

---

181) 金泳斗, 앞의 논문, 34쪽.
182) 金泳斗, 앞의 논문, 71쪽.
183) 金泳斗, 앞의 논문, 83쪽.

자 그를 포함해 5현종사로 주장이 바뀌었다. 그리하여 1610년(광해군 2)에 5현이 문묘에 종사되었다.[184]

(2) 학파의 분기

선조 대에 사림파가 정치적인 주도권을 쥐게 되자, 그 안에서 붕당이 생기고 붕당 사이에 당쟁이 심해지게 되었다. 1575년(성종 8)에 사림들은 구파인 서인과 신파인 동인으로 갈렸다. 서인은 기호학파요, 동인은 영남학파였다. 당시는 동인이 우세해 동인은 남인과 북인으로 다시 갈렸다. 이때 남인은 퇴계학파요, 북인은 남명학파였다.

그러다가 광해군 대에 남명학파는 기호의 화담학파와 제휴해 북인정권을 세웠다. 남명과 화담은 처사형(處士型) 사림으로서 학문적 취향이 비슷했다. 퇴계학파처럼 순정주자학을 고집하지 않고, 불교와 도교에 대해서 유연하게 대하고, 주역, 상수학(常數學) 등에도 관심을 보이며, 벼슬을 사양한 점이 같았다.[185]

그런데 인조반정으로 북인정권이 몰락하자 화담학파와 남명학파는 붕괴되거나 축소되었다. 이들은 서인이나 남인으로 전향했다. 남명학파가 퇴계학파로 전향하는데는 청구(鄭逑)·허목(許穆)·이익(李瀷)이 큰 구실을 했다.[186]

한편 기호학파는 화담학파가 무너지자 호서사림인 김장생의 예학파(禮學派)가 이이를 올려 세워 율곡학파를 급조했다. 그러나 숙종 대에 서인이 집권하면서 서인이 노론과 소론으로 갈렸다. 이때 율곡학파는 노론, 우계학파(牛溪學派)는 소론이 되었다. 우계 성혼(成渾)의 제자 가운데는 인조반정의 공신들이 많았다. 이들은 인조가 청나라에 항복하자 송시열을 비롯한 노론 호서사림들의 공격을 받았다. 반정의 명분을 잃었다는 것이

184) 金泳斗, 앞의 논문, 164쪽.
185) 申炳周,〈朝鮮中期 處士型 士林의 學風 硏究〉, 서울대 대학원 박사논문, 1999. 참조.
186) 李成茂,〈성호 이익의 삶과 사상〉,《조선의 사회와 사상》, 일조각, 2004. 참조.

다. 정권의 정당성을 확립하고자, 또한 노론의 주자학 지상주의에 대항하고자 이들은 소론이 되어 주자학보다는 현실에 다소 밀착한 양명학을 신봉했다. 이들은 뒤에 강화학파(江華學派)로 가닥을 잡았다.

뇌계는 양명학을 배격하고 조선 주자학을 확립했다. 우암 송시열은 이를 정치에 도입해, 오직 주자학만이 인정받는 독선적, 교조적 학풍을 조성했다. 이러한 학풍이 임진왜란을 통해 일본에 영향을 미치기는 했으나, 결국 근대화에서 일본에 뒤지게 한 원인이 되었다.

(〈역사학〉 제 4장 조선전기, 《한국의 학술연구》, 대한민국 학술원, 2006. 12.)